EMPREENDEDORISMO REGIONAL

e economia do conhecimento

PIERRE-ANDRÉ JULIEN

Tradução
MARCIA FREIRE FERREIRA LAVRADOR

www.editorasaraiva.com.br

Rua Henrique Schaumann, 270
Pinheiros – São Paulo – SP – CEP: 05413-010
PABX (11) 3613-3000

SAC | 0800-0117875
De 2ª a 6ª, das 8h30 às 19h30
www.editorasaraiva.com.br/contato

Diretora editorial	Flávia Alves Bravin
Gerente editorial	Rogério Eduardo Alves
Planejamento editorial	Rita de Cássia S. Puoço
Editores	Jean Xavier
	Patricia Quero
Produtores editoriais	Daniela Nogueira Secondo
	Rosana Peroni Fazolari
	William Rezende Paiva
Comunicação e produção digital	Nathalia Setrini Luiz
Arte e produção	Candombá
Tradução	Marcia Freire Ferreira Lavrador
Revisão técnica	Cândido Vieira Borges Jr.
	Fernando Gomes de Paiva Jr.
	Hilka Vier Machado
	Vânia Maria Jorge Nassif
Capa	Carol Mesquita
	Gustavo Mesquita
Foto de capa	Getty Images
Produção gráfica	Liliane Cristina Gomes
Atualização da 2ª tiragem	ERJ Composição Editorial
Impressão e acabamento	Gráfica Paym

ISBN 978-85-02-08734-7

CIP-BRASIL. CATALOGAÇÃO NA FONTE
SINDICATO NACIONAL DOS EDITORES DE LIVROS, RJ.

J89e

Julien, Pierre-André
 Empreendedorismo regional e a economia do conhecimento / Pierre-André Julien; tradução Márcia Freire Ferreira Salvador. – São Paulo: Saraiva, 2010.

 Tradução de:
 Entrepreneuriat régional et économie de la connaissance

 Apêndice.
 ISBN 978-85-02-08734-7

 1. Empreendedorismo. 2. Redes de negócios. 3. Economia regional. 4. Planejamento regional. 5. Gestão do conhecimento. 6. Tecnologia da informação - Aspectos econômicos. I. Título.

10-0392   CDD: 658.42
                      CDU: 005.411
                      017349

Copyright © Pierre André Julien
2010 Editora Saraiva
Todos os direitos reservados.

1ª edição
1ª tiragem: 2010
2ª tiragem: 2014

Nenhuma parte desta publicação poderá ser reproduzida por qualquer meio ou forma sem a prévia autorização da Editora Saraiva. A violação dos direitos autorais é crime estabelecido na lei nº 9.610/98 e punido pelo artigo 184 do Código Penal.

300.855.001.002

Sobre o autor

Pierre-André Julien

É PROFESSOR EMÉRITO da Université du Québec à Trois-Rivières, do Canadá. Foi um dos fundadores do Institut de Recherche sur les PME, em Quebec; da AIREPME (Association Internationale de Recherche en Entrepreneuriat et PME) e da Revue Internationale PME. É colaborador, desde 1989, da Organização para Cooperação e Desenvolvimento Econômico (OCDE). Participou, entre outros, da elaboração da Carta de Bolonha sobre Políticas para as PMEs, adotada por 47 países.

Publicou só ou com colaboradores 22 livros e mais de cem artigos científicos em revistas como *Entrepreneurship and Regional Development*, *Entrepreneurship Theory and Practice*, *International Small Business Journal*, *Journal of Business Venturing*, *Journal of Small Business Management*, *Piccola Impresa/Small Business*, *Small Business Economics* e *Revue Internationale PME*. Um dos artigos, "Information transformation: some missing links", foi classificado como um dos Top 50 Papers de 2007 pela Emerald Management Reviews. Com isso, passou a ser internacionalmente reconhecido por seu notório conhecimento no campo do empreendedorismo.

Prefácio

POR QUE ALGUMAS REGIÕES SÃO EMPREENDEDORAS, com muitas criações e crescimento de empresas, enquanto outras, ainda que vizinhas, encontram dificuldade para acompanhar o desenvolvimento econômico geral, ou chegam até mesmo a regredir? Essa é a questão essencial que norteia este livro. Publicado originalmente em francês, no Canadá, em 2005, foi posteriormente traduzido para o espanhol (2005), inglês (2008), italiano (2009), alemão (2009) e catalão (2009). Por fim, *Empreendedorismo regional e economia do conhecimento* é traduzido para o português.

Esta obra consolida mais de 30 anos de pesquisas sobre empreendedorismo, pequenas e médias empresas (PMEs) e desenvolvimento regional realizadas pelo professor Pierre-André Julien. Vários pesquisadores brasileiros do campo do empreendedorismo e das pequenas e médias empresas tiveram forte influência do pensamento francófono, sendo que o mais influente autor francófono neste campo é seguramente Pierre-André Julien.

A ideia de trazer esta obra para o Brasil teve início no V Encontro de Estudos sobre Empreendedorismo e Gestão de Pequenas Empresas (EGEPE), realizado em São Paulo, no ano de 2008, cuja abertura contou com a presença do autor, proferindo palestra magna intitulada "PMEs e Desenvolvimento Local". Nela, o professor Julien apresentou as linhas gerais desta obra, que leva em conta a complexidade do empreendedorismo e do desenvolvimento local.

Trata-se de uma abordagem original que considera que o empreendedorismo vai além da dinâmica dos empreendedores e de suas empresas, contemplando, dentre vários aspectos, a importância do *milieu*: expressão francesa que se refere ao "ambiente de residência e atuação" do empreendedor. Ela comporta as características culturais, sociais e os recursos deste ambiente. Além do *milieu*, que será traduzido nessa obra como "meio", o autor traz uma rica discussão sobre a noção de território e de como a cultura empreendedora não é dada e sim construída. Mostra, ainda, como o ato empreendedor não é um ato isolado e sim um ato coletivo, cujas redes, o capital social e a circulação de informações e conhecimentos desempenham papel preponderante.

Com isso, o fenômeno do empreendedorismo reflete uma amplitude de benefícios que se propaga a diversos atores sociais em uma concepção orgânica que dá uma dimensão ampliada dos mecanismos de proteção e incentivo ao desenvolvimento da ação empreendedora com o desempenho inovador. Tal riqueza na abordagem do tema só é possível graças à multidisciplinaridade adotada pelo autor – que utiliza com propriedade a psicologia, a geografia, a sociologia, a administração, a economia (sua formação de base), as ciências políticas, a engenharia e a literatura – na construção de sua obra. Representa, assim, um enfoque diferenciado de outros títulos já publicados no Brasil em torno da temática do empreendedorismo.

O fascínio da leitura dessa obra encontra-se, ainda, na utilização de metáforas de romances policiais clássicos que conduzem o leitor à reflexão dinâmica, estabelecendo uma analogia com a realidade vivenciada e representando, assim, o cotidiano empreendedor na construção de um cenário, fruto de um caleidoscópio de informações.

Esta obra está dividida em quatro partes. A primeira parte, intitulada O Contexto, apresenta a economia do conhecimento, com suas incertezas, ambiguidades e potencialidades. Essa parte trata ainda das diferentes dinâmicas territoriais do empreendedorismo, considerando as disparidades locais e regionais.

Na segunda parte, o autor analisa três pilares do processo empreendedor: os empreendedores, as organizações que eles criam e o meio (*milieu*). Tudo isso com uma abordagem dinâmica, enfatizando a relação dos empreendedores e de suas empresas com os diferentes atores econômicos e sociais do meio. Os vários tipos de empreendedores são apresentados e o processo de criação de empresas é discutido. Atenção especial é dada às gazelas (PMEs de forte crescimento). Nessa parte, o autor aborda ainda o conceito de capital social, aprofunda a reflexão sobre o conceito de meio e ressalta a necessidade e as formas de empreendedores, empresas e regiões manterem a capacidade de produzir e absorver conhecimento.

Após tratar dos pilares do processo empreendedor, Julien discute, na terceira parte do livro, fatores que ele julga necessários para a dinamização do empreendedorismo na região: a informação, as redes e a inovação. Informações, que ajudam a reduzir a incerteza e a ambiguidade e a alimentar a inovação – em especial a informação do tipo rica. Redes, que são o veículo de compartilhamento da informação e de aprendizagem. E a inovação, em seus diferentes tipos.

A quarta e última parte do livro é dedicada a apresentar os mecanismos do desenvolvimento endógeno e visa mostrar como as regiões desenvolvem seu potencial empreendedor. Aborda o funcionamento do empreendedorismo local, que contempla o dinamismo de uma articulação de redes inteligentes para potencializar a produção regional por meio do contágio empreendedor, expressão denominada pelo autor.

Pela sua amplitude e riqueza, este livro constitui material extremamente valioso para o ensino de disciplinas de empreendedorismo, gestão de PMEs e desenvolvimento regional em cursos de graduação e pós-graduação. No Brasil, outro reflexo interessante é a possibilidade de utilização da obra como referência para promover o desenvolvimento local por gestores da esfera pública e privada, na medida em que discute caminhos para a inovação, troca de conhecimento, formação de redes sociais inteligentes e contágio empreendedor.

Com esses comentários, já se tem noção de quanto esta obra transcende uma orientação puramente racionalista e traz nova dinâmica de análise para o empreendedorismo capaz de contribuir para a construção de formas socialmente compartilhadas de ensino e ação empreendedora no Brasil. Mas é preciso primeiro trilhar as pistas do detetive Sherlock Homes para compreender a ação empreendedora.

Cândido Vieira Borges Jr.
Fernando Gomes de Paiva Jr.
Hilka Vier Machado
Vânia Maria Jorge Nassif

Sumário

INTRODUÇÃO • UMA METÁFORA DOS ROMANCES POLICIAIS   **13**

1. Definição de empreendedorismo   14
2. As diferentes formas empreendedoras   18
3. A necessidade de uma abordagem complexa   22
4. A pirâmide empreendedora   27
5. De Columbo a Holmes, de Maigret a Baskerville   30
6. Objetivo e método desta obra   34
7. Esquema geral do livro   36

PARTE 1 • O CONTEXTO   **44**
A economia do conhecimento e as diferenças de dinamismo territorial   47

Capítulo 1   A economia do conhecimento: incertezas, ambiguidades e potencialidades   51

1.1. Mudança e globalização dos mercados   53
1.2. A importância crescente do imaterial na economia   57
1.3. Incerteza e ambiguidade   60
1.4. O controle do fluxo da informação   63
1.5. Conhecimento e *savoir-faire*: novas formas de competitividade para empresas e regiões   65

Capítulo 2   O empreendedorismo diferenciado as disparidades regionais   73

2.1. A importância diferenciada das PMEs na região   74
2.2. Um ritmo de criação diferente segundo os territórios   76
2.3. Diferentes tipos de empresas   80
2.4. Algumas explicações ultrapassadas   86
2.5. As novas análises mais territoriais   92

PARTE 2 • EMPREENDEDORES, ORGANIZAÇÕES E MEIOS TERRITORIAIS   **100**
A capacidade de desenvolver conhecimento   103

Capítulo 3   Os empreendedores   109

3.1. O inato, o adquirido e o construído   110
3.2. Os detonadores ou as razões pessoais e sociais para empreender   112
3.3. Os tipos de empreendedor   118
3.4. O processo de criação   124
3.5. O itinerário do empreendedor ou as condições de manutenção do espírito empreendedor   126

Capítulo 4 A organização aprendiz:
as diferentes estratégias das PMEs para acumular informação — 135

4.1. O papel da organização — 136
4.2. A fonte das vantagens competitivas — 141
4.3. Os elementos-chave para manter a competitividade — 146
4.4. O exemplo das gazelas, ou PMEs de forte crescimento — 151
4.4.1. A busca pela nova geração de PMEs — 154

Capítulo 5 O meio empreendedor: a chave da diferenciação — 159

5.1. Definição de meio — 163
5.2. O papel do meio — 167
5.3. O capital social — 174

PARTE 3 • INFORMAÇÃO, REDES E INOVAÇÃO — **182**
As condições necessárias e suficientes para o empreendedorismo — 185

Capítulo 6 A informação: uma primeira condição necessária para reduzir
a incerteza e a ambiguidade — 191

6.1. O papel da informação no empreendedorismo — 193
6.2. Os tipos de informação — 194
6.3. Os elementos que favorecem a obtenção de informação rica — 198
6.4. Os mecanismos de passagem da informação ao conhecimento e ao *savoir-faire* — 203
6.4.1. Aperfeiçoar a capacidade de obter e absorver informação — 207
6.4.2. Organizar a tradução da informação, estabelecendo relações e desenvolvendo sínteses — 209
6.4.3. Acima de tudo, ir além das análises lineares ou da lógica dominante — 210

Capítulo 7 As redes: uma segunda condição necessária, o compartilhamento
de informações que conduz à inovação — 215

7.1. O funcionamento das redes — 220
7.2. Os tipos de redes — 224
7.3. Informação, redes e inovação — 232

Capítulo 8 Inovação: a condição suficiente — 241

8.1. Os diferentes tipos de inovação — 246
8.2. A lógica da inovação — 252
8.3. A organização da inovação — 256
8.4. Da inovação individual à Inovação coletiva — 262

PARTE 4 • OS MECANISMOS DO DESENVOLVIMENTO ENDÓGENO — **268**
Como multiplicar o dinamismo por contágio — 271

Capítulo 9 A atuação em redes de inteligência
o desenvolvimento de um tecido regional dinâmico — 279

9.1. A eficácia do desenvolvimento com os pares em redes — 280
9.2. A atuação em redes de inteligência — 286

9.3.	O mecanismo de formação de redes	291
9.3.1.	A percolação da informação rica	291
9.3.2.	O efeito de impulso dos líderes de opinião	292
9.3.3.	A multiplicação de redes	292
9.3.4.	A complexificação das redes	294
9.3.5.	A contribuição das redes ao número de gazelas	295

Capítulo 10 Contágio empreendedor e apropriação do conhecimento — 303

10.1.	As etapas do contágio empreendedor	307
10.2.	O papel complementar do Estado	309
10.2.1.	Definir o alvo	309
10.2.2.	Conectar	310
10.2.3.	Apoiar	312
10.2.4.	Estimular	313
10.2.5.	Facilitar	313
10.3.	Regiões aprendizes e inovadoras	315
10.4.	A superação da incerteza e da ambiguidade	317

CONCLUSÃO • EM DIREÇÃO A UMA NOVA TEORIA DO EMPREENDEDORISMO — 323

1.	A evolução das teorias	328
2.	Equilíbrio ou instabilidade	337
3.	A abordagem técnica ou holística: o crime, o gangsterismo e o empreendedorismo endógeno	343

BIBLIOGRAFIA — 354

INTRODUÇÃO • Uma metáfora dos romances policiais

Em quase todas as economias, pode-se encontrar territórios que experimentam um desenvolvimento notável, em especial pela exploração de recursos próprios ou durante períodos particularmente propícios ao seu crescimento econômico. Por que essas regiões são *vencedoras*[1], enquanto outros territórios, ainda que vizinhos, têm dificuldade para acompanhar a evolução econômica geral ou chegam até mesmo a declinar? Essa é a questão da qual queremos tratar nesta obra, mostrando, através de uma teoria geral, como, em alguns territórios particularmente empreendedores, muitas novas empresas nascem e as criadas há mais tempo crescem com rapidez; enquanto em outros lugares a criação de novas empresas é rara ou limitada a empresas que, uma vez criadas, morrem rapidamente ou quase não se desenvolvem.

Sabe-se que algumas regiões favorecidas, seja por recursos naturais importantes ou por uma grande população estabelecida ali há muito tempo, contam não apenas com investimentos locais, mas atraem também investimentos externos. Por exemplo, o fato de possuir petróleo, minas de cobre, praias ensolaradas ou uma alta montanha nevada de fácil acesso explica o interesse dos investidores de outras partes em iniciar e sustentar o desenvolvimento dessas regiões[2]. Do mesmo modo, a existência de uma metrópole ou de uma grande capital, pelo simples efeito do tamanho e da densidade da população, ou daquilo que se chama de economias de aglomeração, geralmente garante o desenvolvimento local durante um período bastante longo. Entretanto, o número de regiões assim privilegiadas é limitado; além do que, mesmo essas vantagens podem se enfraquecer ou até desaparecer por conta da concorrência de novos materiais ou de fontes de recursos mais abundantes e mais acessíveis, da inovação tecnológica, da forte migração ou, ainda, de uma mudança da moda. Algumas metrópoles chegam a perder seu poder de atração para regiões mais periféricas ou para outras grandes cidades menos poluídas ou menos congestionadas. Assim, o desenvolvimento das regiões que não contam com essas vantagens só pode advir, antes e acima de tudo, de forças internas, o que se chama de desenvolvimento endógeno (ROMER, 1990; WALSH, 2006).

A questão do desenvolvimento territorial endógeno diz respeito à criação e ao crescimento de qualquer tipo de empresa pelas forças locais. Na maior parte das regiões, o crescimento econômico em curto ou longo prazo vem majoritariamente desse empreendedorismo ou de iniciativas novas das empresas locais, que em seguida são imitadas por empreendedores externos, como lembrou Baumol (1986), retomando Schumpeter (1911). Podemos então remeter à questão inicial da seguinte maneira: por que o empreendedorismo endógeno é mais dinâmico em certos lugares e durante certos períodos?

1 • Definição de empreendedorismo

Antes de responder a essa pergunta, é conveniente definir empreendedorismo. Davidsson (2001) ou Steyaert e Hjorth (2003) lembram, com razão, que nem sempre há concordância sobre essa definição. Por exemplo, Cole (1942), um dos mais antigos pesquisadores sobre o assunto após Schumpeter, definiu empreendedorismo como "uma atividade que permite criar, manter e fazer crescer uma empresa lucrativa". Gartner (1990) retoma essa definição, explicando que o empreendedorismo está relacionado ao "comportamento que leva à criação de uma nova empresa". Outros autores destacam, acima de tudo, a inovação. Assim, para Curran e Burrows (1986), o empreendedorismo constitui fundamentalmente "um processo inovador [...]", o que exclui as reproduções de empresas ou as simples recuperações, como as que são feitas pelos administradores. Vankataraman (1997) vê também o empreendedorismo como "uma nova produção de bens ou serviços, aproveitando-se uma oportunidade, com todas as suas consequências", ou ainda como "novas iniciativas de negócios inicialmente concebidos e em seguida desenvolvidos" para atingir o mercado. A Organização para Cooperação e Desenvolvimento Econômico (OCDE) (2003) complementa essas definições ao afirmar que "o empreendedorismo é uma maneira de ver as coisas e um processo para criar e desenvolver atividades

FIGURA 1 • UMA TIPOLOGIA DO EMPREENDEDORISMO INDIVIDUAL

	MERCADO antigo	MERCADO novo
EMPRESA nova	Nova empresa a partir de reprodução ou imitação do que outras já fazem	Nova empresa inovadora
EMPRESA antiga	Retomada de uma empresa existente com mudanças	Ampliação do mercado, internacionalização

ADAPTADO DE DAVIDSSON (2001).

econômicas com base em risco, criatividade e inovação de gestão, no interior de uma organização nova ou já existente".

Se resumirmos essas concepções, distinguimos quatro tipos de empreendedorismo: o que cria uma nova empresa, o que retoma uma empresa já existente, o que visa a um mercado existente e o que visa a um novo mercado (Figura 1).

Em primeiro lugar, no quadrante superior esquerdo da figura, encontra-se o empreendedorismo pela criação de uma nova empresa, mais ou menos reproduzindo ou imitando o que outras já fazem. Para os pesquisadores, a criação de uma nova empresa é o arquétipo do empreendedorismo, por isso essa é a definição mais frequentemente considerada, como acabamos de ver. A criação parte de uma intuição ou ideia, seja uma empresa bem pequena – o vendedor de jornais na esquina de uma rua movimentada ou um caminhoneiro que compra um caminhão usado para melhorar o trânsito de mercadorias entre as empresas de sua cidade pequena e a cidade grande –, seja outra mais complexa – uma indústria que utiliza maquinário com controle digital e possui uma cadeia de produção que requer a intervenção de muitas dezenas de funcionários. Tudo começa com a criação de uma empresa, por menor que seja – como no caso do trabalhador autônomo[3] –, atravessando os períodos pré-inicial, inicial e finalmente de consolidação, que seguem trajetórias diversas em cada caso, mas visam todos à constituição mais ou menos rápida de uma empresa e a sua perenidade. A nova empresa necessita de um mínimo de inovação, mesmo que decorrente em boa parte da imitação ou reprodução de outra, como já dissemos. Se a empresa se distingue das outras pela influência central que o empreendedor tem na sua criação e forma de organização, pelo menos no começo, e pelo fato de que cria um valor relativamente novo, ela, por outro lado, também se caracteriza pelo efeito que tem sobre o empreendedor, sobre as organizações concorrentes e sobre os clientes.

Em alguns casos, a empresa criada será mais inovadora, o que resulta em novos produtos ou processos. Fruto de um *spin-off*, tal como aquele criado por um pesquisador universitário ou um inventor que deseja comercializar uma ideia por ele desenvolvida, este tipo de empreendedorismo está representado pelo quadrante superior direito da figura e diria respeito ao empreendedor de valorização ou de aventura, como veremos no Capítulo 3.

Porém o empreendedorismo pode também vir da retomada de uma empresa existente, com a condição de que tal retomada a transforme um pouco, seja em sua organização e orientação, seja em sua entrada no mercado, seja ainda nos produtos que oferece. Aqui nós estamos no grupo do quadrante inferior esquerdo. Se a retomada ou a gestão da empresa existente for feita sem mudança ou de maneira rotineira, não há empreendedorismo propriamente dito. Esse é o caso, por exemplo, da retomada de uma franquia controlada por uma grande cadeia; caso, aliás, mais relacionado à ação de um investidor que à de um empreendedor. Retomar uma empresa mudando apenas sua forma jurídica não é demonstração de empreendedorismo. Nesse grupo, classificamos também as empresas que, mais do que mudar apenas as rotinas ou a simples gestão pelos administradores, demonstram inovação, por exemplo, adotando novas tecnologias. Tal postura permite saber se o empreendedor iniciante continua sendo empreendedor após dez ou 20 anos (DAVIDSSON, 1991) ou, ao contrário, se é empreendedor apenas de tempos em tempos, portanto no sentido schumpeteriano, quando faz mudanças importantes ou inova. Insere-se nesta definição uma grande empresa que evolui rapidamente tanto interna como externamente (por aquisição ou fusão)[4]. Mudança, contudo, não quer dizer necessariamente crescimento, nem passagem de pequena a média e grande empresa; pode-se realizar regularmente mudanças para responder às contingências do mercado e ainda continuar pequeno (GIBB e SCOTT, 1986). Do mesmo modo, crescimento não quer dizer evolução linear, como tentam mostrar alguns partidários da teoria dos estágios de crescimento, a despeito de seus muito numerosos críticos, tais como Stanworth e Curran (1979), ou ainda Watson (1995); essa teoria está ligada à metáfora da evolução biológica, ao passo que empresas são organismos sociais sem trajetórias obrigatoriamente lineares e que possuem grande margem de liberdade.

Por fim, no quadrante inferior direito encontra-se uma empresa já existente que amplia seu mercado, seja propondo um novo produto ou uma nova linha de produtos para o mercado regional ou nacional, seja oferecendo o mesmo produto a um mercado maior, predominantemente para exportação.

Contudo, essas definições não são suficientes, como lembram Bygrave (1989) ou Aldrich (1990), pois se limitam ao empreendedorismo individual, quando na verdade o ambiente geral e as relações, por exemplo, com a família, as redes e o papel dos modelos provenientes do meio, têm muita importância no desenvolvimento de cada empresa. O objetivo deste livro é estudar o empreendedorismo regional ou local, ou a criação e o desenvolvimento de um grande número de empresas.

Como veremos mais adiante, nossa abordagem neste livro é estudar a criação e o desenvolvimento de empresas para além dos casos particulares. Aqui, queremos responder à pergunta posta por Gartner (2001) – "*por que uma nova empresa é criada?*"–, ampliando sua abrangência para o território e a mudança ou inovação que se seguem a essa criação. Nossa preocupação diz respeito à criação e ao desenvolvimento de empresas nas regiões ou localidades.

Qualquer criação ou desenvolvimento de empresa tem impacto não apenas sobre ela mesma, mas também sobre o mercado local e possivelmente nacional ou internacional, o que acaba por provocar mudanças no tecido industrial territorial. O empreendedorismo cria, portanto, uma estrutura diferente entre os diversos atores socioeconômicos do território; isso porque a chegada de uma nova empresa ou mudanças em empresas existentes provocam novos ajustes e a criação de novas empresas, além de estimular a mudança no tecido industrial.

Em suma, para nós, o empreendedorismo regional diz respeito a todos os quadrantes da Figura 1. Ele provoca a criação mais ou menos regular de novos valores nos mercados regionais ou externos, tais como novas estruturas de produção e criação de novos bens ou novas localizações (BRUYAT e JULIEN, 2000). Essa criação afeta as outras empresas e os atores ou *agentes* econômicos da região ou do exterior, que se beneficiam da evolução. Tal criação de valores novos perturba o(s) mercado(s), o que impulsiona rapidamente a região a evoluir, para finalmente se desenvolver e responder melhor às necessidades de seus cidadãos e de clientes externos, criando mais empresas no seu seio, consequentemente mais empregos e mais riqueza e, finalmente, mais desenvolvimento regional.

2 • As **diferentes** formas **empreendedoras**

A criação de novos valores pode assumir formas diversas. Além disso, varia de acordo com os lugares e o tempo. Portanto, não pode ser avaliada unicamente por seu grau de novidade, ao contrário, deve ser compreendida tendo em vista o ambiente social. Essa criação se manifesta em diferentes economias, diferentes territórios, em função de contextos socioculturais particulares e da história ou do nível de desenvolvimento geral. Deve-se, portanto, levar em conta o contexto, como com qualquer outro objeto de pesquisa, o que esclarecem Kuhn (1970) ou Chalmers (1994). Os empreendedores e suas ações refletem as características do tempo e do lugar onde evoluem (FILION, 1997). A criação de novas empresas não pode ser concebida fora da sociedade que as impulsiona (CHELL, 2001) e, por conseguinte, da cultura que as cerca. Assim, Torrès (2001) propõe quatro tipos ideais de empreendedorismo, que distinguiremos abaixo e aos quais acrescentaremos outros dois:

1 • O empreendedorismo liberal norte-americano, ligado estreitamente à ética protestante definida por Max Weber ou a uma abordagem utilitarista e positivista à Jeremy Bentham. Podemos acrescentar que sua aplicação neoliberal por muitas empresas americanas provocou os resultados que conhecemos nesses últimos anos (como o caso da Enron, concluído com a prisão da alta direção), mas não daria conta sequer da realidade dos Estados Unidos (D'IRIBARNE, 2000). Ogbor (2000) fala de uma ideologia relacionada à cultura ocidental, mas que é demasiadamente simples para representar uma realidade muito mais complexa.
2 • O empreendedorismo corporativista "à francesa", que busca segurança no amparo de diversas leis e normas de operação, pelo menos em um bom número de grandes empresas francesas (FAYOLLE, 2000).
3 • O empreendedorismo de classe média ao estilo belga ou alemão, ou na denominação dos britânicos, o empreendedorismo "pequeno burguês" (AUDRETSCH e ELSTON, 1995), formado em geral de PMEs mais ou menos conservadoras.

4 • O empreendedorismo de rede à japonesa, que Dana (1998) divide em três subtipos: o *sanchi*, que se aproxima do distrito industrial italiano; o *kuodokumiai*,baseado na cooperação entre PMEs para diferentes funções, como compras; e o *shita-uke gyoscha*, baseado em vários níveis de subcontratação. Sistemas semelhantes de formação de redes ocorrem também na Dinamarca (MÖNSTED, 1995) e, evidentemente, na Itália, com os distritos industriais (BECCATINI, 1989).

5 • O empreendedorismo asiático, formado por milhares de pequenas empresas com funções bem definidas em uma hierarquia que abrange micro, pequenas, médias e grandes empresas (GUILHEUX, 1998).

6 • E, por fim, o empreendedorismo informal ou comunitário africano, que conta com a presença importante das mulheres e apoia-se parcialmente em cotizações ou no microcrédito (KAMDEM, 2001).

Essa tipologia, entretanto, ainda é pouco aprofundada. E deve ser matizada, pois no mesmo território pode-se encontrar diversos tipos ou subtipos. Na Inglaterra, por exemplo, com o suposto modelo anglo-saxão de empreendedor solitário, cerca de 40% das PMEs têm dois sócios-gerentes ou mais, e muitas empresas são criadas por meio de cooperativas (DTI, 1999). Na Itália, há pelo menos três grandes regiões empreendedoras diferentes, como já se demonstrou diversas vezes (CONTI e JULIEN, 1993); e mesmo o sistema de distrito industrial da Terza Italia existe em muitos outros países europeus, além da América do Norte (PYKE e SENGENBERGER, 1992). Na Espanha, o empreendedorismo da Catalunha é bastante diferente daquele da Andaluzia (GUZMAN CUEVAS, 1995). Na África, o comportamento dos empreendedores varia, depedendo do fato de eles serem muçulmanos, cristãos ou animistas. Na Ásia, os novos empreendedores chineses ignoram a lealdade para com fornecedores e clientes, e os das grandes ilhas do oceano Índico têm comportamentos próprios, não sendo africanos nem asiáticos (VALÉAU, 2001). Na América do Norte, em Quebec, o sistema de bandeiras em cooperação faz com que uma parte do comércio varejista continue a ser controlada por empreendedores independentes, ao contrário do que acontece nos Estados Unidos, onde as grandes cadeias claramente dominam; além disso, as cooperativas financeiras são mais importantes do que os bancos privados. E tudo isso às vezes evolui rapidamente.

Sem contar que, em muitos países, novos tipos de empresas virtuais favorecidas pela internet se desenvolvem no plano nacional ou internacional. Encontram-se também em caminhos paralelos empresas altermundialistas que promovem, por exemplo, o comércio igualitário ou ainda a contracultura. Michel Certeau (1973) explica bem essas mudanças na história socioeconômica de vários países.

Eis um exemplo de empreendedorismo muito distante da PME capitalista à americana. Estudando, nos anos 1980, o distrito industrial de Prato, próximo a Florença, verificamos que mesmo os pequenos empresários eram membros do Partido Comunista e compartilhavam da mesma obediência que seus empregados ao sindicato, o que seria provavelmente considerado, na América do Norte, uma terrível heresia passível de prisão, ou então, em alguns recônditos, de fogueira, como mostrou o filme *Easy Rider*, na dácada de 1960. Para esses empresários italianos, o inimigo era a grande empresa de Milão e Turim, tentacular (que apoiava, aliás, a democracia cristã). Isso explicaria por que, após a guerra, as centenas de milhões de dólares do Plano Marshall foram dirigidas quase que exclusivamente para o Norte da Itália, obrigando as pequenas empresas do centro a se virarem sozinhas justamente pela cooperação e pelo empreendedorismo endógeno. Ver a esse respeito Bianchi (1996).

Outro exemplo mais moderno e bem distante do funcionamento das empresas tradicionais é o de uma pequena empresa da cidade de Quebec especializada nos problemas de logística da impressão de histórias em quadrinhos, que trabalha, entre outros, com autores de Cali (Colômbia) ou São Paulo (Brasil), cujos trabalhos serão impressos em Amsterdã e distribuídos por uma empresa de Los Angeles, uma das capitais mundiais do setor.

Pode-se estender essa complexificação aos setores de produção informal ou ainda ao mercado negro, não somente nos países em desenvolvimento, mas também nos industrializados, como já demonstraram diversos estudos antropológicos (STEWARD, 1991). Em relação aos mercados paralelos, Fadahunsi e Rosa (2002) discutem o caso dos empreendedores nigerianos que trabalham em áreas de fronteira e são submetidos ao dilema de subornar funcionários aduaneiros ou recorrer a meios legais – mais baratos, apesar de menos eficazes; acrescentemos a isso o fato de que essas empresas criam milhares de empregos e representam parte significativa da atividade econômica da região. Outro exemplo é discutido por Rehn e Taalas (2003), os quais explicam que, contrariamente à crença econômica ou jornalística em geral, um mercado empreendedor paralelo e ilegal sempre existiu na União Soviética, para compensar os limites da planificação central[5]. Schumpeter explica que muitos empreendedores criam suas próprias regras: pensemos nos exemplos conhecidos, como Bernard Tapi, na França, ou Conrad Black, da Hollinger, no Canadá. Pode-se também estender essa transgressão das regras gerais a atividades criminosas, como é o caso da Young Boy Inc., empresa criada no fim dos anos 1970 por Butch Jones e Raymond Peoples para distribuir drogas na Zona Oeste de Detroit, gerida exatamente como qualquer empresa legal, com diversos departamentos e grande capacidade de inovação (REHN e TAALAS, 2004).

Hofstede (1994) mostrou muito bem que a organização é influenciada pela maneira como uma sociedade concebe a autoridade, os comportamentos individualistas em relação aos comportamentos sociais, as relações entre homens e mulheres, a atitude diante da incerteza, o nível de permissividade em relação ao ilegal ou ainda como lida com o curto e o longo prazo etc. Assim, os comportamentos relativos à competição variam enormemente de acordo com a cultura: em alguns casos, eles são muito fracos[6] ou particularmente agressivos, enquanto em outros lugares se busca muito mais a cooperação; e a competição em um mesmo país varia de acordo com os setores, assim como os elementos sobre os quais se apoia a concorrência. Já não se fez uma oposição entre japoneses e ocidentais, argumentando que aqueles recorriam mais ao hemisfério direito do cérebro (mais sintético, mais holístico, que integra melhor muitos dados) e estes ao hemisfério esquerdo (mais analítico, mais lógico)[7]?

É preciso notar que não há hierarquia entre tipos de empreendedorismo. Todos são equivalentes e podem todos ser fonte de desenvolvimento ou de obstáculos; ainda que, nesta obra, foquemos mais no empreendedorismo ocidental, que é algo relacionado ao empreendedorismo americano e europeu, os quais conhecemos melhor, mas que não deixa de estar relacionado a elementos mais universais[8].

Além disso, o empreendedorismo não pode ser limitado a certas épocas ou territórios, nem circunscrito à empresa privada. Nem é necessariamente mais presente em certos grupos que em outros. Se sua presença e seu dinamismo podem variar de acordo com as épocas e os territórios, é sobretudo pelo modo de funcionamento que se distinguem de um lugar para o outro, como veremos ao longo desta obra.

Em suma, as diferentes teorias sobre o empreendedorismo não são necessariamente falsas, mas frequentemente concentram-se de forma exagerada no comportamento individual de cada empreendedor ou em territórios ou épocas, e, acima de tudo, são excessivamente parciais a maior parte do tempo. É, portanto, necessário ultrapassar essas abordagens para recorrer a uma teoria mais complexa, como recomendam Shane e Vankataraman (2000), além do grupo de pesquisadores dirigido por Steyaert e Hjorth (2003).

3 • A necessidade de uma abordagem complexa

Só é possível falar sobre empreendedorismo adotando-se uma visão ampla, já que para compreendê-lo é preciso necessariamente considerar diferentes tipos de indivíduos (de acordo com idade, sexo, origens, formação do empreendedor etc.), diferentes formas de organização (de acordo com o porte da empresa, o setor, laços com as outras empresas etc.), diversos ambientes socioeconômicos – próximos (o meio) ou mais amplos (o mercado, a economia) –, e diversas épocas (o tempo).

É o que Sandberg e Hofer (1987) já tentaram mostrar, privilegiando uma abordagem que leva em conta o empreendedor, sua estratégia e a estrutura do setor, caminho retomado mais tarde por Storey (1994), que acrescentou o processo de gestão.

Contudo, isso não é suficiente. Para compreender o que é empreendedorismo, é necessário recorrer a diferentes disciplinas e pesquisas diversas. Em particular, não é possível restringir-se ao empirismo ingênuo de estudos que se limitam a fazer a ligação entre algumas variáveis puramente econômicas, como mencionam Curran e Blackburn na obra de *Researching the Small Enterprise* (2001), que aborda toda a complexidade do conceito.

Na verdade, qualquer pesquisa sobre empreendedorismo precisa aplicar o princípio sistêmico da *variedade requerida*, ou seja, uma abordagem não pode ser menos complexa do que a questão abordada[9]. Por outro lado, ser complexa demais pode

> **O princípio da variedade requerida** explica que é necessário que uma organização seja tão complexa quanto o sistema no qual ela age, se não se quiser estar em descompasso e, portanto, fora de prumo em relação a este sistema. Assim, as organizações devem ser capazes de compreender o que se passa nos mercados, buscando os elementos para fazê-lo e desenvolvendo uma combinação complexa de recursos capazes de apreender as mudanças sutis e reagir ou mesmo agir de forma proativa em relação a elas. Jacques Mélèse mostrou que uma organização fortemente hierárquica só pode evoluir lentamente e precisa controlar seu ambiente por diversas medidas monopolistas para tentar impedir a mudança: "Uma hierarquia formal na qual toda a variedade provém da cúpula não passa de um dispositivo de desaceleração que não apresenta qualquer traço de capacidade de controle, adaptação ou aprendizagem".
> (MÉLÈSE, 1979, p. 73)

limitar a compreensão, como explica Chia (1998, p. 344): "Toda ciência, qualquer que seja sua complexidade, é no final reducionista em suas intenções". Isso porque é definitivamente impossível dar conta de tudo – ou, no caso que nos concerne, de todos os possíveis elementos que dizem respeito ao empreendedorismo ao mesmo tempo e para o mesmo período –, tornar tudo transparente (BACHARAH, 1989). No nosso caso, discutiremos o empreendedorismo de acordo com pelo menos quatro abordagens: antropológica e psicológica, sociológica, geográfica e econômica, sabendo ainda assim que elas não esgotarão o assunto.

Na abordagem *antropológica e psicológica*, senão *behaviorista*, a empresa, ao menos nos primeiros anos de existência, depende principalmente do empreendedor, portanto de todas as suas dimensões individuais, psicológicas e sociais – tanto próximas (família) quanto mais amplas (origens, cultura, educação, formação etc.). São de fato essas dimensões que determinam as características e os comportamentos que permitem ao futuro empreendedor desenvolver certas ideias e, em seguida, concretizá-las na criação de uma empresa ou em sua transformação. Essa abordagem relaciona-se ao paradigma de Schumpeter sobre o papel central do criador da empresa, o "herói" do empreendedorismo, ao menos em seus primeiros anos.

No que se refere ao empreendedor, pode-se, portanto, falar de seu desenvolvimento cognitivo, de sua capacidade reflexiva e seu senso de oportunidade (KIRZNER, 1979; BARON, 2006; HINDLE, 2007). Deve-se levar em conta, especialmente, sua experiência passada e atual, conhecimentos que adquiriu durante a juventude no seio de família ou posteriormente, sua concepção da ideia inicial e a seguir o desenvolvimento da estratégia e a configuração da organização que ele pôs em prática, o que constitui a estrutura subjetiva individual e coletiva que facilitará ou não o posicionamento da organização no mercado.

No aspecto cognitivo, como em qualquer indivíduo, pode-se encontrar comportamentos mercantis e não mercantis, como o fato de contratar um parente ou um amigo mesmo sabendo de suas limitações, e ainda impulsos que, por definição,

> **Meu avô incitou fortemente meu pai** a se associar ao seu irmão, por razões puramente familiares; isso o obrigou, 20 anos mais tarde, a comprar caro a parte do tio a fim de ter liberdade para desenvolver a empresa. Essas obrigações familiares ou sociais são moeda corrente na criação de uma empresa, não apenas em países de organização tradicional, mas também em outros.

nem sempre são racionais. Que se pense apenas no problema da sucessão, o qual com frequência não tem nada a ver com uma análise razoável e que, em muitas sociedades, acaba até por perpetuar velhos preconceitos, como quando se dá preferência ao filho, mesmo que a filha seja muito mais apta, ou ainda quando se descarta um profissional para privilegiar um filho com deficiências evidentes.

O empreendedor está no coração da criação e do desenvolvimento de uma empresa. Ele é de fato um indivíduo um pouco particular, seja no mercado capitalista ou em outro. Mas é também um ser social, que deve considerar as possibilidades e os limites da sociedade em que vive[10], apesar do que dizem Pareto ou Frédéric Hayek, que, retomando os aforismos simplificadores de Jeremy Bentham, fazem dele um ser puramente egoísta e calculista. Esse empreendedor tem interesses pessoais, família, amigos e, consequentemente, afinidades e interesses diversos. A família ou os amigos podem intervir na empresa como gestores ou funcionários, com papéis nem sempre bem definidos. O empreendedor tem atividades fora da empresa, emoções, vida social e laços diversos mais ou menos obrigatórios. Seu sucesso se explica também por múltiplos laços com o meio socioeconômico e por um ambiente propício, como veremos mais adiante.

Consequentemente, ao lado dos empreendedores há muitos outros atores, chamados de *partes implicadas*, que podem ser a família, sócios, certos funcionários[11], parceiros de negócios, além de outras pessoas que servem de modelo ou que fornecem toda sorte de informações úteis.

O empreendedor, e portanto o empreendedorismo regional, é um fenômeno eminentemente sociocultural. Do mesmo modo como qualquer consumidor, ele é um ser ligado a uma coletividade e que não pode agir sozinho, e segue a trajetória mais ou menos traçada no seu nascimento; ele necessita dos impulsos e do apoio do ambiente, em particular de seu meio próximo.

Assim, a abordagem *sociológica* é essencial. A partir dela, o empreendedor é visto como o criador de uma organização que se relaciona com outras organizações na sociedade, portanto no meio social que serve como mediador delas, como afirma Arrow (1994). Essa organização pode ser mais ou menos complexa, de acordo com o porte, e mais ou menos dinâmica, de acordo com a estratégia adotada. No princípio, a organização é o prolongamento do empreendedor, ela o completa. Depois, pouco a pouco, emancipa-se dele, ainda que continuem forçosamente ligados. Ela reúne outros elementos, como gerência, funcionários e as outras partes implicadas, e os orienta por sua estratégia. Para o empreendedorismo, a organização é mais importante do que o empreendedor, pois representa a base do tecido industrial e do desenvolvimento da região, gerando empregos e produtos. O posicionamento inicial da organização e, a seguir, seu ajuste gradual ou súbito ao mercado influencia seu desenvolvimento. O fechamento da empresa, seja porque o empreendedor está se aposentando, já atingiu seus objetivos ou não encontra comprador, representa sempre um problema para o desenvolvimento regional.

A abordagem *geográfica* ou *de economia regional* permite diferenciar as regiões de acordo com sua capacidade de manter empresas e de sustentar a criação ou a abertura de novas empresas, portanto de acordo com seu grau de dinamismo: como o empreendedorismo varia de um território a outro, é necessário considerar a inserção social da organização e de seus laços com o meio. Cada empresa, nova ou antiga, situa-se em um território que fornece os recursos e o capital social complementar aos capitais financeiro e humano necessários para sustentar seu desenvolvimento. A ação empreendedora não se concebe fora da sociedade que a contém, principalmente a sociedade próxima, seu meio e sua economia (GIDDENS, 1991).

Por último, a abordagem *econômica* permite situar o empreendedorismo na conjuntura mais ampla dos ciclos econômicos. É verdade que o empreendedor e o empreendedorismo são pouco presentes nas teorias econômicas. Para a teoria neoclássica, o empreendedor não existe ou não é importante, ainda mais quando só são consideradas as empresas muito grandes, o que critica, por exemplo, Kirchhoff (1994). Contudo, o empreendedorismo só pode se desenvolver em um ambiente econômico (mercado, estrutura ou setor, concorrência etc.) e em uma dada conjuntura (em expansão, estagnação, declínio), nos quais age o empreendedor e que dão a ele a informação necessária para se ajustar e encontrar oportunidades de negócios. Sem ambiente complexo para além do mercado não há empresa capitalista, logo não há empreendedor, diga Casson (1991) o que disser.

Este último afirma, como outros economistas, que existe em toda parte um mercado de empreendedores, sempre prontos a se manifestarem se o rendimento for conveniente[12]. Ele recusa-se a ver o empreendedor como alguma coisa mais do que um produtor ou um *vendedor especializado* (em seus termos) que tenha em princípio competências que o distinguem da sua empresa, a qual, no entanto, o transformará em seguida, como veremos mais adiante[13]. Se Casson envereda por outros campos (como a economia institucional de John R. Commons) quando fala de controle, ele continua tendo uma visão puramente hierárquica desse controle. Do mesmo modo, recorrendo à teoria da negociação de Williamson, ele não consegue superar os cálculos puramente racionais. Esse postulado de racionalidade total e o recurso sistemático à análise marginal o impedem de avançar. Casson recusa-se a ver

TABELA 1 • AS DIFERENTES ABORDAGENS DO EMPREENDEDORISMO

ABORDAGEM	O EMPREENDEDOR	A EMPRESA OU ORGANIZAÇÃO	O AMBIENTE OU MEIO TERRITORIAL
Antropológica e psicológica ou behaviorista	Suas características (sua personalidade)	Pessoal e centralizada	Pessoal ou não considerado
Sociológica	Um criador de organização	Associada a outras organizações e à sociedade	A organização é parte do tecido industrial
Geográfica ou de economia regional	Um dos principais atores mas não o único	Elementos de diversificação ou não	Fortes laços com o meio e vice-versa
Econômica	Simples agente econômico	Parte da estrutura setorial e resposta às necessidades do mercado	O dinamismo da empresa parte da conjuntura e outros ciclos econômicos de médio e longo prazo

no empreendedor o ser humano com possibilidades e limites[14]; a esse respeito, ele continua a seguir Pareto, que afirmava que não pertence ao âmbito do econômico buscar compreender por que o indivíduo faz uma ou outra escolha para além da busca de seu interesse particular e das forças que o impulsionam a visar ao interesse geral. Para Pareto, como para os economistas puros, o homem é um agente movido pelas forças econômicas que planam acima dele.

A abordagem de Casson lembra um pouco a de Gary Becker, que faz entrar, a golpes de equações simplificadoras, as noções sociológicas[15] nos limites da economia (para ele, toda a sociedade pode ser analisada como o mercado, e recorrendo-se a simples equações). Por exemplo, Becker (1996), que apesar disso recebeu o "Prêmio Nobel de Economia"[16], mostra que o problema da criminalidade em um território pode ser explicado unicamente por penas excessivamente fracas ou sentenças insuficientes para desencorajar os criminosos. Para ele, o crime, como o empreendedorismo, deve ser analisado como uma escolha racional. Porém nós sabemos que, assim como o empreendedor que assume um risco crê firmemente que seu projeto é bom e terá sucesso com um pouco de sorte (SINGH, 2000), também o criminoso tem certeza de que não será pego. É por isso que os sociólogos acabaram por se recusar a refutá-lo. Para eles, as semelhanças com a realidade sociológica que ele descreve são *puramente ficcionais ou aleatórias*, o que levou Pierre Bourdieu (1984) a afirmar que Becker é totalmente *acultural* do ponto de vista sociológico, ainda que seu pensamento não possa ser criticado, já que está fundamentado em elementos próprios de racionalidade que não têm ligação nenhuma com a realidade[17]. O fenômeno empreendedor é complexo demais para ser analisado apenas do ponto de vista das regras econômicas[18]; deve-se, pelo contrário, considerar todas as abordagens que acabamos de expor brevemente (ver Tabela 1), e até mesmo ir além delas.

4 • A pirâmide empreendedora

Essas diferentes abordagens consideram não apenas os atores individuais, mas também os efeitos de suas ações e o impacto destas tanto sobre eles quanto sobre o mercado no qual atuam, gerando mudanças; em outras palavras, elas englobam a *ontologia do fenômeno*, como recomenda Chia (1998). Isso nos permite construir uma pirâmide ilustrando as diferentes abordagens, sua interdependência e as variáveis sobre as quais nossa análise irá se debruçar, variáveis que chamaremos de atores do empreendedorismo endógeno e fatores que o favorecem[19] (ver Figura 2, ao lado). Os três primeiros atores – empreendedor, organização e meio – fazem parte mais especificamente do empreendedorismo endógeno. Eles serão o objeto da primeira parte da presente obra. Os outros dois, ambiente e tempo, são exteriores e podem ser vistos tanto como obstáculos quanto como possibilidades para a ação empreendedora. Tudo isso será retomado ao longo da argumentação.

FIGURA 2 • A PIRÂMIDE DO EMPREENDEDORISMO

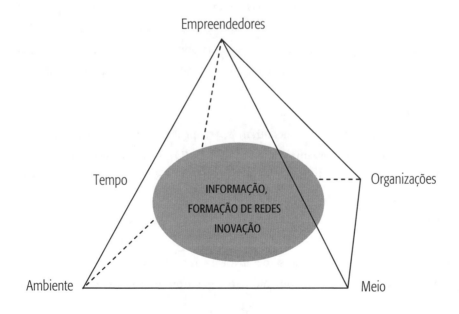

A pirâmide compreende quatro triângulos cuja lógica sustentará nossas propostas nesta obra. O primeiro triângulo, à direita, representa os três elementos que formam a base do empreendedorismo endógeno: os empreendedores ou catalisadores da atividade empreendedora, como explica, por exemplo, Holmquist (2003); a organização, como complemento e suplemento de suas ações; e o meio, que é o que geralmente explica não somente a multiplicação mas também o dinamismo, e é beneficiado em retorno. O segundo triângulo, o da frente, liga os empreendedores ao ambiente, portanto à economia, onde encontram mercado e recursos, de acordo com o tipo de setor no qual a empresa atua; a maioria das pequenas empresas está limitada ao mercado local e aos recursos do meio próximo, ainda que quase sempre acabem sendo tocadas pela evolução do ambiente. O terceiro triângulo, o da esquerda, faz a ligação entre os empreendedores, o ambiente e o tempo. O tempo age sobre os comportamentos dos empreendedores, que fazem escolhas mais ou menos oportunas de acordo com o período, como as grandes empresas cotadas na bolsa que optam pelo prazo muito curto para responder às necessidades dos acionistas ao invés de realizar investimentos de longo prazo. O tempo explica também a evolução particular do ambiente e seu dinamismo. O último triângulo, no fundo, retoma as ligações entre empreendedores, organizações e tempo, para mostrar que os dois primeiros se transformam consideravelmente no tempo, sucumbindo a este ou tirando proveito dele[20].

No centro da pirâmide colocamos os fatores que favorecem o aparecimento do empreendedorismo endógeno e seu desenvolvimento: a *informação*, que está na base da economia do conhecimento, servindo, portanto, de combustível para fazer rodar toda a economia, em que tudo é cada vez mais uma questão de informação; a *formação de redes*, que permite melhor acesso, triagem e adaptação dessa informação; e, por fim, a *inovação*, que está no coração do caráter distintivo das empresas ou de sua competitividade na economia do conhecimento, e que repousa na informação que as redes oferecem.

Nessa lógica complexa, encontramos, em primeiro lugar, a dialética entre o empreendedor (E) e a organização ou a empresa (O), bem conhecida dos gestores: E ←→ O. Mas essa dialética não é suficiente. Uma terceira dimensão, o ambiente, tem um papel chave, como esclarecem os economistas; isso porque toda organização é um sistema aberto que tira seus recursos do ambiente, e age em um ou alguns mercados consumidores. Esse ambiente, ou melhor, o meio (o ambiente próximo), não é, entretanto, passivo, mas se desenvolve em conjunto com o empreendedor e sua empresa, e esse desenvolvimento não é geral ou global, mas específico a cada território e a cada período de sua história (GIDDENS, 1991). Durante muito tempo, os economistas não distinguiram o papel particular do meio no ambiente, ou seja, dos outros atores próximos, estruturas e laços de negócios no empreendedorismo, já que, como dissemos, a maioria[21] considerava que a economia era, na maior parte do tempo, favorável ao empreendedorismo, pelo menos quando a conjuntura era propícia. Mas esse meio, M, parte do ambiente, e, não é apenas um campo de oportunidades ou um limite de concorrência, nem mesmo um simples contexto, mas alguma coisa que pode ser particularmente ativa, de acordo com a relação $E_0 \leftarrow\rightarrow ()M$ (ou ainda $\{(E + O) \int (M_e)\}$): se o desenvolvimento passa pelas empresas, elas se transformam graças ao meio próximo e ao ambiente. Por último, o tempo, t, não é indiferente, pois a escolha da época para aproveitar e transformar uma oportunidade em ação é relevante e pode explicar o sucesso ou o fracasso. Aliás, a palavra *oportunidade*, proveniente do inglês e utilizada pelos economistas, é mais significativa que sua tradução *ocasião de negócios*, já que compreende justamente a referência ao tempo[22], que faz com que a oportunidade (incluindo-se aí aquela criada, como veremos nos Capítulos 3 e 8) seja oportuna ou não, ou chegue, infelizmente, muito cedo ou muito tarde. Essa palavra está também associada à ideia de oportunismo, o que mostra bem a ligação entre a ideia, sua aplicação e seu(s) autor(es), o empreendedor. Temos, portanto, finalmente, uma relação completa em que o empreendedorismo é uma função de $\{(E + O) \int (M_e, t)\}$.

Poderíamos incluir outras variáveis, como o porte, que diferencia pequenas e grandes empresas ou instituições. Na busca de concisão, estas últimas serão vistas mais tarde. Porém esta análise vai, de qualquer modo, além das primeiras abordagens de Porter (1981) e de sua adequação entre a organização, seus recursos, sua estratégia e sua capacidade de aproveitar as oportunidades no ambiente. Na estratégia, deve-se também fazer a análise do comportamento daqueles que tomam as decisões no interior da empresa, pois o empreendedor e sua organização podem influenciar o meio, o ambiente e a economia (eles não são somente captadores de recursos e de oportunidades). O elemento estratégico, principalmente na organização (de *órgão*, de *orgânico*: a empresa não é um conjunto baseado em ordem, mas um sistema vivo em crescimento), é bem explicado por Brown e Eisenhart (1998), os quais mostram que a aplicação da estratégia é tão importante quanto a própria estratégia. A estratégia consiste em concorrer *no fio da navalha*, criando um fluxo contínuo de pequenas vantagens competitivas de todo tipo para se distinguir de seus concorrentes, *administrando* o ambiente (MARCHESNAY e JULIEN, 1990). Supõe-se uma ação em cinco tempos: 1) a *improvisação* (no limite do caos, entre a permanência e a flexibilidade);

2) a *coadaptação* e a *colocação* (a proximidade e a colaboração da equipe multidisciplinar); 3) a *regeneração* (explorar o antigo criando o novo, por rearquitetura); 4) a *experimentação* (previsões e testes para explorar o futuro a baixos custos e de maneira flexível); e 5) o *andamento* (o ritmo natural, a trajetória, o itinerário, que mantém a capacidade de mudanças naturais, beneficiando-se da sinergia do momento inicial). É a dialética entre estrutura e caos, que tira sua coerência da visão da empresa. Essa estratégia supõe também a ação associada no seio de redes (pessoais, de negócios e informacionais), de modo a aproveitar recursos externos e assim multiplicar seu impacto.

Desse modo, situamo-nos na linha do que explicam Hitt et al. (2001), permitindo ao pensamento empreendedor ser coerente com a estratégia. Vankataraman e Sarasvathy (2001) esclarecem que "o empreendedorismo concerne à criação, ao gerenciamento estratégico e à maneira de estabelecer e manter uma vantagem do que é criado" face ao mercado. Essa visão pode englobar também a cultura da empresa que aumenta a coerência entre os comportamentos da gerência e dos funcionários e seus laços com o ambiente. Estamos assim, ainda, em face de uma complexidade intrínseca, que exige a adoção de uma abordagem complexa.

5 • De **Columbo** a **Holmes**, de **Maigret** a **Baskerville**

A necessidade de uma análise complexa que seja ainda compreensível pode ser facilitada recorrendo-se a uma metáfora; esta constitui uma tentativa deliberada de simplificar a complexidade através de uma imagem fácil de admitir e compreender. Neste livro, utilizamos a metáfora dos romances policiais, nos quais o personagem principal, o policial, e com ele o leitor, parte para a investigação não somente de um ou vários crimes, mas também de suas causas[23]. Tomemos os casos dos quatro provavelmente mais célebres detetives: Columbo, Sherlock Holmes, Maigret e Guilherme de Baskerville, conhecidos pelos livros que os colocam em ação, vendidos na quantidade de milhões de exemplares no mundo, e pelos filmes neles inspirados.

O primeiro personagem, Columbo, nos servirá de contraexemplo, já que as tramas nas quais se envolve são muito simples, quando não simplistas. De fato, em cada episódio da série, o espectador sabe com rapidez quem é o culpado e compreende que o policial já suspeitou fortemente dele desde o princípio, sem poder, no entanto, provar sua culpa. Resta ver como conseguirá forçar o assassino a confessar. Encontramo-nos, portanto, em uma lógica de investigação muito limitada, à imagem desses pesquisadores que consideram que o empreendedorismo só depende do vigor da economia ou ainda do dinamismo dos empreendedores. O primeiro caso está relacionado com a teoria econômica neoclássica, a qual considera que basta que a economia cresça para que os empreendedores se manifestem e multipliquem as empresas[24]; o segundo, com a teoria dos traços específicos do empreendedor, que faz deste um ser particular ou até excepcional, capaz de discernir oportunidades de negócios de forma talvez única e por seu próprio gênio enquanto os outros nada enxergam ali – em suma, com uma teoria que considera o empreendedor como a primeira ou até mesmo a única causa do empreendedorismo.

Sherlock Holmes, por sua vez, é um detetive mais complexo. Para encontrar o culpado, ele se baseia essencialmente no acúmulo e na avaliação de indícios de toda sorte, incluindo-se sua disposição na cena do crime e as relações entre eles. Também no empreendedorismo veremos que há toda sorte de empreendedores e empresas, que não têm a mesma importância e não agem todos da mesma maneira. Com esta abordagem, pode-se compreender que o ambiente próximo, o meio, tem um papel na sustentação da intervenção empreendedora. O mais importante, porém, são as relações sutis entre as variáveis, que podem esclarecer melhor. Em *Um escândalo na Boêmia*, Holmes explica ao fiel assistente Watson que olhe sem observar: "Somente olhe, não observe. A distinção é clara... Toda a questão está lá". E continua explicando que, na investigação, é preciso ir além das aparências, acumular fatos, reconstruir a realidade complexa. Assim, não se pode falar do papel do empreendedor sem situá-lo em seu contexto e, portanto, sem distinguir os diversos tipos de empreendedores e de organizações e o meio no qual intervêm. O que, aliás, diz Karl Vesper (1985), lembrando que os empreendedores são seres complexos cujas intervenções não podem se resumir a alguns traços ou comportamentos. Spinosa, Flores e Dreyfus (1997) lembram que, para compreender o empreendedorismo, é preciso estar preparado para ir além das aparências, para *sentir* essa complexidade da ação dos empreendedores na economia[25].

É isso o que faz, aliás, Maigret, nosso terceiro detetive célebre: vai além dos indícios, ainda que os leve em conta pelo trabalho de seus colaboradores[26]. Ele dá grande importância à história e à psicologia da vítima, explicando que é muito raro que os assassinos a escolham ao acaso[27], a menos que sejam loucos. O conhecimento da vítima ajudaria a explicar os motivos e, portanto, o comportamento dos assassinos. Maigret tem a necessidade de se colocar tanto quanto possível na pele da vítima, para compreender por que o assassino a queria: é preciso "transformar-se

TABELA 2 • A METÁFORA DOS ROMANCES POLICIAIS E A ABORDAGEM DE PROBLEMAS COMPLEXOS

DETETIVE	INSTRUMENTOS DE PESQUISA	MÉTODO DE PESQUISA	TEORIA SUBJACENTE	NÍVEL DE COMPREENSÃO
Columbo	Perguntas indiretas para provar os fatos	Linear (causa e efeito)	Poitivismo	Primeiro nível
Sherlock Holmes	Acumulação e síntese de indícios	Indução	Pós-positivismo e interpretacionismo	Segundo nível
Maigret	Indícios, empatia e intuição	Indução/dedução	Interpretacionismo	Segundo nível
Guilherme de Baskerville	Indícios, intuição, recomposição e dedução	Circular ou em espiral	Construtivismo	Terceiro nível

em uma esponja, para impregnar-se do mistério, até que ele se descubra por si mesmo"[28]. Para melhor compreender o empreendedorismo, devemos então nos colocar na pele do empreendedor e fazer as relações entre o tipo de meio no qual ele age, suas origens, sua trajetória, suas preferências e seus comportamentos, além de todos os recursos que obtém desse meio e das redes com as quais trabalha. Isso explica também a observação de Gartner (1989): não importa *quem é* o empreendedor, mas *o que ele fez, o que ele faz e por quê*.

Aquele que vai mais longe na busca da verdade, porém, é Guilherme de Baskerville. O nome desse detetive franciscano, aliás, não é um acaso, visto que Umberto Eco alude com ele a Sherlock Holmes[29] e ao filósofo inglês Guilherme d'Occam (1270-1349), que preconizava o retorno da Igreja, e portanto do papa, apenas ao domínio espiritual, para deixar ao imperador o governo da ordem material e das nações. Em sua busca pelos culpados das sucessivas mortes em um grande mosteiro italiano no século XIV, esse personagem acaba por compreender que, se não for além das oposições entre os monges, seus ciúmes e seus ódios, não compreenderá nada. Ele vê que todos os assassinatos inscrevem-se no longo enfrentamento entre o imperador e o papa pela determinação dos rumos do império[30]. A isso se acrescenta o debate entre as ordens menores, notadamente a franciscana, que apoiam a posição do imperador, e as ordens maiores, como a dominicana, que tomam o partido do papa – sem esquecer o controle das almas por meio do controle dos livros, nos quais se pode encontrar a verdade[31]. Os assassinatos são apenas onde desembocam esses diferentes conflitos.

Como vemos na Tabela 2, ao lado, Guilherme mostra assim que a verdade só pode ser compreendida a partir de muitos níveis. No primeiro nível tem-se, efetivamente, no caso do empreendedorismo, o empreendedor e sua organização. Entretanto o dinamismo não depende unicamente deles, mas também do meio no qual agem e dos laços que têm com as redes que fornecem recursos e informação. É preciso, portanto, considerar este segundo nível.

Entretanto, para compreender ainda melhor, é preciso passar também ao terceiro nível, ou seja, reconstruir o contexto sociocultural particular, a história e o desenvolvimento desse meio, os modelos empreendedores que fornecem, as convenções (as regras do jogo) nas quais os atores se apoiam para sustentar sua ação, em suma, a cultura empreendedora e a atmosfera setorial da região. Não fazer isso seria, por exemplo, como tentar explicar assassinatos ligados a gangues tendo como premissa simplesmente o conflito entre indivíduos, sem considerar o desenvolvimento dessas organizações criminais ou o ambiente social que favorece ou limita sua atividade na sociedade.

Como veremos ao longo desta obra, o empreendedorismo é mais do que a dinâmica dos empreendedores e suas empresas. Ele supõe um meio rico não somente em recursos (um território suficientemente grande para ter um mínimo de recursos complexos), mas também em relações com o exterior, com o ambiente; um meio que goze de uma atmosfera particular que acelere a coesão entre espírito empreendedor, recursos e potenciais de mercado. Em resumo, um meio cuja cultura empreendedora favoreça a sinergia entre os elementos e sustente a troca de informação entre as redes, a fim de permitir uma inovação global cada vez mais generalizada.

Evidentemente, compreender tudo isso não é fácil, e não esgotaremos o assunto nesta obra. Na nossa análise do empreendedorismo territorial, lidamos com meios diferentes (recursos, cultura e história). Mesmo em uma economia conhecida, as empresas seguem percursos ou itinerários diferentes e as condições socioeconômicas variam. Além disso, a mudança não acontece no mesmo ritmo em toda parte; ela depende da estrutura setorial e dos recursos tecnológicos do meio: também o tempo é um fator relevante. Assim, como tratavam principalmente da situação particular de experiências organizacionais territoriais variadas, tendo conhecido sucessos e fracassos diversos, certas teorias e análises apresentadas dos anos 1970 a 1990 se contradizem e outras não se aplicam mais.

Em suma, lidamos, na realidade, com um tipo de evolução contínua em relação à qual devemos estabelecer um recuo para reconstruir o impreciso, o vago, o deformado, e observar essa realidade complexa por meio das múltiplas dimensões do prisma, a fim de melhor compreender suas diferentes facetas.

6 • **Objetivo** e **método** desta obra

O objetivo desta obra é, portanto, propor uma teoria holística ou transdisciplinar[32] do empreendedorismo, o que recomendam Bygrave e Hofer (1991), assim como Bull e Willard (1993). É também o que Montesquieu já nos convidava a fazer com todo problema complexo, há mais de 275 anos, não somente em suas *Cartas persas* (1721), mas também em sua obra maior, *Do espírito das leis* (1748). Sabe-se que, com suas *Cartas persas*, esse célebre barão dirigia um olhar crítico à sociedade francesa do século XVII, utilizando as observações de um falso viajante persa. Porém, em *Do espírito das leis*, vai ainda mais longe em seu estudo das estruturas e dos comportamentos políticos e econômicos – estudo que marcou numerosos textos fundadores, como a Constituição americana ou a teoria econômica de Adam Smith –, ao afirmar que a riqueza deveria provir da indústria, do comércio e de seus múltiplos laços de interdependência com o ambiente.

Essa abordagem transdisciplinar é obrigatória, em primeiro lugar, porque o empreendedorismo diz respeito à criação e ao desenvolvimento de pequenas empresas muito heterogêneas nas quais cada empreendedor tem um papel tão importante que as personaliza[33]; e em seguida, porque tal participação pessoal estende-se ao território no qual o empreendedor vive e onde sua empresa se implanta, território que frequentemente é o primeiro mercado e que fornece diversos recursos materiais e imateriais. Não tivemos escolha: pelo próprio papel central do empreendedor, que executa no princípio não somente tarefas de gestão, mas também muitas tarefas de produção (CHICHA e JULIEN, 1979), foi preciso considerar a pequena empresa como diferente da grande empresa. No caso da primeira há pouca ou nenhuma separação entre as diversas funções, o que está longe de ser o caso na grande empresa.

Esta teoria holística é ainda mais necessária na nova economia do conhecimento, que está em vias de transformar as economias industrializadas. Tal economia, como processo coletivo que visa a multiplicar e compartilhar a informação, a qual será em seguida transformada em conhecimentos, molda o empreendedor e o empreendedorismo e explica em parte a necessidade de se apropriar da informação. O saber só pode ser assimilado e transformado se o empreendedor e sua organização tiverem comportamentos socioculturais em harmonia com o meio e suas diferentes redes. De fato, como veremos e como já escreveu Chandler (1977), a empresa é antes de tudo um mecanismo que transforma o saber em conhecimentos para responder às necessidades do mercado, e o empreendedorismo é um sistema de relações que fornece a informação necessária ao desenvolvimento desse saber.

Nossa análise dessas relações vem de dezenas de pesquisas de campo, de muito numerosas leituras de influências diversas, frequentemente norte-americanas mas também europeias[34], e de discussões com colegas por ocasião de colóquios internacionais e de convites a diversas universidades. Ela provém também de nossos trabalhos na OCDE desde 1989, sob a coordenação de Marie-Florence Estimé, chefe da Divisão de PME do organismo. Ela também se alimenta de nosso trabalho na Cátedra Bombardier da Universidade de Quebec em Trois-Rivières, que nos permitiu encontrar durante cerca de dez anos uma centena de dirigentes de empresas, dezenas de pequenos empresários e muitos colaboradores de diversas regiões de Quebec (JULIEN et al., 2003b). Isso sem contar a leitura de dezenas de manuscritos por ano como diretor da *Revista Internacional P.M.E.*, de 1988 a 2005. Nossa análise vem também do estudo de centenas de outras PMEs, algumas das quais se tornaram grandes empresas, que se mantiveram próximas das ideias e dos comportamentos do início, mas transformaram-se gradualmente e se tornaram, na segunda e sobretudo na terceira geração, mais tecnocráticas e menos ligadas ao território. Ela também contou com o aporte de dezenas de estudantes do mestrado em Gestão de PMEs criado na Universidade de Quebec em Trois-Rivières em 1981 e, mais recentemente, do doutorado em Gestão de Negócios (DBA), aberto em 2000. Nossa abordagem é, portanto, construtivista à maneira de Guilherme de Baskerville, pois nos baseamos tanto no real e em sua transformação quanto nos diversos conceitos em desenvolvimento. Ou, ainda, é fenomenológica, como explicam filósofos como Heidegger, pois reconstruímos a realidade passo a passo e ângulo a ângulo para chegar a explorá-la[35].

Nesta análise, apresentaremos então as PMEs como os elementos-chave do empreendedorismo, não como um fenômeno menor[36] ou como integrantes de grupos sem estratégia de desenvolvimento próprio, mas como um verdadeiro motor do desenvolvimento. Em um número muito grande de territórios, a PME é realmente a única que sustenta o desenvolvimento, quando não a única resposta ao declínio das grandes empresas. Essa importância das PMEs relaciona-se ainda ao fato de que continuam a ser as primeiras criadoras de emprego, como foi o caso com a retração da grande empresa nos anos 1970-80 e com o questionamento do *fordismo* baseado na padronização e no *taylorismo*.

Entretanto, não pretendemos com esta obra dar uma receita nem demonstrar o valor de um único modelo empreendedor. Aliás, sempre haverá trabalho a fazer. Watson (1995)[37] lembra que o empreendedorismo é "uma história intrigante e sempre em desenvolvimento, pois é ainda jovem, com menos de trinta anos"[38]. Queremos antes chamar a atenção do leitor para as grandes variáveis que explicam o empreendedorismo em diferentes situações e lembrá-lo de que novas combinações dessas variáveis são possíveis, ou até desejáveis, em outras situações. Assim, não se saberia aplicar a outras culturas os exemplos que descrevemos sem que estes fossem previamente adaptados aos novos meios. Todo modelo deve ser coerente com seu ambiente, do contrário acaba por não mais convir. Nenhuma empresa pode desprezar a evolução do seu mercado, da tecnologia disponível e dos valores que marcam sua economia sem sacrificar a eficácia.

7 • Esquema geral do livro

A obra se divide em quatro partes. Na primeira, descrevemos o contexto no qual faremos nossa análise do empreendedorismo endógeno. Na segunda, apresentamos os grandes atores do empreendedorismo. Na terceira, explicamos quais são os fatores envolvidos no dinamismo das empresas. Finalmente, na quarta parte, religamos atores e fatores para explicar como funciona o empreendedorismo nas regiões dinâmicas.

A primeira parte compreende dois capítulos. No Capítulo 1, mostramos em que a nova economia do conhecimento se distingue do que conhecemos dos anos 1970 a 1990 (período que de certa forma constitui *a idade de ouro* das pequenas empresas[39]), de que maneira ela aumenta a incerteza e a ambiguidade na economia e como empresas e regiões devem se posicionar em relação às necessidades de novos conhecimentos para diminuir tais incertezas e a ambiguidades. No Capítulo 2, descrevemos de que maneiras a evolução é diferente de um território a outro e analisamos as antigas teorias que explicavam essas diferenças, teorias que contêm alguns elementos que poderão nos servir em seguida.

A segunda parte é formada por três capítulos, os Capítulos 3, 4 e 5. No Capítulo 3, apresentamos o empreendedor, primeiro ator do empreendedorismo endógeno, deixando de lado o ambiente e o tempo. Estes últimos são importantes, mas pouco geríveis em um contexto territorial, já que dependem da economia nacional e internacional e de sua dinâmica. Resta assim que os territórios podem intervir um pouco no ambiente, na medida em que podem se unir com outras regiões para obter do Estado programas de ajuda às empresas. Do mesmo modo, pode-se utilizar o tempo, seja para preceder a concorrência, seja para prever as mudanças no futuro de maneira a se posicionar melhor. No Capítulo 4, dedicamo-nos à organização ou empresa, segundo ator e complemento indispensável a todo empreendedor. Com a organização, falamos da estratégia que privilegia o empreendedor para aumentar o saber e o *savoir-faire* (saber fazer), e consequentemente da competitividade das empresas e do território. Por fim, no Capítulo 5, debruçamo-nos sobre o meio – os ativos coletivos materiais e imateriais, destacadamente a reputação e os contatos, que favorecem a criação e o desenvolvimento das empresas – e a cultura empreendedora, que constitui o terceiro e último ator. De fato, se a presença de empreendedores e de empresas ativas ou proativas é a condição necessária para que a região seja dinâmica, o meio é a condição suficiente ou a chave que explica por que esse dinamismo se impõe e se mantém lá e não noutro lugar, onde o desenvolvimento se desacelera ou declina.

A terceira parte também compreende três capítulos, os Capítulos 6, 7 e 8, que tratam dos três fatores de diferenciação das empresas e dos meios: a informação, as redes e a inovação. No Capítulo 6, tratamos da informação. Este é o fator que permite às empresas e aos territórios melhor enfrentar a incerteza e a ambiguidade, e assim melhor acompanhar ou até mesmo preceder a mudança. No Capítulo 7, vemos que as redes são os mecanismos utilizados para buscar, classificar, fornecer e difundir a informação. Por fim, no Capítulo 8, mostramos que a inovação difusa é o objetivo das empresas e das regiões que desejam manter ou aumentar sua competitividade nos mercados nacionais e internacionais. Quanto mais a região favorecer a busca e o compartilhamento da informação, mais as redes estimularão esse compartilhamento e aperfeiçoarão a qualidade da informação; quanto mais a inovação for presente e eficaz, mais o território se diferenciará e mais dinâmico será.

Mas a presença de diversas redes não implica que as trocas da informação sejam ricas o bastante. A quarta e última parte conta com dois capítulos que tratam justamente da formação de redes. No Capítulo 9, mostramos não somente como as redes eficazes funcionam, mas também como podem transmitir informações que facilitem ou mesmo estimulem a inovação em toda a região. No Capítulo 10, ampliamos a análise – por formação de rede ou outros – a todo o meio, e mostramos como este pode tornar-se um lugar que permita o compartilhamento do entusiasmo e a multiplicação de ideias para criar uma cultura empreendedora capaz de sustentar e estimular o dinamismo.

Finalmente, na conclusão, retomamos a metáfora dos romances policiais e recorremos à evolução das grandes teorias econômicas e de gestão para assentar os fundamentos teóricos de nossa abordagem, mostrando que tal evolução se inscreve nas novas teorias e em um ambiente que leve em conta a economia do conhecimento.

Essas quatro seções e seus capítulos devem ser vistos como uma espiral, que vai do elemento mais simples (o empreendedor) ao mais complexo (o meio e as convenções), um pouco como um *balão em expansão*, retomando assim a metáfora de Bergson (1907) para explicar a complexidade de toda sociedade, ou, no que nos concerne, para explicar a dinâmica do empreendedorismo. Bergson explica que, para melhor compreender o complexo, devemos atingir o nível da intuição, permitindo-nos apreender a totalidade do fenômeno[40].

O leitor notará que abrimos os capítulos com citações de Montesquieu, que resumem até certo ponto as análises a serem apresentadas e destacam que tais considerações existiram em todas as épocas (evidentemente, com suas diferenças e semelhanças). Inserimos, inclusive, tabelas para apresentar diversos exemplos do que tratamos, a fim de facilitar a compreensão. Muitos desses exemplos foram extraídos de casos descritos na documentação científica ou em nossos trabalhos com as empresas ao longo de mais de vinte anos. O leitor apressado poderá deixá-los de lado. Esses exemplos, assim como as metáforas e os gráficos, constituem diversos meios para ajudar o leitor a apreender toda a complexidade da teoria.

NOTAS

1 Retomando o título da obra coletiva dirigida por G. Benko e A. Lipietz (1992), que apresentam tais regiões ao lado de outras em declínio.

2 No entanto, a correspondência entre presença de recursos naturais importantes e desenvolvimento regional nem sempre se verifica, como se pode ver em boa parte dos países em desenvolvimento, onde petróleo ou diamantes são explorados sem qualquer consideração pelas populações locais ou mesmo em detrimento delas. Observa-se esta distorção, por exemplo, na Guiana, na Amazônia ou no Congo, distorção que foi vivenciada também no início da exploração dos grandes polos turísticos em muitos países industrializados até que o governo interviesse, impondo regras que levassem em conta os interesses da população local.

3 Nesse caso, a organização diz respeito à ligação que o trabalhador autônomo mantém com seus instrumentos de trabalho, limitem-se eles ou não ao telefone e ao computador.

4 Fala-se, então, em intraempreendedorismo. Watson (1995) explica que, ainda que o espírito empreendedor possa ser esporádico, ele raramente está ausente entre os proprietários-gerentes, ao passo que pode muito bem não existir nas filiais com comportamento de simples gerência, que "administram com parcimônia" – o que ilustra, aliás, a origem da palavra *manager* (*ménagère*, em francês, e *administrador*, em português).

5 Esses autores falam da "relevância de atividades econômicas paralelas baseadas nos conhecimentos e nas relações" (REHN e TAALAS, 2003, p. 237). Um colega da Universidade Livre das Nações Unidas, que viveu algum tempo em Moscou na década de 1970, explicava que mais de 1 milhão de porcos eram criados pelos moscovitas nos banheiros ou em quartos dos fundos para atender às tradições das festas de Natal, subornar vizinhos e inspetores de higiene ou servir de moeda de troca para outras despesas das festas. Esse sistema, chamado de *blat*, existia em todos os países do bloco comunista, como a Polônia, onde era favorecido pelo horário de trabalho nas grandes indústrias (das 6 às 14 horas), que deixava o resto da tarde livre para trocas, compras ou vendas a fim de obter bens essenciais ou complementar os salários muito baixos.

6 Por exemplo, Gustave Welter, em sua Histoire de Russie (1963), nota o enorme impacto da religião ortodoxa na submissão dos cidadãos (e, portanto, de seu destino) ao czar, senhor da terra e mais tarde aos ditadores, como Lênin e Stalin, o que afeta consideravelmente o individualismo necessário para se criar uma empresa que não seja apenas o comércio muito pequeno que acabamos de discutir na nota anterior.

7 Essa teoria foi fortemente criticada e não está mais em vigor. Ver a esse respeito Rao et al. (1992).

8 Em particular a presença, principalmente na família estrita ou ampla, de modelos cuja importância no aumento das chances de sucesso do empreendedor já avaliamos, tanto em países africanos como no Ocidente (MATSANGA, 1997).

9 É o que deveriam fazer todas as ciências cujo objeto é o humano ou a sociedade; como a medicina, que, no entanto, limita-se com muita frequência a utilizar alguns medicamentos específicos que são justamente incapazes de responder à complexidade (à variedade das causas) e obrigam o paciente a recorrer a outros medicamentos, que só fazem anular o efeito dos primeiros ou exagerar seus efeitos secundários sem chegar às causas. Por exemplo, em dezembro de 2003, um médico ficou maravilhado por estarmos às vésperas de colocar no mercado uma vacina contra a alergia a amendoim. A simples lógica, no entanto, mandaria retornar às possíveis causas dessa alergia, como o uso abusivo de pesticidas nas plantações de amendoim. Há apenas algumas décadas, quase todos os cafés da manhã norte-americanos incluíam manteiga de amendoim, sem qualquer consequência sobre crianças ou adultos.

10 O que reconhecia já nos anos 1920 o grande economista John Maurice Clark (1926). Para ele, "a sociedade não é uma simples soma de indivíduos" e "o produto social não é uma simples operação aritmética". Após citá-lo (1946, p. 152), Pirou acrescenta que Clark propunha assim uma concepção organicista e *dinâmica* da economia, algo que já se havia esquecido há muito tempo e que Mintzberg retomou ao falar dos comportamentos das empresas.

11 Sobretudo os primeiros empregados, que participaram do início da empresa e do desenvolvimento de suas especificidades. É por isso que sempre encorajamos nossos estudantes que fazem pesquisas nas PMEs a relativizar os dados dos organogramas que obtêm, frequentemente fornecidos pelos empreendedores, mais ou menos a contragosto, ou que pelo menos limitem sua aplicação real.

12 Ainda que questione Walras (este, no entanto, um defensor de que tudo isso estaria situado em um mundo puramente teórico e não seria mais "do que uma primeira aproximação [...] que infelizmente [...] os jovens economistas imaginam tornar cada vez mais 'científica' à medida que a tornam cada vez mais confusa e obscura [...]", como destacou seu primeiro assistente, Antonelli, 1939, p. 20 e 254) por considerar que o preço de equilíbrio deve ser anunciado antes que os produtores intervenham, Casson faz a mesma coisa em sua discussão sobre os salários disponíveis no mercado. Para ele, esses rendimentos devem ser suficientes para que os empreendedores potenciais se manifestem. Sua análise se torna mais complicada na medida em que inclui tanto empreendedores empregados (delegatários) à Cantillon (o empreendedor é diferente do capitalista) quanto empreendedores dirigentes, referindo-se ora a um, ora a outro. Casson não admite que o empreendedor abra uma empresa porque crê que poderá fazer dinheiro, ainda que, na realidade, vá mais ou menos rapidamente abrir falência (ou não conseguir fazer a empresa passar do estágio inicial) caso sua capacidade de inovar e superar obstáculos, ou a sorte, não vierem ao seu encontro. Em uma análise recente sobre a questão das oportunidades aproveitadas pelos empreendedores, Casson continua a simplificar de forma ultrajante a realidade (CASSON e WADESON, 2007).

13 Vale observar que a maioria das referências que ele utiliza provêm de pesquisas cujo objeto era a empresa e não o empreendedor, mais frequentemente empresas grandes ou muito grandes.

14 Ket de Vries (1985) destaca muitos defeitos comuns entre os empreendedores (por exemplo, uma certa inadaptação social, um espírito de desconfiança e até certas perturbações psicológicas) que podem estimular a vontade de ser seu próprio patrão, mas que também podem acabar sendo nocivos ao desenvolvimento da empresa.

15 Notadamente em sua obra intitulada *The Economic Approach to Human Behavior* (Chicago: Chicago University Press, 1976), Becker afirma, por exemplo, que o casamento se explica essencialmente por um cálculo de interesses entre dois seres humanos frente às necessidades cotidianas da vida. Assim, uma mulher aceitaria unir-se a um homem quase que com o único objetivo de que ele venha a prover suas necessidades. Prova disso, segundo ele, é o fato de que, quando a mulher passa a ganhar mais do que o marido, a união quase sempre acabe em divórcio.

16 Ou antes um prêmio do governo norueguês administrado pela Fundação Nobel.

17 Para outra forte crítica das análises de Becker, ver Monzingo (1977). Uma recente compilação feita pelo Ministério da Justiça canadense dos estudos que tratam do efeito das sentenças mínimas que deveriam ser necessariamente impostas a qualquer crime, antes, por exemplo, de sentenças suspensas, mostra que o efeito seria mínimo.

18 É o que lembra, por exemplo, Johnson-Laird (1983, p. 3): "O espírito é complexo demais para ser visto claramente ou para ser estudado de uma única perspectiva. O conhecimento científico só pode provir de uma síntese de abordagens."

19 Johnson-Laird (*ibid*.) continua assim: "[…] como os relógios, os modelos em pequena escala da realidade não precisam ser completamente exatos, nem corresponder exatamente à realidade que representam, para serem úteis. Não há modelos mentais completos para nenhum fenômeno empírico". Os modelos simplesmente nos ajudam a melhor apreender a realidade complexa.

20 Assim, o tempo aos poucos leva os empreendedores a se tornarem gestores em razão de sua aversão ao risco, como veremos no fim do terceiro capítulo.

21 Exceto, lógico, Schumpeter e outros, como Kirzner (1973) e Leff (1979), que contestaram fortemente essa crença.

22 A definição da palavra oportuno, segundo o *Dicionário da Língua Portuguesa da Larousse Cultural*, é: "1. Que vem a tempo, a propósito; 2. Conveniente, favorável, apropriado; 3. Cômodo, propício". Ela provém das palavras latinas *ob* (frente) e *portus* (entrada, porto), ou seja, é aquilo que demanda reflexão antes da ação (considerando as correntes e o vento antes de entrar no porto), a fim de escolher o melhor momento para realizar a atracação.

23 É necessário, contudo, ser prudente com uma metáfora e compreender que ela é apenas a redução de uma realidade mais complexa, redução que devemos superar para compreender as sutilezas dessa realidade, como lembra o filósofo Paul Ricoeur (1975).

24 Para uma ilustração dessa teoria, ver Lucas (1978).

25 "Nós devemos cultivar essa sensibilidade para compreender melhor a verdadeira história" (Spinosa, Flores e Dreyfus, 1997, p. 41).

26 Miss Marple, de Agatha Christie, pode ser comparada até certo ponto a Maigret, por seu espírito de observação e sua intuição particularmente sutis; já o segundo detetive da autora, Hercule Poirot, o pequeno belga com a cabeça em forma de ovo, é muito mais próximo de Sherlock Holmes. Em Maigret, alguns reconhecerão também Mendes, o velho detetive das prostitutas e dos pobres, do catalão Francesco González Ledesma, e evidentemente Montalbano, do siciliano Andrea Camilleri, ele próprio fervoroso admirador de Maigret.

27 O detetive sueco Wallander explica que não há assassinos por natureza, mas "seres humanos que cometem assassinatos" (in: Henning Mankell, *Os cães de Riga*; trad. *Hundarna i Riga*, Paris: Seuil, 2003, p. 133). É o que lembram também outros autores policiais, como os norte-americanos Lieberman e Conelly, o catalão Montalbán, o português Viegas, a francesa Vargas ou a russa Marínina, e o que torna seus romances tão humanos e tão reais.

28 *Maigret et son mort*, Simenon (*Tout Simenon*. Paris: Presses de la Cité, 1988, p. 380). O antigo mentor de Wallander, Rydberg, fala da mesma coisa, ao dizer que "um detetive deve ser como um ator: capaz de apreender o desconhecido com empatia, de entrar na pele de um assassino ou de uma vítima, de imaginar os pensamentos e os esquemas de reação de um estranho". Antes, ele já havia firmado que é preciso "ver o invisível".

29 *O cão dos Baskerville*, uma das aventuras mais conhecidas de Sherlock Holmes, por Conan Doyle (*The Hound of the Baskervilles,* 1902).

30 Lembremos que esse conflito durou até 1925, quando o papa Pio XI criou a festa de Cristo Rei para tentar, mais uma vez, marcar a presença do religioso sobre o temporal, e assim do Cristo sobre os chefes de Estado.

31 Notadamente certo livro da biblioteca da abadia que afirmava que Jesus teria rido durante sua vida terrena, o que colocaria em cheque a doutrina da época, a qual defendia que a estada dos seres na terra era uma penitência e que qualquer busca pelo prazer deveria ser evitada na busca por alcançar o céu.

32 Segundo F. Wacheux (1996), citado por Verstraete (2001), a transdisciplinaridade vai além da interdisciplinaridade, pois constrói conhecimentos sem ter de dar conta de uma disciplina particular, a fim de atingir a complexidade de um conceito ou de um domínio de pesquisa.

33 Contrariamente à grande empresa "anônima" (como lembra o nome das grandes empresas europeias que não utilizam a denominação norte-americana de empresa "de responsabilidade limitada"). Notar que a expressão "sociedade anônima" remonta ao século XIX, mais particularmente às lutas políticas de então contra a grande empresa e a burguesia. Na época, era melhor para um proprietário manter-se anônimo, para não sofrer a condenação popular.

34 Johannisson e Landström (1999) afirmam com razão que um bom número de pesquisadores europeus vão muito mais longe do que os americanos no desenvolvimento de conceitos e modelos que permitam compreender melhor as PMEs e o empreendedorismo.

35 Ver Bygrave (1989) a respeito dessa abordagem fenomenológica.

36 Segundo Harrisson (1994), as PMEs estariam antes de mais nada a serviço das grandes empresas, como simples fornecedores de recursos ou economias de proximidade que respondem às necessidades dos assalariados, o que constitui uma abordagem simplista, quando não uma grande ignorância a respeito das PMEs.

37 Sem jogo de palavras com o fiel assistente de Sherlock Holmes e os romances policiais.

38 A London Business School tinha tentado uma primeira avaliação nos anos 1970 e não inventariou mais do que 2.592 trabalhos sobre as PMEs antes dessa data, contra as 4.356 após 1980, recenseados em 1983. Seis anos mais tarde, em 1989, contavam-se mais de 13 mil (citado por Curran e Blackburn, 2001, p. 4). Acrescentemos que estes últimos pesquisadores consideram que a maioria dessas pesquisas é de qualidade medíocre, tendo em conta a complexidade do domínio de estudo. Ver também a introdução de Bygraves (1989, p.7), que explica que "o empreendedorismo é um dos mais jovens paradigmas nas ciências de gestão". O grupo de pesquisa internacional dirigido por Steyaert e Hjorth (2003; 2005; 2007) coloca as mesmas questões.

39 Parafraseando os trinta gloriosos de Jean Forestier ou a Golden Decade dos americanos, que se seguiram à Segunda Guerra Mundial (1945 a 1973, antes das duas crises do petróleo), quando a renda nacional real da maioria dos países industrializados aumentava 5% ao ano em valor real, contra 2,5% a partir de 1990.

40 Bergson define a intuição como o conhecimento imediato de algo, sem intermediário e sem o recurso ao raciocínio. Outros, como Csikszentmihàlyi e Sawyer (1995: 358), preferem falar de *insight*, um processo mental estendido, precedido de uma longa preparação consciente e que requer um período de incubação de todo tipo de informação em paralelo e uma reflexão no nível subconsciente. A importância que dão à intuição faz deles vivos adversários do positivismo que ainda prevalece com demasiada frequência entre os pesquisadores.

Parte 1 •

O CONTEXTO

A ECONOMIA DO CONHECIMENTO E AS DIFERENÇAS DE DINAMISMO TERRITORIAL

PARA COMEÇAR QUALQUER ESTUDO APLICADO sobre empreendedorismo, é importante descrever o ambiente socioeconômico no qual se situa o objeto (ou o ambiente de atividade criminal, para voltar à nossa metáfora), pois nenhuma análise pode ser independente da época e dos lugares que a determinam. Antes de entrar no assunto propriamente dito, é necessário então precisar o que entendemos por economia do conhecimento e por diferenças de dinamismos territoriais[1] a partir da criação de empresas e do papel dos empreendedores para além das estruturas financeiras na economia. Nem tudo é conhecimento novo, e diversas rotinas na produção ou nas instituições, que requerem poucos saberes e ainda menos saberes novos, são sempre válidas; da mesma maneira, nem tudo é mundial, e muitas produções são locais e o serão ainda por muito tempo. Passa-se o mesmo com a criminalidade. Nem tudo é de natureza mundial. Quando se trata das grandes quadrilhas, algumas vêm se tornando cada vez mais internacionais, auxiliadas pela tecnologia da informação e pela variedade dos meios de transporte, sobretudo para o tráfico de drogas e mulheres. Mas o crime banal e os bandidos de quadrilhas de bairro continuam existindo (infelizmente), mesmo que seu número tenha diminuído um pouco na última década, provavelmente por conta de medidas de proteção mais eficientes ou da expansão do aparato de segurança, ou ainda por causa de um maior controle das grandes quadrilhas nos mercados.

Fala-se em toda parte de conhecimentos tecnológicos ou científicos, ou da globalização, que terão consequências sobre toda a produção; mas quem diz

> **Sabe-se que a distinção** entre empreendedor e capitalista, portanto de seus papéis no desenvolvimento, vem dos economistas franceses, principalmente Robert Turgot e Jean-Baptiste Say[2]; isso porque, contrariamente à burguesia inglesa, a francesa distinguia claramente aqueles que possuíam capital daqueles que lidavam diretamente na gestão das empresas.

tudo não diz nada, ao ponto de alguns falarem em "mundiasneiras"[3]. Do mesmo modo, o local ou o regional não se opõem ao mundial, bem ao contrário; e um bom número de empresas sempre escapa às pressões internacionais, ou pelo menos sabe sair de cena sem ter continuamente de dar conta da concorrência internacional.

Aliás, algumas pequenas regiões vivem principalmente do turismo, aproveitando-se justamente da atração que exerce sobre os estrangeiros o caráter folclórico de suas produções inacessíveis no grande mercado mundial. Outras se contentam em transformar lentamente seus conhecimentos para sustentar as produções locais e se desenvolver em ritmo próprio. É verdade, entretanto, que as regiões mais dinâmicas recorrem sistematicamente às novas tecnologias e à inovação do conhecimento, e são, por isso, fortemente ligadas ao internacional. Mas é importante lembrar o que distingue as regiões, entender em que seus caminhos diferem, para ir além das aparências e compreender por que e em que o dinamismo regional varia de um período a outro.

Esta análise nos permitirá demonstrar que, finalmente, o que sustenta as mudanças no dinamismo é a capacidade das empresas e das regiões, logo os fortes laços entre uns e outros, de fazer face à incerteza e à ambiguidade em economias complexas e em transformação.

NOTAS

1 Ao longo desta obra, utilizaremos indiferentemente as palavras região e território. Entretanto, esclareceremos no Capítulo 5 que, para ter sucesso, é necessária certa massa crítica de recursos e, portanto, um território suficientemente grande para compreender mais de uma região – ou pelo menos um território suficientemente denso. Assim, só discutiremos o desenvolvimento local no interior de um território muito mais amplo que uma simples localidade.

2 A propósito desses dois economistas, é verdade que a maioria dos economistas historiadores, como Joseph Schumpeter (1924) (que seguiu os escritos de Léon Say [1877], neto de Jean-Baptiste), creditava a Say a distinção entre empreendedor e capitalista. Mas Turgot escreveria, ainda em 1766, nas suas *Reflexões sobre a formação e a distribuição das riquezas*, dez anos antes da famosa obra de Adam Smith, que "o capital sendo tão necessário para qualquer empresa quanto o trabalho em uma indústria, o homem industrial [o empreendedor] deve dividir de bom grado os lucros de sua empresa com os capitalistas que fornecem os fundos de que necessita" (PELLETIER, 1990).

3 Palavra evidentemente formada a partir de "mundial" e "asneira".

O rei da França é o mais poderoso príncipe da Europa. Não possui minas de ouro como o vizinho rei da Espanha; mas possui mais riquezas do que este, porque as tira da vaidade de seus súditos, mais inesgotável do que as minas. [...] Além disso, esse rei é um grande mago: exerce seu império sobre o próprio espírito de seus súditos; ele os faz pensar como deseja. Se não há mais de um milhão de escudos em seu tesouro, e necessita de dois, apenas os convence de que um escudo vale dois; e eles creem nisso. Se há uma guerra difícil para sustentar, e não há dinheiro, ele tem apenas de colocar em suas cabeças que um pedaço de papel é dinheiro; e eles imediatamente se convencem disso.

Montesquieu. *Carta persa XXIV*

CAPÍTULO 1 • A economia do conhecimento
INCERTEZAS, AMBIGUIDADES E POTENCIALIDADES

A economia fundada no saber é aquela cujo desenvolvimento baseia-se essencialmente "nas capacidades de criar e utilizar conhecimentos" (VIGINIER, 2002,p. 5), portanto na transformação da informação em diversos tipos de inovação. Os conhecimentos[1] servem para mudar produtos e processos, além de sustentar o caráter distintivo das empresas e sua competitividade. Tal economia permite, assim, a entrada em uma economia cada vez mais do imaterial, na qual os investimentos tradicionais, como em recursos naturais, equipamentos e infraestrutura, passam para o segundo plano, vindo depois dos investimentos imateriais, principalmente em formação e P&D. E tal economia diz respeito tanto às pequenas como às grandes empresas, e tanto às pequenas como às grandes regiões. Retomando nossa metáfora, essa transformação aplica-se a qualquer nível de criminalidade, seja ela isolada ou ligada a redes internacionais que recorrem a métodos complexos, por exemplo, para lavar o dinheiro obtido com tráficos ilegais.

Porém, alguns pesquisadores afirmam que essa transformação da economia ainda está por ser feita[2], ou, ao contrário, que não é nova (HOWITT, 1996), ou ainda que se relaciona ao mito (GADREY, 2000). Sabe-se também que a globalização do crime é muito antiga: pensemos na guerra entre França e Inglaterra, em 1900, chamada de Guerra dos Boxers, que tinha o objetivo de impedir os chineses de perseguir estrangeiros, um bom número dos quais sustentava a produção e o tráfico extremamente lucrativo das drogas, sobretudo entre a China e as capitais europeias. Nos romances de Conan Doyle, o autor descreve até mesmo o vício em heroína[3] de Sherlock Holmes, que o doutor Watson não conseguia impedir.

É verdade que a produção de saberes e a inovação sempre foram importantes para explicar o desenvolvimento (FORAY e LUNDVAL, 2000). Schumpeter (1939) esclarecia que a fase de crescimento dos longos ciclos econômicos, como os Kondratieff de 25 ou 30 anos, provinha da aceleração do conhecimento e de inovações sistemáticas, boa parte das quais advindas de pequenas empresas, gerando mudanças tecnológicas maiores; já a fase descendente se explicava pelo esgotamento da inovação e pela diminuição dos conhecimentos que permitiriam a renovação. Exemplo disso foi a primeira Revolução Industrial, que acelerou justamente com a multiplicação de inovações diversas nas manufaturas após a introdução da máquina a vapor. Essa revolução seguia-se às que haviam constituído, nos séculos XVII e XVIII, milhares de pequenas inovações, algumas radicais, tendo como ponto de partida os moinhos de vento ou água e em seguida os canais e outros meios de transporte (GILLE, 1962). Pode-se pensar ainda no que se chamou de *fordismo*, no início do século XX, que era baseado antes de mais nada em novas formas de organização do trabalho (o *fayolismo* e o *taylorismo*[4]), transformando a grande empresa para muito além dos investimentos em equipamentos. Havia uma aceleração das necessidades de conhecimentos, uma mudança à qual o empreendedorismo não poderia escapar.

Neste capítulo, examinaremos inicialmente essa transformação acelerada, relacionando-a à globalização dos mercados. Em seguida iremos medi-la utilizando alguns dados internacionais sobre a estrutura setorial (serviços e empregos informacionais). Para a maioria das empresas e regiões, a aceleração da transformação que a globalização dos mercados suscita tem por consequência o aumento da incerteza e da ambiguidade, ao mesmo tempo em que oferece ao empreendedorismo todo tipo de novas possibilidades, o que discutiremos a seguir. Para diminuir a incerteza e a ambiguidade é preciso procurar *controlar* melhor a informação, algo sobre o que nos debruçaremos em quarto lugar. Por fim, concluiremos este capítulo lembrando que a competitividade muda de registro, apoiando-se sobre o saber e o *savoir-faire*, o que mostram justamente as novas teorias de gestão.

1.1 • Mudança e globalização dos mercados

O ritmo acelerado das mudanças não é algo novo. O economista John Maurice Clark destacava, já em 1926, as *reviravoltas* (é o termo que utiliza) do fim do século XIX e início do século XX, como a chegada do automóvel, do avião, do telefone, do fonógrafo e, em nível institucional, das grandes empresas privadas e da rápida urbanização[5]. Essas mudanças provavelmente afetaram mais profundamente as pessoas, os pequenos negócios e a economia do que, por exemplo, a exploração espacial ou a internet em nossos dias. Porém, com o forte crescimento da renda nas últimas décadas, uma grande parte dos consumidores pode agora beneficiar-se de novos produtos para satisfazer suas necessidades de variedade, seja, por exemplo, para garantir o conforto doméstico, seja para se divertir com espetáculos de diversos gêneros, seja ainda para satisfazer o gosto por certo cosmopolitismo, com viagens e turismo nacional e internacional, multiplicando assim as oportunidades para milhares de pequenos fornecedores de produtos ou serviços (como produtos artesanais ou cozinha regional).

Esse crescimento da renda permite também ao consumidor diferenciar-se melhor, o que explica a segmentação em muitos mercados que representam pequenos grupos e variadas modas. Essas necessidades diferentes se manifestam particularmente nos serviços, que têm um enorme potencial de variedade, pois podem, por definição, ajustar-se a todas as particularidades tanto de cidadãos como de empresas, ainda que se saiba que algumas inovações ou mudanças são mais ou menos artificiais e estão relacionadas a uma política de obsolescência controlada por algumas empresas[6]. Por exemplo, explica-se que cerca de 80% das inovações nos medicamentos são apenas uma maneira de a fabricante conservar o controle sobre o produto, promovendo modificações mínimas, com o objetivo de protegê-lo com novas patentes quando se esgota o prazo legal da anterior (ANGELL, 2004).

A variedade é estimulada pela abertura de fronteiras, que provoca a chegada aos mercados de produtos vindos de todos os cantos do planeta. Basta pensar na multiplicação, nas lojas de discos, de cantores e ritmos de todo lugar do mundo, notadamente da África – ainda que isso não seja tão novo como se pensa. Outro exemplo é, infelizmente, a multiplicação das ramificações internacionais mafiosas (colombiana, russa, chinesa...) nas grandes cidades, ou ainda das gangues étnicas nas pequenas cidades dos países industrializados.

Esse tipo de globalização não afeta, porém, todos os mercados, e não atinge da mesma maneira todas as empresas. Por exemplo, mais de um terço do comércio

> **A internacionalização da música** é muito antiga. A cantata nº 78 de Johann Sebastian Bach, por exemplo, composta por volta de 1730 em Leipzig, apresenta uma síntese de músicas na moda daquele tempo, com influências do estilo italiano à moda de Vivaldi, ritmos de danças da suíte francesa, do contraponto erudito da música alemã, da cassata espanhola, que ganhou sua forma definitiva com Lulli, e mesmo estilos religiosos, como o moteto católico e o coral luterano.

internacional refere-se a transações entre subsidiárias ou filiais das empresas multinacionais (ONU, 1993). E essa proporção tende a aumentar rapidamente com a mudança de um grande volume de unidades de produção para países com baixos salários, sobretudo no Sudeste Asiático. A entrada de dez novos países do Leste Europeu na União Europeia tem acelerado os deslocamentos de empresas de países ocidentais. Em outros países, dá-se o oposto, especialmente na África, onde as empresas dos países industrializados que operam nesses mercados destruíram a agricultura tradicional em proveito de produções monocultoras ou alimentam com abusiva frequência um sistema de corrupção que impede seus habitantes de se beneficiar das vantagens da globalização e limita o desenvolvimento das pequenas empresas. Isso acaba sendo constatado novamente com a crise alimentar que se seguiu à cínica especulação para aumentar indevidamente o preço do petróleo e ao desvio da produção alimentar para produzir etanol.

Além disso, diversas limitações de todo tipo subsistem nos países industrializados. Existe ainda um grande número de barreiras indiretas, como normas e políticas específicas que cerceiam as trocas comerciais. Por exemplo, apesar dos acordos da Organização Mundial do Comércio (OMC), as pressões dos produtores americanos continuam, não somente para concorrer injustamente com as produções agrícolas ou minerais dos países em desenvolvimento[7] por meio de subsídios diretos e indiretos, mas também para limitar as importações, o que, no entanto, é condenado pelas instâncias internacionais. Enfim, barreiras culturais, reforçadas pelo governo em países como o Japão ou a China, sempre limitam o comércio.

O fluxo do livre comércio não é o mesmo em todas as direções, como ficou claro acima, no caso dos países em desenvolvimento que continuam a enfrentar barreiras insidiosas dos países industrializados. Entretanto, o modelo levou à reabertura de antigas rotas comerciais que haviam sido bloqueadas por barreiras alfandegárias. Assim, o desaparecimento da maior parte dos tributos aduaneiros para o comércio entre o Canadá e os Estados Unidos, que durante décadas impôs transações no eixo leste-oeste, permitiu um crescimento considerável do comércio norte-sul: o volume decuplicou entre Quebec e a Nova Inglaterra, por exemplo, ao passo que aumentou menos de 2% entre as províncias canadenses (JULIEN e MORIN, 1995). Do mesmo modo, a espanhola Catalunha, após a entrada da Espanha na União Europeia, rapidamente restabeleceu com as regiões do Languedoc-Roussillon, Provença e Norte da Itália o comércio que realizavam entre do século XV ao XVIII (BRAUDEL, 1976). Ora, não sabemos que as pequenas empresas, a maior parte das vezes, começam a exportar primeiro para os países mais próximos, geográfica ou culturalmente, antes de ampliar suas exportações para mercados mais distantes (CAVUSGIL e ZOU, 1994)?

O mesmo se dá com as transações financeiras que, embora pareçam ser feitas em todos os sentidos de maneira extremamente especulativa, não tendem a uniformizar as instituições financeiras, o que fica claro com a importância das cooperativas de crédito em Quebec ou Luxemburgo, como demonstrado por Guinet (1993) – ainda que o caráter estritamente escritural da moeda nos tenha feito crer que as diferenças nacionais desapareceriam em decorrência da globalização[8].

O desaparecimento das fronteiras não aboliu as diferenças entre os países (D'IRIBARNE et al., 1998), nem a chegada de produtos de países com baixos salários causou nas indústrias mais tecnológicas dos países industrializados a catástrofe temida – não mais do que a entrada, nos anos 1970, de Portugal e Grécia, então vistos como recém-saídos do subdesenvolvimento, na União Europeia. Aqueles que atualmente temem a China, com seus baixos salários e dinamismo, esquecem que o medo também era grande há quarenta anos com a ascensão do Japão[9], e há vinte anos com a chegada dos produtos mexicanos ou brasileiros aos mercados da América do Norte; e quem ainda acha que esses países são uma grande ameaça aos países industrializados? Quanto mais esses países desenvolvem produtos complexos, mais necessitam de mão de obra qualificada e mais os salários e a concorrência aumentam, como já começou na China.

Uma parcela do comércio internacional está relacionada à tomada da dianteira pelas grandes empresas que querem aproveitar os baixos salários dos países em desenvolvimento ou dos antigos países comunistas. Elas esperam assim voltar ao ponto inferior da curva dos custos médios descrita pela teoria microeconômica para compensar as deseconomias de escala que provocam a burocracia e a falta de flexibilidade das grandes organizações frente à mudança (JULIEN e MARCHESNAY, 1990). Essa estratégia, contudo, não parece mais eficaz do que as múltiplas fusões

FIGURA 1.1 • ENVOLVIMENTO DAS EMPRESAS MANUFAUREIRAS COM A GLOBALIZAÇÃO

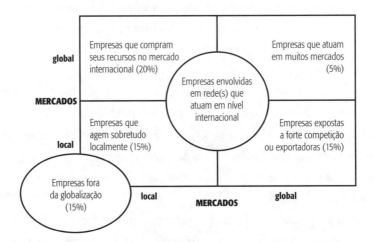

ADAPTADO DE TORRÈS O., *Les stratégies de globalisation des petites entreprises*, caderno de pesquisa nº 94-04, ERFI, Université de Montpellier, 1994.

que marcaram o que se chamou de esforços de racionalização nos últimos anos da última década[10].

De qualquer maneira, as empresas não estão todas sujeitas às leis do comércio internacional. Assim, como indica a Figura 1.1, cerca de 15% das PMEs manufatureiras praticamente não foram afetadas pela globalização, por conta de mercados altamente especializados ou de produções artesanais[11]. Outros 15% são pouco afetados, e utilizam principalmente recursos locais ou trabalham em nichos de mercados, escapando aos efeitos da concorrência internacional, como muitas empresas que produzem bens de luxo, produtos que precisam ser ajustados às diferenças culturais dos consumidores ou mercados protegidos pela distância.

Cerca de 20% das empresas só são afetadas pela globalização quando compram equipamentos ou matérias-primas vindas do exterior, seja diretamente ou através de representantes ou empresas intermediárias, ou porque sua produção contém conhecimento suficiente para compensar custos inferiores, incluindo transportes e custos de serviços pós-venda. O distanciamento da globalização fica ainda mais evidente aqui, pelo menos no caso da maioria dos serviços prestados às pessoas ou às famílias (cabeleireiros, babás, dentre outros), ou mesmo no caso de serviços prestados para áreas específicas (como assessorias em áreas como, por exemplo, tecnologias da informação). Finalmente, pouco menos de 50% das empresas são afetadas até certo ponto pela concorrência internacional: 15% (ou 30% de 50%) atuam em mercados muito competitivos e estão provavelmente condenadas, a médio ou longo prazo, se não conseguirem modernizar fortemente sua produção; outros 30% trabalham como subcontratadas para as grandes empresas e são continuamente pressionadas por estas a comprar novos equipamentos e recorrer a novas tecnologias imateriais (ver Capítulo 4), ou mesmo a exportar parte de sua produção; por último, 5% das empresas podem ser consideradas PMEs globais e que, por conta da enorme capacidade de inovação, exportam seus produtos para muitos lugares, de maneira suficientemente vantajosa para compensar as pressões internacionais.

Entretanto, se muitas dessas empresas manufatureiras ou de serviços escapam, totalmente ou em parte, ao internacional, elas são de qualquer modo afetadas pela ascensão do imaterial que se generaliza na economia.

1.2 • A **importância crescente** do **imaterial** na economia

Seja perpetuando ou acelerando a mudança iniciada há vários séculos, a economia do conhecimento se manifesta, de um lado, por um forte crescimento dos serviços em relação aos bens e, de outro, pelo aumento dos fatores imateriais em relação aos fatores materiais nos sistemas de produção. No primeiro caso, a presença dos serviços é evidente não apenas na estrutura industrial, mas também na adição, aos bens materiais, de diversos tipos de serviços imediatos ou de pós-venda que requerem muito saber. Pode-se pensar na intervenção de especialistas oferecida pelos fabricantes de equipamentos na venda de máquinas complexas. No segundo caso, tem-se observado o aumento do número de executivos ou especialistas em comparação com a mão de obra não especializada. Quanto ao aumento de serviços pessoais prestados por pequenas empresas, isso é função de novas necessidades criadas pelo aumento de poder aquisitivo (como, por exemplo, o crescimento no número de decoradores de interiores), mudanças demográficas (novos serviços sociais e psicológicos destinados à terceira idade) e mais tempo livre (animadores de todo tipo de festas).

Assim, tanto nos Estados Unidos como na maioria dos países industrializados, a representatividade dos serviços no nível geral de empregos passou de cerca de 25% em 1870 para mais de 72% em 1992 (MADISSON, 2002). Ora, os serviços supõem, antes de mais nada, relações de saber. O psicólogo, o contador, o analista de sistemas, o capacitador, mas também o vendedor e cada vez mais o bancário e os especialistas em transportes e comunicações oferecem, sobretudo, conhecimento na relação entre cliente e produtor: conselhos financeiros, no caso do bancário;

TABELA 1.1 • ESTOQUE DE CAPITAL REAL BRUTO NOS ESTADOS UNIDOS
(EM US$ BILHÕES DE 1987 E EM PERCENTUAL)

COMPONENTES DO ESTOQUE REAL	1929	1948	1973	1990
Capital tangível: total	6.075 (65,1)	8.120 (57,8)	17.490 (50,2)	28.525 (46,5)
Estruturas e equipamentos	4.585 (49,2)	6.181 (44,0)	13.935 (40,0)	23.144 (37,7)
Estoques	268 (2,9)	471 (3,3)	1.000 (2,9)	1.537 (2,5)
Recursos naturais	1.222 (13,1)	1.468 (10,4)	2.555 (7,3)	3.843 (6,3)
Capital não tangível: total	3.251 (34,8)	5.940 (42,2)	17.349 (49,8)	32.819 (53,5)
Educação e formação	2.647 (28,8)	4.869 (34,6)	13.564 (38,9)	25.359 (41,3)
Saúde, segurança e mobilidade	567 (6,1)	892 (6,3)	2.527 (7,2)	5.133 (8,4)
P&D	37 (0,4)	169 (1,2)	1.249 (3,6)	2.327 (3,8)

FONTE: KENDRICK (1994), citado por Foray, *L'économie de la connaissance*, Paris, La Découverte, 2000.

logística, no do especialista em transportes; ou sistemas de análise de informações, no caso das em empresas de comunicação. É por isso que pesquisas em economia e gestão são cada vez mais orientadas para serviços, ao passo que há 30 ou 40 anos elas se limitavam quase que exclusivamente à indústria[12].

Além do mais, seja nos serviços ou na produção, os empregos apoiam-se cada vez mais em informações, demandando muita formação inicial no momento da contratação e formação contínua depois. Por exemplo, o emprego ligado diretamente ao saber avançado no Canadá passou de 5,3% em 1971 para 8,9% em 1996.

Enfim, constata-se na economia uma importância cada vez maior do imaterial em detrimento do material. Assim, enquanto em 1929 a parcela do capital tangível (prédios, equipamentos, estoques e recursos naturais) na produção americana era aproximadamente o dobro daquela do capital intangível (educação e formação, saúde e inovação), em 1990 ela não representava mais do que 87%; e a educação e formação representavam 41,3% desse capital bruto (Tabela 1.1). Acredita-se que atualmente essa participação ultrapasse os 50%.

O aporte de capital humano, sobretudo aquele dotado de capacitação avançada, tornou-se, portanto, crucial para o desenvolvimento econômico, mesmo nas novas pequenas empresas[13]. Prova disso é o problema do desemprego elevado em muitas economias ou regiões em que um grande número de empregos oferecidos não encontra candidatos, principalmente em pequenas empresas que demandam mão de obra especializada, como designers[14]. Passou-se assim de uma economia da oferta, na qual o controle dos recursos e as economias de escala eram a chave, para uma economia da demanda, baseada em inovação, na produção de valor agregado e, consequentemente, em um controle cada vez maior do saber. Em outras palavras, a antiga economia produzia principalmente bens de massa relativamente homogêneos em empresas muito grandes que se beneficiavam de todas as economias de escala possíveis. A nova economia reclama produtos heterogêneos para meios ou grupos de consumidores com necessidades muito diferentes; essa produção provém tanto de grandes como de pequenas empresas e é exacerbada por uma concorrência internacional cada vez mais intensa. Nessa nova economia, os novos recursos são antes de tudo os funcionários muito qualificados e especializados, disputados pelas empresas, que só conseguem atraí-los e mantê-los oferecendo muito mais do que bons salários: além de participação nos lucros, ofertam por exemplo moradia e auxílio para que o cônjuge também encontre um emprego[15].

Para enfrentar essa mudança, mesmo as grandes empresas devem abandonar o sistema de produção rígido e integrado[16], centrado na quantidade e propondo um mínimo de serviços, em proveito de uma produção flexível, que ofereça cada vez mais qualidade e mude frequentemente para atender clientes exigentes e com gostos díspares (VOLVERBA, 1998), como se vê em um grande número de PMEs (ver Figura 1.2). Elas devem, portanto, trabalhar de outra forma, descentralizando a

FIGURA 1.2 • ELEMENTOS-CHAVE DA TRANSFORMAÇÃO DAS ECONOMIAS INDUSTRIALIZADAS NOS ÚLTIMOS 30 OU 40 ANOS

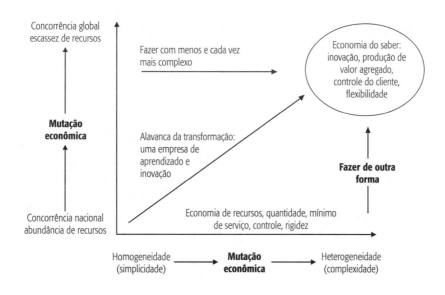

organização, dando-lhe novas formas que permitam estar em relação mais ou menos estreita com diversas empresas e diferentes organismos parceiros, vindos do meio, para aumentar a capacidade de inovação. Chega-se assim a uma economia ainda mais orientada para o conhecimento, pesquisa e formação, que gera organizações em aprendizado para manter um *savoir-faire* em constante aperfeiçoamento, permitindo às empresas distinguirem-se e melhor enfrentar a incerteza e a ambiguidade, portanto a concorrência, inovando.

1.3 • Incerteza e ambiguidade

Como acontece com uma pequena quadrilha local não ligada à máfia internacional, retomando nossa metáfora criminal, a incerteza é ainda maior para empreendedores ou dirigentes de pequenas empresas, já que devem enfrentar um número crescente de produtores (ou organizações criminosas nacionais ou internacionais) de todo o mundo capazes de entrar no mercado local ou nacional ofertando produtos substitutos. A incerteza também aumenta em decorrência da acelerada evolução tecnológica. Uma boa parte das empresas que oferecem produtos de consumo corrente ou intermediário é suscetível a concorrer com produtos provenientes de países cuja capacidade de produção nem se suspeitava existir há alguns anos. E, com a ampliação dos mercados e dos meios de transporte, os produtos sofrem a concorrência de substitutos que possuem características diferentes ou até superiores.

A incerteza engloba a noção de risco, cuja probabilidade de ocorrência é sempre variável. Ela remete a eventos não previsíveis. E diminui com a informação adequada. Mas nem toda informação é conhecimento, e excesso de informação gera ambiguidade – o que obriga quem a recebe a desenvolver sistemas para avaliá-la e completá-la.

> **A incerteza é a medida da ignorância.** Ela se caracteriza pela ausência de respostas a questões colocadas com o objetivo de agir com menos riscos e diminui com a obtenção de informações adicionais. Quanto à ambiguidade, ela está relacionada à polissemia, portanto à quantidade excessiva de informações que possuem diversos sentidos e podem por esse motivo criar confusão.

A informação raramente é suficiente por si mesma e, na maior parte das vezes, é portadora de ambiguidade; ela requer, portanto, interpretação e informações complementares nem sempre disponíveis. A ambiguidade exige dar sentido, classificar, interpretar e complementar a informação com toda sorte de outros dados que devem ser decifrados e relacionados, para que finalmente se transforme em conhecimento. A informação válida é a diferença entre os dados obtidos de uma situação ou evento e a interpretação que se fez entre diferentes possibilidades.

Pode-se adotar uma ou outra das quatro estratégias a seguir, mais ou menos concomitantes, para enfrentar o aumento da incerteza e da ambiguidade:

1 • A primeira estratégia é sair na frente sem preocupação em obter a informação adequada, recorrendo rapidamente a novas tecnologias materiais e imateriais e inovando constantemente ou regularmente. Essa estratégia supõe, por um lado, que é quase impossível conhecer bem o que vem pela frente justamente por conta da globalização, na qual o perigo pode vir não importa quando ou de onde; e, por outro lado, que agindo assim é possível, afinal, enfrentar a maior parte dos concorrentes potenciais, quaisquer que sejam. Em um estudo realizado para verificar as capacidades de pequenas empresas dos setores afetados pelo desaparecimento das barreiras alfandegárias com a implementação gradual do acordo de livre-comércio entre Canadá e Estados Unidos, mostramos como era difícil obter informações complexas a respeito dos produtos oferecidos. Um

> **Somos soterrados por informação** – porém, a incerteza aumenta. Por exemplo, mesmo que um empreendedor ouça falar de um produtor japonês ou brasileiro que fabrica um produto semelhante ao seu a um preço muito inferior, isso não lhe diz se esse produto é realmente adaptado ao mercado nacional, se é eficaz também no longo prazo, se responde aos mesmos critérios de qualidade e prazo de entrega, nem, principalmente, se esse produtor estrangeiro está interessado em exportar e desenvolver uma rede de distribuição adequada para atingir os consumidores do novo mercado e quando fará isso. Além do mais, para reagir, o empreendedor deve saber se esse produtor tem meios, no longo prazo, para abastecer o novo mercado, qual é a estrutura financeira de sua empresa, quais são suas capacidades de pesquisa e desenvolvimento para fazer evoluir o produto ou responder a necessidades que evoluem etc.

bom número de empresas calculava que, modernizando-se sistematicamente, seriam capazes de enfrentar qualquer concorrente, viesse ele da Califórnia ou da Carolina do Norte, da Tailândia ou da Hungria (JULIEN et al., 1994a). Uma variante dessa estratégia é compensar, para produtos da linha básica, a concorrência de países com baixos salários investindo em países em desenvolvimento ou fazendo alianças com algumas de suas empresas. Mas, frequentemente, essa estratégia não é rentável, pois, além de ineficaz, oculta todo tipo de despesas diretas ou indiretas, como gratificações, ou ainda os custos inerentes à baixa qualidade ou transportes imprevistos, que fazem aumentar os custos gerais. Conhecemos mais de uma empresa que "entrou numa enrascada" fazendo esse tipo de investimento no exterior.

2 • A segunda estratégia consiste em desenvolver grande flexibilidade: por um lado tentando obter informações complexas o mais cedo possível, assim que se recebem as primeiras informações anunciadoras de mudança; e, por outro lado, criando margens de manobra para reagir rapidamente, como por exemplo, imitando o melhor possível as vantagens do produto concorrente, atuando sobre o preço, acrescentando elementos complementares etc. A flexibilidade também pode vir da escolha do mercado. Assim, investir em um grande mercado como uma metrópole reduz, até certo ponto, a incerteza, pois é possível pensar que, entre todos os consumidores potenciais, sempre haverá alguns suscetíveis a crer nos produtos oferecidos.

3 • A terceira estratégia é inovar sistematicamente para adiantar-se à concorrência potencial, distinguindo-se o melhor possível e renovando-se regularmente, de maneira a manter uma distância em relação aos concorrentes. Esta é a estratégia adotada por um grande número de PMEs com forte crescimento: as gazelas, como já mostrou estudo internacional sobre o assunto (JULIEN, MUSTAR e ESTIMÉ, 2001). A incerteza tem seu lado bom: permite a inovação, seja fazendo outra coisa ou de outra forma; isso não seria possível se tudo fosse conhecido, portanto definido antecipadamente. Assim, investir em novos setores, como o de nanotecnologia, traz consigo uma grande parcela de incerteza, pois quase tudo está por conhecer, mas ao mesmo tempo oferece possibilidades imensas para quem sabe esperar.

4 • A última estratégia é buscar sistematicamente a informação (principalmente através das redes), então classificar e analisar essa informação para depois transformá-la em conhecimento e ação. Ela supõe, portanto, certo controle da informação, como veremos em detalhes nos Capítulos 6 e 7.

1.4 • O controle do fluxo da informação

Embora um melhor controle da informação ultrapasse largamente os limites das tecnologias da informação e das comunicações (TIC), muitos pesquisadores explicam, no todo ou em parte, a nova economia do conhecimento por sua importância crescente (FORAY, 2000). Mas não está provado que essas tecnologias tragam mais conhecimentos, ainda que permitam multiplicar a informação e facilitem a comercialização. Uma melhor embalagem não implica necessariamente em melhor conteúdo. Estudos mostraram, aliás, que um grande número de empresas compreendeu os limites das TICs e hesitaram em se lançar cegamente a elas – entre aquelas que se lançaram, menos de 5%, de acordo com Oxbrow (2000), afirmaram ter obtido melhoras reais na qualidade da informação. O desinflar da bolha financeira das TICs no fim de 2000 pode ser explicado não somente pelos excessos da especulação[17], mas também pelas esperanças frustradas dos usuários dessas tecnologias, que deveriam resolver de maneira quase automática o problema do controle da informação, quando na verdade esse controle está ligado inicialmente ao humano e organizacional, que vai muito além das técnicas. A crise veio também do fato de que os consumidores utilizaram muito menos essas técnicas do que haviam previsto os produtores entusiastas. A gestão do conhecimento se resume com frequência, infelizmente, em comprar softwares que, por mais complexos que sejam, são mal utilizados ou pouco convidativos e não podem substituir o tratamento humano da informação. Os múltiplos fracassos dos sistemas de planejamento de recursos empresariais (ERP) em empresas confirmam essa conclusão.

A informação é uma questão extremamente complexa. Sua importância é reconhecida há muito tempo. No século XVI, Olivier de Serres já colocava no primeiro plano os métodos agrícolas para garantir a cada ano o desenvolvimento das terras, apesar da incerteza do clima[18], da concorrência e das vicissitudes das guerras.

Os economistas foram provavelmente os primeiros a se debruçar sobre o problema da informação e de seu controle. Embora os teóricos clássicos considerassem que a informação não era problema, pois o mercado acabava sempre por fornecê-la, ainda que fosse pela evolução do preço dos produtos que anunciava as variações do custo dos fatores de produção, sua pesquisa e análise eram necessárias para sobreviver no mercado. Hayek (1945) explicava que a informação estava na base de toda competitividade. Theil (1967) consagrou uma obra de 400 páginas sobre a teoria econômica da informação e as técnicas probabilistas para precisá-la, partindo sempre da ideia de que, uma vez obtida, a informação permite reduzir a incerteza.

Os economistas do crescimento nacional, após os primeiros trabalhos sobre a função Cobb-Douglas, acabaram compreendendo que o controle da informação e sua aplicação na formação e inovação, pelo menos sob a forma de variável residual, eram cruciais para medir as diferenças de crescimento entre os países (Denison, 1974). Esses trabalhos geraram a distinção que conhecemos entre setores intensivos em informação, com fortes componentes de tecnologia ou especialização, como a informática ou biotecnologia, e setores mais tradicionais. Porém, essas distinções são cada vez menos válidas quando se fala em economia do conhecimento, pois a maioria dos setores (senão todos) é mais ou menos afetada pelo saber. É o caso da indústria do vestuário, cuja recuperação nos países industrializados (como a Itália) dependeu em grande parte do design e do conhecimento do mercado como forma de fazer frente aos baixos níveis salariais dos países em desenvolvimento.

A teoria econômica da informação choca-se, no entanto, contra dois obstáculos. Primeiro, não se pode mensurar o porte de seu objeto, que é intangível; e segundo, ela considera que o controle sobre a informação deve ser conquistado principalmente por meio de análises individuais, enquanto que a informação é um fenômeno coletivo ou social compreendido por intermédio de meios coletivos. As companhias aéreas, por exemplo, dispõem de técnicas sofisticadas para gerir as variações meteorológicas, a chegada dos passageiros, o fluxo de bagagens etc., mas são cada vez mais ineficazes em relação a voos e aeroportos. O mesmo vale para os sistemas de saúde pública, que se deterioram em todo o mundo apesar de novas técnicas para acompanhar a evolução da saúde dos pacientes, a utilização das infraestruturas e dos sistemas de exames[19] etc. Nos dois casos, é a filosofia de gestão que está em jogo, pois apenas regulando caso a caso os problemas que sobrevêm, o conjunto ou boa parte dos dirigentes e empregados acaba por não mais saber como aperfeiçoar as coisas e responder a todas as reclamações de passageiros ou pacientes.

A informação está na base do saber e do *savoir-faire* de uma coletividade. Esse saber e esse *savoir-faire* diferem não em importância, mas de acordo com a forma e o tipo de mercado. Assim, um produto padrão e um produto personalizado não respondem da mesma maneira às necessidades dos consumidores. No último caso, o valor de significado concedido pelo meio tem muito mais importância que o valor de uso individual, o que exige que a empresa conheça bem sua clientela e seu ambiente, como faz a maioria das pequenas empresas (PACITTO e JULIEN, 2004). Além disso, uma peça que muda regularmente não deve ser considerada um produto padrão que pode ser adquirido no mercado internacional ao menor custo (na China, por exemplo); sua compra deve considerar a capacidade do produtor não apenas de mudar, mas também de discutir com a empresa contratante. Nossa experiência com grandes empresas contratantes mostra que é muito mais fácil fazer um pequeno contratado local mudar, para se adaptar a suas necessidades, do que trabalhar com uma grande empresa estrangeira. Isso supõe, da parte das empresas, proximidade e confiança, comportamentos bem diferentes daqueles descritos pela teoria econômica neoclássica, que limita a análise da concorrência aos custos, à inovação de processos e ao uso de novas tecnologias.

A economia do conhecimento é uma resposta ao principal fracasso da teoria econômica que defende que a informação está sempre disponível, ainda que isso raramente seja o caso para cada empresa ou cada consumidor, criando assimetria no mercado e no setor. Visto que a incerteza cresce com a ampliação dos mercados e a multiplicação de produtos e produtores, a busca pela informação, seja para conhecer os concorrentes e melhor enfrentá-los, seja para inovar, torna-se a pedra fundamental da economia.

1.5 • Conhecimento e *savoir-faire*: novas formas de **competitividade** para empresas e regiões

A economia do conhecimento muda as bases da concorrência tanto para as grandes quanto para as pequenas empresas. Elas devem, a partir daí, apoiar-se exclusivamente no saber, pelo menos nos países industrializados, enquanto a competitividade atrelada aos custos ainda é possível em países com baixos salários. Isso explica por que as nomenclaturas setoriais usadas por institutos de estatística nacionais são cada vez menos oportunas, uma vez que não consideram as muitas diferenças que afetam não apenas produtos e serviços, como também os processos de produção e colocação no mercado. Por exemplo, reconhece-se cada vez mais que uma boa parte das diferenças de produtividade medidas pela relação entre produção e número de horas trabalhadas é apagada por certos traços específicos dos produtos (PARANQUE e RIVAUD-DANSET, 1996).

Isso explicaria por que a maior parte das grandes empresas contratantes tenta continuamente aprovisionar-se em outros países industrializados, mas acaba voltando aos produtores nacionais. Um bom exemplo é a Bombardier Recreational Products: a companhia já buscou novas empresas contratadas em Ontário e nos Estados Unidos, depois no Leste Europeu e na Ásia, mas acaba repetidamente voltando a procurar produtores quebequenses. Embora os preços fossem mais baixos

> **Tomemos o caso da diferença de produtividade** entre Quebec e os Estados Unidos, que foi ampliada entre 1991 e 2001 (em 2001, essa diferença teria sido de 11,3%). Dados recentes mostram também que a participação dos investimentos privados em máquinas e equipamentos continua a ser inferior em mais de 1 ponto percentual há dez anos (em 2001, 7,6% do PIB em Quebec contra 8,7% nos Estados Unidos). Entretanto, no mesmo período, as exportações quebequenses para o país vizinho aumentaram fortemente (mais de 10% em valor real), sem que isso possa ser atribuído à desvalorização do dólar canadense[20]. E mesmo a diminuição da vantagem monetária de quase 20% entre 2002-2005 desacelerou muito pouco as exportações[21]. Este paradoxo pode a princípio ser explicado pelo fato de que as novas medidas americanas de produtividade acrescentam um custo considerável ao aporte das novas tecnologias de informação e de comunicação. Mas ele relaciona-se também aos investimentos imateriais que afetam a qualidade (portanto a novidade e a inovação) dos produtos exportados, algo difícil de ser medido na evolução do PIB, mas que explica, no entanto, por que esses produtos continuam a interessar aos americanos. Entre os investimentos imateriais, é interessante notar que a taxa de conclusão do ensino médio era de 81% em Quebec contra 74% nos Estados Unidos, e que a taxa de formação universitária por habitante também era superior[22] (dados de 1998). Evidentemente, nos últimos anos as coisas mudaram, com a supervalorização do dólar canadense e uma forte desaceleração da economia americana provocada pela crise do crédito hipotecário, embora um bom número de PMEs quebequenses continue a exportar maciçamente para os Estados Unidos.

naqueles países, especialmente por causa de salários inferiores, não se encontravam ali os outros elementos de competitividade, como qualidade e prazo de entrega e, sobretudo, a capacidade de fazer evoluir sistematicamente o produto. Por exemplo, calculamos que cerca de 80% das peças dos *snowmobiles* mudam a cada dois anos, o que obriga as empresas contratadas e as contratantes a dialogar e se ajustar constantemente, o que é muito difícil com produtores asiáticos ou do Leste Europeu (JULIEN et al., 2003b).

A concorrência através dos preços é apenas um aspecto dos comportamentos de compra, principalmente no caso de consumidores finais que nem sempre têm a habilidade ou possibilidade de comparar preços, como quando compram medicamentos. Prova disso é a permanência, apesar da presença dos grandes supermercados, das pequenas mercearias de bairro, serviços que subsistem por conta da habilidade dos proprietários em compreender e satisfazer as necessidades particulares e a mudança de cada consumidor. É preciso, além disso, incluir os custos de transporte (especialmente com a alta do preço do petróleo) e de transação, ou a busca do melhor produtor pelos consumidores, além da confiança de curto e longo prazo na capacidade que o fornecedor tem de continuar a servir bem seu comprador e a se adaptar a suas necessidades em mudança.

Na nova economia, a competitividade está cada vez mais ligada aos conhecimentos e ao *savoir-faire*, portanto às capacidades imateriais de cada organização, principalmente das pequenas organizações particularmente flexíveis. Essas capacidades permitem variar o produto (o bem e, sobretudo, os serviços associados) quase ao infinito e se manifestam na maior parte das vezes em inovações sutis ou difusas que tocam diferentes elementos em uma parte ou em toda a cadeia de valor do produto, incluindo a colocação no mercado, em diferentes mercados. A teoria ampliada da competitividade baseada nos recursos e competências explica justamente que essa competitividade repousa, acima de tudo, na combinação e na capacidade diferente ou singular de mobilizar recursos tanto humanos como materiais – competências, portanto (REED e FILIPPI, 1990; VÉRY e ARRÈGLE, 1997). Essa combinação repousa nas diferentes configurações de recursos mais ou menos inimitáveis e não substituíveis, que geram um valor específico. Em nossos dias, são mais particularmente a escolha e a organização dos recursos humanos que constituem a base dessa singularidade, ao contrário da época do pós-guerra, em que a organização científica do trabalho (o taylorismo) era em boa parte ditada pelos equipamentos (FORAY e MAIRESSE, 1999). Outra variável é a importância do *capital relacional* que a empresa desenvolveu, capital que lhe permite completar os recursos restritos recorrendo a suas redes, como lembra Hall (1993). Essas vantagens, evidentemente, não são permanentes em mercados turbulentos, onde o foco é a busca de novas oportunidades. Para conservá-las, a empresa deve reconfigurar regularmente seus recursos e seus laços com atores externos e, principalmente, oferecer capacitação sistemática e promover intercâmbio de informações, usando pontes informacionais para criar novos conhecimentos e *savoir-faire* especial, como veremos mais adiante.

A singularidade que se segue explica a estabilidade relativa das transações. Muitas empresas com as quais trabalhamos há mais de dez anos explicam que não necessariamente oferecem produtos para atender às necessidades de um cliente, e sim respostas complexas a necessidades, que são desenvolvidas em conjunto.

Eisenhardt e Martin (2000) notam a importância crescente de três elementos nessa capacidade particular das empresas: 1) a variedade de respostas complexas; 2) a proximidade para discuti-las; e 3) a flexibilidade diante da evolução das necessidades. Isso explica por que, apesar da globalização, as grandes empresas contratantes recorrem a PMEs nacionais ou locais e a dirigentes nacionais ou da mesma cultura nas filiais no exterior, como é o caso das multinacionais automobilísticas, sejam americanas, europeias ou asiáticas.

Proximidade, flexibilidade e variedade integram o conceito de inovação que sustenta a singularidade da empresa para bem além da produtividade. É verdade que a produtividade é o fator-chave para as empresas que oferecem um produto de massa, padrão ou de mudança lenta. Nesse caso, prevalece a tendência em transferir a produção para países com baixos salários. Mas, no caso dos produtos com forte valor agregado e com mudança regular, cuja fabricação requer uma capacidade particular da organização, portanto de pessoal capacitado, a produção irá permanecer nas regiões capazes de produzir e manter esses recursos. A competitividade nesse caso vai bem além da produtividade.

A Figura 1.3 ilustra um *continuum*. À direita estão produtos que requerem acima de tudo saber, *savoir-faire* e inovação sistemática; à esquerda, produtos que utilizam acima de tudo mão de obra disciplinada e de baixo custo, como recomendava o taylorismo dos países industrializados antes dos anos 1970. Temos, portanto, de um lado produtos quase únicos para mercados específicos e, do outro, bens de massa de baixo custo e frequentemente de baixa qualidade.

FIGURA 1.3 • CONTINUUM ENTRE PRODUTIVIDADE E INOVAÇÃO

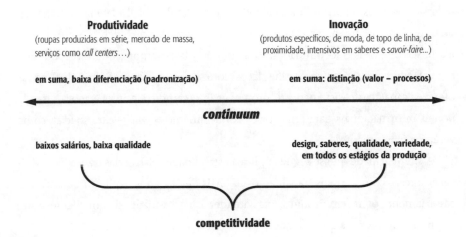

> **Um bom exemplo** de empresa que oferece respostas complexas aos seus clientes é o de uma fabricante de molas helicoidais, que podem ser produzidas por uma infinidade de pequenas empresas. Sua competitividade repousa na competência singular para responder a diversos tipos de peso, torção, resistência, variações de temperatura, umidade e salinidade (JULIEN et al., 2003a). Essa competência vai muito além do que pode se incluído nos produtos em si. Do mesmo modo, a capacidade que uma PME tem de produzir diversos tipos de bens para a indústria aeronáutica, como sistemas de direção (manches para helicópteros) ou sistemas de análise do desempenho de motores, vem do fato de que essa PME dividiu sua fábrica em diversas seções, permitindo-lhe explorar diversos materiais e fazer combinações muito sutis, graças a saberes e *savoir-faire* particulares, que lhe dão uma vantagem importante para resolver toda sorte de problemas e oferecer bens únicos.

Proximidade, flexibilidade e variedade inscrevem-se na economia do conhecimento e do *savoir-faire* sob novas formas, justamente porque permitem à empresa recombinar diferentemente seus recursos e competências para gerar a maior quantidade possível de respostas particulares para cada cliente. Retomando a nossa metáfora, essas três qualidades aplicam-se também tanto ao pequeno criminoso como à quadrilha, que devem se diversificar e adaptar seus comportamentos a cada território e situação em mudança, como explica Maigret em *O ladrão preguiçoso*, que tinha uma capacidade particular de reagir às mudanças dos policiais. Isso supõe que a organização seja capaz de gerir adequadamente a informação para melhor enfrentar a incerteza e a ambiguidade, como vimos para um bom número de PMEs. Tal capacidade de fazer de outra forma também pode ser intrínseca às regiões onde se encontram essas PMEs. Algumas regiões já compreenderam isso há muito tempo, enquanto outras tardam a fazê-lo, o que explica, atualmente, as diferenças no que concerne ao empreendedorismo.

NOTAS

1 Herbert Spencer (1820-1903) definia o conhecimento, para um indivíduo, como um enriquecimento sucessivo e deliberado da memória, gerando associações cada vez mais ricas e amplas, semelhanças ou diferenças, e permitindo assim uma melhor compreensão da realidade e das escolhas relativas a ela e às relações com seus semelhantes. Esse conhecimento, para uma comunidade, é a soma dos conhecimentos dos indivíduos que a compõem, acrescida do efeito de sinergia advindo das trocas.

2 A OCDE (2001) prefere falar em "transição para a economia do saber". Um dos dez desafios que a União Europeia acaba de assumir é justamente o de entrar na futura sociedade do aprendizado ou do saber, lembrando assim que ainda não chegou lá (IRTS-JRC, 2000).

3 Holmes, em *O homem do lábio torcido*, admite fumar ópio e injetar cocaína.

4 Organização científica do trabalho preconizada principalmente por Henri Fayol e Frederick W. Taylor no fim do século XIX e início do XX.

5 Citado por Pirou (1946, p. 164).

6 Isso quando não se trata de fraude, como no caso do famoso "bug do ano 2000", que foi desinflado em janeiro daquele ano – o que não impediu que custasse bilhões às economias, como já escrevemos no *Le Devoir* em 1999. Outro bom exemplo de obsolescência planejada: as organizações forçam seus contratados a trocar os computadores, ainda muito bons para as tarefas que realizam, por máquinas novas compatíveis com as suas.

7 Como vimos na última Conferência Ministerial da OMC, em junho de 2008, no contexto do que se chamou de a rodada de Doha. Apesar de todos os esforços, essas discussões continuam a ser um fracasso. A recusa, principalmente dos Estados Unidos, de reduzir seus subsídios à produção agrícola (em especial de algodão), dificulta a entrada de produtos de países em desenvolvimento nos mercados industrializados – o que, no entanto, teria reflexos muito mais positivos nesses países do que todas as ajudas e subvenções fornecidas pelos países ricos.

8 O mesmo vale para outras formas de "invasão cultural" que afetam apenas superficialmente os comportamentos culturais nacionais. A rede McDonald's, por exemplo, não muda o mundo de fato – apenas substitui as antigas lanchonetes frequentemente de qualidade inferior ou qualquer outro sistema de refeição rápida que se encontra mais ou menos por toda parte. Fora dos Estados Unidos, ela ainda afeta muito pouco as refeições familiares e a média e alta cozinha.

9 Nos anos 1950, o Japão produzia bens de péssima qualidade, vendidos por centavos ou encartados como brinde em embalagens de outros produtos. À medida que a produção japonesa evoluiu, os salários aumentaram, e a concorrência que se observa hoje ali é do mesmo tipo da de outros países industrializados – às vezes superior, às vezes inferior, evolui com a conjuntura internacional. E o Japão faz como essas economias: recorre aos países asiáticos em desenvolvimento para produtos que não exijam mão de obra com grande qualificação.

10 Três quartos das empresas que compraram outras empresas estimavam que suas aquisições custaram muito caro. Os grupos americanos avaliaram que quatro quintos das aquisições não deveriam ter sido feitos

(LYNCH, 1993).

11 Por exemplo, os fabricantes de armários de cozinha feitos sob medida, ou os que reproduzem móveis antigos vendidos por dezenas de milhares de dólares, como o consórcio da Permanente Mobili di Cantù, próximo a Milão (cuja origem remonta a 1893). Pode-se pensar também na fabricação de cerâmicas variadas, algumas pintadas à mão, como em Fez, no Marrocos, ou San Luis Potosí, no México.

12 Em 1992, um quarto do universo da pesquisa estava relacionado aos serviços, enquanto isso correspondia a menos de 4% dez anos antes. Fonte: MIFE (2001, p. 54).

13 Em 1999, cerca de 25% da população economicamente ativa dos 15 países da União Europeia (o equivalente a 38 milhões de pessoas) trabalhava em empregos ditos altamente qualificados (OCDE, 2001).

14 É preciso prudência com as diferenças entre demanda e oferta de empregos, pois se sabe que, quando os trabalhadores especializados tornam-se mais raros, as empresas têm tendência a anunciar necessidades futuras ou potenciais para ter mais de chance de supri-las quando se manifestarem de fato.

15 Como se viu recentemente em empresas de alta tecnologia de Quebec que tentavam contratar quebequenses expatriados no Vale do Silício na Califórnia, ou como se vê agora nas universidades que querem atrair os melhores pesquisadores.

16 Por exemplo, antes da década de 1970, a indústria automobilística pagava tão caro para ajustar suas linhas de montagem que só podia trocá-las a cada cinco anos para que fossem rentáveis.

17 A exemplo, entre outras, da bolha financeira das estradas de ferro do início do século XX, que terminou com uma queda ainda mais brutal na bolsa.

18 Um bom conjunto de localizações para assegurar a melhor insolação possível e boa drenagem para certas colheitas e sombra e irrigação para outras.

19 Em 2008, calculava-se que mais de 30% dos voos nos Estados Unidos, principalmente domésticos, tinham atrasos consideráveis, deixando os passageiros cada vez mais aborrecidos e incitando-os a ficar em casa. Na Europa, os trens-bala forçam as companhias aéreas a serem mais eficazes. Assim, nenhum outro sistema de produção aceitaria fazer consumidores esperarem duas ou três horas em aeroportos lotados ou solicitar que cheguem todos na mesma hora (o médico, por exemplo, conhece bem, a não ser em circunstâncias relativamente raras, o tempo médio que dedica a cada paciente). Ver sobre o primeiro ponto a pequena obra de Mintzberg (2001) sobre suas más experiências como "passageiro comum". Ele acrescenta que a razão principal da ineficácia das empresas aéreas seria que provavelmente "os patrões não andam de avião!".

20 Fonte: Orçamento 2003-2004, documento de consulta. Ministério das Finanças, Economia e Pesquisa, fevereiro de 2003, tabelas p. 7, 9, 27 e 28.

21 Desaceleração que se pode atribuir antes de tudo à recessão americana.

22 Em 1999, com uma taxa de 23%, a província de Quebec podia ser situada em terceiro lugar no ranking de detentores de diploma universitário com idade entre 25-34 anos dos países da OCDE, à frente de quatro países do G7: Reino Unido, França, Alemanha e Itália. Fonte: S@ver.stat. *Bulletin sur l'éeconomie du savoir*,

Não apenas um comércio que não rende nada
pode ser útil, mas até mesmo um comércio desvantajoso pode sê-lo.
Ouvi dizer na Holanda que a pesca da baleia,
em geral, quase nunca rende o que custa:
mas aqueles que são os empregados na construção do navio,
os que forneceram os apetrechos, os aparatos, os víveres,
são também os que têm o principal interesse nessa pesca.
Se perdem na pesca, ganharam nos fornecimentos.
Esse comércio é uma espécie de loteria,
e cada um é seduzido pela esperança de um bilhete premiado.

Montesquieu. *Do espírito das leis,* tomo III, 4ª parte, capítulo 6

CAPÍTULO 2 • O empreendedorismo diferenciado
AS DISPARIDADES REGIONAIS

As PMEs continuam a ser a primeira fonte de empregos e, assim, de desenvolvimento territorial. Em todos os países da OCDE, com exceção de Alemanha, Canadá, Bélgica, Estados Unidos, Finlândia e Suécia, elas respondem por mais de 60% dos empregos, no caso das empresas com menos de 500 funcionários, e frequentemente mais de 30% dos empregos, no caso daquelas com menos de 100 empregados (ver Figura 2.1). Mas, por um lado, sua importância não é a mesma em todos os lugares e, por outro, elas não participam todas da mesma maneira ou não têm todas o mesmo vigor para sustentar o desenvolvimento regional. Do mesmo modo, o crime difere de acordo com o nível de desenvolvimento, portanto de acordo com a importância das rendas dos países e de acordo com o nível de permissividade social[1].

Para distinguir as regiões, dividimos este capítulo em seis seções. Na primeira, veremos as diferenças no número de empresas por região; na segunda, o que distingue o vigor da criação de empresas. Nas partes seguintes, discutiremos causas que são habitualmente elencadas para explicar essas diferenças: primeiro as causas gerais, ou macroeconômicas (Seção 3), e em seguida aquelas mais relacionadas aos comportamentos dos empreendedores, ou causas microeconômicas (Seção 4). Na quinta seção, apresentaremos uma síntese dessas causas, com a ajuda de um modelo internacional. Por fim, na última seção mostraremos a necessidade de aprofundar as explicações das diferenças empreendedoras de acordo com os territórios, retomando os papéis conjuntos dos empreendedores, das organizações e do meio.

FIGURA 2.1 • PERCENTUAL DE FUNCIONÁRIOS NO SETOR MANUFATUREIRO, DE ACORDO COM O PORTE DA EMPRESA, EM ALGUNS PAÍSES DA OCDE (1999 OU ANO MAIS RECENTE)

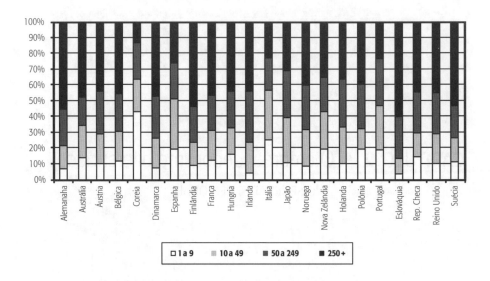

2.1 • A **importância diferenciada** das **PMEs** na **região**

As diferenças no número de empresas constituem um dos principais indicadores de disparidades quando se observa o desenvolvimento de regiões. Isso se deve ao fato de elas serem as primeiras geradoras de empregos, e, portanto de renda circulante, garantindo assim o bem-estar dos habitantes do território. Muito embora, evidentemente, devamos levar em conta o tamanho das regiões, sobretudo em número de habitantes, e em seguida o tamanho das empresas ou seu dinamismo como geradoras de empregos.

Assim, na Tabela 2.1, ao lado, podemos ver que, nos Estados Unidos, enquanto alguns estados tinham em 2005 mais de 400 empresas para cada 10 mil habitantes, como o Distrito de Columbia ou Wyoming, outros tinham menos de 200, como Arizona, Alabama, Mississipi, Tennessee e Texas. O Mississipi, por exemplo, embora não muito menos urbanizado do que Wyoming, uma região montanhosa muito a oeste do grande rio, tinha duas vezes menos empresas que este; e o Texas, a despeito das reservas de petróleo, estava em uma situação quase tão deplorável quanto, se comparado a estados com território composto em boa parte por grandes florestas, como Montana (diferença de 62%) ou Vermont (diferença de 48%). Isso não quer dizer, entretanto, que os primeiros criam novas empresas mais rapidamente que os últimos, pois Rhode Island tem crescimento baixo, enquanto o Arizona cria proporcionalmente quase tantas empresas quanto o Colorado ou Wyoming.

Os dados relativos ao Reino Unido, ainda que um pouco mais antigos, são da mesma ordem. Assim, a metrópole, Londres, contava o maior número de empresas, quase 270 mil em 1998, o que equivale a 478 empresas para cada 10 mil adultos (18 anos ou mais), relativamente mais do que nos outros lugares. Já o Nordeste da Inglaterra (204 empresas), o Noroeste (294), Yorkshire e Humber (295) e a Escócia

TABELA 2.1 • NÚMERO DE EMPRESAS NOS ESTADOS AMERICANOS ENTRE 2002 E 2005
PERCENTUAL POR 10 MIL HABITANTES E EVOLUÇÃO ENTRE OS DOIS PERÍODOS

ESTADOS MAIS INDUSTRIALIZADOS	2000	2005	2005/2003 (EM %)	TAXA POR 10 MIL HABITANTES EM 2005
Distrito de Columbia	25.157	27.656	9,9	475
Wyoming	18.566	20.721	11,6	409
Montana	32 593	35.597	9,2	380
Vermont	20.976	21.451	2,3	346
Colorado	134.085	152.434	13,7	326
Idaho	39.089	46.349	18,6	325
Rhode Island	32.666	33.679	3,1	316
Maine	38.711	41.026	6,0	313
Dakota do Sul	22.556	24.349	7,9	312
New Hampshire	36.643	40.619	10,9	312
ESTADOS MENOS INDUSTRIALIZADOS				
Michigan	213.865	214.316	0,2	212
Kentucky	88.460	84.988	-3,9	204
West Virginia	38.665	36.684	-5,1	203
Ohio	232.775	230.799	-0,8	201
Indiana	124.654	125.532	0,7	201
Arizona	103.893	119.193	13,8	199
Alabama	88.222	88.274	0,1	194
Mississipi	53.509	54.666	2,2	188
Tennessee	110.510	111.607	1,0	186
Texas	388.439	412.520	6,2	181

FONTE: Cálculos nossos, a partir de dados dos Small Business Economic Indicators, 2005 (internet), e Missouri State Census Data Center.

(287) eram muito menos dotadas de empresas. Outras regiões eram mais bem providas, como a Irlanda do Norte (438), o Sudeste (398), East Anglia (382) e o Sudoeste (381). Mesmo o País de Gales, mais rural e cuja economia, antes do considerável crescimento de PMEs, vivia da exploração de carvão (além da pesca e da agricultura), teve bastante sucesso em sua adaptação, a ponto de exibir uma taxa de 323 empresas para cada 10 mil adultos, o que não está muito longe da média nacional (352).

Esses dados, contudo, não nos informam sobre o empreendedorismo propriamente dito, principalmente sobre a taxa de criação líquida de empresas – refletem apenas a taxa de evolução. Assim, na Tabela 2.1, podemos ver que o número de empresas aumentou 2,7% no Texas entre 2000 e 2003, menos do que na Carolina do Norte (4,0%) ou no Arizona (5,6%), e ainda menos do que no Colorado (7,3%), em Idaho (6,3%) ou Washington (6,0%), estados que já tinham mais empresas *per capita* em 2000. Do mesmo modo, no Reino Unido, se a região de Yorkshire e Humber perdeu 3,84% de suas empresas entre 1994 e 1999, o País de Gales perdeu ainda mais, 5,33%. De resto, durante esse tempo apenas quatro regiões viam aumentar o total de suas empresas: a região da capital (+ 11,42), o Sudeste (+ 3,98), a Irlanda do Norte, apesar dos problemas (+ 3,70), e East Anglia (+ 2,02).

2.2 • Um ritmo de criação diferente segundo os territórios

Tentemos analisar essa evolução do número de empresas primeiro entre os países, já que dispomos de muitos levantamentos internacionais que fazem essa comparação, e em seguida entre as regiões. No caso das comparações internacionais, tomemos o conhecido levantamento do projeto Global Enterpreneurship Monitor, ou projeto GEM, sobre empreendedorismo global, que mede a proporção de adultos (18 a 64 anos) ativamente engajados no processo de criação de empresas (recém-criadas ou que estejam atuando no mercado por um período inferior a 42 meses). Por exemplo, para o levantamento de 2004 (ACS et al., 2004), efetuado em 34 países – 800 milhões de habitantes e mais de 80% do produto interno bruto internacional –, os pesquisadores entrevistaram 113 mil pessoas por telefone, ou mais de 2 mil por país, utilizando questionários adaptados para cada um deles. Também consultaram de 20 a 70 especialistas em cada país para melhor compreender as razões que facilitavam ou limitavam o empreendedorismo. Eles distinguiram assim os empreendedores que tinham criado empresas *por necessidade* (por exemplo, após terem sidos demitidos) dos que o haviam feito para aproveitar uma *oportunidade*. Dessas duas

FIGURA 2.2 • ÍNDICE DE ATIVIDADE EMPREENDEDORA TOTAL (ENVOLVIMENTO NO PROCESSO DE CRIAÇÃO OU PARTICIPAÇÃO NO INÍCIO DE UMA EMPRESA) DE ACORDO COM OS PAÍSES PARTICIPANTES, 2004

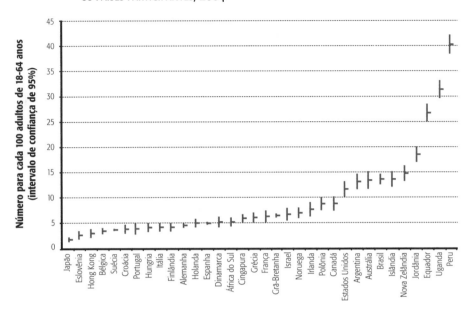

ADAPTADO de Global Entrepreneurship Monitor. 2004 Executive Report, Babson College.

possibilidades, tiraram uma média, chamada de índice de atividade empreendedora total, como se pode ver acima na Figura 2.2

Essa figura indica que, em 2004, Peru, Uganda e Equador estavam na primeira posição em atividade empreendedora, com mais de 25% dos adultos de 18 a 64 anos engajados de uma maneira ou de outra na criação de empresas. A seguir vêm Jordânia, Nova Zelândia, Islândia, Brasil, Austrália, Argentina e Estados Unidos, com uma taxa de 10% ou mais. Na outra extremidade da escala, encontramos Japão, Estônia, Hong Kong, Bélgica, Suécia, Croácia, Portugal, Hungria, Itália, Finlândia e Alemanha, com um taxa de menos de 5%.

As versões mais recentes do projeto GEM são um pouco mais complexas. Foi acrescentado um terceiro grupo, o das empresas com forte potencial (EFP[2] – aquelas onde existe uma previsão do contratação de 20 ou mais empregados nos cinco primeiros anos de existência), que os pesquisadores relacionaram à noção de gazela, como apontado no estudo da OCDE de 2005, de que falaremos mais adiante. Essas EFPs correspondem, entretanto, a menos de 2% dos empreendedores potenciais ou reais (MINNITI, BYGRAVE e AUTIO, 2005).

Notemos que de um ano a outro os países participantes podem mudar, pois a participação é voluntária e requer uma equipe de pesquisa financiada pelos governos. Assim, no caso das edições 2005 e 2007 (MINNITI, BYGRAVE e AUTIO, 2005; BOSMA et al., 2007), os países mais empreendedores foram Tailândia, Venezuela, Nova Zelândia, Jamaica e China, em 2005, enquanto em 2007 a ordem mudou um pouco: a Tailândia permanece em primeiro lugar, ao passo que Venezuela e China vão para a quarta e quinta posições, intercaladas por Colômbia e Peru.

Evidentemente, o estudo não compara o número de empresas de fato criadas, não diz se o envolvimento constatado irá se traduzir *realmente* em um bom número de funcionários (especialmente para as EFP). No que diz respeito à criação real, os dados são bem diferentes[3].

Em outra pesquisa internacional, a da OCDE (2006), cujos resultados podem ser observados na Figura 2.3, abaixo, foi feita uma comparação entre os Estados Unidos e países europeus.

As taxas de criação nos Estados Unidos são inferiores às de Luxemburgo, Reino Unido e Noruega, e certamente não são duas vezes superiores às de Dinamarca, Espanha, Itália e Finlândia, como parecem mostrar os números do GEM. Essas diferenças também são ilustradas em outros estudos, como os baseados na taxa de autoemprego (trabalhadores autônomos e proprietários de empresas) na população economicamente ativa (BLANCHFLOWER, 2004), onde os Estados Unidos aparecem com uma das mais baixas taxas entre os países membros da OCDE. Iversen,

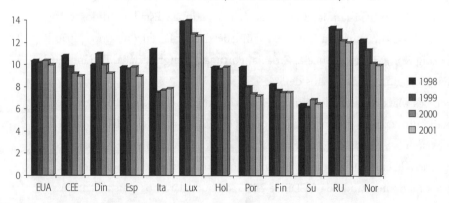

FIGURA 2.3 • COMPARAÇÃO DAS TAXAS DE CRIAÇÃO REAL DE EMPRESAS NOS ESTADOS UNIDOS E NA UNIÃO EUROPEIA (10 PAÍSES MENCIONADOS)

FONTE: Dados da Eurostat e SBA, retomados pela OCDE, *Comprendre l'entrepreneuriat: mise au point d'indicateurs pour les comparaisons et évaluations*, Paris, 2006.

TABELA 2.2 • LOCALIZAÇÃO E EVOLUÇÃO DO NÚMERO DE EMPRESAS PRIVADAS (INDÚSTRIA, CONSTRUÇÃO CIVIL, COMÉRCIO E SERVIÇOS) EM 22 REGIÕES FRANCESAS

REGIÕES	Novas empresas em 1994	Empresas existentes após 4 anos (1997)	Número de empresas em 1995	Taxa de criação por 1 mil habitantes	Taxa de criação por empresa em 1995
Île-de-France	24,48	22,81	27,47	2,08	10,9
Provença-Alpes-Côte d'Azur	8,68	8,28	10,51	1,98	10,9
Languedoc-Roussillon	4,94	4,71	4,92	1,85	11,9
Médio-Pirineus	5,07	5,27	4,69	1,57	9,3
Vale do Ródano-Alpes	10,49	10,54	10,43	1,56	9,5
Aquitânia	5,74	5,88	5,37	1,56	9,4
Alsácia	2,70	2,85	2,47	1,22	9,9
Auvérnia	1,92	2,09	1,91	1,20	7,8
Poitou-Charente	2,43	2,60	2,16	1,11	8,2
Bretanha	4,10	4,67	3,73	1,09	8,5
Borgonha	2,38	2,48	2,13	1,09	8,3
País do Loire	4,65	4,92	4,07	1,08	9,0
Franco-Condado	1,51	1,65	1,43	1,07	8,5
Centro	3,55	3,59	3,09	1,06	8,5
Alta Normandia	2,20	2,26	2,21	1,03	8,9
Baixa Normandia	2,00	2,15	1,75	1,03	8,6
Picardia	2,41	2,37	2,26	1,01	8,9
Limousin	0,91	1,00	0,86	0,99	7,7
Lorraine	2,99	3,02	2,74	0,98	9,5
Champanhe-Ardenas	1,78	1,79	1,57	0,96	8,3
Norte-Pas-de-Calais	4,55	4,51	4,21	0,88	9,0
Córsega	0,53	0,55	–	2,11	–
TOTAL	100%	100%	100%	–	–

Jørgensen e Malchow-Møller (2008) mostram bem os limites da análise do GEM, e explicam que os resultados desses estudos estão atrelados aos indicadores utilizados e da maneira como os dados são obtidos[4], limites que, aliás, um grande número de estudos comparativos internacionais sobre a criação de empresas também mostra.

De qualquer modo, esses estudos não consideram diferenças territoriais. Em alguns países, o engajamento nacional necessário para uma boa criação de empresas é maior nas grandes cidades, já que nelas o dinamismo é maior do que nas regiões periféricas que ficam estagnadas; mas a situação pode ser a inversa em outros países.

Na França, pesquisadores da Universidade de Caen mostraram que a taxa de criação real por 1 mil habitantes era particularmente elevada no eixo Paris e regiões do Vale do Ródano-Alpes, Provença-Alpes-Côte d'Azur e Languedoc-Roussillon, mas muito mais baixa, menos de 50%, nas regiões Norte e Leste (Norte-Pas-de-Calais, Champanhe-Ardenas, Lorraine, Picardia e Normandia; ver Tabela 2.2 na página 79).

2.3 • Diferentes tipos de empresas

Essas comparações, por mais interessantes que sejam, mascaram uma informação importante: o tipo de empresas criadas. De fato, a partir do momento em que uma população minimamente importante se instala em algum lugar, um empreendedor acaba por abrir uma pequena mercearia e outro uma oficina mecânica. Se a população continua a crescer, outro abrirá um salão de beleza, uma costureira empregará algumas pessoas para auxiliá-la e o sapateiro aceitará fazer alguns sapatos sob medida se a cidade que oferece esse serviço for muito longe. Enfim, à oficina se seguirá talvez uma retífica etc. Encontrar-se-ão também empresas sociais e coletivas que participarão do desenvolvimento do empreendedorismo e sustentarão o dinamismo da região (STEYAERT e HJORTH, 2006). É possível que o acúmulo dessas atividades acabe em um efeito bola de neve que acelere o desenvolvimento.

Mas, na maior parte das vezes, essas atividades apenas seguem a evolução demográfica. É por isso que são chamadas de atividades banais, no sentido do antigo termo feudal *banalidade* ou *servidão*, como o moinho banal que era indispensável à comunidade para moer os grãos dos camponeses.

No estudo do GEM, a ausência de informação sobre o tipo de empresas realmente criadas é ainda mais grave. Por exemplo, os resultados de 2004 para Peru, Uganda ou Equador não dizem nada a respeito do setor no qual atuam as empresas, e menos ainda a respeito de seus efeitos sobre o dinamismo de outras empresas com as quais colaboram ou sobre a criação de novas empresas. No caso desses três países em desenvolvimento, pode-se pensar facilmente que o setor informal, frequentemente mais importante do que o setor formal, não foi considerado, tendo em vista a dificuldade de avaliá-lo. Ora, uma boa parte do setor informal existe

> **Como exemplo de empresas coletivas**, conhecemos duas meias-irmãs sem trabalho de um bairro pobre de Montreal que decidiram se juntar para preparar refeições, e assim economizar comprando em maior quantidade. Assistentes sociais pediram-lhes para compartilhar sua experiência com outras mulheres do bairro. Depois de colocar de lado o orgulho, elas criaram uma cooperativa de refeições e compra comunitária, envolvendo 30 famílias que tinham as mesmas necessidades e desejavam aprender como alimentar-se com qualidade e baixo custo, aprendizado que ia até as bases da matemática (1/4 de colher de café de sal!). Elas também organizaram uma guarda comunitária das crianças, para permitir às mães sair pelo menos uma ou duas vezes por mês, ajuda com os deveres das crianças, compras com desconto em muitos estabelecimentos do bairro, um albergue do viajante para os parentes ou famílias de baixa renda vindos do exterior etc. Hoje, o movimento não atinge menos do que 1,2 mil famílias.

por necessidade, permitindo às pessoas ter uma segunda renda que se soma ao baixo salário do primeiro emprego; mas essa *necessidade* que se liga também a pequenas oportunidades criadas pelos desequilíbrios do mercado desses países, como explica Kirzner (1973), está bem longe da noção utilizada pelo GEM. Acrescentemos que a importância do setor informal faz com que a pesquisa junto aos especialistas seja necessariamente enviesada, pois eles devem escolher entre as variáveis muito diferentes que influenciam um ou outro dos setores. Além do mais, é possível encontrar um grande número de empresas atuando em setores mais ou menos ilegais, como contrabando, conforme mostraram Fadahunsi e Rosa (2002) no caso de Uganda. Finalmente, entre as empresas em projeto, é provável que muitas jamais sejam criadas e, entre as demais, que o maior número corresponda apenas a empresas banais e pouco inovadoras, que respondem ao forte impulso demográfico vindo do interior ou da emigração. A maior parte dos entrevistados nas pesquisas do GEM afirma, aliás, que seu projeto de empresa reproduzirá o que outras empresas existentes já fazem: apenas 7% pensam que sua futura empresa será diferente "de modo significativo" (REYNOLDS et al., 2002, p. 5).

Aliás, podemos nos questionar sobre a taxa de sobrevivência das novas empresas realmente criadas. Algumas desaparecem logo após a criação ou sobrevivem a duras penas. Por exemplo, Baldwin e Gellatly (2003) mostraram que, no Canadá, cerca de 25% das menores empresas desaparecem no ano de sua criação; essa taxa

FIGURA 2.4 • TAXA DE SOBREVIVÊNCIA EM 7 ANOS* EM 7 PAÍSES DA OCDE, 1990

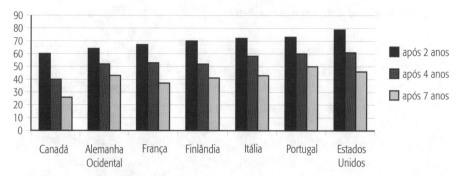

*Os números fazem referência às taxas de sobrevivência médias estimadas para diferentes grupos de empresas que entraram no mercado do fim dos anos 1980 até os anos 1990.

FONTE: *Perspectives de l'OCDE sur os PME*, Paris, OCDE, 2002, p. 40.

seria de 27% nos Estados Unidos (PHILLIPS e KIRCHOFF, 1989). Como cerca de 80% das empresas são pequenas quando entram em atividade, o efeito é importantíssimo. Assim, após somente um ano, mais de 25% das novas empresas com menos de vinte empregados não sobrevivem; após três anos, mais de 40% desaparecem; após dez anos, restam menos de 20%. Em compensação, embora sejam muito mais raras, cerca de 50% das novas empresas que contam com mais de cem empregados sobrevivem. Em média, algo em torno de 50% das novas empresas ultrapassam os cinco anos. Como ilustra a Figura 2.4, a taxa de sobrevivência apresenta variações em sete países da OCDE: um pouco mais elevada nos primeiros anos nos Estados Unidos e mais fraca em seguida no Canadá, tudo dependendo evidentemente da conjuntura anual em cada um desses países e do método de cálculo utilizado.

A taxa de sobrevivência pode aumentar quando a criação é facilitada por ajuda externa ou complementar, como no caso de um desenvolvimento inicial em uma incubadora ou outro organismo de ajuda na criação, ou ainda por *spin-off*, com o apoio da organização de partida. Considera-se também que o fato de a empresa ter sido criada por varias pessoas com experiências diferentes facilita sua sobrevivência (SIEGEL et al., 1993)[5].

Contudo, o desaparecimento de empresas nos dados oficiais não quer dizer necessariamente que foram à falência. Entre essas empresas, algumas foram recompradas, outras foram objeto de fusão ou simplesmente suspenderam as atividades para retomá-las mais tarde. Por exemplo, na França, calculou-se que as retomadas de empresas respondem por mais de 30% das criações ditas novas, e as reativações por cerca de 25%. Menos de 25% dos desaparecimentos podem ser realmente considerados como fracassos, e mesmo estes podem dar lições para um novo começo (SESSI, 1999a)[6]. Assim, muitos estudos mostraram que, após quatro ou cinco anos, mais de 75% dos novos empreendedores ainda estão em ação, depois de uma primeira ou segunda tentativa, uma reativação ou retomada (REYNOLDS e MILLER, 1989; Observatório Europeu, 1995).

Algumas variáveis permitem especificar os tipos de empresas que continuam a existir após alguns anos. Uma delas é o fato de responderem à expansão demográfica, portanto às necessidades da população. Podemos pensar em mercearias, oficinas, salões de beleza, lojas de variedades, butiques etc., mas também em cartórios, consultórios psicológicos, creches, etc. Outras duram porque servem justamente às empresas que se ajustam à evolução demográfica, bem como porque passam a atuar fora da região. É o caso principalmente das empresas de transportes de mercadorias e assistência técnica, escritórios de contabilidade e assessoria, de informática. E, quanto mais uma empresa exporta seus produtos para fora da região, mais ela necessita de transporte especializado, de especialistas em logística e exportação e de outras empresas complementares. Se ela utiliza uma tecnologia de ponta e inova muito, requer centros de pesquisa e empresas de capital de risco. O governo apoia essa multiplicação de atividades econômicas e sociais com escolas e serviços de saúde, sem esquecer as infraestruturas que estimulam o comércio e as instituições que fornecem pessoal saudável e capacitado.

Assim, a complementaridade entre os diferentes tipos de atores tem um papel importante para o desenvolvimento das empresas. Sabemos, por exemplo, que quando o fechamento de uma ou várias empresas exerce impacto na diminuição da população em uma vila, cidade ou bairro, fica-se diante do dilema de manter a escola aberta ou providenciar transporte para que os alunos se desloquem até um município próximo, e pergunta-se também se o restaurante da esquina vai continuar existindo. Mas a complementaridade pode ser ainda maior entre as empresas, não somente pelos serviços que prestam entre si, mas por todo tipo de atividades de subcontratação de serviços e de produção de subprodutos ou peças. Tal complementaridade influencia também os investimentos do exterior: uma grande população atrai as filiais de grandes grupos comerciais, como as cadeias de grandes lojas, diversas franquias e outros reagrupamentos ou cooperativas. Esses investimentos externos, no entanto, não são neutros, pois apresentam considerações ou estratégias que nem sempre têm a ver com a realidade local. Assim, pode-se fechar uma loja local mesmo rentável, para atrair os clientes a um centro comercial da cidade vizinha, que poderá então diversificar ainda mais sua clientela e seus produtos. Uma região excessivamente dependente do exterior é levada a recorrer menos a seus próprios recursos, o que limita as possibilidades de desenvolvimento das empresas, como veremos no Capítulo 10.

Mas, se algumas variáveis podem favorecer o desenvolvimento das empresas, outras, ao contrário, irão desacelerá-lo, em razão das estratégias. A maioria das empresas tem estratégias muito reativas: contentam-se em acompanhar a evolução da demanda e em se ajustar o melhor possível aos concorrentes e à evolução da tecnologia, embora tardiamente. Poucas adotam estratégias proativas, propriamente empreendedoras, apoiadas, sobretudo, na inovação contínua de produtos e processos. Entretanto são elas que abrem novas possibilidades em sua região e a transformam, primeiro retendo serviços dinâmicos ou demandando-os, em seguida isolando as empresas que insistem em não acompanhar ou favorecer a mudança nos mercados e no território (WENNEKERS e THURIK, 1999).

Muitas dessas empresas baseadas na inovação contínua crescem particularmente rápido. Elas são chamadas de *gazelas*[7], para diferenciá-las das dezenas de pequenas *camundongos* que, na média dos anos bons e ruins, acabam estagnando-se ou crescendo lentamente, e de algumas empresas *elefantes*, ou seja, grandes empresas que se valem de investimentos externos e cuja estratégia, como vimos anteriormente, traz influências estrangeiras para a região. Embora pouco numerosas, essas gazelas têm um papel importantíssimo na reestruturação ou desenvolvimento do território, e assim na criação de empregos pelas empresas perenes. Na Figura 2.5, mostramos

FIGURA 2.5 • PARTICIPAÇÃO DAS EMPRESAS COM FORTE CRESCIMENTO NO NÚMERO DE EMPREGOS NO INÍCIO E NO FIM DO PERÍODO ESTUDADO, EM 6 PAÍSES OU REGIÕES DA OCDE

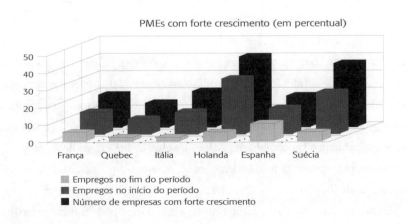

FONTE: JULIEN, P. A., MUSTAR, P. e ESTIMÉ, M. F., "Les PM à forte croissance: une comparaison internationale", editorial do número temático sobre as gazelas, *Revue internacional P.M.E.*, v. 14, n. 3-4, 2001.

FIGURA 2.6 • EFEITO DE IMPULSO DAS GAZELAS

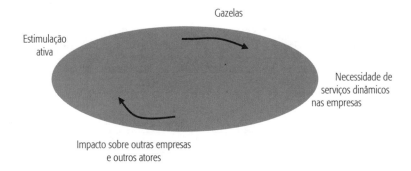

que numericamente sua participação é pequena, em geral inferior a 10% do total de empresas. Mas, apesar disso, elas respondem por 20% a 40% (e até 80% para alguns países não citados aqui) dos novos empregos provenientes das empresas perenes (PICOTT e DUPUY, 1995; BIRCH, HAGGERTY e PARSONS, 1997).

Essas gazelas também têm outros papéis: elas podem se tornar modelos para futuros empreendedores e outras empresas, além de inspirar algumas delas a seguir seu exemplo. Elas favorecem o dinamismo regional, recorrendo a todo tipo de estabelecimento de serviços na região, exigindo que atualizem seus conhecimentos[8] para poder acompanhá-las ou superá-las, novos conhecimentos que transformam em fatores de dinamismo junto a outras empresas (GARDNEY, 1998). É isso que buscamos ilustrar com o esquema da Figura 2.6. Se essas PMEs com forte crescimento constituem uma pequena fatia do número de empresas na maioria das regiões, quando ultrapassam 8% ou 10% seu impacto pode tornar-se fundamental para criar um efeito bola de neve, acelerando o desenvolvimento baseado em novos conhecimentos.

Haveria, portanto, uma relação entre o dinamismo territorial e a proporção de gazelas. Ou, pelo menos, estas seriam um bom índice do dinamismo das regiões. Assim, na Tabela 2.3 (página seguinte), podemos ver que, nos Estados Unidos, entre 1993 e 1996, mais de 15% das empresas manufatureiras eram gazelas nos estados de Nevada, Oregon, Arizona, Utah, New Hampshire, Califórnia, Flórida e Massachusetts, que faziam então parte dos 21 estados considerados os mais dinâmicos (num universo de 50), de acordo com 18 critérios relativos à nova economia (ATKINSON, CURTO e WARD, 1999). Ao contrário, os estados do Havaí, Alasca, Michigan, West Virginia, Wyoming e Iowa tinham as menores taxas de PMEs com forte crescimento, os três últimos estados se situando nos 41º, 42º e 48º lugares na avaliação de dinamismo regional.

TABELA 2.3 • PROPORÇÃO DE EMPRESAS COM FORTE CRESCIMENTO (GAZELAS) EM ALGUNS ESTADOS AMERICANOS ENTRE 1993 E 1996

ESTADOS CONSIDERADOS OS MAIS DINÂMICOS	PROPORÇÃO DE GAZELAS	ESTADOS CONSIDERADOS OS MENOS DINÂMICOS	PROPORÇÃO DE GAZELAS
Nevada	19,3%	Nova York	12,5%
Oregon	17,8%	Maryland	12,4%
Arizona	17,7%	Dakota do Norte	12,3%
Utah	16,7%	Carolina do Sul	12,3%
New Hampshire	16,2%	Michigan	12,2%
Califórnia	16,1%	Iowa	12,1%
Flórida	15,8%	Wyoming	11,9%
Missouri	15,5%	West Virginia	11,6%
Massachusetts	15,5%	Alasca	11,3%
Wisconsin	15,4%	Havaí	9,2%

FONTE: ATKINSON, R., CURTO, R.H. e WARD, J. M., "The State New Economy Index", Washington, Progressive Research Institute, julho de 1999.

Para medir esse índice de dinamismo, analisamos o crescimento das empresas manufatureiras em Quebec entre 1991 e 2001, nas pequenas regiões chamadas de municipalidades regionais do condado (MRC)[9], dividindo esse período em duas partes (JULIEN e MORIN, 2003). A proporção de PMEs com forte crescimento varia muito de uma região ou sub-região de Quebec para outra, de 0% a 29,4%.

Na verdade, o desenvolvimento endógeno se explica não apenas pela vontade dos empreendedores, mas também pelos laços que estabelecem com os serviços mais dinâmicos de seu meio, pela insistência desse meio para que isso cresça; portanto, pela cultura empreendedora de conjunto. O que nos leva a questionar as razões invocadas há quatro décadas para explicar as diferenças empreendedoras regionais, salvo, é claro, a presença de recursos naturais excepcionais, como as economias de aglomeração ou fortes demandas.

2.4 • Algumas **explicações ultrapassadas**

No plano macroeconômico, diversas razões têm sido elencadas nas últimas décadas para explicar as diferenças de desenvolvimento regional. Apesar de muitas dessas respostas serem insatisfatórias, já que foram baseadas em análises unidisciplinares, convém retomá-las, pois algumas nos ajudarão na busca de uma resposta muito mais complexa, seguindo a abordagem de Guilherme de Baskerville.

A explicação mais antiga é a dos economistas tradicionais, que acentuaram antes de tudo o efeito de uma demanda dinâmica, que cria diversas oportunidades para as empresas, ou ainda a presença de recursos naturais abundantes, que atraem investidores. Para esses economistas (p. e., ARTHUR LEWIS, 1951, ou PAUL BARAN, 1957), o empreendedor nunca é um problema, pois ele necessariamente se manifesta onde se apresentam diversas oportunidades de negócios, como baixos custos de produção ou baixos salários. Se significativas, essas oportunidades são logo aproveitadas por grandes empreendedores, portanto por grandes empresas, as únicas verdadeiramente eficazes aos olhos de tais teóricos, pois podem a seguir se beneficiar de economias de escala (MARTIN, 1986). A chegada desses empreendedores multiplica os rendimentos e provoca a criação de outras empresas, incluindo uma multidão de PMEs que se liga às grandes empresas ou responde às necessidades da população crescente atraída pelos empregos. O efeito bola de neve suscita a implementação e em seguida o desenvolvimento sustentado.

Rostow (1960), um dos pais dessa ideia do desenvolvimento acumulado, falava em desacelerações de tempos em tempos, mas afirmava que, se bem iniciado, o desenvolvimento só podia se consolidar e ampliar. No entanto, como a quantidade de riquezas naturais pode diminuir ou a forte demanda pode cair com a migração ou o aparecimento de concorrentes em outro lugar, a região também pode começar a declinar. Mesmo a vantagem dos baixos salários pode durar apenas certo tempo, na verdade até que as necessidades de novos investimentos façam pressão sobre eles, quando se abrem novos territórios com salários ainda mais baixos, ou até que os cidadãos migrem para regiões mais prósperas. Apesar de possível um lento reequilíbrio entre regiões atrasadas e dinâmicas, Gunnar Myrdal (1956) lembrava há bastante tempo que a mobilidade dos fatores não o gera necessariamente, e que seriam necessárias intervenções externas; primeiro em infraestrutura (para diminuir os custos da distância) e em seguida na forma de auxílio aos investidores, para criar massa crítica e assim transformar o círculo vicioso do subdesenvolvimento em círculo virtuoso do desenvolvimento.

Geógrafos e economistas regionais propõem uma segunda explicação que repousa sobre o papel dos polos de crescimento[10]. Esses polos se beneficiam inicialmente do aporte de regiões periféricas para crescer cada vez mais, antes de acabar difundindo a riqueza de um lugar a outro, para por fim atingir as regiões desfavorecidas. Essa análise vem das teorias sobre a localização ótima das empresas (principalmente de von Thünen, Weber, Christaller, Lösch) e sobre o desenvolvimento das economias de aglomeração proveniente dos lugares centrais (BAIROCH, 1999). De acordo com Marshall (1920), essas economias de aglomeração compreendem: 1) aquelas provenientes da divisão do trabalho entre as empresas; 2) aquelas ligadas às trocas de informação que se multiplicam, com o número de atores aumentando; 3) aquelas relacionadas à formação de mão de obra cada vez mais capacitada, portanto com acúmulo dos conhecimentos; e, por último, 4) aquelas provenientes da multiplicação da inovação e das tecnologias pelos contatos diretos e indiretos entre as empresas. Assim, as grandes aglomerações emanam forças centrípetas institucionais, sociais, culturais e econômicas que favorecem a multiplicação das empresas. Elas estão em condições de colocar em ação, em um mesmo território, um conjunto complementar e substituível de recursos extremamente variados ou de atrair novos, e com eles capacidades empreendedoras mais ou menos sustentadas por suas decisões políticas e administrativas (CATIN, 1991; BAILLY e HURIOT, 1999). É evidente que também podem ser exercidas forças centrífugas, como o aumento do preço dos terrenos, o congestionamento e a poluição, ou até a violência das grandes cidades, que vêm então contrabalançar as primeiras e fazer gradualmente com que os empreendedores e a população fujam. Outros conceitos acrescentam-se a essa teoria das economias de aglomeração, como o de *reservatórios de emprego* atraindo empresas ou ainda o de *tecnopolos* reunindo toda sorte de recursos científicos e tecnológicos para estimular as empresas de tecnologia de ponta.

Alguns economistas[11] salientam, no entanto, que essa abordagem não considera as condições territoriais iniciais, as forças endógenas que podem sustentar o desenvolvimento, sobretudo a qualidade do capital humano. Esses são os economistas que recomendam recorrer a energias locais (STÖHR e TAYLOR, 1981). Eles reconhecem, porém, que uma demanda interior insuficiente forçaria as pequenas regiões a exportar para encontrar mercados consumidores que as atividades induzidas pelo mercado local não chegam a constituir. Os mercados externos, incluído o turismo estrangeiro, passam então a constituir importantes mercados consumidores para as empresas locais, que multiplicam, em contrapartida, a transformação na região, criando um processo cumulativo e com aceleração gradual.

Por fim, os behavioristas, especialmente Drucker (1985), destacaram, antes de mais nada, o comportamento dos empreendedores que criam eles mesmos oportunidades com inovações ou por conta de uma capacidade particular para descobrir essas oportunidades no mercado (HINDLE, 2007). Assim, uma vez que atingem certo porte e desenvolvem massa crítica suficiente, as empresas desses empreendedores desencadeariam um tipo de dinâmica que poderia ser perpetuado.

Essas diversas explicações foram resumidas em duas teorias econômicas opostas, que oferecem não somente uma explicação para as disparidades entre as regiões, mas também a possibilidade de uso como instrumento de previsão: a *teoria da convergência* e a *teoria da divergência*. A primeira explica que as diferenças regionais só podem se diluir, pois o custo dos recursos (salários, aluguéis, taxa de juros etc.) acaba necessariamente por aumentar nas regiões prósperas, seguindo uma demanda que apenas cresce, o que torna cada vez mais interessante para os empreendedores se instalar em regiões com certo atraso para aproveitar recursos mais em conta (AFXENTIOU e SERLETIS, 1998)[12]. A teoria da divergência mostra, ao contrário, que as vantagens das regiões dinâmicas se acumulam cada vez mais e de maneira durável, atraindo ainda mais recursos variados e criando cada vez mais economias de aglomeração e sinergia, que compensam amplamente as deseconomias externas.

Mas nenhuma dessas teorias foi realmente provada, pois continuam a ser encontradas razões para apoiar uma ou outra (VEGGELAND, 1992), o que mostra que a questão é muito mais complexa do que se poderia pensar. Por exemplo, na escala dos países, Grécia, Portugal e Irlanda acusam em sua economia atrasos em relação às de outros países da União Europeia, o que os levou a acelerar o desenvolvimento, ajudados por subsídios especiais, sem que conseguissem, mesmo assim, alcançar França, Bélgica e Alemanha. Aliás, no plano territorial, diversas regiões continuam dinâmicas apesar do crescimento pífio de outras: é o caso da Terceira Itália em relação ao Sul, ainda que não tenha contado com os vultuosos subsídios do Plano Marshall concedidas ao Norte após a guerra, ou ainda da Costa Oeste americana em detrimento da Costa Leste (BENKO e LIPIETZ, 1992; MAILLAT e LECOQ, 1992). Se uma ou outra das grandes tendências fosse irreversível, as regiões estariam *condenadas* ao sucesso ou ao fracasso, sem possibilidade de mudar o curso da história (POLÈSE e SHEARMUR, 2005).

Isso mostra bem que todas as teorias têm seus limites, incluindo a que defendemos neste livro. Assim, a explicação da demanda prévia (oportunidades) sai de uma abordagem positivista mais ou menos tautológica. Se a demanda atrai os investimentos, o que causa essa demanda em determinado território? Não há oportunidades absolutas. Elas podem ser descobertas durante a própria criação de uma empresa ou no seu desenvolvimento (JULIEN e VAGHELY, 2008). E essas oportunidades não estão necessariamente mais reservadas a uma região do que a outra.

A demanda deve ser reconhecida e desenvolvida e a oportunidade deve ser desejada. Não existe uma relação de consequência direta entre oportunidade de negócios e comprometimento.

Conhecemos muitos empreendedores que recusaram uma ou mais oportunidades por todo tipo de razão pessoal (rendimentos suficientes, falta de tempo, medo de perder o controle, complexidade grande demais, aparente ou não, outros objetivos, como conservar o emprego para familiares etc.) ou coletiva (a organização não está pronta, o desafio é grande demais etc.). Por outro lado, há empreendedores que agarram oportunidades apesar da total falta de informações, pouca informação ou informações distorcidas e descobrem gradualmente as dificuldades e as superam com trabalho, coragem ou sorte. Maigret explica que muitos crimes são cometidos com pouca chance de sucesso, simplesmente porque o criminoso é levado a cometê-los, desprezando todas as consequências desastrosas que virão a seguir. Além disso, pode-se criar oportunidades. Afinal, o efeito da demanda deve aplicar-se à maioria, senão a todas as regiões, já que a distância é cada vez menos um obstáculo, com exceção de alguns serviços locais (BUENSTORF, 2007).

As grandes empresas, por sua vez, tendem a procurar vantagens absolutas sem riscos associados (como recursos naturais excepcionais), e geralmente vão para outros lugares quando esgotam tais vantagens – a menos que consigam ajuda do Estado, em resposta muitas vezes à chantagem quanto ao desemprego que certamente se seguiria ao fechamento. Além do mais, esses grandes investimentos, indiferentes ao território, frequentemente não têm qualquer efeito sobre a geração de empresas ou apenas poucas repercussões territoriais, como algumas subcontratações banais, como ocorre com grande frequência nos países em desenvolvimento (EMMANUEL, 1969). Além disso, algumas grandes empresas, principalmente as de produção primária, constituem barreiras importantes ao desenvolvimento nos países em desenvolvimento: elas apoiam-se unicamente na exportação e favorecem o consumo ostentatório de produtos geralmente importados pelos funcionários com renda elevada, basicamente sustentado pelas gratificações "por fora". Mesmo nos países industrializados, elas constituem uma barreira às pequenas empresas, oferecendo aos funcionários tanto administrativos quanto de chão de fábrica salários acima da sua capacidade de pagamento e atraindo os melhores recursos, deixando apenas os serviços menos interessantes às empresas locais. Acima de tudo, elas frequentemente criam uma cultura de dependência e restringem o desenvolvimento de uma cultura empreendedora dinâmica nos territórios, como veremos mais adiante.

A teoria da demanda supõe que a adequação entre as necessidades do mercado e os objetivos e capacidades dos empreendedores faça-se mais ou menos de forma instantânea ou pelo menos se desenvolva harmoniosamente. Isso supõe: 1) que os dirigentes sejam os únicos atores que podem exercer influência nas orientações da empresa, as outras partes implicadas sendo apenas executantes e o ambiente sendo passivo; 2) que esses dirigentes tenham apenas um objetivo: a busca do lucro; e 3) que o processo seja claro, estável e consistente, baseado em informações acessíveis e de baixo custo (BRUYAT, 2001). Ora, o empreendedorismo ultrapassa essas formas de regulação da atividade econômica que dificilmente pode ser reduzida à simples relação *mercado–hierarquia*, como propõem tanto os economistas ligados à teoria neoclássica quanto os defensores da abordagem neoinstitucionalista, como veremos em nossa conclusão.

Quanto à abordagem dos geógrafos, seria preciso explicar por que grandes cidades declinaram ou continuam a ter graves problemas. O desenvolvimento territorial parte de forças muito mais complexas, que permitem às cidades intermediárias e aos centros regionais continuar a se desenvolver de acordo com uma hierarquia em mudança, considerando a complementaridade e a interdependência dos fatores culturais e políticos (BAILLY e HURIOT, 1999). Aliás, muitas regiões saem-se muito bem sem ser dependentes de um grande centro, como Beauce, em Quebec. Nesse sentido, Kangasharju (2000) analisou a criação de empresas nas pequenas regiões finlandesas entre 1989 e 1993, período cujo fim foi particularmente difícil, devido à longa recessão de 1991 a 1993. Ele mostra que, apesar da recessão, muitas pequenas regiões se defenderam bem melhor que outras, principalmente as situadas ao redor e ao norte de Tempere, que se saíram melhor do que as mais próximas da capital.

É preciso também considerar a necessidade de massa mínima ou crítica e efeitos de desestruturação que criam um círculo vicioso, com a migração dos jovens, o envelhecimento gradual da população e, sobretudo, o desenvolvimento de um espírito de dependência. É provavelmente impossível para uma região com esses problemas reverter tal tendência sem uma ajuda especial e sustentada do Estado. Ainda mais porque muitas atividades ultrapassam as fronteiras territoriais. Em última instância, a região não pode se isolar; deve ser religada às redes nacionais ou internacionais, se quiser se desenvolver.

Por fim, a propósito da abordagem behaviorista, devemos lembrar, em primeiro lugar, que o empreendedor não está sozinho: para entender o que eles fazem, as ações de outros parceiros ou atores devem ser levada em conta. Em segundo lugar, existe todo tipo de empreendedor e todo tipo de empresa. Além disso, em sua análise linear, os behavioristas não parecem compreender que a busca de oportunidades pelos empreendedores não segue uma lógica clara. Muitas empresas são criadas para responder a uma necessidade pessoal. A satisfação por um novo produto, por exemplo, desemboca em uma pequena produção para amigos e vizinhos, só depois provocando a criação de uma empresa formal. O processo quase nunca é organizado, sistemático, racional. Além disso, o empreendedor não necessariamente antecipa a mudança, mas pode ser ele próprio o elemento de mudança ou, pelo menos, afetá-la. Drucker e Casson descrevem ambos o gestor, mas não o empreendedor, a gestão dos negócios, mas não o empreendedorismo (SPINOSA, FLORES e DREYFUS, 1997).

Em suma, essas causas ou essas análises não são completamente falsas, mas sim limitadas demais. Elas apontam alguns elementos que retomaremos com maior complexidade adiante, considerando não apenas o mercado (demanda) e o território (densidade e recursos disponíveis), mas também comportamentos dos empreendedores, de sua organização e de seu ambiente próximo. São as relações entre esses dois conjuntos de fatores que ajudam a explicar por que os mecanismos do empreendedorismo não se dão da mesma maneira em todos os lugares e épocas.

2.5 • As novas análises mais territoriais

Detenhamo-nos em análises mais mesoeconômicas, como a de Kangasharju (2000). Por meio de dois métodos que tentam medir a importância de diversas variáveis territoriais, ele comparou os resultados obtidos por Reynolds et al. (1994) aos dados relativos às regiões de diversos países europeus, como Alemanha, França, Itália, Irlanda e Reino Unido. Podemos ver na Tabela 2.4, a seguir, que as variáveis mais importantes são a proporção de pequenas empresas na região (assim, o mecanismo de autoformação dos futuros empreendedores e, consequentemente, a presença de modelos para eles), o crescimento do mercado medido pelo crescimento da população, a imigração e, por fim, a densidade populacional. A taxa de desemprego ou sua variação é neutra ou positiva. O mesmo se dá quanto à presença de um governo intervencionista. As outras variáveis são negativas ou neutras. Assim, o crescimento da renda *per capita* não parece ter papel importante[13], pois os mercados externos podem compensar os internos. Do mesmo modo, fortes despesas do governo local frequentemente provocam cargas tributárias elevadas. A capacidade de poupança dos habitantes, portanto a capacidade de investir em novas empresas[14], medido pela

TABELA 2.4 • OS FATORES REGIONAIS E A CRIAÇÃO DE EMPRESAS EM DIVERSOS PAÍSES EUROPEUS

	VARIÁVEIS ENDÓGENAS: CRIAÇÃO DE EMPRESAS POR 1 MIL HABITANTES		
	Resultados de Reynolds et al.	Cinco regressões das variáveis cruzadas de Kangasharju	Modelo aplicado a um grupo de empresas por Kangasharju
Crescimento da demanda			
Crescimento da PIB per capita	+ / −	− 1	0
Emigração/crescimento da população	+ 5	+ 3	0
Urbanização/aglomeração			
Densidade populacional	+ 3	+ 1	0
PMEs			
Proporção de pequenas empresas	+ 5	+ 5	+ 5
Despesas governamentais			
Despesas do governo local	− 1	− 1	− 5
Comportamentos governamentais			
Presença de governo intervencionista	+ / −	+ / −	+ 1
Desemprego			
Taxa de desemprego	+ / −	+ 2	+ / −
Mudança na taxa de desemprego	+ / −	+ 2	0
População com casa própria			
Percentual da população com casa própria	− 2	0	0

Fontes: REYNOLDS, P., STOREY, D. e WESTHAL, P. (1994), "Regional variations in new firms formation rates", *Regional Studies*, v. 28, n. 4, p. 443-456; KANGASHARJU, A. (2000), "Regional variations in firm formation: panel and cross-section data evidence from Finland", *Regional Science*, v. 79, n. 4, p. 28, n. 4, p. 355-373.

proporção de habitantes com casa própria, também não tem impacto. Kangasharju testou ainda o impacto da disponibilidade de mão de obra e do nível de instrução da população e, mais uma vez, observou que ele inexiste. Devemos, porém, precisar que as medidas que utilizou eram relativamente grosseiras.

Em outro estudo sobre a criação e o desaparecimento de empresas em 382 pequenas regiões americanas, Reynolds, Miller e Maki (1995) chegaram a resultados um pouco diferentes, acrescentando outras variáveis explicativas. Entre as variáveis já vistas, o crescimento populacional tinha um efeito muito claro sobre a criação de empresas (como sobre sua mortalidade e volatilidade). Entre as novas variáveis, um nível de renda pessoal elevado tinha impacto muito importante, enquanto altas taxas de desemprego e considerável diversidade social tinham pouco efeito. Diversidade setorial, fortes oportunidades de carreira (medidas pelo nível de instrução e pela proporção de gestores e profissionais na população regional), a modernização da indústria em setores novos e boa flexibilidade da mão de obra estimulada pela criação de empresas tinham efeitos importantíssimos. Por outro lado, baixos custos de produção, instituições públicas e infraestruturas desenvolvidas e variadas, forte densidade populacional e de serviços, assim como capacidades de P&D, não pareciam ter efeito sobre a criação de empresas.

Análises mais recentes apresentam outros resultados, porém não muito mais conclusivos. Por exemplo, Bosma, Wennekers e de Wit (2001), em um estudo comparado das regiões holandesas, mostram que as mudanças na renda *per capita*, o seu nível de desigualdade, a diversidade na estrutura setorial, a lucratividade e o apoio à criação de empresas explicariam melhor as diferenças no plano da criação de novos negócios. Em outro estudo comparando o empreendedorismo de 17 países industrializados, Acs et al. (2005) descobriram que as diferenças se explicariam antes de mais nada pela importância das despesas com P&D (ponderadas pelo PIB), seguidas pela importância dos jovens (de 30 a 44 anos) na população e pelo crescimento econômico, mas seriam limitadas pelo nível de carga tributária sobre a pessoa (e não pelo nível de carga tributária sobre as empresas) e pelo nível salarial (um nível mais baixo facilitando a implementação da empresa)[15]. Finalmente, Rotefoss e Kovereid (2005), num estudo sobre o dinamismo da criação de empresas nas regiões norueguesas que faz distinções entre empreendedores aspirantes, nascentes e principiantes, mostram que a variável mais importante é a experiência anterior. O impacto das outras variáveis (crescimento da população, taxa de desemprego, especialização do setor, peso das políticas socialistas etc.) difere de acordo com o tipo de empreendedor (aspirante, nascente ou principiante). Por outro lado, outras variáveis não têm nenhuma influência, como o nível educacional dos futuros empreendedores, o nível de urbanização ou a disponibilidade de recursos financeiros.

Lembremos outra vez que essas análises têm seus limites, principalmente pelo fato de que a maior parte das variáveis é medida de maneira instantânea ou em um curto período, enquanto se sabe que as intenções empreendedoras frequentemente são amadurecidas durante vários anos[16] e que o ambiente econômico varia ao longo desses anos (TÖDTLING e WANZENBOCK, 2003). Do mesmo modo, as razões para criar uma empresa geralmente estão, na maioria das vezes, relacionadas a um conjunto de causas e não a uma única, conforme veremos no capítulo seguinte. Essas razões variam de acordo com os indivíduos, o tipo de empresa criada e seu porte: elas podem ser afetadas ou até estimuladas pelo dinamismo do tecido industrial, pela presença de oportunidades, pelas disponibilidades de diferentes recursos ou então pela cultura empreendedora do meio, conforme veremos no Capítulo 5.

Em suma, falta algo em todas essas análises, que não explicam nem a multiplicação das pequenas empresas em regiões cuja economia apoiava-se anteriormente na agricultura ou na exploração de riquezas naturais, nem a reestruturação de regiões em declínio nas últimas décadas. É preciso, portanto, acrescentar razões mais empreendedoras relacionadas à vontade de alguns de criar sua empresa, a despeito da ausência de certas condições.

Nessa ótica, Ashcroft, Love e Malloy (1991) avaliaram o impacto do lucro esperado com a criação de uma empresa, da probabilidade econômica desse lucro, da presença de capitais iniciais importantes, de capacidades ou experiência do empreendedor no início, do porte da empresa no início, das possibilidades de *spin-off* das empresas e organizações presentes e da presença de empresas-modelo. As três primeiras variáveis surgiram como as mais suscetíveis a favorecer a criação de empresas.

Baldwin e Gellatly (2003) também consideraram a terceira variável: a presença de capitais iniciais importantes, afirmando que começar com capital insuficiente cria uma deficiência que afetará todo o crescimento da empresa e aumentará, portanto, os riscos de fechamento ou falência. Do mesmo modo, Stearns et al. (1995) notaram que o fato de lançar uma empresa em uma filière (adeia/circuito) em crescimento e não em decrescimento ou estagnação aumentava consideravelmente as chances de seu desenvolvimento.

Alguns pesquisadores vão um pouco mais longe, considerando algumas características do empreendedor. Por exemplo, Abdesselam, Bonnet e Le Pape (2000) fizeram uma análise complexa do efeito de 29 variáveis sobre a taxa de sobrevivência de 23.013 empresas francesas após quatro anos de atividade. Essas variáveis incluíam a idade e a experiência profissional prévia do empreendedor, a área de sua formação universitária, as fontes de financiamento mais importantes, a experiência adquirida em atividades anteriores, seus conhecimentos e sua experiência prática no meio empreendedor (como, por exemplo, gerente ou sócio de outro negócio). Os autores chegaram à conclusão de que a sobrevivência de uma empresa jovem estava indiretamente condicionada pela existência no empreendedor de hábitos iniciais, portanto de sua capacitação e seu *savoir-faire* na função empreendedora, mas antes de tudo pela experiência anterior no mesmo setor, como mostrou também a análise de Rotefoss e Kolvereid (2005), e o que já haviam notado Dunkelberg e Cooper (1982).

Outros pesquisadores lembraram a importância da inovação para criar uma empresa que se distinga das concorrentes (NORTH e SMALBONE, 2000). Assim, a empresa que começa com uma estratégia centrada mais na qualidade do que nos preço (STOREY et al., 1989), na especialização dos produtos (STRATOS, 1990) ou ainda em nichos (WOO et al., 1989) tem mais chances de se sair bem. Mas há todo tipo de inovação e muitas maneiras de organizá-los. Diversos estudos mostram que o fato de uma empresa se instalar no campo ao invés de na cidade parece ter cada vez menos influência sobre a inovação, apesar da presença nas cidades de serviços para sustentá-la (AUDRETSCH e FRITSCH, 1994; JULIEN, BEAUDOIN e NDJAMBOU, 1999). Ashcroft, Love e Malloy (1991) mostraram até mesmo que, ao contrário, as PMEs das pequenas regiões rurais britânicas tiveram melhor performance no quesito inovação do que aquelas das regiões urbanas. É preciso também considerar o papel da difusão das novas tecnologias nas regiões, pois é ela que sustenta as capacidades competitivas das empresas (THOMAS, 1969; THWAITES, 1988). Por fim, Siegel et al. (1993) descobriram que as empresas criadas em equipe tinham mais de chances de sobreviver que as lançadas por um único empreendedor.

A OCDE, em colaboração com a Eurostat, resumiu essas diferentes variáveis tanto macroeconômicas como microeconômicas. Essas variáveis implicam também em um ambiente administrativo favorável e uma cultura que favoreça a criação de empresas e a inovação; tudo sendo sustentado por um financiamento adequado tanto para essa criação como para o desenvolvimento das empresas e por leis e regulamentos que favoreçam a concorrência nacional e internacional em detrimento de monopólios, oligopólios e outras alianças entre multinacionais.

Em outras palavras, como veremos ao longo do livro, a presença de empreendedores não é suficiente para multiplicar empresas e criar empregos e riqueza: ela deve estar apoiada por um ambiente favorável que toca tanto a cultura empreendedora e as estruturas e instituições como as capacidades em inovação e financiamento.

Dito isso, as variáveis consideradas por diversos estudos anteriores não são sem sentido. A importância de uma demanda local, as economias de aglomeração, os efeitos benéficos de certos polos de crescimento, a presença de um bom número de empresas para servir de modelo a outros empreendedores ou ainda a experiência anterior dos empreendedores não são negligenciáveis, mas também não são suficientes. Para compreender o empreendedorismo regional (e voltando à nossa metáfora sobre as atividades criminais) é preciso, portanto, ir além e observar o papel que exercem os atores individuais ou coletivos (por conseguinte, estudar o comportamento dos empreendedores, das organizações e do meio regional, ou ainda a cultura ou as convenções que podem estimular ou não as possibilidades empreendedoras) e sua maneira de utilizar e desenvolver o saber e o *savoir-faire*. Sherlock Holmes descrevia com precisão as diferenças sociais (portanto das rendas médias) nos bairros e subúrbios de Londres no fim do século XIX e o impacto dessas diferenças no nível de criminalidade (o nível de pobreza e imigração, por exemplo), apesar do impacto da Revolução Industrial em toda a Inglaterra. Por trás da necessidade e do nível de conhecimento, há sempre diferenças de dinamismo entre os indivíduos, que agem criando todo tipo de laços, inclusive virtuais, para fazer convergir empreendedores, empresas e meio.

NOTAS

1 Por exemplo, em *The Lincoln Lawyer* (Little, Brown and Co., 2005), Connely explica que Los Angeles detém o recorde mundial de número de assaltos a mão armada por habitante: apenas no condado de Los Angeles (10 milhões de habitantes), são mais de 100 mil crimes violentos por ano, resultando em pelo menos 140 mil prisões.

2 *High-expectation Entrepreneurship Activity* (HEA).

3 Uma pesquisa francesa realizada em fevereiro de 1998 chegou a resultados muito diferentes daquelas do GEM 1999. Ela demonstra que, dentre os 27% de pessoas entre 20 e 57 anos interessadas na criação de uma empresa, 8% eram chefes de empresa no momento da pesquisa, 7% haviam criado ou retomado uma empresa no passado, 7% tinham a intenção de criar uma empresa em curto ou médio prazo e 5% haviam desistido do projeto (Letowski, 2001).

4 Outro exemplo dos limites do projeto GEM está relacionado aos dados fiscais por país, que não consideram nem as diferenças de estrutura fiscal nem isenções ou sonegação (O'HALLORAN, RODRIGUEZ e VERGARA, 2005). Em alguns países, a tributação direta e indireta é muito elevada justamente para compensar elevados níveis de sonegação, e essas diferenças podem gerar diferentes comportamentos favoráveis à busca de rentabilidade ou atividades ilegais (LU, 1994).

5 Essa criação em equipe é cada vez mais frequente e eficaz, com a condição evidentemente de que a complementaridade e o respeito pelas particularidades de cada um sejam elevados.

6 A lição pode ser, no entanto, bem longa. O empreendedor da Amway, produtor e distribuidor de porta em porta de produtos domésticos na América do Norte, foi à falência 17 vezes antes de tornar-se multimilionário.

7 Segundo o estudo da OCDE de 1999, PME cujo número de empregos mais que dobrou em cinco anos.

8 Sobretudo as gazelas de setores de alta tecnologia (MUELLER, 2007).

9 A criação dessas municipalidades regionais do condado (MRC) foi realizada há quase uma década para levar as municipalidades urbanas e rurais dessas pequenas regiões a compartilhar alguns serviços, como centros esportivos ou culturais, segurança pública, combate ao fogo etc., e não multiplicá-los para além de suas capacidades de pagamento a longo prazo, como ocorria com muita frequência até então. Essas MRC reuniam os prefeitos e alguns conselheiros de cada municipalidade proporcionalmente à sua população e tinham, entre outros, o objetivo de implementar um plano quinquenal sobre a divisão desses serviços.

10 Teoria inicialmente desenvolvida por François Perroux nos anos 1950 para explicar o atraso e a dependência dos países em desenvolvimento.

11 Cujos pontos de vista foram bem resumidos por Coffey e Polèze (1984).

12 Evidentemente, com a condição de que os limites à livre circulação dos fatores de produção sejam baixos, que a concorrência seja efetiva, que as infraestruturas se desenvolvam e que algumas ajudas do Estado permitam superar certos obstáculos.

13 É verdade que o período estudado por Kangasharju foi marcado pela forte recessão dos anos 1990-1993. Grant (1996), por sua vez, calculou uma forte relação entre o nível de renda nacional bruta e as diferenças na criação de novas empresas nos 48 estados americanos contíguos.

14 Storey (1991) manteve essa variável porque é verdade que certo número de pequenos empreendedores hipotecam suas casas para levantar o capital inicial.

15 Sem que os autores expliquem essas diferenças, os resultados variam fortemente segundo se utilizem os dados recentes, de 1990 a 1998, ou de todo o período estudado (1981 a 1998), as variáveis positivas mais significativas sendo as despesas em educação e os altos salários.

16 Sabe-se, como bem lembrou John Maynard Keynes, que não são os objetivos reais (o lucro, segundo sua teoria) que condicionam a criação de empresas (os investimentos), mas os objetivos *esperados* ou *antecipados* no futuro.

Parte 2 •

EMPREENDEDORES, ORGANIZAÇÕES E MEIOS TERRITORIAIS

A CAPACIDADE DE DESENVOLVER CONHECIMENTO

A ECONOMIA DO CONHECIMENTO É UM TEMA inerentemente humano. As tecnologias de informação e comunicação (TIC) podem facilitar a transmissão e o tratamento da informação, mas informação isolada não é conhecimento. Como explica Nooteboom (1994, p. 342), o conhecimento deve ser visto de acordo com três dimensões: extensão, profundidade e caráter tácito. As tecnologias são, por exemplo, incapazes de intuição para dar conta dessas três dimensões, particularmente o aspecto tácito, que é a base da intuição. Somente o espírito pode combinar conhecimentos anteriores e novas informações para tirar deles, por exemplo, estratégias, inovações ou decisões. No caso do empreendedorismo na economia do conhecimento, os seres humanos em questão – os atores – são, antes de tudo, os empreendedores, ao lado das suas organizações, formadas por funcionários; e, por fim, parceiros, comunidades e atores que circundam a empresa. Evidentemente, todas essas pessoas devem enfrentar dois limites: o tempo e o ambiente socioeconômico.

Continuando com a metáfora dos romances policiais, não se pode compreender uma situação perniciosa sem considerar os cúmplices dos criminosos, aqueles que os apoiam ou lhes pagam para agir, sua organização e a capacidade dessas pessoas para imaginar novas maneiras de perpetrar crimes ou de desviar dinheiro público sem considerar os comportamentos da polícia e a permissividade da sociedade que orientam as ações dos criminosos. Assim, para compreender o que realmente se passa no empreendedorismo, deve-se levar em conta não apenas os primeiros responsáveis – os empreendedores e sua organização –, mas também o meio[1] no qual evoluem e que mais ou menos facilita a tarefa, fornecendo-lhes as informações para sustentar ou limitar suas ações (por exemplo, multiplicando os recursos disponíveis ou criando diferentes obstáculos ou restrições). É preciso também considerar os fatores culturais e políticos que constroem a sociedade e que geram ou não uma cultura empreendedora. Tudo isso constitui o primeiro limite. Mas também é preciso levar em conta o fator tempo, que tanto pode facilitar quanto limitar o empreendedorismo. Este fator é o segundo grande limite, que se manifesta principalmente no aproveitamento das oportunidades.

Em economia, o ambiente representa, por um lado, o mercado dos bens e serviços cobiçados pelos compradores intermediários (empresas ou organizações públicas e de economia mista) ou pelos consumidores finais privados ou institucionais. Por outro lado, ele fornece às empresas diferentes recursos, como a mão de obra e a informação na qual se apoiam os empreendedores para criar e gerir suas empresas. O ambiente flutua com maior ou menor intensidade. Quando a conjuntura está ruim, como quando os consumidores são mais reticentes, as empresas devem fazer esforços para convencê-los a gastar. Quando está boa, as vendas são claramente mais fáceis, pois a maior parte dos atores econômicos está otimista. Mas sabemos que a má conjuntura obriga a utilizar melhor os recursos e a desenvolver novas formas de fazer mais eficazes, que acabam por provocar a retomada (DUPRIEZ, 1947).

Os governos tentam agir sobre o ambiente, seja com despesas públicas conjunturais para minimizar a desaceleração econômica ou impedir a recessão, seja com medidas mais estruturais para ajudar a modernizar a economia, tanto do lado das empresas como do lado dos recursos, sobretudo pela formação de recursos humanos.

Como já dissemos, o tempo é um fator fundamental quando se fala em desenvolvimento regional, pois este (como também o seu declínio) só pode ocorrer em algum período de tempo. Por exemplo, as medidas governamentais para apoiar o desenvolvimento são frequentemente ineficazes, não em si mesmas, mas porque são substituídas após cada eleição sem que os empreendedores tenham podido se familiarizar com elas, nem que se tenha podido corrigir as que tenham trazido perturbações. O tempo também é necessário para efetuar certas mudanças maiores em uma empresa ou para abrir um novo mercado. O tempo vê um grande número de novas empresas abrirem as portas, e a maioria delas desaparecer após menos de uma década, seja porque a ideia inicial era ruim, porque a organização criada era mal estruturada ou não suficientemente eficaz para responder às necessidades do mercado, porque houve problemas de sucessão na direção, porque não se modernizaram rápido o bastante, porque os principais concorrentes foram mais inovadores ou ainda porque as mudanças de necessidades e gostos dos consumidores as atropelaram e elas reagiram tarde demais.

No caso do empreendedorismo endógeno, os empreendedores regionais têm pouca influência sobre esses limites, especialmente sobre o tempo, que escapa a qualquer controle, a não ser pela decisão de investir mais ou menos rapidamente, para fazer valer novas vantagens e ter a dianteira sobre os concorrentes. Em relação ao ambiente, o melhor que os pequenos empreendedores podem fazer é tentar lidar com um espaço de mercado circunscrito, multiplicando as antenas informacionais para serem advertidos de mudanças na economia geral; já as empresas multinacionais dispõem de mais poder para agir sobre o ambiente, pois podem conter a mudança, controlando a inovação ou orientando-a em seu proveito, e ainda fazendo acordos entre si.

Se ambiente e tempo são limitações que ao mesmo tempo carregam oportunidades de negócios, qualquer que seja a região, é preciso deter-se nos três outros atores da pirâmide empreendedora para explicar as diferenças de acordo com os territórios e as épocas. Por um lado, é preciso discutir o papel dos empreendedores e de suas organizações, principalmente na criação de novos conhecimentos. Por outro, é preciso circunscrever o ambiente próximo, ou seja, o meio, formado por um grande número de outros atores socioeconômicos com os quais empreendedores e empresas interagem. Esses atores presentes no meio estão na origem da circulação e do desenvolvimento das novas informações, e acabam eles próprios sendo transformados pelas mudanças que ocorrem nas empresas simplesmente porque estão inseridos nelas, como lembra Granovetter (1985). Em outras palavras, o que temos é uma relação circular tecida por relações humanas múltiplas e complexas, apoiadas pela tecnologia, que acabam por moldar o dinamismo da economia territorial.

Esses três atores são complementares: 1) o empreendedor é o ponto de partida ou a chave da criação da empresa e de sua transformação pela inovação, ainda que a ideia que a originou possa preexistir; 2) a organização completa o empreendedor, mais particularmente no que se relaciona à busca e à adaptação da informação, e explica a produção que gera rendimentos (lucros e salários) para sustentar o crescimento; 3) o meio, de onde vem na maior parte das vezes o empreendedor, fornece os diferentes recursos para garantir o sucesso da empresa. No caso da nossa metáfora, isso pode ser comparado às atividades criminais em torno das drogas, que exigem uma multidão de pequenos vendedores em bares, uma organização para apoiar as operações e um mercado negro para garantir a circulação monetária, como descrito em muitas das histórias de Sherlock Holmes. Esses atores não avançam um sem o outro, provando que o empreendedorismo é um fenômeno eminentemente social. Mas o fato de que a sociedade tem um papel nele não tira nada da liberdade do empreendedor, que tem sempre a última palavra em todas as decisões que afetam sua empresa. Encontramo-nos em uma terra de ninguém entre a ação que permite e facilita o empreendedorismo e a estrutura que o limita, como explica Giddens (1984).

Desses três atores, o mais crucial é o meio. Se em toda parte encontramos empreendedores e empresas (organizações), é o meio que, como já dissemos, tem a capacidade de transformar empreendedores potenciais e reativos em empreendedores proativos ou de forte crescimento. Em outras palavras, se o empreendedor e a organização são atores essenciais, sobretudo os empreendedores das empresas proativas, eles não são suficientes. O vigor do meio é o complemento indispensável (necessário) que explica o desenvolvimento baseado em novos conhecimentos.

Assim, continuar vendo o empreendedor como um ser isolado, cujos comportamentos dependem acima de tudo dele mesmo, e como o elemento-chave ou único do empreendedorismo regional, é compreender quase nada sobre o empreendedorismo e as razões de seu sucesso em certas regiões e épocas e não em outras. É como tentar compreender as quadrilhas das grandes cidades americanas detendo-se nos comportamentos desviantes de uma minoria. É também como tentar sufocar epidemias ou pandemias simplesmente tratando doentes isoladamente, ainda que seu comportamento coletivo seja um dos fatores da proliferação da doença[2]. Entretanto, como lembra a maioria das obras sobre o assunto, o empreendedor é o ator mais aparente. Começaremos esta parte apresentando seu papel e, em seguida, nos capítulos seguintes, nos concentraremos no papel da organização e do meio.

NOTAS

1 É este, aliás, o mesmo termo utilizado em um ambiente criminal.

2 Pensemos na tuberculose nos anos 1950-1960: enquanto o combate à doença foi concentrado no tratamento de pacientes individuais, os resultados foram mínimos. Quando enfim se compreendeu que era necessário interessar-se pelo indivíduo social, principalmente em seu meio e com este, ameaçando de multa os que escarrassem no chão ou isolando as pessoas contaminadas, por exemplo, a doença começou a regredir. Será o mesmo com a Aids, até aceitarmos que o tratamento dessa terrível doença é de interesse coletivo, que deve prevalecer sobre o individual, respeitando-se o melhor possível os direitos da pessoa.

Cremos que um homem que não tem as qualidades
de um general aos trinta anos não as terá jamais;
que aquele que não tem esse golpe de vista que descortina todo
um campo de batalha de muitas léguas em todas as suas situações diferentes,
essa presença de espírito que faz com que,
em uma vitória, sejam usadas todas as vantagens, e,
em um fracasso, todos os recursos,
não adquirirá jamais esses talentos.

Montesquieu, *Carta persa XLVIII*

CAPÍTULO 3 • Os empreendedores

Os empreendedores são seres paradoxais. Eles buscam a independência, esperando assim tomar nas mãos o próprio destino frente à sociedade, mas necessitam sistematicamente do meio no qual agem para terem ideias, recursos para o desenvolvimento de organizações e novas informações para prosseguir com os projetos. É verdade que existem diversos tipos de empreendedor, que seguem diversos processos não somente para criar empresas, mas para fazê-las crescer. Distinguir as múltiplas facetas que os empreendedores podem assumir é difícil, e muitas análises a respeito são contraditórias, ainda mais porque as obras científicas parecem frequentemente confundir os empreendedores e suas novas empresas, as PMEs.

Neste capítulo, começaremos discutindo a origem social dos empreendedores, para marcar as diferenças em relação a suas empresas. Examinaremos em seguida as razões que os impelem a se tornar empreendedores, razões que sempre trazem muito da família, de origem ou atual, e sobretudo do meio, como acabamos de ver. Esse meio será tanto mais dinâmico quanto mais abrigar empreendedores visionários e proativos, o que nos levará, portanto, a distinguir os diferentes tipos de empreendedores. Então falaremos das etapas que marcam o processo de criação que a maioria dos empreendedores segue. Por último, veremos em que seu itinerário os conduz normalmente a experimentar cada vez mais aversão aos riscos, e falaremos do que lhes permite conservar o espírito empreendedor, condições provenientes em boa parte da organização e do meio. Em suma, para compreender as diferentes facetas do empreendedor, não podemos abstrair sua história, a organização que criou ou o ambiente.

3.1 • O inato, o adquirido e o construído

Do mesmo modo como ninguém é criminoso por natureza, também não se nasce empreendedor, torna-se um, parafraseando Sophie Boutillier (2003) e retomando Maigret. Como toda ação humana, tornar-se empreendedor, criar uma empresa ou nela efetuar mudanças é uma atividade "imersa na história global do assunto que a completa" (BOURDIEU, 1987), mas também no ambiente que a possibilita e apoia. Sua própria história dá ao empreendedor algumas direções e o favorece a seguir com maior ou menor dinamismo; mas o sucesso depende do apoio do meio que o cerca e principalmente de outros empreendedores próximos. O empreendedor está, na maioria das vezes, *imerso* em um território, e tira vantagens desse enraizamento. Sua história não é, portanto, efeito do acaso, nem é fruto da racionalidade redutora da teoria econômica clássica baseada no egoísmo individual e na simples busca do lucro. Ela inscreve-se nas origens e no caminho percorrido pelo indivíduo que, sozinho ou em grupo, finalmente decide lançar-se aos negócios. E isso vale tanto para empreendedores que criam novas empresas, autônomos que mantêm o mínimo possível de estruturas organizacionais ou empresários que assumem empresas já criadas quanto para empreendedores que transformam suas empresas.

Qualquer história de empreendedorismo começa com as características inatas do indivíduo e com a formação social de certas disposições[1] nos primeiros anos de vida, o que os psicólogos da infância chamam de compartilhamento de elementos de humanidade (PINÇON e PINÇON-CHARLOT, 1999). É o período da aquisição da confiança em si, maior ou menor, da autonomia sobre a dúvida, do sentido de iniciativa sobre a culpabilidade e da identidade sobre a confusão de papéis (ERIKSON, 1959). Mas, embora uma criança de três, sete ou doze anos possa assumir naturalmente a liderança nas brincadeiras com amigos ou colegas de classe ou dirigir equipes em associações de jovens, por exemplo, isso de forma alguma é um indicativo de que manterá a capacidade de liderança no decorrer da vida ou de que tenha propensão a se tornar um líder empresarial.

Essas considerações, que dizem respeito inclusive à saúde que será necessária mais tarde para manter certas atividades que exigem muita energia[2], são também fortemente influenciadas pelo meio de vida, portanto pela família, espaço de socialização, compartilhamento de convenções ou referências comuns, hábitos e comportamentos. A família é um lugar privilegiado de transmissão de diferentes valores e formas de ver o mundo. É o período em que se adquirem os *habitus* primários, os mais duráveis, ainda que nem sempre conscientes (BOURDIEU, 1980b),

> **Um jovem empreendedor** conta que sua infância fora povoada de más companhias que o levaram roubar carros ou cometer pequenos furtos, até o momento em que foi pego por um amigo de seu pai, ex-chefe de polícia de uma grande cidade. Este o ajudou a gradualmente a canalizar melhor sua energia para outras atividades. Aos 21 anos, seu carro foi roubado, e ele, juntamente com alguns sócios, criou uma empresa que usava telefones celulares com mensagens anti-furto para proteger os carros. Posteriormente, ele se separou dos sócios e criou a própria empresa, que prospera desde então.

incluindo-se aí os comportamentos desviantes, que, uma vez canalizados, podem favorecer a inovação na empresa. A família, portanto, desenvolve no futuro empreendedor as capacidades de interiorização dos elementos socioculturais do meio e o construído por recombinação do inato, do construído e do adquirido (Berger e Luckman, 1986).

Escola, amigos e, mais tarde, o ambiente de trabalho exercem um papel no aprendizado e na experiência. A formação e as experiências profissionais afetam os comportamentos e preparam para certas atividades mais do que para outras. Nos anos pós-adolescência, essas experiências se multiplicam. Na verdade, é cada vez mais raro hoje que os jovens sigam uma via linear como aquela tomada outrora por seus pais e principalmente seus avós. Eles passam frequentemente de uma disciplina a outra, interrompem o curso para trabalhar, retornam à escola, adquirem todo tipo de experiências, que depois serão mais ou menos úteis (DUBAR, 2000). Todas essas influências modificam o jovem adulto e permitem-lhe discernir gradualmente modelos aos quais se referirá para emancipar-se da família. Pode-se tratar de modelos de negócios, discutidos em torno da mesa ou em encontros com tios, tias, avós, amigos, ou ainda aprendidos no trabalho durante as férias escolares, ou depois (COOPER, WOO e DUNKELBERG, 1989). Se o jovem quer tornar-se empreendedor, essas diferentes formas de fazer poderão dar-lhe chaves para lançar sua empresa e em seguida geri-la[3]. Enfim, elas indicam ao jovem empreendedor em potencial onde e como fazer contatos para penetrar a seguir nas redes de negócios, algo precioso, especialmente para se construir uma reputação.

As coisas, porém, nunca estão dadas *a priori*, e nada permite distinguir das outras crianças aquelas que mais tarde se tornarão empreendedores. Do contrário, por exemplo, todos os filhos de uma família de comerciantes se lançariam também aos

TABELA 3.1 • TIPOS DE INFLUÊNCIAS SOCIAIS SOBRE O EMPREENDEDOR POTENCIAL OU EFETIVO

INFLUÊNCIAS	ORIGEM	EFEITOS	POSITIVAS	NEGATIVAS
Afetivas	Família, amigos etc.	Laços fortes de segurança	Encorajamento	Dissuasão
Simbólicas	Educação, trabalho	Normas, crenças, modelos	Segurança	Conservadorismo
Sociológicas	Trabalho, experiência, redes	Enraizamento ou imersão em um meio	Recursos disponíveis	Obstáculos potenciais

negócios, o que é raro. Prova disso é a imensa heterogeneidade dos empreendedores e de suas empresas, heterogeneidade ampliada pela multiplicação rápida de serviços de todo tipo na economia do conhecimento. Mas essas variáveis de origem fazem, de qualquer forma, com que o indivíduo possa ou não desenvolver certas capacidades ou atitudes que o ajudarão a enfrentar a incerteza em qualquer emprego e, eventualmente, a abrir uma empresa se as circunstâncias, concretas ou previstas, forem favoráveis.

O empreendedor potencial sofre, portanto, três tipos de influências, que podem ser positivas ou negativas[4], como podemos ver acima na Tabela 3.1: as influências *afetivas* vêm principalmente da família; as *simbólicas*, da transferência de modelos; e as *sociológicas*, do envolvimento gradual em um meio, portanto do enraizamento ou *imersão* neste. Essas diferentes influências fazem do empreendedor um ser plural e coletivo que se constrói aos poucos, sem necessariamente vocação particular. E determinam as razões que levarão o indivíduo mais ou menos preparado a tornar-se empreendedor. Maigret não diz que "um homem sem passado não é realmente um homem"[5]?

3.2 • Os **detonadores** ou as **razões** pessoais e sociais para **empreender**

Como dissemos, o projeto internacional GEM limita a duas as razões para se abrir uma empresa: a vontade de aproveitar a oportunidade que se apresenta e a necessidade de criar o próprio emprego. Mas a realidade é muito mais complexa do que isso, já que, em vários países industrializados, por exemplo, esta última necessidade pode ser contornada pelo recurso do seguro-desemprego. Quando uma demissão resulta efetivamente na criação de uma empresa, pode ser que a ideia tenha sido previamente pensada pelo indivíduo e esse evento tenha apenas reforçado e acelerado sua concretização. Além disso, mesmo o empreendedorismo por oportunidade é frequentemente favorecido ou estimulado por um ou alguns eventos repentinos, o que Shapero (1975) chama de *deslocamento*. Em muitas análises sobre o empreendedorismo, esquece-se o tempo, o segundo ator externo da pirâmide, que com frequência é muito importante para que o projeto se organize, acelere-se, em alguns casos, e chegue finalmente à maturidade, se não morrer pelo caminho. Assim, classificaríamos as razões gerais em três grupos: as motivações, as habilidades adquiridas gradualmente e as oportunidades aproveitadas.

As *motivações* não são sempre claras e precisas. Se o indivíduo busca maior liberdade ao criar sua empresa ou comprar uma, trata-se do desejo de se afirmar, de se identificar a uma obra, de se distinguir (FILION, 1997). Diversos pesquisadores dão muita importância ao desejo de independência ou autonomia (GIBB e SCOTT, 1986), de ser senhor de si, ou até à ambição ou busca de poder (MCCLELLAND, 1971), enquanto outros questionam essas razões (DURAND, 1975; GASSE, 1978). Alguns empreendedores querem enfrentar o desafio de ter sucesso em um novo negócio, ou mesmo de viver a aventura de criar uma nova empresa ou transformar uma. Além disso, razões sociais podem somar-se a necessidades pessoais ou familiares, como a necessidade de criar ou manter empregos na comunidade. Essas razões sociais podem ser até políticas, no sentido amplo da palavra: pode-se querer provar alguma coisa aos concidadãos. Enfim, outros creem acima de tudo que essa criação lhes permitirá ganhar dinheiro, ter lucro. Notemos que esta razão é frequentemente a menos importante, pelo menos no início, contrariamente ao que pensa a teoria econômica neoclássica[6], ainda que seja uma das medidas importantes de sucesso e uma condição para poder continuar (LE CORNU et al., 1996). Quaisquer que sejam, essas razões jamais são únicas ou confinadas a um dado período, mas sim objeto de interações complexas entre desejos, interesses, vontade e muitas oportunidades complementares ou opostas (KOENIG, 1990). Não apenas elas se desenvolvem gradualmente, mas se sobrepõem, evoluem, e sua importância relativa muda de acordo com a evolução do próprio indivíduo e das diversas influências exercidas sobre ele. A experiência acadêmica e profissional tem um papel particularmente importante no aparecimento dessas motivações e no seu amadurecimento.

Estudo e trabalho permitem ao empreendedor potencial adquirir certas habilidades que o ajudarão a escolher o tipo de empresa que deseja criar ou comprar e, em seguida, a garantir sua viabilidade e sucesso. Essas habilidades podem também vir de um passatempo favorito, da participação em uma organização que exige responsabilidades e imaginação ou de outras experiências durante e após os estudos. Elas são também encorajadas por conversas na família ou com os amigos. Enfim, pela experiência, o indivíduo faz frutificar essas disposições para dirigir e organizar, habilidades que se aperfeiçoam com a prática, e, sobretudo, a faculdade de guardar algumas ideias para utilizar mais tarde.

As *oportunidades* podem ser vistas de acordo com sua origem ou evolução. No primeiro caso, distinguem-se as oportunidades *criadas* das *aproveitadas*, embora alguns vejam apenas estas, mesmo que com frequência os indícios venham do mercado, mas sejam gradualmente transformados de acordo com as necessidades deste mercado (BARON, 2006; BUENSTORF, 2007). No segundo, algumas são desenvolvidas e aplicadas rapidamente[7], enquanto outras evoluem devagar antes de nascerem (GARTNER, CARTER e HILLS, 2003; JULIEN e VAGHELY, 2008). Mesmo que a decisão de criar uma empresa pareça mais ou menos súbita ou clara (VANKATARAMAN, 1997), ela exige atenção e vigilância, além da capacidade de associar ideias (KAISH e GILAB, 1991; BUSENITZ, 2007) ou recombinar elementos conhecidos com informações complementares. Na maioria das vezes ela é amadurecida (KRUEGER, 2007). Vesper fala assim da ideia *que faz seu caminho* (1980) e dá o exemplo de K. C. Gillette, que inventou a lâmina de barbear descartável porque, por um lado, achava o barbear complicado e não gostava do barbeador que usava e, por outro lado, porque havia conhecido o inventor da tampa descartável para garrafas de bebidas.

> **Segundo Jameson** (1961), Thomas Cook, que gostava de viajar, percebeu que a maioria das pessoas tinha dificuldade para organizar suas próprias viagens. Aos 33 anos, ele aproveitou a ocasião de um congresso em Loughboro, nas Midlands inglesas, para negociar tarifas especiais para os participantes com a companhia ferroviária; depois repetiu a experiência com a Exposição Universal de Londres de 1851: nascia o sistema de agência de viagens. Já George Pullman foi despertado pela baixa qualidade dos vagões de trem que usava quando viajava, o que o levou primeiro a conceber um vagão mais luxuoso para dormir e comer e, depois, em 1867, a lançar em Chicago a Pullman Palace Co. com um amigo, empresa que revolucionou as viagens de trem para os ricos.

> **Um fabricante de barras de torção** para veículos sofria frequentemente com atrasos na entrega porque tinha de recorrer aos serviços de uma pequena empresa contratada para introduzir sob pressão as guarnições de borracha nas extremidades. Ele encontrou a solução assistindo, na televisão, a um programa sobre os vinhos de Bordeaux, que mostrava como introduzir rolhas de cortiça. Isso lhe deu a ideia de conceber para suas guarnições de borracha um pequeno mecanismo semelhante, fácil de manipular, imediatamente após as operações de acabamento das barras.
>
> Um dirigente de uma pequena empresa de modelagem e fabricação de peças de alumínio explicava que, depois de ter se desesperado para encontrar o tipo de molde do qual necessitava para um contrato importante, começou a esboçar um desenho, ouvindo música clássica à noite. Ele enviou o esboço a sua empresa contratada para modelagem, solicitando que acrescentasse elementos que corrigiria em seguida. E enviou novos esboços até que encontrassem a forma ideal: "como um quebra-cabeça complicado, no qual todos os dias se acrescentam três ou quatro peças, para tirar uma no dia seguinte ou passar dois ou três dias sem fazer nada ... até o dia em que se pode dizer: é isso" (VAGHELY, 2005).

Pode-se encontrar também pessoas extremamente observadoras, como os criadores de moda, capazes de discernir na multidão o que Marris (1971) chama de *pioneiros*, buscando continuamente se distinguir, por sua pouquíssima preocupação com "o que vão dizer"[8]. Assim, nos anos 1970, os hippies que viviam em comunidades e queriam vender alguns produtos na cidade para poder comprar livros e discos precisavam de furgões usados. Para esconder a ferrugem, pintavam flores ou paisagens cujos motivos foram depois recuperados pelas empresas automobilísticas para responder às necessidades de filhos e filhas de boas famílias. Essas novas ideias

> **Um dos casos analisados** no estudo internacional sobre as gazelas é o de dois gerentes que se cansaram de criticar a forma como o empreendedor tratava os funcionários. Eles acabaram não somente abrindo a própria empresa de sucesso como também levando o antigo empregador à falência (JULIEN et al., 2003a).

> **Na época em que Thomas Edison** tentava fabricar uma lâmpada que pudesse iluminar e resistir suficientemente ao uso, centenas de outros pesquisadores e industriais faziam o mesmo. Foi a combinação de um grande número de ingredientes obtidos aqui e ali que lhe permitiu superar os concorrentes e criar sua empresa para ganhar a partida. Do mesmo modo, o verdadeiro inventor do telefone foi um engenheiro italiano, Antonio Meucci. Ele havia descoberto, em 1849, que a voz humana podia ser transmitida pela eletricidade, e Graham Bell só havia descoberto isso há dois anos. Em 1850, depois de imigrar para os Estados Unidos, onde esperava desenvolver a descoberta e comercializá-la, ele já ligara sua oficina à sua casa pelo novo sistema de comunicação eletromagnética. Após muitos ajustes, ele fez, em 1871, uma solicitação de patente para o conjunto de suas invenções, a qual deixou expirar em 1874 por falta de recursos financeiros. Apenas dois anos mais tarde, em 1876, Graham Bell registrou sua patente.
>
> FONTE: Conferência de Basilio Batania, ex-diretor geral dos Laboratórios do Centro Italiano de Pesquisa em Telecomunicação, na Universidade Concordia de Montreal, 18 abr. 2003.

podem também surgir de leituras, encontros interpessoais, redes sociais mais ou menos organizados ou do acaso. Elas são observadas por gente de negócios, que então as desenvolvem para responder às necessidades que desvendam em um novo mercado mais ou menos ligado à sua produção[9].

Na maior parte das vezes, entretanto, a ideia que permite fazer melhor, fazer de outra forma ou fazer outra coisa se constrói gradualmente, em um vai e vem complexo entre o conhecido e a novidade (HILLS et al., 1997). É o caso, por exemplo, do funcionário obstinado que, depois de submeter uma ideia à direção da empresa para a qual trabalha e receber uma recusa como resposta, decide desenvolvê-la por

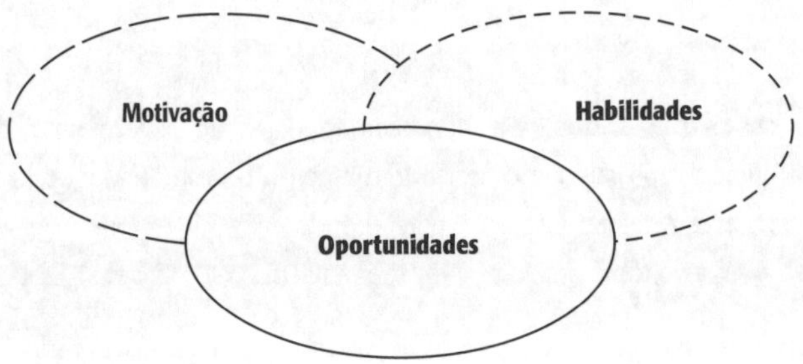

FIGURA 3.1 • FONTES COMPLEMENTARES DA CRIAÇÃO OU RETOMADA DE UMA EMPRESA

conta própria, esperando explorá-la mais tarde – o que acaba resultando em um *spin-off*. Acrescentemos que, com a maior frequência, a ideia continua a se consolidar ao longo do processo de criação da empresa e de entrada no mercado; ela pode até mudar consideravelmente durante essas etapas.

Embora umas ou outras possam ser preponderantes de acordo com as circunstâncias[10], consideramos que motivações, habilidades e oportunidades estão intimamente ligadas (ver Figura 3.1, na página ao lado), o que quer que digam os sociopsicólogos do empreendedorismo e suas abordagens baseadas no comportamento planificado (KRUEGER, 2007; MCMILLEN, PLUMMER e ACS, 2007), não muito distantes, aliás, da escola dos traços dos behavioristas ou do positivismo econômico.

No caso de um desenvolvimento gradual, a criação pode ser deliberada e a ideia pode tomar forma lentamente ou vir de uma pesquisa mais ou menos organizada. Alguns futuros empreendedores creem que podem "mudar o mundo". Mas suas ideias não são excepcionais, pois aparecem em diversos lugares afastados durante o mesmo período. Como esclarecia Alfred Marshall, em sua obra de 1920, as novas ideias estão "no ar", e quem consegue aproveitá-las é muito frequentemente o

Os dois jovens empreendedores que fundaram o Cirque du Soleil há trinta anos em Quebec, quando os quebequenses não tinham nenhuma tradição no domínio do circo, controlado pelos russos, franceses e americanos, poderiam ser considerados empreendedores schumpeterianos por excelência. Superando de longe as escolas tradicionais que apresentavam uma sequência de números de animais e trapezistas intercalados por apresentações de palhaços, esses jovens imaginaram e criaram um espetáculo integrado, formado inteiramente por trapezistas, contorcionistas e dançarinos, sem animais, embalado por música adaptada ou antologias musicais (por exemplo, a música dos Beatles), construindo ao mesmo tempo um mercado totalmente diferenciado[11]. É o mesmo, por exemplo, para artistas que renovaram o gênero, como, no Ocidente, os Beatles, Dylan, Leclerc, Brassens, Brel, Serrat etc., Bonga, em Angola, ou Ismael Lo no Senegal, que criaram não somente uma nova música mas, gradualmente, um público que tornou-se internacional em um efeito bola de neve . Ninguém, a princípio, apostaria nas chances de sucesso de uma música nova por definição, portanto, anteriormente desconhecida e sem público. Não se deve esquecer os novos setores, como a biotecnologia, na qual novas configurações de moléculas acabam por criar novos mercados, como no caso de alguns analgésicos (MANGEMATIN, 2003).

indivíduo mais rápido e mais capaz de acrescentar a ela todos os outros elementos necessários a fim de que o mercado as aceite[12].

É nesses inventores que criam um novo valor que se encontra o empreendedor schumpeteriano. Spinosa, Flores e Dreyfus (1997) o definem como aquele que cria relativamente todas as peças, que tende a "revelar a realidade, a criar um novo espaço transformando este ou aquele", incluindo os que aproveitam as *desarmonias*, propõem diferentes articulações entre diversos elementos ou reconfigurações por diversas apropriações cruzadas. Landa (1993) explica que esses empreendedores são *preenchedores de vazios*. Não apenas aproveitam oportunidades, vindas de ideias no ar, mas as transformam em um conjunto de ideias complementares para fazer alguma coisa, um valor, que um mercado mais ou menos extenso compra, pagando por ele (VANKATARAMAN, 1997) de acordo com uma dialética ou dialógica entre mercado potencial e empreendedor, e de acordo com uma mistura de algorítmica e heurística (VAGHELY e JULIEN, 2008).

3.3 • Os tipos de empreendedor

É preciso, então, ir além, distinguir os tipos de empreendedor. Estes fazem mais do que criar novos valores mais ou menos importantes, eles mudam a si próprios com essa criação, pois a interiorizam e assim deixam-se transformar por ela. É o que Giddens (1984) chama de reflexibilidade ou aprendizagem na e pela ação, ou mesmo na "*co-ação*" ou *coevolução*, ou seja, a ação que ao mesmo tempo transforma o ator, faz evoluir sua personalidade (GUTH, KUMARASWAMY e MCERLEAN, 1991). Para compreender isso, Spinosa, Flores e Dreyfus (1997, p. 50) dão o exemplo do estilista, do qual falamos mais acima e ao qual retornaremos, que deve não somente

> **Uma jovem empreendedora** que trabalhava para uma grande empresa de recursos humanos nos explicou que pensou muitas vezes em abrir sua própria empresa, sendo sempre contida pelo medo do desconhecido. A ideia, no entanto, seguiu seu curso, fazendo com que ela tivesse pesadelos toda noite. Mas no dia seguinte ao início da sua empresa, os pesadelos desapareceram súbita e completamente; ela tinha se tornado outra, preocupada somente em vencer na sua aventura.

FIGURA 3.2 • OS QUATRO GRANDES TIPOS DE EMPREENDEDOR

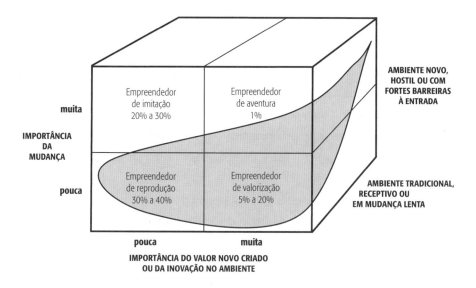

ADAPTADO DE BRUYAT, C. e JULIEN, P. A. (2001), "Defining the field of research in entrepreneurship", *Journal of Business Venturing*, v. 16, n. 2, p. 17-27.

pensar estética, mas também ser estética ele mesmo, vestindo-se na última moda para ser aceito não apenas por seu meio como também por seus clientes.

Essa mudança no indivíduo pode ser mais ou menos importante e contínua, do mesmo modo como a criação de valor pode ser mais ou menos forte e afetar mais ou menos o mercado. Na Figura 3.2, ilustramos esses dois polos pelos eixos vertical e horizontal, aos quais acrescentamos um terceiro eixo, em profundidade, para considerar o tipo de ambiente ou de mercado no qual evolui a empresa e que aceita mais alguns tipos de empreendedores do que outros (BRUYAT e JULIEN, 2001).

No quadrante inferior esquerdo, encontramos o empreendedor *de reprodução*, que muda pouco e cria ainda menos valor. Ele se contenta em reproduzir o que já viu em outro lugar ou o que fazia na empresa onde trabalhava, assumindo novas responsabilidades. Sua gestão é tradicional e seus empregados são frequentemente pouco numerosos. Suas responsabilidades e a evolução do ambiente podem forçá-lo a mudar, mas essa evolução é quase exclusivamente reativa. Por exemplo, o *chef* de um restaurante pode passar a trabalhar por conta própria, conservando as receitas que desenvolveu antes. Após ter trabalhado dez ou quinze anos na mesma fábrica, um bom técnico em produtos metálicos pode querer voar com as próprias asas, comprando alguns equipamentos usados, contando com um ou dois clientes insatisfeitos ou que preferem sua nova localização, os quais permitirão sua sobrevivência nos primeiros anos.

No quadrante superior esquerdo, encontra-se o empreendedor *de imitação*, que não cria muito valor novo, mas é fortemente influenciado por essa criação. É o caso da empreendedora que apresentamos no último boxe. Embora seu novo trabalho se inscrevesse na continuidade do que já fazia antes, ela mudou psicologicamente no dia em que dominou o medo do desconhecido para assumir a responsabilidade sobre seu destino e abrir a própria empresa, o que em seguida a levou a constituir redes, fazer evoluir seu saber e sua estratégia, e gradualmente aperfeiçoar o valor do que oferecia.

Progressivamente, essa empreendedora passou para o quadrante inferior direito, o *de valorização*, que desenvolve rotinas de gestão e garante a fidelidade de seus clientes, mas sobretudo procede a mudanças cada vez mais importantes na prestação dos serviços que oferecia, e adota uma estratégia mais ativa. Essa passagem, no entanto, não teve verdadeiramente efeito sobre ela própria. Pode-se considerar como um empreendedor de valorização o engenheiro que, limitado onde trabalha, na criação de novas formas de fazer ou mesmo de novos produtos, decide abrir um negócio para fazer valer essas inovações de produtos e procedimentos, levando consigo os diversos contatos que permitirão abrir a empresa.

O último quadrante, superior direito, representa os casos mais raros, ainda que sejam os mais citados. São os empreendedores *de aventura*, que criam empresas sobre uma inovação importante, mas na maior parte das vezes muito arriscada. O valor que criam pode tornar-se crucial, ao ponto até de formar um novo setor; é o que poderia fazer, por exemplo, o domínio do hidrogênio e de seus custos para a indústria do transporte, ou ainda as nanotecnologias para novos tipos de materiais. De acordo com Bygrave (1989), esses empreendedores tornam-se criadores de *caos*. Em compensação, o efeito sobre eles geralmente é enorme. Não é, portanto, surpreendente que os jornais se interessem por eles (principalmente quando sobrevêm os enormes lucros), transformando-os em personagens que se impõem ao público tanto pelo sucesso como pelo efeito de sua descoberta sobre a sociedade.

Não se encontram mais do que cinco ou seis desses empreendedores *aventureiros* por década em um país, embora eles possam se multiplicar artificialmente em um *boom* setorial. É, aliás, o que se passou com a euforia das tecnologias da informação e comunicação no fim do último século, até que a realidade, sob a forma da crise da bolsa em 2000, alcançou todos esses aventureiros e triunfou sobre as ações puramente especulativas dos investidores. Os empreendedores *de valorização* são um pouco mais frequentes, talvez de 5% a 20%, dependendo da região. Muitos constituem as PMEs de forte crescimento, as *gazelas*, que na maior parte das vezes agitam a região. Já os empreendedores *de reprodução* podem representar até 30% nas regiões dinâmicas. Podem ser o açougueiro ou o peixeiro que ampliam regularmente sua gama de produtos até oferecerem produtos originais ou passarem a vender pratos prontos para o bairro, ou a oficina capaz de responder a grandes problemas dos equipamentos das fábricas da região associando-se, por exemplo, a uma pequena empresa de informática. Finalmente, os empreendedores *de imitação* correspondem a pelo menos 50% e só reproduzem o que já se faz em outro lugar, sem muita imaginação, contentando-se em acompanhar, frequentemente com um bom atraso, as mudanças impostas pelos concorrentes.

A OCDE (2003) também considera que existem poucos empreendedores aventureiros. Assim, levando em conta o risco assumido e a incerteza, e repartindo os diferentes tipos de empreendedores por toda a população, ela indica que 0,25% dessa população total seria de empreendedores chamados de *heroicos*; 12,5%, empreendedores que buscam antes de tudo crescimento; 37,5%, empreendedores que consideram como seu *métier* sua maneira de estimular a mudança contínua; não menos de 25%, empreendedores nascentes ou relativamente novos; os 25% restantes sendo muito tradicionais. Isso não está muito longe de nossos dados sobre a divisão de acordo com os quadrantes da Figura 3.2 (p. 119).

Evidentemente, alguns setores não admitem os empreendedores *de reprodução*, nem os *de imitação*, porque são novos e requerem muita inovação; outros são mais ou menos fechados por diversas barreiras à entrada. A biotecnologia ou as ciências do ambiente, por exemplo, considerando-se a juventude desses setores e as reviravoltas regulares em seus fundamentos científicos, não podem admitir esses dois tipos de empreendedores. Do mesmo modo, é extremamente difícil inserir-se na indústria automobilística, a menos que se ofereça um produto revolucionário e se tenha uma capacidade empreendedora excepcional, de modo a ultrapassar o imenso obstáculo da distribuição e da manutenção[13]. Ao contrário, setores como as serrarias, no setor manufatureiro, ou a contabilidade, nos serviços, aceitam facilmente empreendedores *de imitação* e *de reprodução* capazes de constituir um pequeno nicho – com a condição de que garantam para si, no primeiro caso, um fornecimento regular de madeira e, no segundo, um mínimo de clientes iniciais junto ao círculo de amigos e conhecidos. É o que destacamos na terceira dimensão da Figura 3.2, que representa setores em constante transformação, que exigem empreendedores *de valorização* ou *aventureiros*.

Essa tipologia lembra a que propõe Kirchhoff para as PMEs e sua direção (1994). Ela conta também quatro grandes tipos. Há, em primeiro lugar, as PMEs concentradas em um *métier* específico, de crescimento lento e inovação rara, ou seja, empreendedores *de reprodução*. Em seguida vêm as empresas limitadas por baixos recursos ou por capacidades limitadas do empreendedor, que na maioria das vezes só imitam as outras. Esses dois tipos representam o que Marchesnay (1993) chamou de PIC, designando as empresas que buscam, em primeiro lugar, a perenidade (P) e a independência (I), ou o controle em detrimento do crescimento (C). Há depois o terceiro tipo, o dos empreendedores mais ambiciosos, com recursos e capacidades mais amplos, capazes de gerar crescimento e inovação regularmente. Enfim, há os empreendedores ou empresas ofuscantes ou fascinantes (*glamorosas*), de crescimento cada vez mais rápido, algumas das quais *gazelas*, baseadas em inovação sustentada. São as CAP para Marchesnay, que privilegiam o crescimento (C) mesmo ao preço de uma perda de controle ou autonomia (A), e de um aumento do risco que possa afetar a perenidade (P). Muitas dessas empresas são dirigidas por empreendedores que buscam a aventura, assumindo riscos de toda sorte, criando regularmente valor novo e transformando continuamente a si próprios. Eles são o que Cotta (1980) chamava de *jogadores*, para os quais o jogo pode tornar-se mais importante do que o resultado, às vezes no limite da legalidade e mesmo a ultrapassando, na euforia de que tudo pode se tornar permitido, já que se é capaz de inventar continuamente, incluindo as próprias regras ou normas[14].

É preciso jamais perder de vista, no entanto, que a tipologia de Kirchhoff, como a nossa, reúne arquétipos. Portanto, é preciso destacar que, ainda que localizemos tal empreendedor em tal quadrante, esse empreendedor evolui e pode muito bem mudar de quadrante, uma vez que a empresa que criou continua a moldá-lo e transformá-lo, da mesma maneira como ele também influencia seu caminho e seus destinos.

Este laço entre criação de valor e mudança do indivíduo mostra o peso reduzido que se deve atribuir à escola dos traços. Para Kets de Vries (1977), Gartner (1989) ou Stevenson e Sahlman (1989), por exemplo, esses traços são excessivamente numerosos, vagos e mesmo contraditórios, ao ponto de poderem aplicar-se a qualquer um ou a ninguém[15]. Tais traços, mesmo se forem válidos e, principalmente, se for possível chegar a um acordo sobre eles (o que decididamente não é o caso, como lembra Chell, 2001), são de qualquer maneira transformados justamente pela criação de valor. Há sempre em qualquer indivíduo algumas disposições que vêm antes do construído e do adquirido, como já dissemos, mas é só isso. Acrescentemos que também essas características evoluem à medida que o mercado reage e que a inovação se desenvolve ou complexifica para implementar as mudanças por ele exigidas, e que continuam, por sua vez, a transformar o empreendedor e a organização. Dylan, Leclerc, Brassens, os Beatles, Serrat e Bonga deram a volta por cima à medida que sua música foi aceita e orientada pelo público que se multiplicava[16]. Sem esquecer que os músicos, iluminadores, engenheiros de som, todos aprenderam na prática e, portanto, participaram dessa evolução, influenciados e transformados pelo contato com o público.

A crítica da escola dos traços envolve pelo menos sete elementos: 1) Os defensores dessa teoria esperam encontrar "*o elemento místico* que gera a renda do empreendedor", qualquer que seja, como lembram Alvarez e Barney (2000). Busca-se, portanto, o empreendedor médio, aquele que tem melhores chances de sucesso, de acordo com Hill (1952) – mas hoje sabemos que mesmo o consumidor *médio* não existe, como reconhecem os especialistas em marketing. Pode-se atribuir os mesmos traços à sua cabeleireira e a Richard Branson, criador da cadeia de lojas de discos Virgin e da companhia de aviação de mesmo nome? Aliás, esses traços são os mesmos para homens e mulheres, para um empreendedor cuja família continua a ter papel importante e para um solteiro, para um imigrante ou ainda para todas as culturas[17]?; 2) Esses traços são apresentados como instantâneos, quando na verdade as características ou qualidades de qualquer indivíduo evoluem de acordo com a idade ou o estágio de desenvolvimento da empresa, ao ponto de alguns se tornarem cada vez menos empreendedores e cada vez mais gestores; 3) Os traços retratam uma lista de qualidades que não diz se o empreendedor deve tê-las todas nem o que fazer caso lhe faltem algumas; essa lista também não considera as contrapartidas ou os defeitos; além disso, muitos dos traços existem em um bom número de cidadãos não empreendedores (SCHULTZ, 1980)[18]; 4) Os traços particulares não podem valer para qualquer ambiente, por exemplo, para qualquer setor[19]; 5) Essa teoria se destrói por si mesma, uma vez que descreve traços que, em princípio, deveriam garantir o sucesso àqueles que os possuem, quando na realidade o maior número de empreendedores fecha suas empresas nos dez primeiros anos de existência. É verdade que alguns fazem novas tentativas após a primeira, mas, nesse caso, os traços necessariamente evoluem com a experiência; 6) Além do mais, e quanto ao segundo tipo de empreendedor do projeto GEM, o dito "obrigado"? Eles repentinamente adquiriram essas características porque foram afastados ou porque não encontravam emprego quando emigraram?; por fim, 7) como acabamos de dizer e como veremos ao longo deste livro, a abordagem dos traços considera o empreendedor como o personagem-chave do empreendedorismo e como um ser

> **O pioneiro da ecologia** em Quebec e grande inspirador de jovens Germain Maurice montou, com a ajuda de outros educadores entusiastas, uma rede de Centros de Produção e Recuperação (CEFER) em escolas secundárias, com dois objetivos: primeiro, reconquistar alunos que abandonaram a escola envolvendo-os em um projeto de empresa no qual compartilham responsabilidades diversas, e em seguida recuperar todo tipo de lixo (papéis, cartolina etc.) para atender à demanda por produtos artesanais (papel reciclado, mesas de piquenique, pacotes de pequenos acendedores para churrasco etc.). Os projetos começaram com a ajuda de industriais e graças ao voluntarismo dos educadores. Atualmente são dezoito centros, a maioria deles rentável e com uma taxa de "recuperação" de jovens muito elevada (AUDET e JULIEN, 2006).

à parte, quando na verdade o empreendedorismo é um fenômeno coletivo no qual as qualidades do empreendedor correspondem a apenas um dos elementos, certamente muito importante, que podem explicar o sucesso ou o fracasso da empresa e a multiplicação das empresas na economia regional.

No entanto, a escola dos traços perdura, e continua-se buscando um modelo universal ou chaves para prever ou compreender quais serão os empreendedores com o melhor desempenho, principalmente os aventureiros, a fim de se poder investir com eles, como faz quem empresta o capital, ou especula com ele, como na bolsa. Essa abordagem, porém, é tautológica: ela enuncia que um indivíduo é empreendedor porque tem certos traços que seriam específicos aos empreendedores, quando este indivíduo, na verdade, adquire-os gradualmente. Como dissemos, o espírito empreendedor pode mudar do mesmo modo como os processos cognitivos. Além do mais, assim como difere de acordo com as culturas e os processos de criação e desenvolvimento, pode muito bem se transformar de acordo com o estágio da empresa e a qualidade do ambiente, ou ainda estagnar com o tempo.

3.4 • O **processo** de **criação**

A criação e até algumas reestruturações que compreendem uma nova orientação da empresa passam por pelo menos cinco estágios: a iniciação, a maturação, o comprometimento, a finalização ou o lançamento de fato, e a velocidade de cruzeiro.

A *iniciação* pode ser mais ou menos longa. Pode ser forjada na ou pela família. Constrói-se com mais ou menos velocidade segundo as representações (valores, formações e experiências diversas, com diferentes filtros ou vieses etc.) que o empreendedor adquire. É enriquecida pela informação disponível no meio (BIRD, 1988).

A *maturação* se desenvolve de maneira mais ou menos consciente, junto com as aspirações e os objetivos do empreendedor potencial. Tais objetivos evoluem à medida que o projeto se concretiza ou que a empresa se constrói, virtualmente, *na cabeça*. A maturação é estimulada pela apreensão das necessidades do mercado ou pela insatisfação no trabalho, ou por diversas rupturas: desemprego, emigração etc. Ela é completada pelas capacidades de transformação adquiridas durante essa trajetória, verificada diversas vezes pelas redes iniciais e pelo ambiente (principalmente clientes potenciais) ou orientada por esse meio, especialmente se for particularmente ativo no seio de diversas redes ricas às quais o futuro empreendedor pode recorrer para obter a informação de que necessita. Pode apoiar-se em um plano de negócios que descreve os diferentes aspectos do desenvolvimento da empresa, que correspondem na maior parte das vezes às diversas funções das quais ela se incumbe, plano muitas vezes exigido por organismos públicos e instituições financeiras envolvidos no fomento de novas empresas. Claro, esse plano de negócios quase nunca é aplicável quando a empresa é efetivamente lançada, pois a realidade muda continuamente; ele serve, entretanto, para melhor avaliar as divergências e para lembrar ao futuro empreendedor de levar em conta todos os aspectos quando deve reajustar uma das funções[20].

A *decisão*[21] pode ser gradual ou súbita, a depender das circunstâncias: disponibilidade de local, recursos humanos e equipamentos, o acesso a subsídios ou financiamento etc. (SAMMUT, 2001). O lançamento também pode ser gradual, com o empreendedor trabalhando meio período numa garagem ou em instalações temporárias; ou súbita, quando as outras condições foram cumpridas. Ela pode tornar-se irreversível se recursos demais tiverem sido mobilizados (DA VIGNE, 2001).

A *finalização* ocorre quando a empresa começa a fazer os primeiros testes, produzir os primeiros bens ou prestar os primeiros serviços, quando o empreendedor dá os primeiros passos para dirigi-la. Todas essas etapas podem ser mais ou menos complexas, dependendo do porte da empresa criada, do setor ou mercado e do apoio do ambiente. Elas são perturbadas pela conjuntura, pelos problemas que podem surgir no cotidiano da empresa ou da família etc. Contudo, não garantem a sobrevivência, pois muitas empresas não decolam de fato – morrem nos meses que se seguem ao lançamento ou desenvolvem-se penosamente.

Vem enfim a etapa denominada de *consolidação*, a qual descreve a velocidade de ação no mercado e a necessidade de recursos para atuar no mesmo. A velocidade pode aumentar ou diminuir de acordo com os comportamentos do empreendedor e de sua empresa.

3.5 • O **itinerário** do **empreendedor** ou as **condições** de **manutenção** do **espírito** empreendedor

O desenvolvimento da empresa ocorre em função da capacidade, primeiro, do empreendedor e, em seguida, de alguns elementos-chave da empresa para enfrentar os desafios da realidade durante os primeiros anos de consolidação; ele depende da capacidade da organização para superar os obstáculos que estão em toda parte. Como mostramos, em geral menos de 50% das empresas sobrevivem mais de cinco anos, e 30% mais de dez anos após a abertura – isso ainda que as atividades do empreendedor perdurem, com a retomada após um fechamento temporário, a recompra de outra empresa ou uma nova abertura.

O desenvolvimento continua ao mesmo tempo em que o empreendedor muda. Para uma boa parte das pequenas empresas que continuam a ser mais ou menos o negócio do empreendedor, ao ponto de serem *personalizadas* por ele (ANGLES D'AURIAC, 1979)[22], o desenvolvimento e a estratégia que se seguem podem ser assimilados ao próprio itinerário do empreendedor, inclusive em suas relações com o meio. Esse itinerário difere de acordo com cada empreendedor e cada empresa, de acordo com a estrutura social na qual ele evolui e, portanto, de acordo com cada meio. Ele facilita ou não a manutenção das disposições e das motivações do princípio para dirigir uma organização, melhora as habilidades e permite ver novas oportunidades. Mas frequentemente o que se chama de *aversão aos riscos* acaba triunfando sobre o espírito empreendedor, por conta do cansaço diante da mudança, da dificuldade em se renovar ou apenas porque os principais objetivos foram atingidos, sem que surgissem novos desafios (SØRENSEN e STUART, 2000). Passa-se então de uma situação empreendedora a uma situação mais administradora, consistindo em gerir o mínimo, como é o caso para um bom número de empreendedores *de reprodução* ou *de imitação* e como se dá com muita frequência na grande empresa que adota comportamentos monopolísticos ou faz alianças com concorrentes para limitar os riscos (JULIEN e MARCHESNAY, 1990).

A manutenção do espírito empreendedor apoia-se em sete condições: manter o faro, conservar certa paixão, ter adquirido experiência, poder contar com apoio constante de pessoas próximas, conservar o espírito de liderança, renovar o senso de iniciativa e, por último, ter certa humildade diante da sorte.

1• *Manter o faro* ou uma boa intuição para aproveitar as oportunidades de negócios permite manter a chama para continuar a mudar (SHACKLE, 1979). Principalmente quando a nova ideia que podia parecer surpreendente ou excêntrica obtém sucesso. Acrescentemos que, na economia, essa qualidade não é sempre bem compreendida, especialmente entre financistas. Até porque nesse caso o próprio empreendedor frequentemente não sabe explicar o porquê, os detalhes e as implicações e consequências possíveis de sua ideia; ou ainda se recusa a revelar todos os segredos por medo de ser roubado, de acordo com o paradoxo da informação[23].

> **Um empreendedor**, mostrando um novo equipamento de US$ 250 mil ainda na embalagem, na fábrica, explicou-me que o havia comprado por impulso na feira de Frankfurt, sem saber precisamente o que fazer com ele, embora tivesse a vaga intuição de um mercado potencial. Ele acrescentou, entretanto, que por razões fiscais a possível perda não seria superior a US$ 50 mil. Alguns meses mais tarde, após ter mobilizado todo o pessoal, ele me confessou orgulhoso que não somente seu faro estava certo, mas que a produção alcançada com a máquina permitira ainda por cima a recuperação do investimento.

2• O empreendedor deve *conservar certa paixão*, ou pelo menos estar convencido de que o mercado sempre acabará aceitando suas novidades[24], e de que irá persuadir os proprietários dos recursos necessários a lhe emprestar ou vender aqueles de que necessita. Principalmente quando o mercado responde além do previsto.

3• À medida que o empreendedor *adquire experiência*, ele se torna melhor preparado para tomar decisões e necessita, ao mesmo tempo, ficar atento a novas oportunidades.

4• Poder contar com o *apoio constante de pessoas próximas*, sobretudo da família, amigos ou de sua rede pessoal, dá ao empreendedor a possibilidade de testar, amadurecer, completar, reconfigurar e consolidar suas intuições e outras ideias que ainda não definiu bem, e até abre, às vezes, caminho para novas ideias.

5• *O apoio e o estímulo do meio* por intermédio de ideias e oportunidades ou de uma cultura empreendedora, da disponibilidade de recursos essenciais, do capital social e de redes ricas e da ajuda do governo (ver Capítulo 5).

6• *Conservar o espírito de liderança*, ter sempre o prazer em dirigir que permitiu, no início da empresa, que o empreendedor mantivesse a fé no projeto e fosse capaz de improvisar para superar os obstáculos imprevistos que surgiam continuamente de todos os lados garante ao empreendedor que seus empregados lhe votarão sua confiança. Esse prazer deve ser alimentado, pois pode minguar com o tempo.

> **Um empreendedor dinâmico**, casado com uma das filhas do primeiro sucessor do fundador de uma pequena empresa, acabou perdendo gradualmente o entusiasmo necessário. O sucessor o havia escolhido em detrimento dos filhos, reconhecendo justamente suas qualidades de líder. Prova disso é que ele conseguiu em duas décadas fazer a empresa passar de cinquenta empregados a mais de trezentos e exportar para uma dezena de países. Mas as importunações incessantes e a inveja dos filhos acionistas sobre a orientação que ele dava à direção, após a morte do pai, que o apoiava, venceram seu ardor. O empreendedor acabou se afastando. Posteriormente foi chamado no meio da catástrofe para tentar salvar a empresa, mas já era tarde demais.
>
> A *liderança* pode, entretanto, ser partilhada, como no caso de uma empresa criada por duas pessoas. Uma delas poderia ocupar-se com a inovação e a outra com a gestão do negócio.

7• *Renovar o senso de iniciativa* é importante porque, continuando proativo e perseverante, o empreendedor reitera seu compromisso com a empresa.

8• *Ter certa humildade diante da sorte* alimenta no empreendedor o sentimento de que nada jamais está definido e de que ele deve sempre estar pronto para qualquer eventualidade. Hélène Vérin (1982) lembra que *a sorte* (*a fortuna*[25]) faz parte da história dos empreendedores que sabem aproveitá-la a tempo. Essa sorte difere evidentemente de acordo com o tipo de projeto, a época e a cultura empreende-

FIGURA 3.3 • RELAÇÕES CIRCULARES ENTRE A ORIGEM DO EMPREENDEDOR, A CRIAÇÃO DE SUA EMPRESA, O MEIO E SUA ORGANIZAÇÃO

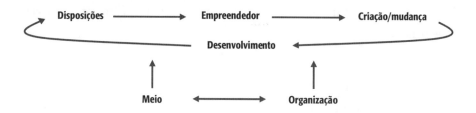

dora na sociedade e a eficácia do meio que apoia o empreendedorismo. Ela faz parte do jogo, do desafio que mantém o entusiasmo, principalmente no empreendedor aventureiro. Essa possibilidade de sorte permite compreender toda a intensidade dos empreendedores em seu trabalho[26]. A sorte, porém, pode virar fracasso, às vezes seguido de um renascimento com uma intuição mais apurada. Em complemento à sorte, Gilder (1985) acrescenta a *humildade* e a *dúvida*, na medida em que o sucesso não vem apenas dos esforços e nem sempre está esperando por nós. Ele depende das contribuições de um grande número de atores e da atmosfera setorial. Os empreendedores são um pouco como os grandes artistas que sentem o frio na barriga – a uma de suas alunas que afirmava não ter esse problema quando entrava em cena, a grande Sarah Bernhardt respondeu: "Isso vem com o talento".

Contudo, discutir o itinerário ou fazer qualquer outra análise do empreendedor isolado, interessando-se apenas pela sua história, pela origem de seu projeto ou por seus objetivos em cada estágio de criação e desenvolvimento da empresa, é falsear a perspectiva. O empreendedor é um ser social e a criação de sua empresa liga-se a atos coletivos. O processo só pode ser circular e aberto, como mostramos acima na Figura 3.3: a criação ou a retomada afeta o empreendedor, que muda com ela

Além do mais, o desenvolvimento e a manutenção do espírito empreendedor passam pelo dinamismo da organização, principalmente se esta participa da mudança multiplicando ideias, em relação com suas redes. A organização não deixa todo o peso da mudança ao empreendedor quando é participante; ela pode ao contrário apoiar seu entusiasmo e reduzir sua aversão ao risco. Quanto ao meio, ele também tem um papel-chave, ao criar uma atmosfera estimulante para provocar os empreendedores e sua organização nas mudanças impostas pela globalização. Em suma, o empreendedor só existe com os outros e se seu ambiente for propício, o que explica que haverá uma maior proporção de empreendedores de valorização e de aventura em certas regiões do que em outras, apesar das origens semelhantes.

NOTAS

1 E não traços, como veremos mais adiante.

2 Em geral, o novo empreendedor dedica mais de 50 horas por semana à empresa nos primeiros anos depois de sua criação.

3 Por exemplo, Basu (1998) explica que os fortes laços com a família ampla dos empreendedores de etnias asiáticas na Grã-Bretanha têm um papel importante na busca de informações sobre fontes financeiras informais de baixo custo e outras informações a respeito do mercado, além de influenciar o tipo de estratégia utilizada para desenvolver a empresa. Greene (1997) acrescenta que esses laços também são fonte de aprendizado, conselhos, apoio moral e outros elementos do capital social, incluindo o capital financeiro passivo.

4 As influêncis negativas podem, contudo, ser superadas ou até mesmo favorecer a abertura de uma empresa: podemos pensar na baixa aceitação social dos novos imigrantes, ou ainda na desqualificação social que pode atingir um indivíduo, que será então impelido a criar sua empresa justamente para provar que os outros estavam errados.

5 E continua: "Ao longo de algumas investigações, cheguei a dedicar mais tempo à família e ao entorno de um suspeito do que a ele próprio, e foi frequentemente assim que descobri a chave do que poderia continuar sendo um mistério". Em *Les mémoires de Maigret*, tomo 2, Bibliothèque de la Pléiade, Paris, p. 231.

6 Mark Casson (1991) não apresenta qualquer outra razão para se criar ou retomar uma empresa além do interesse pessoal em obter mais-valia. O capitalista não seria mais que um calculador puro, que faz escolhas unicamente comparando os rendimentos de outros investimentos aos do investimento em uma empresa. Ou pelo menos, para Casson, não cabe aos economistas introduzir ou considerar as razões psicológicas e sociais do empreendedor. Nesse sentido, se sua análise é interessante por resumir a teoria neoclássica que poderia se aplicar ao empreendedorismo, ela está, em sua maior parte, completamente à margem da realidade. É verdade que as referências nas quais Casson se baseia para sua análise limitam-se a pesquisas sobre as empresas, e não sobre o empreendedor; aliás, elas tratam quase exclusivamente de grandes empresas.

7 Durante o trajeto ("*enacted, walking the walk*"), dizem os pesquisadores.

8 Rogers (1995, p. 324) retoma um pouco essa ideia da origem entre os pioneiros ou desviantes, que inventam continuamente novas práticas na moda do vestuário.

9 É comum dizer que a maioria dos homens de negócios tem uma ou várias ideias no bolso esquerdo da calça, sem ter tempo para explorá-las!

10 Em sua pesquisa sobre as fontes na base da criação de empresas, Gartner, Carter e Hills (2003) descobriram que as motivações vêm em primeiro lugar, com 44,5% dos casos; seguidas do conhecimento de uma oportunidade, com 35,3% dos casos. As duas razões juntas (motivações e oportunidade) ficam com 20,1%. As habilidades não foram consideradas nesse estudo.

11 O Cirque du Soleil também estava *no ar*, como lembra o especialista francês na história do circo Pascal

Jacob, em uma entrevista ao *Devoir* em de 5 maio de 2003. Para ele, as primeiras experiências que tentavam "dar um novo sentido à proeza, não mais destacando o desafio da morte [...] mas colocando o ser humano no centro da representação" deram-se nos anos 1970 com os russos. Guy Caron, um dos pilares do Cirque du Soleil, formou-se em Budapeste, então na Cortina de Ferro. Depois os franceses trouxeram outras inovações, tudo isso tendo finalmente convergido no circo "reinventado" dos quebequenses, que depois se tornou uma grande empresa com um volume de negócios de mais de US$ 200 milhões e que conta com três companhias de mais de 200 pessoas cada circulando no mundo ou apresentando espetáculos permanentes, como em Las Vegas.

12 Marshall explicava que "os segredos da indústria acabavam deixando de ser segredos; eles estavam, por assim dizer, no ar, e as crianças inconscientemente reconheciam muitos deles. O trabalho bem feito era imediatamente reconhecido e logo se discutiam os méritos das invenções e aperfeiçoamentos das máquinas, dos procedimentos, da organização geral da indústria: se alguém tinha uma ideia nova, outros davam sugestões que as completavam [...]".

13 Mesmo as grandes empresas automobilísticas francesas e italianas, apesar de muitas tentativas, jamais conseguiram superar esse obstáculo na América do Norte.

14 Como no caso Bernard Tapi na França ou Conrad Black no Canadá, de quem já falamos anteriormente.

15 Por exemplo, o que querem dizer exatamente, para qualquer tipo de empreendedor (como o novo dono da mercearia da esquina, o dono da oficina mecânica, o dono de uma oficina de produção ou de uma gráfica local), as seguintes expressões: iniciativa, comprometimento, solução de problemas, busca de objetivos, necessidade de status social e poder, integridade e confiabilidade... ("*drive, commitment, problem solving, goal orientation, need for status and power, integrity, reliability...*")?

16 Algumas músicas foram menos bem recebidas e outras geraram novas composições.

17 Por exemplo, Chell (2001, p. 149) explica que a falência é extremamente mal vista entre os malaios de Cingapura. Os empreendedores correm menos riscos e administram suas empresas de forma mais conservadora, mas também eficaz.

18 Pensemos, por exemplo, em Leonardo da Vinci, que contratava dezenas de pessoas para executar suas obras, ou, mais recentemente, Bernard Kouchner, um dos fundadores dos Médicos Sem Fronteiras.

19 Acabamos compreendendo que, com exceção dos empreendedores aventureiros, a maioria dos empreendedores apresenta o mesmo nível de tolerância ao risco que a população em geral.

20 Sobre a eficácia limitada dos planos de negócios, ver Zinger e LeBrasseur (2003).

21 Alguns denominam esta fase ou as que a precedem de *detonação*.

22 D'Auriac fala de "megapessoas" no caso das pequenas empresas e de "megamáquinas" no caso das grandes.

23 O paradoxo da informação explica que esta só vale se for controlada por poucas pessoas, mas que seu valor só se realiza se for partilhada por muitas. A dificuldade que o empreendedor tem em transmitir a informação pode se explicar também pelo que Sahlman e Stevenson (1985) chamam de miopia dos financistas.

24 Continuando a criticar a escola dos traços, para a qual o espírito do risco é particularmente importante, essa forte confiança em si mesmo faz com que o risco não possa ter o mesmo sentido para o empreendedor e para os financistas, ou para qualquer outra pessoa externa. Para o empreendedor, o risco parece na maior parte das vezes baixo, pois ele crê fortemente, com ou sem razão, que o mercado necessita da novidade que pretende propor.

25 A palavra latina *fortuna* se traduz tanto por "fortuna", "riqueza", como por "sorte", o que mostra bem a ligação entre os três. No mundo romano, Fortuna era uma divindade que representava o acaso.

26 O que explicava bem Veblen (1899, cap. 11), destacando a importância "da fé na sorte" para poder se lançar aos negócios.

Não há palavra que tenha recebido mais diferentes
significações ou impressionado os espíritos
de tantas maneiras como a palavra liberdade [...]
A liberdade só pode consistir em poder fazer
aquilo que se deve querer, e não a ser constrangido
a fazer aquilo que não se deve querer.

Montesquieu, *Do espírito das leis*, livro XI, caps. II e III

CAPÍTULO 4 • A organização aprendiz
AS DIFERENTES ESTRATÉGIAS DAS PMES PARA ACUMULAR INFORMAÇÃO

O empreendedor necessita de ajuda para obter e processar as informações sobre o mercado e a tecnologia, e assim evoluir na economia do conhecimento após a criação de sua empresa. Essa evolução difere, no entanto, de acordo com a vontade da direção, o grau de turbulência do setor e do mercado, além das capacidades do pessoal para compreender, adaptar-se e agir. A empresa é um lugar livre para mudar mais ou menos rapidamente de acordo com a estratégia, portanto capaz de transformar informações em mudança. Ela é também uma estrutura particular, diferente do empreendedor e das outras organizações, uma realidade social composta por trabalhadores, equipamentos e normas, baseada em rotinas e práticas para lidar com a mudança e o caos (MORIN, 1977). É um conjunto de relações informacionais internas e externas que têm um papel crucial na produção de um produto, bem ou serviço. Mas é também o que sustenta as vantagens ou a distinção em relação aos concorrentes.

Essas vantagens são a flexibilidade, a proximidade e a capacidade de aprendizado contínuo. Elas encontram-se de maneira marcada entre as organizações aprendizes, sobretudo as gazelas, que têm um papel particular no empreendedorismo regional, como vimos.

Neste quarto capítulo, trataremos, portanto, destes quatro pontos: o papel da organização ao lado do empreendedor, a fonte das vantagens competitivas desta organização, os elementos-chave para manter a competitividade ou o caráter distintivo das empresas e, por fim, o exemplo das gazelas nessa abordagem da competitividade.

> **Preferimos falar em organização** do que em empresa aprendiz, ainda que o termo genérico "PME", mais conhecido, remeta a empresas e que sejam estas que criem empregos e constituam a base do desenvolvimento econômico das regiões. Não se fala em organização criminal? Por um lado, o termo "organização" evoca o caráter vivo da empresa e exprime principalmente sua capacidade fundamental de aprendizado em uma economia do conhecimento que só pode dizer respeito a pessoas, e não a máquinas e estruturas. Por outro lado, a origem da palavra *empresa* (segundo Vérin, 1982, originada da palavra *emprise* – conquistar uma cidade, uma fortaleza – no século XIII) remete acima de tudo a um empreendedor (um príncipe, um *aventureiro* que conquista um forte ou um pirata que conquista um navio), ou pelo menos coloca em evidência seu papel primordial; mas na verdade a empresa é também o negócio de um grande número de pessoas. Sem contar que as fronteiras da empresa são fluidas, pois seu desenvolvimento depende também da dinâmica de um grande número de outros atores no meio, e da economia geral, além da cooperação que pratica com eles, o que remete a sistemas vivos abertos.

4.1 • O **papel** da **organização**

A organização, ou seja, um conjunto de recursos (equipamentos e principalmente funcionários) reunidos para produzir bens ou serviços, é a primeira aplicação concreta do início da empresa. No princípio ela é, de modo geral, o complemento do empreendedor, diferenciando-se dele, a seguir, mais ou menos rapidamente. Ela adquire hábitos e resistência à mudança. Seu funcionamento é sustentado por diferentes tecnologias materiais e imateriais. Ela tira sua coerência de uma visão e de estratégias pelo menos implícitas, que lhe dão as orientações de médio e longo prazo. Ela compreende muitos atores internos e externos. Como organismo vivo, está em relação mais ou menos estreita e organizada com o exterior. Ela torna-se fundamentalmente um instrumento para acumular informação, permitindo fazer avançar o *métier*, ou seja, as rotinas[1] capazes de respeitar as regras de produção e as necessidades do mercado, mas também de mudar com estas.

A organização é no princípio o complemento do empreendedor, a aplicação de seu esforço de criação ou apropriação de um espaço de mercado, e de sua capacidade para mobilizar recursos humanos e materiais para oferecer diferentes produtos

(KIRZNER, 1982). Esse complemento se enriquece gradualmente, com o aporte de novos recursos ou o aperfeiçoamento dos existentes, diferenciando-se aos poucos, com o tempo, do empreendedor. Em outras palavras, no princípio a organização ou empresa é completamente integrada ou dependente do empreendedor, que preenche ali tarefas de execução e direção. Esse é verdadeiramente o *homem* ou a *mulher-orquestra*, que toca a maioria ou todos os instrumentos. A linha hierárquica, além das diferenças entre empreendedor e pessoal, é frequentemente inexistente ou muito tênue, ou até mesmo ausente para o trabalhador autônomo ou o artesão[2]. Assim, a organização interioriza as estruturas do mundo social que moldaram o empreendedor e, gradualmente, as de seu pessoal-chave.

Pouco a pouco, ela se distingue do empreendedor, desenvolvendo, por assim dizer, personalidade própria, embora continue marcada pela direção empreendedora (TILTON-PENROSE, 1959), que pode favorecer a independência e a autonomia antes do crescimento (as PIC), ou gradualmente o inverso (as CAP). Neste último caso, o empreendedor se posiciona cada vez mais como gestor e acaba até mesmo sendo substituído por um gestor profissional, para tornar-se então um puro capitalista, que apenas controla a boa gestão de seu portfólio; esse é o caso das grandes empresas, principalmente quando a segunda ou terceira geração assume sua administração. Ocorre, entretanto, que muitos desses empreendedores tornados gestores conservam a visão empreendedora, como veremos no caso das *gazelas*.

Apesar da evolução, e a menos que a burocracia acabe por esclerosá-la, a organização permanece um lugar vivo, mais ou menos dinâmico caso conserve ou não o espírito empreendedor. Ela é, assim, um lugar *orgânico*, formado acima de tudo por recursos humanos reunidos para produzir bens ou serviços e estruturado em um sistema de relações (e portanto de proximidades) *adhocrático*, de contato permanente e ajustamento mútuo por comunicação informal e supervisão direta. É um lugar de estruturação social produtor de identidade, um campo de socialização mais ou menos integrado (SAINSAULIEU, 1990). É também um lugar de relações econômicas, principalmente em função dos salários e outros benefícios pecuniários. Assim, é uma combinação particular e em mudança de recursos humanos e econômicos, de pessoal permanente (gerência e pessoal-chave) e funcionários cujo número varia de acordo com as necessidades, além de recursos materiais. Somente a qualidade do conjunto pode permitir produzir de modo eficaz. Em suma, é um portfólio de competências cujo arranjo particular é mais ou menos dinâmico.

A organização é, então, um *campo de forças* (MARCHESNAY, 2002): cada indivíduo desenvolve ali sua própria zona de influência, autonomia, poder e interesses mais ou menos compartilhados por todos os membros do grupo (CROZIER e FRIEDBERG, 1977) ou pelos membros de pequenos grupos, de micro-organizações no interior da empresa, com valores próximos (BRUNET e SAVOIE, 2003). Ela pode, portanto, tornar-se um lugar de resistência, de burocracia, como muitas grandes empresas com regras rígidas e onipotentes, deixando livre curso às manipulações individuais que podem até provocar sua esclerose (KELLY e AMBURGEY, 1991).

Na ausência de uma cultura integradora dinâmica, são os *habitus*, as rotinas baseadas em competências centrais e periféricas (ou seja, *savoir-faire* ou *métier*) que fazem com que as resistências não sejam esclerosantes. Tais rotinas relacionam-se a máquinas variadas que favorecem sua permanência e funcionamento, e podem mudar mais ou menos rapidamente com a chegada de novos equipamentos e com a contínua formação interna e externa, com a capacidade de interiorizar a novidade e reagir em curto espaço de tempo (por exemplo, quando a especialização individual ou do grupo não está muito avançada[3], como nas PMEs) e com a rapidez no compartilhamento dos conhecimentos baseado na proximidade. As adaptações podem ser facilitadas por diversas técnicas, como a organização celular, na qual as unidades de produção são autoiniciadas e autogovernadas ou autocoordenadas (DROLET et al., 2003a), ou adotando formas de gestão holísticas e orgânicas, flexíveis, e não mecanicistas (COVIN e SLEVIN, 1988).

A coesão geral e em longo prazo da empresa vem, contudo, da visão do empreendedor (FILION, 1991) e deve, portanto, ser relativamente explícita na estratégia adotada. A visão e a estratégia, se compartilhadas e, por conseguinte,

> **Uma empresa cresceu muito rapidamente**, passando de menos de 60 empregados a quase 300 em quatro anos. Mas, dominado pelos problemas associados ao forte crescimento e pressionado pela empresa contratante, o empreendedor continuava a centralizar a gestão como antes. E a insatisfação também cresceu, a ponto de ficar cada vez mais previsível uma greve longa e cara. Conseguimos convencer esse empreendedor a contratar um diretor de produção e dissociar as questões de estratégia da gestão corrente. Não somente os resultados foram benéficos para os empregados, como o empreendedor voltou a fazer o que preferia, sondar novos mercados e desenvolver uma estratégia clara.

descentralizadas, criam a *dimensão identitária* da organização, permitindo assim opor-se às forças centrípetas que tendem a neutralizar qualquer eficácia. Mas a coesão vem também da cultura de empresa, do fato de que todo o pessoal trabalha para atingir os objetivos fixados, que foram discutidos em conjunto e tornaram-se os objetivos de todos (MINTZBERG, 1990; BROWN e EISENHARTd, 1998). Ela vem, portanto, da qualidade das relações na organização, do clima de trabalho, do ambiente que ali reina.

A coesão deve também estender-se ao ambiente externo. Em sua gestão e desenvolvimento, a organização deve de fato levar em conta os diferentes tipos de atores que são partes implicadas, cada um com seus próprios interesses (motivações, satisfações múltiplas e em mudança: MARTINET e THIÉTARD, 1997) e cuja influência varia de acordo com os períodos e a sociedade que a cerca (BERNOUX, 1983).

Assim, além dos interesses da direção e das aspirações dos empregados, a família atual do empreendedor e mesmo sua família original, principalmente se forem acionistas oficialmente, são fatores externos. A família é com frequência um apoio muito importante no lançamento do negócio – apoio psicológico pela confiança e entusiasmo que demonstra pelo projeto, mas também apoio financeiro, direto e indireto, pela restrição nas despesas domésticas ou pelo trabalho não remunerado de alguns de seus membros. Essa influência geralmente positiva, mas às vezes também restritiva, pode continuar a ser exercida depois, pois um dos objetivos da abertura de muitas empresas é justamente proporcionar emprego ao empreendedor e mais tarde a outros membros de sua família, restrita ou ampla. Financistas ou empresas de capital de risco também podem impor seu direito de supervisionar (e

---

Os papéis tanto restritivos como positivos das partes implicadas nos problemas de sucessão são frequentemente cruciais. Por exemplo, Tidåsen (2001) cita o exemplo de um conflito de sucessão envolvendo a mãe que privilegiava o filho e o pai que preferia a filha. Esta rapidamente foi obrigada a comprar as partes dos outros membros da família, o que fragilizou a empresa por algum tempo. Este comportamento não é raro. Em algumas sociedades matriarcais da África Ocidental, a influência da família é tal que a sucessão não é feita entre pai e filho, mas entre pai e sobrinho, mais precisamente o filho mais velho da irmã mais velha do empreendedor.

cobrar uma taxa de serviços por isso) o desenvolvimento do negócio com graus de intensidade variável. Há também outros tipos de credores, como os fornecedores, principalmente aqueles que possibilitaram o lançamento, ou ainda o Estado, no caso de apoio condicional. Maurice (1992) explica que a oposição entre o *exterior* e o *interior* da empresa acaba explodindo, mas marca também as diferenças necessárias na gestão das empresas de acordo com países e épocas, como vimos nos diferentes tipos de empreendedorismo de acordo com países e regiões.

Há, além disso, a central sindical, quando os empregados são sindicalizados, a qual considera interesses mais amplos do que as necessidades imediatas dos funcionários, fornecendo-lhes recursos quando necessário, incluindo fundos de greve. Mesmo que o sindicato não esteja instalado nos locais de trabalho, ele pode ter uma influência nas condições de trabalho dos funcionários caso a direção tema sua atuação. Outros intervenientes menos visíveis podem ter seu papel, como os conselhos profissionais, no caso de certos funcionários, como engenheiros. Há também intervenientes voluntários, como os membros de um conselho de administração, que podem contribuir com a capacidade de evolução da empresa se adotarem posturas dinâmicas. Essas partes implicadas podem ser limitantes, mas também muito eficazes para fornecer diversas informações ou capital relacional, como veremos no capítulo seguinte. De qualquer maneira, a direção não pode desprezar esses intervenientes; ela deve, portanto, ser de algum modo um animador mais amplo e integrá-los ao desenvolvimento da empresa, para impedir que se tornem freios (MILES et al., 2000).

Evidentemente, o mercado (ou uma clientela particular, no caso das pequenas empresas) é uma parte implicada muito importante e ao mesmo tempo constitui o objetivo operacional da empresa. Os comportamentos do mercado influenciam sistematicamente a organização, que deve se ajustar para acompanhar as mudanças que ele impõe e mesmo antecipar ou criar essas mudanças, inovando para se diferenciar dos concorrentes. Os clientes podem ser pouco numerosos ou únicos, como as grandes empresas contratantes ou as cadeias de distribuição, e ter assim um forte poder sobre as PMEs ou, pelo menos, serem capazes de orientar claramente não apenas seu desenvolvimento, mas também os investimentos que devem fazer para sobreviver. É esse o caso das empresas contratadas que fazem parte de uma rede, que devem recorrer sistematicamente a novas tecnologias materiais, como os sistemas de projeto assistido por computador (CAD), para mudar desenhos de peças, ou imateriais, como os sistemas avançados de qualidade total (MARIOTTI, 2003; JULIEN et al., 2003b).

Um dos papéis importantes da organização é internalizar e coordenar os impulsos que vêm dessas diversas partes em função dos objetivos da empresa, tanto para se reforçar e melhor se situar no ambiente externo quanto para não ser ultrapassada ou desclassificada por ele. Como todo sistema vivo e aberto, a organização só pode sobreviver mudando graças à integração da informação vinda de fora, portanto diminuindo sua entropia, da mesma maneira como um ser vivo deve obter energia do ar, da água e do alimento vindo do exterior (GEORGESCU-ROEGEN, 1971). A organização é um *processador de conhecimento* (COHENDET e LLERENA, 1999) frente a essa mudança interna e externa. É sobre essa mudança interna desencadeada por uma mudança externa que a empresa funda sua capacidade de concorrência.

4.2 • A fonte das vantagens competitivas

A mudança voluntária segue-se à transformação, pela organização, da informação interna e externa em conhecimento e *savoir-faire*. A empresa é, portanto, fundamentalmente um *recipiente*, como explicava também Chandler (1988). Essa transformação gera o que se chama de *métier* da empresa, ou seja, as habilidades técnicas, intelectuais e relacionais que permitem à organização responder de maneira específica às necessidades de seus clientes, por um serviço ou bem, e se distinguir das outras empresas.

Esse *métier* é, portanto, o próprio fundamento das vantagens competitivas de cada empresa, como dissemos no primeiro capítulo. Tais vantagens devem ser sistematicamente renovadas e apoiar-se em um sistema de aprendizado inicialmente concentrado nas mãos do empreendedor, no momento da criação, mas em seguida rapidamente estendido a toda a organização. O que quer que diga a teoria porteriana (PORTER, 1981)[4], as vantagens competitivas não repousam unicamente na capacidade da organização de responder ao mercado, adotando a melhor estratégia e optando pelos recursos mais adequados. Ela vem da própria qualidade desses recursos e da coerência de suas ações para responder às necessidades do mercado, que demonstram uma competência geral particular superior à soma das partes.

Essa abordagem baseada nos recursos foi inicialmente desenvolvida por Wennerfelt (1984), Rumelt (1984) e Barney (1986), justamente em reação às teses de Porter. Muitos a retomaram, como Pralahad e Hamel (1990). Mas, como explica Marchesnay (2002), ela remonta realmente a Tilton-Penrose (1959). Ela explica que essas vantagens particulares resultam de uma combinação de recursos destacadamente

> **Uma tinturaria com 30 funcionários** ainda utiliza, ao lado de um equipamento informatizado de último tipo, uma grande tina de madeira do século XIX como a exposta no Museu Têxtil de Lyon – que mantém a eficiência em pequenas encomendas. A vantagem competitiva da empresa advém da flexibilidade e da sua capacidade de encontrar e restaurar a cor exata de acordo com as necessidades do cliente.

tecnológicos (modernos, mas também adaptados e não necessariamente de ponta), mas sobretudo imateriais e antes de mais nada coletivos, baseados em relações internas e externas. Esses recursos são as competências, portanto o conhecimento e o *savoir-faire* destacados por pesquisadores franceses como Arrègle (1996), Koenig (1999) ou Durand (2000). São, entretanto, os recursos humanos e materiais, além das capacidades organizacionais ligadas à cultura e às estruturas da empresa, que fornecem conhecimentos e *savoir-faire*. Esses recursos e competências constituem os ativos que serão raros, inimitáveis, únicos, idiossincráticos, não comerciais, intangíveis e não substituíveis (BARNEY, 1991). Isso compreende também os recursos institucionais, no sentido em que os entendiam os institucionalistas como Commons ou Veblen, nos anos 1910-1930, ou seja, a forma particular ou única das organizações que constitui sua capacidade de manter, gerir, desenvolver e atualizar tais recursos em função do mercado, levando em conta ainda os concorrentes (OLIVIER, 1997). Essa capacidade permite também compreender a mudança, transformar a informação em sentido para apoiar a estratégia e finalmente distinguir-se para responder às necessidades do mercado ou criá-las. Tudo isso é sustentado por uma estratégia muito flexível, emergente, dizia Mintzberg (1990).

Tywoniack (1998), entre outros, resume as condições que, de acordo com essa teoria dos recursos e competências, garantem à empresa sua vantagem concorrencial e uma renda particular:

1 • VALOR: os recursos ou competências devem permitir aproveitar as oportunidades, porque o valor que se obtém é superior ao dos concorrentes;
2 • RARIDADE: um número limitado de empresas pode obter esses recursos e competências;
3 • NÃO IMITAÇÃO: os recursos e competências devem ser dificilmente imitáveis;
4 • LONGEVIDADE: os recursos e competências mantêm a vantagem em longo prazo;

5 • NÃO SUBSTITUIÇÃO: os substitutos desses recursos e competências são dificilmente acessíveis;
6 • APROPRIAÇÃO: a organização deve ser capaz de tirar o máximo de seus recursos e competências cardinais;
7 • FLEXIBILIDADE: a empresa deve poder ocupar rapidamente um novo mercado.

Mas, como explica Marchesnay (2002), destacando determinados recursos sem defini-los bem, sem explicar suas qualidades e principalmente sem levar em consideração o fato de que eles evoluem continuamente e de que alguns deles são até mesmo regularmente substituídos, essa teoria é tautológica ou mecanicista e, sobretudo, não apresenta nada de novo em relação às teorias que destacam o *métier*. Ainda mais quando os recursos não têm valor se são mal utilizados ou utilizados fora de hora, ou ainda se não evoluem (TARONDEAU, 1998). Qualquer recurso acaba por ser imitável ou passível de compra. As boas e novas táticas que permitiram aos grandes generais vencer as batalhas também acabaram provocando sua derrota por falta de renovação, já que os inimigos aprenderam com as sucessivas derrotas e mudaram a estratégia, como recorda Miller (1992). Assim, como já destacamos, os recursos que fazem o sucesso de um bom número de empresas são muito frequentemente os mesmos que provocarão seu desaparecimento: esse é o caso de 70% das empresas após dez anos.

As vantagens concorrenciais não provêm simplesmente dos recursos e competências em si mesmos, mas de sua *combinação particular*, ou seja, tanto de sua especificidade[5], de seu peso na produção, como de sua interação: "A empreesa é essencialmente concebida como um lugar de agenciamento, construção, seleção e manutenção das competências" (COHENDET, 2003, p. 393). Tal combinação resulta de uma alocação específica que conduz à eficácia, em médio prazo, e à inovação, portanto a reajustes constantes (AMESSE, AVADIKYAN e COHENDET, 2005). Ela cria capacidades particulares quando passa por rotinas e processos que se transformam em competências fundamentais, permitindo à empresa distinguir-se (*personalizar a empresa, criar uma inteligência organizacional*: HOECKEL e NOLAN, 1993) de seus competidores para melhor responder às necessidades dos clientes. As competências geram sinergia, criando um valor agregado singular para o mercado (TORKKELI e TUOMINEN, 2002). Essa combinação, ou portfólio de competências, compreende também os laços pessoais e de fidelidade com fornecedores e distribuidores, com os clientes ou outras empresas a montante ou a jusante, vantagens ainda mais difíceis de imitar porque contam muitas produções e trocas complexas de conhecimento e

> **Na Seção 4.4**, apresentamos principalmente o caso de uma gazela que, apesar de um volume de negócios de menos de US$ 20 milhões, tornou-se, graças a uma combinação empreendedora singular, a primeira da fila no desenvolvimento de equipamentos para a indústria moveleira, na frente de enormes concorrentes americanos (com volume de negócios superiores à marca de US$ 1 bilhão). Essa vantagem provém, entre outros, de uma organização participante e aprendiz, mas também de laços muito estreitos com alguns clientes para modernizar sistematicamente os equipamentos conhecidos e experimentar novos. Essa empresa complexa e a proximidade particular com o mercado são fruto de muitos anos de trabalho e, portanto, dificilmente podem ser imitadas e reproduzidas. Em outras palavras, ainda que os concorrentes comprem os equipamentos de ponta dessa empresa para desmontá-los e conhecer seus segredos, o conhecimento das peças não lhes indica, no entanto, como são produzidas, montadas e, principalmente, desenvolvidas; e, quando esses segredos começam a ser percebidos, a empresa já mudou seus modos de produção, inovação e colocação no mercado.

savoir-faire (DYER e SINGH, 1998)[6]. Os laços permitem uma produção e uma distribuição que sustentem a diferença.

Tal combinação em geral não é ótima. Cada empresa deve encontrar sua melhor maneira de fazer, de acordo com seu mercado e seu setor, sempre tomando por base outras empresas (BARTH, 2003). A combinação particular faz, por exemplo, com que a tecnologia seja específica para cada negócio e crie rotinas particulares e em evolução (o *savoir-faire* diferenciado, o *métier*)[7], que permitem à empresa distinguir-se. Essas combinações, essas rotinas, tiram sua orientação e coerência a partir da visão e da estratégia da empresa (FILION, 1997; EISENHARDT e MARTIN, 2000). Mas a empresa deve ser flexível, ultrapassar suas rotinas para inovar constantemente e conservar assim seus comportamentos empreendedores, ainda que recorra a técnicas formais de gestão e produção (PRALAHAD e BETTIS, 1986; MESSEGHEM, 2002; JOHANNISSON, 2003).

É essa combinação empreendedora que é rara, não imitável, não substituível, por ser frequentemente muito complexa. Mas ela só é eficaz, competitiva, se responde às necessidades do mercado ou as cria, se evolui com essas necessidades e se continua a se destacar de seus concorrentes, ou pelo menos se consegue bloquear o acesso deles a seu mercado. Para continuar eficaz, essa combinação deve ser regularmente atualizada. Isso permite à empresa acompanhar a evolução das necessidades específicas do mercado (da clientela), ou até mesmo as preceder ou criar, reconfigurando as regras em seu benefício ou impondo novas regras. Ela deve ser sistematicamente ampliada, pelo aporte das partes implicadas, e renovada, pois pode se depreciar rapidamente. Deve estar apoiada em um sistema de aprendizado (formação e informação) eficaz para aderir à economia do conhecimento. Em particular, os conhecimentos e o *savoir-faire* permitem responder às necessidades de flexibilidade e sustentar a criatividade e a inovação que fazem o empreendedorismo dinâmico.

Como veremos no Capítulo 7, a combinação de recursos compreende também os recursos relacionais externos e, portanto, a participação de redes (DYER, 1996; DYER e SINGH, 1998), as quais permitem compensar os limites da competitividade. Assim, associando-se para oferecer um produto, duas ou três empresas podem chegar a se destacar claramente de seus concorrentes, pelo fato de que são complementares para vender alguma coisa de excepcional, apesar dos limites de produtividade de cada uma delas.

Assim, é a *combinatória* interna e externa que é diferente, específica, portanto dificilmente imitável, pelo menos em curto e médio prazo – principalmente quando,

---

No caso de produtos alimentícios finos, a combinatória provém antes de tudo das especificidades do produto ou do nome ou marca controlada. Mas isso é com frequência mais complexo. Assim, um laticínio da Île-aux-Grues oferecia há muito tempo um cheddar cujo sabor singular vinha do fato de que as vacas pastavam as forragens de pântanos salobros. Para se distinguir ainda mais, a direção desenvolveu dois outros queijos cremosos, com destaque para um tipo particularmente original. Mas a singularidade dessa PME vai mais longe: ela ensina seus distribuidores a cuidar da conservação dos produtos e os cozinheiros a preservar o caráter inimitável de seus queijos.

Outro exemplo de diferenciação é o das livrarias de bairro que conseguem concorrer com as grandes cadeias tendo como arma a informação específica que oferecem a leitores indecisos. Assim, no caso de livros infantis, um bom livreiro será capaz não somente de levar em conta a idade da criança e suas experiências de leitura para sugerir este ou aquele livro, mas também o ritmo de desenvolvimento da criança, o que as grandes redes são incapazes de fazer.

no momento em que os concorrentes creem compreender os truques, ela já está em mudança. No caso das PMEs, como lembra Marchesnay (2002), retomando a ideia de Mills e Schuman (1985), essa combinação compreende justamente a flexibilidade que permite a rápida adaptação às necessidades específicas de cada cliente, para compensar as fraquezas nas economias de escala. Tal flexibilidade dinamiza a adaptação à mudança e facilita a inovação.

4.3 • Os elementos-chave para manter a competitividade

Para conservar e adaptar seu caráter concorrencial, e portanto a competitividade, as pequenas empresas devem reunir três condições: 1) flexibilidade; 2) proximidade; e 3) aprendizagem contínua, que permite a variedade e a inovação.

A *flexibilidade* é um dos primeiros traços que distinguem as PMEs das grandes empresas (KICKERT, 1985; EVARAERE, 1997). Trata-se da "aptidão para mudar facilmente, adaptando-se às circunstâncias". É ela que permite às pequenas organizações ajustar rapidamente sua combinação de recursos às mudanças do mercado. A flexibilidade apoia-se na proximidade *interna* e na proximidade *com o mercado* para

> **A informação é crucial** para a flexibilidade operacional. Mas pode ser completamente falseada, como no caso de uma grande empresa alimentícia cujas vendas subitamente diminuem. Acreditando que a desaceleração vinha da falta de dinamismo dos expedidores, e esperando poder superar o atraso nas semanas seguintes, os vendedores comissionados combinaram com aqueles para conservar os números de venda precedentes e preservar assim sua remuneração. Como a conjuntura não melhorou, para não serem penalizados os expedidores realizaram então uma aliança com a produção para falsear os números, certos da promessa dos vendedores de que em breve regularizariam a situação. A seguir, foi necessário fazer um acordo com os compradores das matérias-primas. Finalmente, mas tarde demais, a direção teve conhecimento das manipulações. Os gestores descobriram estoques de caixas de produtos não vendidos por toda parte e precisou remontar a toda a cadeia para compreender o que se passara. Uma situação como essa seria impossível de esconder em uma PME, na qual quase tudo se sabe ou se vê.

> **Um dia em que visitava** uma pequena empresa de produtos metálicos, fui surpreendido por alguns equipamentos pesados cuja marca tinha o mesmo nome da empresa. Perguntei se por acaso um fornecedor estrangeiro de equipamentos tinha o mesmo nome. Os funcionários, muito orgulhosos, explicaram-me que, por não os encontrar facilmente no mercado, eles próprios os tinham fabricado para garantir que teriam as características indispensáveis à produção particular para a qual serviriam.
>
> Em uma empresa de móveis para crianças, a uma máquina de controle digital utilizada para esculpir peças foi acrescentado um banco de fabricação caseira que permitiu a seu operador poli-las continuamente, o que aumentou consideravelmente a eficácia do equipamento de última geração.

obter a informação, portanto em uma maior capacidade de reação e, finalmente, em uma estratégia geralmente mais maleável. Há dois grandes tipos de flexibilidade, a flexibilidade operacional e a flexibilidade estratégica.

A flexibilidade operacional pode ser interna e externa. A flexibilidade operacional interna é a capacidade que a organização tem de reagir rapidamente à mudança. Ela se explica, por definição, nas PMEs, pelo fato de que o menor número de funcionários permite à direção ver facilmente o que se passa na empresa. Na maioria das vezes, o local de trabalho do empreendedor situa-se próximo da produção, sendo que muitas vezes ele também "põe a mão na massa". A flexibilidade operacional interna vem, portanto, do fato de que patrão e os funcionários compartilham o cotidiano e, com bastante frequência, a elaboração da visão de longo prazo da empresa. Se há um problema de curto prazo (uma mudança na qualidade da matéria-prima, por exemplo) ou longo prazo (como reações negativas de alguns funcionários em decorrência de boatos), ele é rapidamente conhecido e pode, assim, com muita frequência, ser resolvido antes de se agravar.

A flexibilidade operacional externa é a capacidade de identificar ou sentir a mudança em curso. Ela passa pelos contatos diretos com os clientes e pelas redes pessoais e de negócios mantidas diretamente pelo empreendedor. Realmente, ainda que a empresa cresça, na maior parte das vezes o empreendedor mantém o contato com alguns clientes antigos ou estratégicos a fim de conservar uma compreensão pessoal e muito sensível do mercado. Ou pelo menos observa sempre as atividades de colocação no mercado. Nas grandes empresas, a não proximidade pode ser compensada por estudos de mercado, que são, contudo, limitados[8]. Já as redes são um mecanismo particularmente eficaz de apreensão da mudança no ambiente, como veremos no Capítulo 7. Tudo isso faz parte da busca rápida por informação, que permite à empresa adaptar-se às necessidades de cada um de seus clientes. Enfim, alguma centralização da informação permite compreender os diferentes aspectos da mudança desejada e reagir rapidamente, ao contrário do que acontece nas grandes empresas, cujas decisões partem de um grande número de funcionários de alta e média gerência que é preciso consultar e convencer.

É preciso contudo distinguir flexibilidade de reação de flexibilidade de ação, ou de proação graças à previsão, ou seja, a capacidade de se adaptar rapidamente à mudança obrigada ou desejada dos concorrentes e da tecnologia, e a capacidade de prever as necessidades do mercado reorganizando seus recursos para responder a elas. Ambas se explicam pela menor especialização de fatores de produção, recursos humanos e equipamentos na pequena empresa do que na grande. Essa especialização menos marcada, ainda que constitua uma fraqueza em curto prazo, torna-se uma força quando é preciso mudar. Assim, os funcionários podem realizar muitas tarefas, inclusive aquelas requeridas para efetuar a mudança desejada, seja em paralelo, seja uma depois da outra. Do mesmo modo, os equipamentos podem ser ajustados às novas tarefas e até transformados pelos funcionários para melhor convir às necessidades. Em suma, o processo de produção nas PMEs é, na maioria das vezes, flexível, o que explica que as grandes empresas façam negócio com elas, principalmente por subcontratação, ainda que não gozem de suas grandes economias de escala.

Mintzberg (1990) explica os comportamentos orgânicos flexíveis das pequenas empresas, que tendem a adotar a centralização das decisões finais e estratégias frequentemente implícitas que se adaptam rapidamente a novas oportunidades. Miles et al. (2000) afirmam que essa estratégia advém da visão ampla, holística, intuitiva e maleável que determina também os esforços que a empresa deve realizar para

> **O diretor-geral da filial** de uma grande empresa nos dizia que era incapaz de implantar certas mudanças de comportamento, rompendo com hábitos forjados durante anos que respondiam a necessidades de legitimidade e poder (JULIEN et al., 2003c).

vencer, as linhas diretoras do processo ou ações que ela privilegia para atingir seus objetivos, e os parâmetros que lhe permitem medir em seguida o caminho percorrido. Já em uma grande empresa, ainda que a direção possa querer agir rapidamente, o porte da organização e o fato de ser produto de interesses numerosos e divergentes tornam necessário sempre muito mais tempo, não somente para mudar, mas também para aceitar a mudança; por definição, ela sofre da inércia inerente ao seu tamanho. Além do mais, para orientar e gerenciar um grade número de funcionários, as grandes empresas precisam adotar estratégias explícitas e claras a fim de se garantir que todos estejam na mesma sintonia. Quando isso é bem compreendido e aceito, é difícil mudar rapidamente.

É verdade que a grande empresa tem vantagens quanto à flexibilidade estratégica. Seus recursos muito numerosos proporcionam de fato uma grande margem de manobra que lhe permite fazer os investimentos necessários para adaptar-se às novas necessidades apreendidas e a novas tecnologias. Entretanto, se a mudança ambiental for muito rápida, esses investimentos podem chegar tarde demais. Pelo menos, a flexibilidade operacional das PMEs pode compensar os enormes recursos das grandes empresas numa economia em mudança.

É isso que faz com que muitos pesquisadores considerem que não é oportuno implantar tal e qual, nas PMEs, as noções administrativas desenvolvidas para as grandes empresas, como já se pensou durante muito tempo. Assim, Watson (1995) e Johannisson (2003) lembram que, mesmo que a pequena empresa cresça e deva recorrer a várias práticas formais ou administrativas à medida que se desenvolve, ela não deve abandonar seus comportamentos empreendedores de espontaneidade e maleabilidade, permitindo-se mudar de rumo rapidamente. A padronização das práticas não se opõe ao espírito empreendedor, mas usar muitos comportamentos formais fundados em análises apresentadas como puramente racionais acaba por criar um funcionamento específico para cada departamento, como é o caso em muitas grandes empresas, provocando até mesmo a esclerose e a ineficácia em longo prazo, o que bem mostrou Pitcher (1994).

As PMEs devem sempre manter um equilíbrio entre o informal e o formal, entre o recurso ao heurístico para analisar a situação e preparar a estratégia e os algoritmos para fazê-lo, em suma, entre uma gestão empreendedora e uma gestão administradora, o que representamos na Figura 4.1, a seguir, na p. 150. Apenas assim podem manter sua flexibilidade para compensar as desvantagens de economia de escala em relação às grandes empresas, preservando o elemento-chave de suas vantagens competitivas[9].

FIGURA 4.1 • O COMPORTAMENTO ÓTIMO DAS PMES

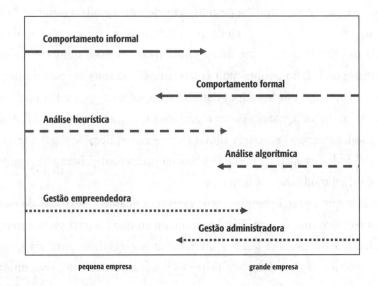

Mas a recombinação constante de recursos e competências só é plenamente eficaz quando impulsiona a empresa para inovar a fim de melhor se distinguir. É o que explica Senge (1990), ao comentar sobre organizações aprendizes e inovadoras, que se autotransformam graças à aprendizagem e à inovação sutil, mas contínua. Elas evoluem de acordo com um processo em anel triplo, que ilustramos na Figura 4.2, a adaptação à mudança gerando novas capacidades para se adaptar ou até para preceder a mudança pela inovação (ARGYRIS e SCHÖN, 1978).

Para continuar empreendedoras, essas empresas devem estar baseadas na descentralização, participação, formação[10] e informação, e na garantia de que seus funcionários tenham, em primeiro lugar, pleno domínio de seu trabalho; em seguida,

FIGURA 4.2 • APRENDIZAGEM EM ANEL TRIPLO

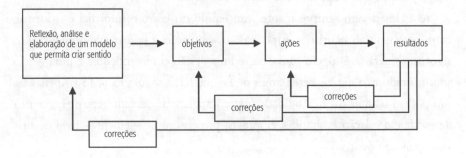

que exerçam certa *governança* sobre as rotinas e mudanças menores; finalmente, que participem da inovação difusa e sistemática (WOODMAN, SAWYER e GRIFFIN, 1993). Isso permite manter o ritmo da mudança.

Essa evolução em direção à maior flexibilidade pode variar, evidentemente, de acordo com a cultura empreendedora. Porém, acima de tudo, ela vai além dos modismos, sejam antigos, como os círculos de qualidade, ou novos, como a engenharia simultânea e a produção enxuta. Ela caracteriza as empresas de intenso crescimento, as gazelas, que desenvolvem a capacidade particular de tratar a informação e transformá-la em conhecimentos, e têm um papel no empreendedorismo.

4.4 • O exemplo das **gazelas**, ou **PMEs de forte crescimento**

Como nosso estudo internacional mostrou (JULIEN, MUSTAR e ESTIMÉ, 2001), as gazelas tiram sua flexibilidade de quatro características empreendedoras: 1) direção aglutinadora e entusiasmada; 2) inovação sistemática e forte proximidade com o mercado; 3) organização descentralizada e autogerida; e 4) relações contínuas com o ambiente externo.

Em *primeiro lugar*, essas empresas são dirigidas por líderes experientes e com senso de estratégia, capazes de dar sentido ao trabalho instilando uma cultura que encoraja o dinamismo e compartilhando os desafios com a equipe. Assim, nessas gazelas, o empreendedor é em geral mais instruído que na média das PMEs, e principalmente mais experiente, com uma média de 23,6 anos de experiência no setor. Além disso, ele continua a aperfeiçoar suas competências, dedicando de 31 a 70 horas por ano à formação avançada[11]. Ele busca o lucro, mas também satisfação pessoal. Para o empreendedor, os seis fatores que explicam melhor seu sucesso são, por ordem de importância: 1) motivação do pessoal; 2) qualidade do serviço prestado aos clientes; 3) qualidade da gestão geral; 4) qualidade da gestão financeira; 5) qualidade do líder; e 6) presença de uma cultura organizacional forte.

A qualidade do líder passa também por uma comunicação frequente com gerentes e funcionários. Essa qualidade baseia-se em uma nova abordagem da direção, enfatizada especialmente por Kotter (1990), que opõe o antigo estilo de líder ao novo (ver Tabela 4.1, p. 152). Podemos ver isso sob outro ângulo, lembrando que:

1 • A direção deve conservar um comportamento maleável, empreendedor e proativo.

TABELA 4.1 • ANTIGO E NOVO ESTILO DE LÍDER

ANTIGO LÍDER	NOVO LÍDER
Baseado em planificação	Baseado em visão e missão
Aloca e especifica as responsabilidades	Compartilha sua visão
Controla e oferece as soluções	Motiva e inspira
Cria rotinas estáveis	Cria a mudança e a inovação
Retém o poder	Permite que os funcionários dominem e controlem suas tarefas
Apoia-se na conformidade	Apoia-se no compromisso
Ressalta as obrigações contratuais	Estimula os esforços complementares
Demonstra distância entre direção e funcionários	Líder intuitivo que ouve os funcionários
Reage ao ambiente	É proativo com o ambiente

ADAPTADO DE KOTTER, J.P. (1990). What Leaders Really Do. *Harvard Business Review*, mai.-jun., cit. Chell (2001), p. 195.

2 • Esse comportamento deve ser capaz, de tempos em tempos, de criar emoção e desafio.

3 • Sobretudo, a direção deve sempre alimentar empatia em relação a seu pessoal, até implicar-se nos projetos-chave, intervindo na necessidade como membro da equipe.

4 • Por fim, ela deve favorecer todas as possibilidades de mudança para aumentar a eficiência.

Em *segundo lugar*, as gazelas apoiam sua estratégia de diferenciação na grande proximidade com os clientes – o que Siegel, Siegel e MacMillan (1993) já destacavam para explicar o forte crescimento. Essa proximidade passa por contatos diretos frequentes, workshops, treinamentos ou encontros no mínimo anuais com clientes estrangeiros em feiras internacionais, além de tratamento rápido e personalizado das queixas dos clientes. Permite ainda receber rapidamente os impulsos do mercado, tanto para ajustar-se como para inovar e manter o diferencial de sua combinação de recursos e competências (SIVADA e DWYER, 2000). As gazelas investem pelo menos quatro vezes mais do que a média das PMEs em P&D e fazem sistematicamente o acompanhamento tecnológico.

Em *terceiro lugar*, o que mais favorece a flexibilidade das gazelas é o tipo de organização que privilegiam: com uma liderança flexível, a organização encoraja fortemente a participação coletiva e individual, é decididamente voltada ao desenvolvimento do conhecimento e apela regularmente a recursos externos complementares. A organização é complexa, abriga gerentes com formações diversas. Mais de 90% dessas empresas contam com mais de um especialista, com formações universitárias diferentes: engenheiro, especialista em recursos humanos, especialista em marketing etc.; 36% têm quatro ou mais. A organização é descentralizada e responsável; ela funciona com equipes semiautônomas, e seus funcionários participam na elaboração de estratégias, na gestão de rotinas e na organização da mudança. Além do mais, as equipes têm poder sobre seu ambiente imediato[12]. A planificação é flexível, elaborada por um comitê e revista periodicamente. A divisão dos lucros é favorecida sob diferentes formas: bônus regulares, prêmios anuais e até mesmo ações da empresa. A comunicação constante com os funcionários, semanal ou mensal, é central. A cooperação entre estes favorece o desenvolvimento do conhecimento e a integração dos novatos à equipe (BAKSTRAM e CROSS, 2001). A formação contínua da mão de obra conta com um orçamento que vai de 5% a 7% da folha de pagamento[13]. Aliás, notemos que, nas gazelas, as tecnologias de gestão, especialmente aquelas

TABELA 4.2 • CARACTERÍSTICAS DA EMPRESA APRENDIZ E INOVADORA

CARACTERÍSTICAS DA EMPRESA APRENDIZ E INOVADORA
1. Estratégia de aprendizagem sistemática.
2. Alto grau de participação dos funcionários e de algumas das partes implicadas.
3. Formação contínua em todos os níveis.
4. Emprego de tecnologias de informação para compartilhar o conhecimento.
5. Retroações para desenvolver uma boa compreensão dos efeitos das ações, o que permite aprender e melhor tomar as decisões.
6. Relações internas que facilitam o ajustamento mútuo e a adaptação.
7. Sistema de recompensas que estimula o pessoal a aprender e participar.
8. Estruturas organizacionais flexíveis que facilitam a mudança como resultado da aprendizagem.
9. Funcionários que trabalham nas fronteiras da organização para coletar informação externa a fim de aperfeiçoar os processos internos.
10. Vontade e habilidade para aprender com outras organizações e consultorias.
11. Cultura que estimula a experimentação responsável e o compartilhamento da aprendizagem que conduziu a sucesso ou fracassos.
12. Mecanismos e relações que estimulam e apoiam o autodesenvolvimento.
13. Encorajamento sistemático da inovação em todos os níveis e em todos os elementos da cadeia de valor, apoiado pelo recurso a técnicas de criatividade.
14. Organização multidisciplinar e interdepartamental e engenharia simultânea.

relativas à informação, são um pouco superiores às das outras empresas, mas as tecnologias de produção não são mais modernas; isso confirma que a competitividade da empresa vem acima de tudo da singularidade adquirida pela combinação de recursos humanos e competências. Em suma, encontramo-nos diante de uma organização de funcionamento não linear (DARF e LEWIN, 1990), portanto aprendiz e inovadora, e que apresenta as características resumidas na Tabela 4.2 (p. 153).

Por último, em *quarto lugar*, essas empresas recorrem sistematicamente a recursos complementares do meio para completar os recursos próprios, sobretudo para se manterem atualizadas sobre as novas práticas de negócios ou para desenvolverem novos mercados e inovar. Mais de 80% das gazelas pesquisadas têm contato profissional regular com mais do que uma assessoria ou conselheiro governamental. Além disso, 41% valem-se regularmente de um conselheiro científico externo. Do mesmo modo, cerca de 40% das empresas assinaram acordos de cooperação com clientes, fornecedores ou mesmo concorrentes.

4.4.1 • A BUSCA PELA NOVA GERAÇÃO DE PMES

As gazelas, assim como as outras empresas mais suscetíveis a estimular o dinamismo regional, aplicam o *princípio da variedade requerida*. De fato, elas são levadas a evoluir rapidamente para enfrentar mudanças rápidas no mercado, tanto em termos de quantidade (crescimento rápido dos pedidos e, frequentemente, do número de clientes) quanto de qualidade (mudanças rápidas de acordo com as necessidades e pela inovação); é necessário, portanto, *reconfigurar-se* naquilo que alguns chamam de caos controlado (GULICK, 1992), variando e aumentando a qualidade e o número de recursos, recorrendo ao ambiente externo se necessário. Como os recursos internos são descentralizados e participativos, elas podem responder a diferentes demandas sem que a direção seja obrigada a verificar tudo, o que ela não poderia fazer, de qualquer maneira, considerando-se o número de ajustes a efetuar. Os recursos externos, por não estarem no centro da ação, podem ajudar as empresas a tomarem certa distância para compreender melhor a situação e melhor se adaptar às novas necessidades, reorientando sua trajetória, se necessário. A direção tem portanto como incumbência, acima de tudo, dar certa *coerência* a isso, protegendo a *harmonia*, sem impedir, contudo, a mudança, incluindo-se a mudança nos ritmos de evolução. As gazelas favorecem, então, uma organização capaz de absorver rapidamente os impulsos do mercado (as informações fornecidas implicitamente pelos clientes), *transformando-se* sistematicamente para responder o melhor e o mais rapidamente possível[14]. Finalmente, são empresas nas quais a mudança reina em toda parte: nas rotinas de curto ou médio prazo, na maneira de tratar as informações e constante renovação das estratégias etc. Na falta disso, elas desaceleram, como se deu com muitas que não conseguiram mais seguir tal ritmo contínuo (GARNSEY e HEFFERMAN, 2003).

Assim, as PMEs de forte crescimento são organizações no sentido estrito da palavra, *organismos vivos, sistemas abertos* em que a cultura da mudança é necessária, como lembrava o físico Prigogine (PRIGOGINE e STENGERS, 1984). Essas organizações são capazes de se adaptar por ajustes sistemáticos às mudanças sucessivas do mercado, para acompanhar sua evolução, na qual, aliás, são partes implicadas. É o que se chama de processo de *fechamento operacional*[15], ou seja, a capacidade que tem uma organização, apoiada pela formação e informação sistemática, de intervir na mudança mudando a si mesma na medida em que intervém, de acordo com um movimento em anel triplo ou em espiral. Elas têm, consequentemente, a capacidade particular de *gerir a improvisação* que impõe a mudança sistemática, a fim de responder às necessidades em mudança de sua clientela. Elas só podem evoluir[16] com a condição de que sua própria estrutura evolua continuamente, mudando às vezes de registro (passando de pequena a média e mesmo a grande empresa), como um improviso de jazz que se adapta continuamente ao humor dos músicos e do público.

As PMEs de forte crescimento têm um papel importante no território, não somente porque seu dinamismo cria empregos e tem um efeito impulsionador muito claro, mas também porque lançam mão de recursos externos que estimulam necessidades novas e portadoras de mudança. Suscitam, portanto, em outras empresas, a vontade pela busca de novos saberes e as ajudam a mudar para adaptar-se à nova economia. Também não é de surpreender que se observe uma relação entre regiões vencedoras e a presença de muitas gazelas.

Mas essas empresas não são as únicas a estimular a economia regional. Outras empresas proativas, especialmente no setor de serviços, são necessárias para aumentar a variedade dos recursos e sustentar o desenvolvimento. Por exemplo, se as gazelas recorrem sistematicamente a recursos externos, estes devem se desenvolver e ser capazes de sustentar o dinamismo das empresas. E tal dinamismo só diz respeito às médias empresas. Assim, no Capítulo 8, veremos que a inovação está na base desse dinamismo, e que ela é possível tanto nas empresas muito pequenas como nas maiores, vindo a se sustentar. O dinamismo só é possível se o meio acompanha, aceita e participa. Caso contrário, esse mesmo meio torna-se um freio que leva algumas PMEs de forte crescimento, que conseguiram vencer apesar de tudo, a encontrar fora da região os recursos complementares de que necessitam e, por fim, a mudar-se para regiões onde o ambiente é mais acolhedor.

NOTAS

1 Uma rotina é um programa de ação sistemático baseado em regras aprendidas ou desenvolvidas gradualmente por meio da prática. Para compreender a relação entre experiência e prática, pode-se usar o exemplo da criança aprendendo a andar de bicicleta, como lembram Lorino e Tarondeau (1998): a única maneira de aprender é praticar, pois não há outro "modo de usar" além da prática.

2 Um grande número de pequenos empreendedores não quer que sua organização cresça porque prefere manter o pleno controle ou porque esse pequeno porte é a própria base de suas vantagens competitivas, principalmente devido à proximidade com os clientes que isso proporciona (ROSE e HALLE, 1990; PACITTO e JULIEN, 2006).

3 Assim, todo tipo de resistência mais ou menos intrínseca surge quando se deve trocar alguma coisa na linha de montagem que parecia até então muito eficaz, resistência que limita as vantagens no longo prazo.

4 Com todas as nuances que é necessário trazer às teses de Porter, que evoluiu constantemente em seus escritos, como lembra Marchesnay (2001). Lembremos que Porter escreveu sempre essencialmente para as grandes empresas, mais particularmente as multinacionais. Com ele, estamos longe do mundo da pequena empresa.

5 Ou seja, elas não são transferíveis de um processo a outro tanto devido à sua qualidade complementar particular, principalmente no caso dos recursos humanos, quanto à sua interdependência dos equipamentos.

6 Rouse e Daellenbach (1999) dão o exemplo dos motoristas dos caminhões de distribuição de uma empresa que desenvolveram relações privilegiadas com os clientes, garantindo assim à sua empresa uma vantagem em relação aos concorrentes.

7 O *métier* é a base da diferenciação de todas as pequenas empresas, como já mostramos (PACITTO e JULIEN, 2006).

8 Mesmo os levantamentos automáticos baseados nas relações entre as compras regulares e as diferentes informações ou o perfil do comprador fornecidos no momento da inscrição em um sistema de clube de compras não dizem nada sobre as mudanças na sua condição e, principalmente, não fornecem qualquer indicação sobre as insatisfações sutis que o contato pessoal permite apreender.

9 É por isso que os sistemas integrados de gestão empresarial (ERP) muitas vezes válidos para as grandes empresas são muito menos úteis para as PMEs, pois as obrigam a uniformizar a maior parte de sua gestão, limitando assim consideravelmente a flexibilidade.

10 A formação de todo o pessoal tornou-se a chave da economia do saber. Parece, no entanto, que essa realidade é ainda pouco aceita nos Estados Unidos; pelo menos é o que obtemos na comparação entre empresas norte-americanas e europeias (USEEM, 1996).

11 A título comparativo, nos Estados Unidos, os dirigentes de empresas com menos de 500 funcionários dedicam em média cerca de nove horas por ano à sua formação (os de empresas com mais de 500 funcionários, cerca de 50 horas; os daquelas com menos de dez funcionários, menos de quatro horas).

Fonte: OCDE, 2002.

12 Essas equipes, semiautônomas e que dificilmente contam com mais de dez integrantes, são particularmente eficazes, como mostra o estudo de Masclet (2003).

13 Descentralização, participação, compartilhamento da informação e muita formação são a melhor maneira de desenvolver as competências e sustentar o desenvolvimento. Aliás, os empregadores europeus compreendem cada vez melhor essas novas práticas e as implantam cada vez mais, principalmente graças ao concurso do Observatório Europeu das Boas Práticas em Administração pelas Competências, novo organismo composto por organizações patronais de 11 países. Ver a esse respeito M. B. Ruggeri (2003).

14 Essas características são resumidas em três pontos, no estudo da Small Business Administration (USSBA, 1998): 1) capacidade de delimitar um mercado particular e organizar-se para servi-lo de maneira particular; 2) possibilidade de aperfeiçoar continuamente a produtividade e a inovação; e 3) capacidade de se reorganizar constantemente. Kanter (1984) diz o mesmo de outra maneira: 1) direção sistematicamente *empreendedora*, que favorece as ideias, investe na inovação e recomenda o aprendizado contínuo para desenvolver o saber e o *savoir-faire*; 2) colocação no mercado das novas ideias com altos padrões de desempenho; e 3) *colaboração* externa, multiplicando as relações com diferentes recursos e favorecendo a parceria.

15 Já usamos a palavra "autopoiésis", como fez Vagaggini (1991), mas parece que essa analogia tirada da biologia molecular é inexata quando se fala de sistema organizacional. Ao menos é o que explica Verstraete (1999), sugerindo utilizar a noção de *fechamento organizacional* querendo que a mudança rápida seja controlada pela vontade de autoconservação do sistema.

16 O forte crescimento não mantém o mesmo ritmo durante um longo período, como observamos em nosso estudo sobre as PMEs de forte crescimento: as empresas de nossa amostra tiveram evolução esporádica, com mudanças de ritmo (JULIEN et al., 2003a). Baldwin (1994) mostrou, aliás, que se quase 50% das PMEs de forte crescimento não sobrevivem após dez anos; antes de tudo porque lhes falta liquidez, já que investem incessantemente, mas também porque o retorno sobre seu investimento é de médio prazo. Uma das maneiras de enfrentar esse problema é ter acesso a financiamentos regulares.

Conhecemos muito melhor as necessidades de nossa cidade que as das outras cidades; e julgamos melhor a capacidade de nossos vizinhos que a de nossos outros compatriotas.

Montesquieu, *Do espírito das leis,* **Livro XI, cap. VI**

CAPÍTULO 5 • O meio empreeendedor
A CHAVE DA DIFERENCIAÇÃO

Se os empreendedores e as organizações são as condições necessárias para manter o desenvolvimento, um meio empreendedor e inovador constitui a condição suficiente para assegurá-lo. O meio é o lugar e ao mesmo tempo o mecanismo coletivo que pode explicar e facilitar os diferentes laços sociais, permitindo assim o desabrochar de um espírito empreendedor coletivo, fornecendo os recursos de base, tais como a informação e os meios de transformá-la em conhecimento a fim de enfrentar os desafios da nova economia. O meio é então um elemento-chave do empreendedorismo regional, em particular nos territórios afastados dos grandes centros, com a condição de que a região seja suficientemente extensa para oferecer uma variedade de recursos. Mas o meio pode também ser portador de conformismo, de inércia, e frear o empreendedorismo. Ele é, portanto, a fonte de uma cultura empreendedora que pode, se fraca, desacelerar a multiplicação e o desenvolvimento das empresas locais ou, ao contrário, se forte, favorecê-los. Ele é, portanto, o fator que melhor explica por que a região se atrasa ou perece.

O meio foi durante muito tempo negligenciado como ator do desenvolvimento, salvo indiretamente por institucionalistas como Veblen e Commons, no início do século XX. Ele era considerado um espaço neutro ou amorfo no qual empreendedores e empresas agiam. Essa visão limitada vinha da teoria econômica tradicional, para a qual o empreendedorismo era um fenômeno puramente individualista e voluntarista, do mesmo modo como o consumo isolado. Para os economistas clássicos ou neoclássicos, o empreendedor potencial se expressa a cada vez que a demanda cresce, agindo de maneira puramente egoísta, guiado apenas pelo interesse pessoal, e adotando um comportamento racional e quase previsível ditado pela informação fornecida pelos preços, como repete Casson (1991). Sen (1977) explicava que, para eles, o empreendedor é simplesmente um *idiota social*. Essa abordagem simplificadora se estende também à organização, que não seria mais do que a combinação ótima dos fatores, cuja forma e estratégia podem ser calculadas de maneira a proporcionar o máximo de lucro para o empreendedor[1].

Falava-se em tecido econômico para explicar o dinamismo que favorece o desenvolvimento econômico, mas unicamente como laços de troca gerados pela mão invisível, aceitando-se apenas algumas intervenções para estimular a criação de empresas à moda de Rostow. Os economistas tradicionais fundamentam-se na teoria das economias de escala para afirmar que, quanto maior a empresa, mais ela estará pronta para deslocar-se com regularidade com o objetivo de, temporariamente, acrescentar uma localização ótima à sua capacidade de inovação, e, desta forma, ser mais eficaz. Em outras palavras, o desempenho inovador decresceria com o grau de imersão territorial, como indica na Figura 5.1 a curva pontilhada descendente da esquerda para a direita. Apenas as grandes empresas multinacionais implantadas em virtude de considerações puramente racionais (econômicas), sem relação com o meio ou com o ambiente, seriam capazes de reagir com eficácia às leis econômicas e à evolução dos mercados (MARTIN, 1986).

FIGURA 5.1 • CARACTERÍSTICAS DE UMA EMPRESA APRENDIZ E INOVADORA

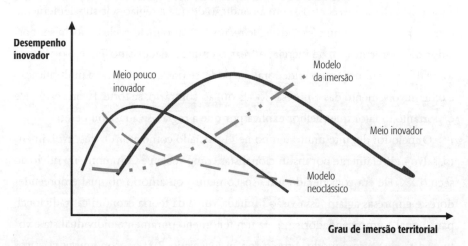

ADAPTADO DE BOCHMA, R. A.; LAMBOOY, J. G. e SCHUTJENS, V. (2002), *Embedded Enterprise and Social Capital*. International Perspectives, Adelshot, Ashgate.

> **Em sua obra *Place of Science in Modern Civilization*** (1915), Thorstein Veblen fala em *ambiente econômico*; em outras palavras, a cultura empreendedora que facilita a formação das ideias e o compartilhamento de informação, permitindo assim que as boas ideias *no ar* multipliquem-se, prontas para serem aproveitadas pelos empreendedores bem situados no ambiente (diríamos agora inseridos ou imersos). Mais adiante, esse professor mal visto da Universidade de Chicago (os colegas o evitavam devido a suas ideias iconoclastas demais para a teoria econômica tradicional) fala também de ativos intangíveis presentes no meio. Em *Industrial Good Will* (1919), John R. Commons completa essa análise descrevendo os ativos institucionais como as regras do jogo próprias a um território. É preciso acrescentar, porém, que é possível que esses autores tenham conhecido os trabalhos de Alfred Marshall (1890-1920), pai da teoria neoclássica, sobre a importância da atmosfera industrial em uma região. Infelizmente, a geração seguinte esqueceu totalmente os ensinamentos desses grandes economistas, prendendo-se a uma racionalidade bastante redutora.

Isso explicaria por que, em havendo a mínima diminuição das vantagens num dado território, os investimentos externos se deslocariam para locais mais lucrativos. O desenvolvimento que está centrado apenas nos investimentos externos constituiria, portanto, um engodo, dada a mobilidade das grandes empresas – a menos que ele se apoie em recursos naturais de longo prazo, ou ainda em uma massa crítica de conhecimentos repartidos em dezenas de empresas e instituições de alto saber dificilmente *deslocáveis*.

Sabemos agora que entre os elementos que podem fazer a diferença entre regiões dinâmicas e outras relativamente atrasadas estão a qualidade dos recursos territoriais e a presença de empreendedores com nível de empreendedorismo acentuado e cientes de outros mercados. Estão ainda todo tipo de laço interno e externo entre tais empreendedores e as diversas instituições territoriais que fornecem recursos, competências e conhecimentos, normas ou convenções (ALDRICH e ZIMMER, 1986) que estimulam uma cultura empreendedora dinâmica. Essas relações favorecem a troca de informações que possibilita às empresas ultrapassar os limites da incerteza e da ambiguidade para investir cada vez mais eficazmente e desenvolver essa cultura que estimula as iniciativas e a inovação (MINGUZZI e PASSARO, 2000).

É evidente que, quando se fala em meio empreendedor, é preciso considerar um porte mínimo de população e recursos, e principalmente a presença de uma cidade de média importância. Essa cidade deve oferecer uma variedade de atores e serviços de qualidade capazes de responder a diversas necessidades e de gerar um grande número de externalidades (TORRE, 1998) e muita informação (Rallet, 1998) relativa às redondezas. A cidade oferece quatro recursos importantes necessários ao desenvolvimento territorial, tanto do centro como das zonas rurais adjacentes, como veremos a seguir. Ela põe à disposição dos atores econômicos:

1 • Um sistema de organizações públicas, como escolas e faculdades, associações profissionais e instalações da administração pública, com regras e códigos de funcionamento;
2 • Um conjunto de instalações de todo tipo, permitindo o descanso, o sustento, mas também encontros e produções variadas e complementares, incluindo-se as socioculturais, favorecendo a descontração e finalmente a criatividade;
3 • Uma boa reputação de parte desse conjunto, a qual pode cumprir a função de simbolização necessária ao desenvolvimento da cultura empreendedora e ao compartilhamento da informação;
4 • Uma variedade de organizações tipicamente urbanas que ofereçam serviços variados às empresas, como câmaras de comércio, agências de design e publicidade, laboratórios de pesquisa, financeiras, dentre outras. Esses serviços podem ter laços com outras cidades e com a capital para suprir necessidades esporádicas ou mais especializadas (MAILLAT, 1996).

Para atingir o porte crítico e ter capacidade de oferecer uma boa variedade de atores e serviços necessários ao desenvolvimento, pequenas regiões podem decidir reunir-se, facilitando assim a complementaridade das pequenas cidades que abrigam.

Estudar o desenvolvimento interessando-se pelo papel que desempenha o meio empreendedor permite também compreender por que as teorias sobre localização ótima que propõem os economistas regionais aplicam-se muito pouco à maioria das empresas. É realmente raro que um empreendedor abra sua primeira empresa em outra região que não a sua. Na maioria dos casos, ele a cria próximo de casa, e muitas vezes após alguns testes na garagem. Essas teorias foram concebidas antes de mais nada para ajudar na localização das filiais ou sucursais das grandes empresas, especialmente para melhor controlar certas fontes de aprovisionamento ou encontrar a localização ótima para franquias, ou ainda para a empresa que tem de se deslocar porque lhe falta espaço. Na maior parte das vezes, elas consideram em sua análise apenas algumas variáveis, principalmente materiais e passivas, como as infraestruturas, a proximidade dos recursos naturais ou a densidade do mercado. Mas o meio é mais do que isso, e representa antes de tudo um conjunto de fatores que facilitam a obtenção de recursos e competências diversas para apoiar a criação de empresas, estimulando seu desenvolvimento por laços complexos com os diferentes atores, e fornecendo ativos que vão muito além do material, como mostrou Philippe Aydalot no fim dos anos 1970 (AYDALOT, 1976). Se essa teoria da localização ótima funcionasse, seria quase impossível encontrar grandes ou médias empresas em vilas e pequenas cidades, a não ser em regiões dotadas de recursos naturais importantes.

Neste capítulo, definiremos inicialmente o que é o meio. Veremos em seguida como ele pode criar uma cultura empreendedora e, assim, estimular o empreendedorismo ou freá-lo. Por último, mostraremos como o meio cria capital social e como este capital, uma vez investido, deve gerar retorno.

5.1 • Definição de meio

O meio é a *construção social do mercado* capaz de facilitar os múltiplos laços entre os recursos e competências, por um lado, e os compradores, por outro lado (BAGNASCO, 1999). É um contexto de produção territorial medido pelo *savoir-faire*, pela cultura técnica e pelas capacidades de aprendizado, valorizando a proximidade dos atores para criar sinergia (RATTI et al., 1997). É, portanto, o ambiente socioeconômico próximo do empreendedor e da pequena empresa que facilita ou não os laços mercantis e não mercantis e que distingue, assim, um território de outro. O empreendedor local é um membro desse meio, em virtude de seus laços familiares, de amizade e comerciais. Dali ele tira modelos, ideias, recursos e informações de toda sorte, em parte externos ao mercado, portanto gratuitos se deixarmos de lado o valor do tempo que se dedicou a obtê-los, com o objetivo de criar e desenvolver a empresa. O empreendedor endógeno e sua organização não existem fora desse ambiente próximo e das redes que o constituem. Como agrupamento de atores imersos no território e que compartilham uma cultura, normas e convenções sociais, o meio pode, se for suficientemente importante, facilitar as trocas, principalmente de informação e oportunidades, para estimular a criação e o desenvolvimento das empresas. Ele está, portanto, no coração do dinamismo endógeno, quando fornece sistematicamente relações ricas portadoras de ideias e de mudança (OUELLET, 1998).

> **Uma grande indústria** (800 funcionários) que produz peças de plástico para a indústria automobilística continua a preferir sua localização numa região afastada, mesmo estando a mais de 300 km de um grande centro e a milhares de quilômetros de seus principais mercados. Para ela, essa localização constitui uma vantagem devido ao ambiente natural com lagos e rios, que favorece a realização de diversas atividades sociais e esportivas. Assim, todo o pessoal pode utilizar os equipamentos que a empresa instalou nos lagos próximos para pesca, caça e outras atividades familiares. A equipe gestora se reúne ali periodicamente para definir estratégias e preparar algumas operações delicadas. E a vila não fica devendo nada, com o apoio ativo das atividades esportivas e sociais. Um novo diretor vindo de uma multinacional tinha participado de uma conferência na capital e explicado como mudaria essa cultura por técnicas administrativas ditas modernas: na segunda-feira seguinte, foi demitido. Evidentemente, apenas esse ambiente natural não pode ser suficiente para explicar a competitividade da empresa. Ela está ramificada no exterior com um sistema de acompanhamento muito desenvolvido, e sua equipe gestora viaja regularmente ao exterior para medir os desafios da concorrência internacional.

O meio vai, assim, bem além dos fatores de localização clássicos (infraestruturas, mão de obra etc.), favorecendo as relações ativas entre os atores que fazem com que certa localização seja lucrativa, ainda que não seja ótima do ponto de vista puramente econômico. O território torna-se assim a consequência de um processo de desenvolvimento, o resultado das estratégias organizacionais dos atores entre si e o lugar de aprendizado e formação de saberes e *savoir-faire*, que repercutem em seguida tanto nos novos empreendedores como nas empresas já instaladas (CREVOISIER, 2001). Portanto, agrupa um sistema de produção mais ou menos homogêneo (é o caso dos distritos industriais) ou diversos setores complementares, uma cultura técnica (*savoir-faire* acumulado) e atores de todo tipo imersos no território.

O meio tem fronteiras não definidas, um pouco como a amizade, que raramente se restringe apenas ao território local. Essas fronteiras apresentam, entretanto, certa coerência identificável a uma cultura técnica mais ou menos dinâmica ou conservadora, portanto a um grau de *savoir-faire* da mão de obra e a regras e normas sociais. Muito amplas em regiões pouco dotada de recursos humanos, essas fronteiras podem ser pequenas em locais onde reina uma forte tradição industrial. Cultura técnica e normas formam as atitudes e os comportamentos que sustentam a regulação do meio e seu grau de *imersão* (MAILLAT e PERRIN, 1992), podendo seguir uma ou outra das duas curvas em U invertido da Figura 5.1 (p. 160).

O meio, porém, é um sistema aberto que deve ao mesmo tempo considerar sistematicamente a evolução do ambiente e limitar essa evolução para não se entusiasmar demais. Quanto mais aberto for, embora conservando a coerência, mais se liga a sistemas de acompanhamento tecnológico eficazes, sobretudo a redes de sinais fracos estimulando a inovação; quanto mais dinâmico for, mais elevado seu posicionamento na curva da direita na Figura 5.1, e mais constitui um meio empreendedor e inovador, e não conservador (curva da esquerda). As curvas são inicialmente ascendentes: baixa imersão e pouca solidariedade (*cada um por si*) não são muito eficazes. O inverso, cumplicidade demais com fechamento em relação ao exterior, também pode ser restritivo, o que mostra a segunda parte da curva, descendente. O meio é um *processo orgânico*, vivo, que evolui mais ou menos rápido em função dos laços com o exterior e da aprendizagem no seu seio, que transformam os comportamentos dos atores presentes e geram um dinamismo que permite enfrentar os desafios da economia do conhecimento.

Há poucos anos, os empreendedores de uma pequena região estabeleceram como regra não mais dizer que as coisas "iam mal", fosse em geral ou em relação a certas situações específicas nas suas empresas. Nos encontros entre eles, era preciso então afirmar ou dar a entender que tudo ia bem ou que algumas ações já estavam corrigindo os problemas observados. Essa maneira de compartilhar uma visão positiva ou favorável teve um efeito importantíssimo no comportamento dos empresários e finalmente na dinâmica da região.

Em sua tese de doutorado sobre a economia da Beauce, Mario Carrier (1992) mostrou que existiam, na época em que fazia sua análise, diferentes regras ou convenções que podiam explicar em parte o que se chamou de "o milagre de Beauce". Uma delas era que nenhum empreendedor podia tirar um funcionário de outra empresa oferecendo-lhe melhores condições de trabalho. Isso permitiu às empresas da região empreender o desenvolvimento a custos mais baixos do que em outros lugares, o que compensava a distância dos mercados. Mas, para fazer com que essa regra fosse aceita pelos funcionários, e em alguns casos pelos sindicatos, foi prevista uma regra complementar dispondo que, em caso de dificuldades de um empregador, as outras empresas fariam todo o possível para contratar os funcionários demitidos, o que garantia a estes maior segurança.

Todo meio abriga pelo menos cinco grupos de atores: 1) instituições locais públicas ou parapúblicas de governança, educação, P&D e suporte industrial; 2) estrutura setorial mais ou menos diversificada e integrada, mais ou menos hierárquica entre as empresas e a comunidade, que compreende os laços positivos ou negativos entre fornecedores, distribuidores, clientes, consultores, sindicatos, concorrentes. O porte das empresas é um elemento importante: quanto mais empresas de grande porte houver no mesmo território, maior é o risco de concentração dos recursos mais capacitados, o que desacelera o desenvolvimento das pequenas empresas; 3) mão de obra relativamente capacitada e participativa ou capaz de sustentar o desenvolvimento; 4) organização de cooperação, ou seja, "o grau de coordenação hierárquica ou horizontal, a centralização ou a descentralização e as alocações de responsabilidades e de especialização das tarefas entre as empresas" (SAXENIAN, 1994); por último, 5) uma cultura empreendedora comum aos atores socioeconômicos, ou seja, uma compreensão comum da ideia de empreender e do funcionamento dos negócios, ou *regras comuns* (que favoreçam ou limitam o empreendedorismo), como já explicava Commons em sua obra de 1919, portanto convenções e práticas que unifiquem a comunidade e definam tanto os comportamentos da mão de obra como as atitudes dos empreendedores em relação ao risco, à mudança e aos recursos disponíveis. Apresentamos na Tabela 5.1 esses cinco grupos de atores e seu respectivo papel no desenvolvimento.

TABELA 5.1 • GRUPOS DE ATORES QUE AFETAM O DINAMISMO DO MEIO

ATORES	EXEMPLOS	PESSOAS-CHAVE	PRINCIPAL APORTE
1. INSTITUIÇÕES PÚBLICAS E PARAPÚBLICAS	Governo local, escolas, organizações de auxílio, normas e convenções	Representante do setor, prefeito, formadores de opinião	Formação e apoio à inovação
2. ESTRUTURA SETORIAL	Empresas de todos os portes	Líderes de negócios	Empregos, matérias-primas, serviços às empresas
3. MÃO DE OBRA	Engenheiros e técnicos	Líderes sindicais	Participação na diversificação
4. ORGANIZAÇÕES DE COOPERAÇÃO	Redes	Presidentes dos clubes dinâmicos de negócios	Trocas de saberes e de *savoir-faire*
5. CULTURA EMPREENDEDORA	Atitudes e aptidões na criação e inovação	Modelos de negócios conhecidos	Facilitação da capacidade de enfrentar a incerteza

Alguns meios com cultura empreendedora forte fazem, portanto, com que os empreendedores assumam riscos com maior facilidade, pois são apoiados pelo entusiasmo reinante e a facilidade relativa de se obterem recursos para criar ou desenvolver sua empresa (PALISH e BAGBY, 1995). Em outras palavras, a cultura empreendedora é fundamentalmente essa atitude ou aptidão pela qual uma sociedade territorial reconhece e estimula entre os empreendedores os valores pessoais e as habilidades de gestão, permitindo-lhes colocar em ação, em experiências diversas, seu espírito de iniciativa, seu sentido do risco, assim como sua capacidade de inovar e gerir de modo eficaz suas relações com o ambiente.

5.2 • O papel do meio

Um meio suficientemente amplo ou importante tem, a princípio, o papel de fornecer os recursos de base, principalmente a mão de obra e diversas infraestruturas, como instalações a baixo preço ou equipamentos usados (ALDRICHT e ZIMMER, 1986). Ele oferece também diversos recursos de negócios, seja a montante, como certos fornecedores e serviços de manutenção, seja a jusante, para o transporte e a distribuição. Alguns desses recursos provêm de laços pessoais de proximidade e fidelidade, minimizando os custos de transação e facilitando a coordenação das atividades necessárias à nova empresa (EYMARD-DUVERNAY, 1989). O meio é, portanto, o lugar da *instruturação*, como diz Friedberg (1993), pois ajuda a nova empresa a *inserir-se* em uma ou algumas redes de negócios formadas por diferentes atores territoriais, podendo-lhe serem úteis para atravessar os obstáculos enfrentados no início da operação e diminuir a incerteza.

Em primeiro lugar, o meio oferece um recurso muito importante, para não dizer indispensável: a cultura empreendedora que apoia ou não as iniciativas de negócios. Esta cultura pode ser medida por uma taxa e um estoque (MINGUZZI e PASSARO, 2000). A taxa corresponde ao grau de abertura dos atores econômicos em relação à criação de novas empresas, à importância da inovação nas empresas existentes e, portanto, a sua atitude positiva face à mudança. O estoque cultural remete às qualidades pessoais dos empreendedores futuros ou atuais, e mais precisamente a seu grau de educação e sua experiência em negócios, seja ela direta ou limite-se aos contatos com a família ou o ambiente, portanto aos modelos de negócios e estilos de gestão mais ou menos dinâmicos que observaram e consideram utilizar em sua própria empresa. Quando essas duas variáveis, a taxa da cultura empreendedora e o estoque, são elevadas, a criação e o desenvolvimento das empresas pela inovação são aceleradas. Quando são baixas, ou quando há muita indiferença e principalmente desconfiança para com os criadores de empresas e os empresários em geral, ou face à mudança e à inovação, os futuros empreendedores são desencorajados, preferem concorrer a cargos gerenciais em grandes empresas ou abrir seu negócio em outro local[2].

Em segundo lugar, o meio pode fornecer outro recurso muito importante, que permite frequentemente medir o nível da cultura empreendedora: o financiamento de *anjos*. A ele acrescentam-se os fundos pessoais e a ajuda da família, dos amigos ou dos *tolos*[3] para montar uma empresa ou efetuar nela mudanças importantes. Esse tipo de financiamento provém de pessoas físicas (profissionais ou empreendedores aposentados, por exemplo), que desejam investir parte da poupança em empresas que conhecem ou em jovens empreendedores em quem têm confiança. E tende a ser mais *paciente* do que o de instituições financeiras em relação aos retornos do investimento. Além disso, esses emprestadores fazem uma avaliação do risco bastante diferente dos métodos de cálculo relativamente racionais dos organismos de financiamento oficiais (SHANE e CABLE, 2002; ST-PIERRE, 2004). Sua avaliação volta-se não somente para o projeto, mas também para a reputação direta ou indireta (por recomendação) daquele ou daqueles que o apresentam e para as capacidades do meio de ajudá-los

Certo industrial me contou que o município vizinho daquele onde havia instalado sua empresa o abordara para que comprasse uma empresa que acabava de fechar e cujas atividades (portanto equipamentos) assemelhavam-se às da sua empresa. Após refletir, sua falta de capital e o nível de endividamento considerável o levaram a recusar a oferta, embora achasse a proposta interessante, principalmente porque proporcionaria o espaço que lhe faltava para estimular o crescimento. Algumas semanas mais tarde, na hora do jantar, bateram à sua porta. O homem apresentou-se como um vizinho do bairro interessado em discutir a compra, da qual tivera conhecimento por diversas pessoas. Após falar brevemente das vantagens e desvantagens do projeto, o vizinho, que ele mal conhecia de vista por dois ou três encontros na mercearia, perguntou de quanto ele precisava para fechar o negócio, e em seguida assinou um cheque de US$ 1 milhão, o montante necessário, sem exigir qualquer garantia. O industrial não pôde crer nos próprios olhos e destinou alguns dias a se informar sobre a reputação do financiador providencial antes de depositar o cheque e, pouco depois, concluir a transação.

FIGURA 5.2 • TIPO DE FINANCIAMENTO E CAPACIDADE DE AVALIAÇÃO DO RENDIMENTO E DO RISCO POTENCIAL PARA NOVAS EMPRESAS NAS REGIÕES

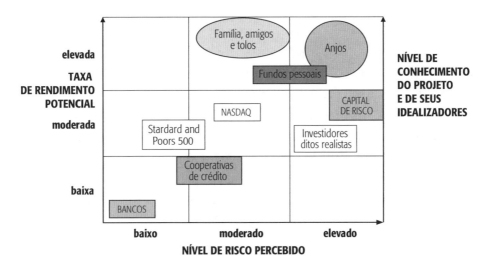

ADAPTADO DE ADAM, M.C. e FARBER, A., *Le financement de l'innovation technologique*, Paris, Presses Universitaires de France, 1994

a superar os obstáculos inerentes a toda empresa (considerando-se a incerteza e a ambiguidade), e portanto a vencer. E tudo isso só pode ser avaliado, na maioria das vezes, conhecendo-se a reputação ou recorrendo a pessoas com experiências diversas a respeito de seus sentimentos e opiniões em relação a esses devedores potenciais e ao apoio com o qual eles poderiam contar em caso de um golpe duro. Se as possibilidades de rendimento são geralmente elevadas, os riscos também o são, pelo menos para observadores externos que não levam em conta essa reputação nem a capacidade pessoal, organizacional e reticular de vencer dos futuros empreendedores.

Como vemos na Figura 5.2, acima, o financiamento amigável produz um nível considerável de apoio à criação de novas empresas e a projetos arriscados importantes para a região. Já as outras fontes de financiamento são muito mais *cautelosas*, portanto geralmente menos generosas, visto que não podem se apoiar em um conhecimento refinado ou tão complexo dos projetos e dos recursos disponíveis para sustentar e conduzir os projetos. A figura mostra, aliás, que os bancos são os mais reticentes, e raramente emprestam para novas empresas[4], seguidos da bolsa e depois dos investidores ditos realistas e do capital de risco, que favorecem mais as empresas de tecnologia com grande potencial de lucratividade. As cooperativas de crédito se distinguem um pouco dos bancos, pois sua proximidade com os membros da localidade lhes assegura informações mais completas a respeito dos tomadores de empréstimo e seu meio[5].

Os anjos têm a vantagem de ser ao mesmo tempo parte implicada e capaz de fornecer ao empreendedor diversas informações, inclusive conselhos, dos quais necessita para enfrentar obstáculos maiores.

O meio também pode facilitar o financiamento institucional complementar ao capital de anjos, sempre pelo seu conhecimento mais aprofundado dos projetos e de seus idealizadores. No estado alemão de Baden-Württemberg, por exemplo, as câmaras de comércio locais IHK têm o papel de *facilitadores* para a busca de financiamento complementar (DEAKINGS e PHILPOTT, 1995).

Em terceiro lugar, um meio suficientemente amplo oferece os recursos imateriais que representam a formação e a informação, os quais permitem desenvolver as capacidades para compreender a mudança e vencer os obstáculos. Parte dessa oferta, principalmente no caso da informação, funciona em um sistema não mercantil, se considerarmos o montante perdido com o investimento de tempo mantendo essas inter-relações e não exercendo atividades lucrativas. O recurso não mercantil mais importante é a informação menos ambígua, mais concreta, principalmente sobre *modelos* de empreendedores ou formas de abrir e gerir uma empresa, pois o futuro empreendedor aprende pelo exemplo daqueles que conhece e em quem confia[6].

O meio empreendedor é um *redutor* de incerteza e ambiguidades para o empreendedor, uma vez que busca, transmite, tria e adapta a informação exterior e facilita as transações (diminuindo os custos de transação) pela proximidade (CAMAGNI, 1991). Na pesquisa complexa que efetuaram na França, Abdessalam, Bonnet e Le Pape (2002) calcularam que, quanto mais uma empresa está inserida em seu meio

> **Durante uma reunião** com empresários de uma região dinâmica, assisti à constituição de um capital de anjos. Os empreendedores queriam que determinadas peças fossem fabricadas localmente para que não fossem mais obrigados a importá-las. Após entrarem em acordo sobre o projeto e encontrar instalações, equipamentos potenciais e um mentor, ainda era necessário encontrar o empreendedor que dirigiria o projeto. Logo que um deles aceitou assumir esse papel, eles puderam, após menos de meia hora ao telefone com financiadores locais, reunir um capital inicial de US$ 350 mil, o investimento necessário para abrir a empresa.

> **O fato de possuir universidades e faculdades** representa bem mais para uma região do que a simples possibilidade de formar e informar empreendedores e reduzir custos para os estudantes, que não mais precisam se mudar para grandes centros. Essas instituições permitem à região conservar uma parte importante de mão de obra instruída, portanto portadora de saberes, que, do contrário, estaria mais propensa a se instalar na cidade onde estudou, cultivou amizades e avaliou diversas possibilidades de emprego. Sem esquecer o papel que têm no apoio à pesquisa (PAPPAS, 1997). Porém seu impacto depende do tipo de setores presente na região e de suas demandas por conhecimento e capacidade de inovação (SHANE, 2003).

ou mantém relações fortes e variadas com ele, mais chances ela tem de sobreviver e se desenvolver.

O meio age ainda como um espelho social que estimula, tempera ou limita os comportamentos empreendedores. Ele deve ser considerado de modo global, pois conta com elementos socioculturais que permitem tanto que os atores econômicos se acomodem como que sejam estimulados por todo tipo de ideias ou por uma atmosfera geral propícia à renovação. Fica clara, portanto, a importância de um meio dinâmico, capaz de oferecer uma variedade de elementos, incluindo-se o ambiente sociocultural que, embora considerado não econômico por alguns, faz com que os recursos humanos prefiram trabalhar em determinada região em detrimento de outra.

Por fim, o meio oferece cinco tipos de proximidade societal: 1) A *proximidade cognitiva*, ou seja, o compartilhamento de conhecimentos de base, de *savoir-faire* e referências comuns, a exemplo dos *métiers* regionais muitas vezes herdados da história, como no caso dos distritos industriais. Ele facilita assim as trocas de funcionários, a absorção de ideias e novas tecnologias e a aprendizagem; 2) A *proximidade organizacional*, uma referência espacial comum que favorece a intensidade e a qualidade das relações internas (e das transações) entre as organizações ou externas entre as redes; 3) A *proximidade sociocultural*, ou seja, a *imersão* em um tecido estruturado de relações pessoais. Esse enraizamento funda-se com a maior frequência em uma história comum e no compartilhamento de valores, normas e convenções que permitem compreender e reforçar as relações. É por essa razão que a maioria dos empreendedores de origem estrangeira tende a trabalhar com pessoas de sua cultura, e é por isso que

> **Para evitar os inconvenientes** de uma proximidade sociocultural emotiva demais, alguns empreendedores africanos contratam gerentes estrangeiros para não enfrentar pressões para contratar membros incompetentes da família ampliada.
>
> Maskell e Malmberg (1999) explicam "que um meio local denso, embora apoie os comportamentos inovadores e o dinamismo industrial, pode também criar estados de fechamento, quer dizer, situações nas quais as estruturas locais tornam-se tão estreitamente orientadas para uma atividade econômica específica (um tipo de tecnologia, um mercado muito particular) que isso impede a geração de outras possibilidades de desenvolvimento" e o aumento das chances de melhor enfrentar certas conjunturas que afetam consideravelmente esse setor industrial.

a importância das redes econômicas e culturais é tão grande, ao menos durante os primeiros anos de existência das empresas; 4) A *proximidade institucional*, ou seja, as leis e normas institucionais, portanto as regras do jogo impostas pelo governo. Essa proximidade pode compreender também os laços sociais e as diferentes formas de fazer habituais; e por último, 5) a *proximidade geográfica*, provavelmente a menos importante para apoiar a inovação, mas que facilita os encontros não oficiais para obter outros recursos de base, principalmente as relações frente a frente. Ela é particularmente útil para as PMEs que não têm os recursos das grandes empresas (GALLAUD e TORRE, 2001). E pode dar mais peso a outros tipos de proximidade, além de favorecer as trocas tácitas (RALLET e TORRE, 1999) que estimulam a inovação pela multiplicação de ideias, como ilustra a curva hachurada ascendente (ou o modelo de *imersão* de Uzzi) da Figura 5.1 (p. 160). De modo geral, a distância social do meio está relacionada à distância geográfica: é difícil interagir com agentes distantes, a menos que essa interação não seja muito frequente. Por outro lado, a pouca distância geográfica facilita as trocas sociais seladas pela pouca distância sociocultural. Lundvall (1988) mostrou, assim, que as trocas de inovação podem ser mais eficazes no seio de uma cultura nacional.

Contudo a proximidade, de qualquer tipo que seja, pode tornar-se um obstáculo à mudança quando provoca conformismo ou até bloqueio institucional, como em certos meios burgueses[7] que tentam por diversos meios proteger os privilégios. Por exemplo, a proximidade cognitiva pode ser um freio à novidade tecnológica, como foi o caso com as corporações da Idade Média[8], pois limita a capacidade de absorção de novas técnicas ou mesmo reduz o potencial delas. Essa proximidade pode até mesmo favorecer a busca do lucro a qualquer preço e com ela a corrupção[9], frequente em países em desenvolvimento ou nos antigos países socialistas, como também o banditismo mafioso, como lembra Baumol (1990) e que os romances policiais de Marínina descrevem bem no caso da Rússia. A proximidade organizacional, sobretudo quando hierárquica, obscurece as ideias novas pela assimetria informacional e a rigidez. A proximidade sociocultural desacelera a mudança quando é emotiva demais ou quando se contenta com a complacência ou a mediocridade. A proximidade institucional cria um bloqueio ou uma forte inércia que limita o empreendedorismo ou obriga os empreendedores a usar de subterfúgios para contorná-la, como nos antigos países socialistas ou em todo sistema em que a corrupção está instalada. Mesmo algumas leis ou um sistema de patentes excessivamente rígido podem bloquear a inovação e a mudança tecnológica, como se tenta fazer com as células-tronco. Enfim, a proximidade geográfica e uma especialização forte demais trazem igualmente o risco de restringir a inovação. A especialização e a proximidade devem ser ótimas, não muito grandes, mas grandes o suficiente.

É isso que representa novamente a curva inicialmente ascendente e depois descendente da Figura 5.1, que indica o aumento da performance inovadora, e a seguir sua diminuição. Apresentamos na Tabela 5.2 esses cinco tipos de proximidade, os

TABELA 5.2 • OS CINCO TIPOS DE PROXIMIDADE EM UM MEIO E SEUS EFEITOS POSITIVOS OU NEGATIVOS

PROXIMIDADE	MEIOS	EFEITOS EM CURTO PRAZO	EFEITOS EM LONGO PRAZO	EFEITOS NEGATIVOS POTENCIAIS
COGNITIVA	Troca de funcionários	Compartilhamento de conhecimentos e de *savoir-faire*	Evolução tecnológica	Conformismo e corrupção
ORGANIZACIONAL	Formação de rede	Facilitação das transações	Desenvolvimento de normas e convenções	Gosto pelo *status quo*
SOCIOCULTURAL	Atividades de lazer e culturais	Imersão	Compartilhamento de valores	Autosatisfação
INSTITUCIONAL	Leis e regulamentos	Reputação	Regras do jogo	Corrupção
GEOGRÁFICA	Infraestruturas e mídias	Relações interpessoais	Conhecimento dos recursos disponíveis	Fechamento em relação ao exterior

meios de facilitá-las, seus efeitos positivos em curto e longo prazo, assim como seus efeitos negativos potenciais.

Ao contrário, os diversos tipos de proximidade podem se reforçar para ser ainda mais eficazes no objetivo de sustentar o desenvolvimento territorial. Assim, a distância social do meio está frequentemente ligada à distância geográfica. A proximidade cognitiva e a proximidade organizacional são facilitadas pela interação social e pela pequena distância sociocultural (AKERLOF, 1997), e apoiadas pelo capital social. O mercado não pode ignorar os limites desses tipos de proximidade e mesmo se beneficia explorando nichos (WHITE, 2001) ou ligando-se a clientes graças às redes de relações que fazem parte do capital social (BURT, 1982).

5.3 • O capital social

Um dos papéis do meio é fornecer o capital social. Este se acrescenta aos outros recursos, como o capital financeiro, a fim de apoiar a multiplicação e o forte dinamismo de algumas empresas. Muitos pesquisadores consideram o capital social como a base da cultura empreendedora, mas pode-se distingui-lo como mais relacionado a recursos específicos do que ao ambiente geral, relacionado a esta última. Fora os recursos humanos, o capital social fornece ao empreendedor o suporte moral de que necessita, por um lado oferecendo-lhe modelos (representações) que permitem melhorar suas chances de sucesso no início da empresa, e, por outro lado, permitindo-lhe enfrentar as dificuldades no momento da consolidação da empresa (ADLER e KWON, 2002). De fato, o empreendedor (portanto o empreendedorismo) alimenta-se de laços, relações e interações que estabelece com o tecido industrial que o apoia.

Pierre Bourdieu foi um dos primeiros teóricos a falar em capital social[10], que definia como "o conjunto dos recursos ligados à posse de uma rede durável de relações mais ou menos institucionalizadas, de intercomunicações e de interconhecimentos; ou, em outras palavras, ligadas ao pertencimento a um grupo, como conjunto de agentes que não são dotados de propriedades comuns [...], mas são também unidos por ligações permanentes e úteis" (1980, p. 2). O capital social se encontra assim na interseção do comportamento das empresas com o da sociedade em geral. Ele favorece o acesso a diferentes recursos materiais e imateriais, incluindo-se a informação, os valores (institucionais e simbólicos) e as convenções atuais ou potenciais, além de permitir que o empreendedor mobilize diversos recursos para realizar seu projeto. O capital social é intrínseco às redes de reconhecimento mútuo postas à disposição dos empreendedores (BURT, 1982). Essas redes de reconhecimento social podem ser limitadoras, como dissemos, mas também podem ser estimulantes. Assim o meio pode incluir ou excluir.

O capital social constitui, pois, um estoque de relações diferente para cada indivíduo. Ele pode suscitar o entusiasmo diante da ação a realizar e refletir rapidamente o sucesso previsto que permite dinamizar a cultura empreendedora, ou a atmosfera industrial particularmente portadora de empreendedorismo da qual falava Marshall. Ele se apresenta como um conjunto de recursos disponíveis (COLEMAN, 1990), mas é também o *fluxo* de trocas sociais na origem da formação das redes e de suas interações (COOKE e WILL, 1999). Por seu aspecto estrutural, pode aparentar-se a uma *cola* que reforça as relações no interior de um grupo social (de acordo com Anderson e Jack, 2002), mas também a um *lubrificante* que acelera as inter-relações, estabelecendo um clima de confiança e probidade, além de regras que ajudam esse grupo a multiplicar as trocas para bloquear ou, ao contrário, favorecer a mudança. Quando as inter-relações proporcionam informação rica, explícita e principalmente implícita, aos membros de redes com sinais fracos[11], isso facilita a produção de sentido, pois os conhecimentos são compartilhados de modo mais ou menos difuso. Nesse caso, o meio torna-se um mecanismo muito eficaz de interpretação e aprendizado (VAGGAGINI, 1991).

Quando adequado, o capital social permite que os atores socioeconômicos tenham acesso à *atualização*, saber o que não está escrito em parte alguma, nem mesmo na imprensa local, conhecer as convenções em uso, ter confiança, por exemplo, conhecendo antecipadamente a reputação de fornecedores e clientes. Para um empreendedor, essa capacidade de julgamento que lhe permite distinguir mais rapidamente o positivo do negativo e avaliar os riscos pode ser crucial (YLI-RENKO, AUTIO e SAPIENZA, 2001). Mas pode ser infinitamente mais difícil para o empreendedor isolado, iniciante e socialmente fechado chegar a essa qualidade de julgamento (VELTZ, 2002).

O capital social, portanto, apresenta o empreendedor a conhecimentos e *savoir-faire* sutis, que remontam à tradição dos ofícios ou a eventos antigos, e evita que cometa os erros que aqueles que não fazem parte do grupo não deixarão de cometer devido a sua ignorância ou seu pouco conhecimento dos obstáculos obscuros. Ele permite negociações mais fáceis, cooperações e concorrências controladas, fundadas em relações de confiança, mas também na imaginação nas transações mercantis ou não mercantis (KOKA e PRESCOTT, 2002). O capital social é, então, particularmente importante para as novas empresas de tecnologia de ponta, mais arriscadas do que as outras (LIAO e WELSCH, 2001).

FIGURA 5.3 • O FUNCIONAMENTO DO CAPITAL SOCIAL

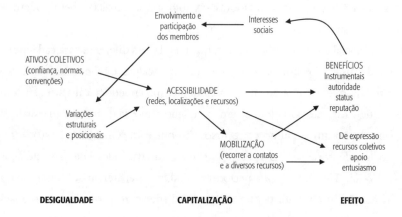

ADAPTADO DE LIN (1999), "Building a Network Theory of Social Capital", *Connexions*, v. 22, n. 1, p. 28-51.

A Figura 5.3 ilustra o funcionamento do capital social constituído por ativos coletivos que incluem principalmente a confiança e as normas ou convenções. Esses ativos facilitam o acesso dos empreendedores a diversos recursos materiais e imateriais. O capital social gera diversos benefícios, como um preço geralmente mais baixo que no mercado livre para diversos recursos e ajudas, mas também o status social, relações de autoridade ou de subordinação e a reputação, sem contar o clima de confiança ou até de entusiasmo que cria a mobilização das forças vivas da região, sobretudo quando esta é particularmente dinâmica.

A Figura 5.3 mostra, além disso, que os ativos são desiguais de acordo com as regiões. Essa capitalização social desigual explica por que algumas delas demonstram um dinamismo muito maior do que outras. As regiões muito pequenas devem, então, unir-se a outras para constituir a massa crítica que lhes permitirá aumentar esses ativos, para poder em seguida responder às necessidades de diversos empreendedores e empresas atuais ou futuros.

Como qualquer capital investido, o capital social demanda um retorno sobre o investimento, uma espécie de *interesse social*. O empreendedor e a empresa que se beneficiam do aporte não mercantil do meio devem fazer voltar de maneira responsável uma parte dele ao território, quer dizer, estabelecer relações de reciprocidade com o meio. Em outras palavras, o empreendedor deve *reembolsar* até certo ponto e gradualmente os recursos obtidos fora do sistema mercantil ou a baixo preço, como fez com o capital financeiro.

No entanto, ao contrário da grande empresa, raramente imersa em seu meio e que pode fechar suas portas a qualquer momento, respeitadas as cláusulas legais e pagos os benefícios, o pequeno empreendedor deve levar em conta sua reputação no município. Assim, acaba mantendo um funcionário preguiçoso ou alcoólatra porque é a única maneira de sustentar uma família conhecida na localidade e que já lida com esse problema, ou porque seu filho ou filha é amigo de um dos filhos do outro, ou ainda porque sua esposa faz parte do mesmo grupo esportivo da esposa do funcionário.

É por isso que as críticas dirigidas ao neoliberalismo e à globalização em virtude dos seus efeitos negativos sobre as populações devem distinguir bem as pequenas empresas das grandes[12], ainda que algumas PMEs ajam, infelizmente, como as multinacionais, esquecendo a solidariedade com o meio. O nome que os alemães costumam dar às PMEs, *Mittelstand*, literalmente classe média[13], traduz bem essa ideia dos laços entre as PMEs e seu ambiente imediato. Os pequenos empreendedores constituem essa classe de cidadãos intermediária entre o proletariado e a burguesia, rica o suficiente para ser independente dos grandes proprietários, mas não para romper

---

Pode-se compreender o comportamento de reciprocidade entre o capital social e a empresa que ele apoia com o exemplo que segue.

Uma fábrica de acabamento de produtos metálicos, a única em um pequeno município de menos de mil habitantes, havia sido comprada por um grupo da capital há duas décadas. Esse grupo quis finalmente fechá-la para consolidar sua produção. Ameaçados de perder o emprego, os trabalhadores convenceram o diretor da fábrica a recomprá-la sob uma forma semicooperativa que incluía a participação financeira de cada um dos funcionários e o aporte mais substancial do diretor, cuja casa serviu então de garantia para o empréstimo que teve de pedir. Infelizmente, algumas semanas mais tarde, um incêndio destruiu a fábrica, quando o contrato do seguro ainda não tinha sido assinado. O desânimo chegou ao ápice, até que o cunhado ofereceu-se para emprestar o dinheiro para reconstruir o prédio. A fábrica conta agora com mais de 300 funcionários e passará em breve pela terceira ampliação desde a reconstrução.

Lembremos também o sistema das tontinas[14] em muitos países africanos, que possibilita não somente acesso a microcrédito para abrir pequenas empresas, mas também desenvolver redes de compartilhamento de informação e solidariedade, favorecendo o sucesso dessas criações.

com seu meio e seus trabalhadores. Basta pensar um pouco no cabeleireiro, açougueiro, no dono de um pequeno estacionamento ou gráfica local para compreender que eles não têm nada a ver com a grande empresa deslocalizada, impessoal e fria; e isso também se aplica à gerência de filiais regionais, que devem contornar enormes barreiras para satisfazer as necessidades do meio. Lembremos enfim que muitos cientistas políticos, como Raymond Aron (1964), consideravam que a presença de uma classe média nas sociedades é condição necessária ao desenvolvimento da democracia. O grande economista François Perroux explicou bem isso em seu pequeno livro intitulado *Aliénation et société industrielle* (1970).

As empresas bem inseridas em seu meio consideram que, embora essas práticas tenham algum custo, elas facilitam diversos outros aportes fora do mercado para a empresa e reduções de preço para apoios mercantis e outros recursos pela comunidade. Em retorno, a comunidade se beneficia do fato de que a empresa local cria emprego e sustenta o tecido industrial da região. Já no caso da multinacional, conta apenas o cálculo frio, com demasiada frequência em curto prazo.

O capital social é, portanto, crucial para o sucesso dos futuros empreendedores: ele abre portas, diminui os custos de informação e dos recursos e oferece diversas formas de garantia em caso de um golpe duro (TSAI e GHOSTHAL, 1998). Ele constitui assim a razão da competitividade do território, uma vez que é um complemento para todo tipo de recurso necessário à criação e ao desenvolvimento de empresas (SUIRE, 2002). É o catalisador que permite criar sinergia e estimular as trocas (COHEN e FIELDS, 1999). Torna-se um redutor de euforia quando impede o entusiasmo excessivo que rapidamente se esvai, na espera de resultados que sempre tardam a vir. É um reservatório de saberes, tanto para oferecer oportunidades de

> **Os laços privilegiados** com a mão de obra da região geralmente são raros nas multinacionais. Por exemplo, após uma redução acentuada das vendas anuais, uma grande empresa de um pequeno município teve de afastar mais de uma dezena de funcionários de média gerência, anunciando abruptamente a novidade na manhã da demissão. Mas o pior, como se temesse que levassem segredos consigo, que no entanto estavam em suas cabeças, a empresa não permitiu que passassem pelas salas para retirar suas coisas, que já haviam sido encaixotadas. Foi preciso muita obstinação de um dos gerentes para que o autorizassem a encontrar seus colaboradores para agradecer pelo empenho.

FIGURA 5.4 • RELAÇÕES ENTRE FLEXIBILIDADE, PROXIMIDADES E APRENDIZAGEM COLETIVA PARA MANTER A VARIEDADE DE RECURSOS E DE INFORMAÇÃO QUE FACILITAM A INOVAÇÃO E A DISTINÇÃO EM UMA REGIÃO

criar empresas como para produzir de maneira concorrencial. O capital social é, portanto, um operador coletivo e o lugar da invenção coletiva que nasce da circulação das ideias e de trocas de todo tipo. Em suma, é o elemento de base do tecido industrial local vivo (uma matéria orgânica territorial), aquele que, pela intercomunicação, ativa e transforma os interlocutores, como explica Habermas (1976), o elemento que sustenta a cultura empreendedora.

Quanto mais capital social há em um meio, seguido por uma cultura empreendedora que faz a ligação entre este e as necessidades, mais o meio é dinâmico (e não conformista) e capaz de ajudar a região a se distinguir pela inovação, e mais dinâmica será a região ou o grupo de regiões. Assim, ao lado da astúcia do empreendedor e das capacidades da organização, há o meio que permite diferenciar as regiões. O empreendedor pode conseguir maravilhas muitas vezes com poucos recursos; mas sua perseverança e capacidade de se adaptar rapidamente devem ser apoiadas por capital social e uma cultura empreendedora eficaz. A organização só desenvolverá todos os seus esforços recebendo sistematicamente informação para se adaptar tanto ao mercado local como ao mercado internacional, ainda que não exporte.

Finalmente, como ilustra a figura 5.4, empreendedor, empresa e meio empreendedor só poderão enfrentar a concorrência internacional aliando os diversos tipos de proximidade, flexibilidade operacional e estratégica, e a aprendizagem coletiva, para fornecer de forma sistemática a variedade de recursos e de informação que lhe permite justamente distinguir-se pela inovação contínua.

NOTAS

1 As *isoquantas* de Cournot ou a *produtividade marginal* de Wicksell.

2 O meio pode estimular o empreendedorismo para alguns grupos em um território, sem atingir, no entanto, todos, dependendo da extensão da cultura empreendedora desses grupos, da história econômica da região e da capacidade das firmas para se adaptar, como Lauretta Conklin Frederking (2004) mostrou ao estudar os comportamentos empreendedores de dois grupos de imigrantes vindos da Índia para Londres ou Chicago.

3 Ou os três F dos anglo-saxões: *Family, Friends and Fools*. Os *tolos* podem parecer como tal para quem olha de fora, mas detêm informações privilegiadas que lhes permitem uma avaliação do risco bem melhor que a dos analistas financeiros. É o *love money* dos anglo-saxões. St-Pierre (2004) lembra que esse financiamento frequentemente dá um melhor rendimento que o financiamento oficial, justamente porque é paciente e os emprestadores são capazes de intervir rapidamente para ajudar a empresa a melhor se desenvolver (sugerindo, conforme a necessidade, algumas oportunidades) ou a se restabelecer antes que as coisas fiquem muito ruins.

4 Podendo ser, porém, muito pouco críticos para outros tipos de financiamento de alto risco, como vimos em 2007-8 com os *subprimes* e o financiamento imobiliário nos Estados Unidos.

5 Principalmente porque seus gerentes mudam com muito menos frequência que os das filiais bancárias, o que lhes permite conhecer melhor a reputação daquele que pede o empréstimo. Por exemplo, em 2000, as cooperativas de crédito de Quebec aprovaram 69,1% dos pedidos de crédito, contra 11,6% nos bancos privados. Nesta região, 47,8% dos pedidos de crédito das empresas eram feitas às cooperativas de crédito, contra 2,4% em Ontário e 20,3% no Canadá como um todo, incluídas as duas províncias (QEDIED, 2006).

6 Uma dupla confiança: técnica (ele tem a reputação de poder fazer) e moral (ele vai fazer).

7 Ou em certos meios tribais nos países em desenvolvimento.

8 E ainda em nossos dias, com os médicos norte-americanos em relação a outros profissionais da saúde, principalmente os que praticam a medicina alternativa, que no entanto é utilizada correntemente na Europa por uma boa parte dos profissionais da saúde.

9 Como se vê com grande frequência em muitas multinacionais. Entretanto, isso existe também nos países industrializados, como, por exemplo, entre os médicos e as companhias farmacêuticas, conforme explicava Foucault (1994).

10 A origem dessa expressão seria, no entanto, creditada a Jane Jacobs, que a empregou no início dos anos 1960 em seu estudo magistral sobre a importância das cidades no desenvolvimento econômico. Outros a remetem a Lyda Judson Hanifan, em sua obra de 1920.

11 Ver o próximo capítulo.

12 Pode-se ver um exemplo, entre centenas de outros, do comportamento das grandes empresas na construção recente de uma fábrica da Enron e da General Electric na Índia, que deslocou 2 mil pessoas à revelia, desdenhando assim qualquer ética social (*Le Devoir*, 4 abr. 2004, p. G6), coisa que nenhuma PME implantada no meio poderia fazer. Outro exemplo: a guerra que dilacera o Sudão há mais de vinte anos se explica antes de tudo pela presença do petróleo explorado grandes companhias ocidentais, principalmente a canadense Talisman Oil, que apoia direta ou indiretamente a política do governo.

13 Na Bélgica, uma das mais antigas associações de pequenos empreendedores chama-se também Associação das Classes Médias.

14 A palavra "tontina" vem do nome de Lorenzo Tonti (1635-1690), banqueiro napolitano emigrado para a França que inventou uma forma de seguro de vida baseada na poupança regular de um grupo de pessoas, os sobreviventes dividindo, no fim, o montante acumulado e investido. Ela foi retomada em países em desenvolvimento para designar também uma acumulação de poupanças regulares emprestadas a um membro da associação que tem uma boa ideia de negócio, depois a outro etc., evidentemente com a obrigação moral da contrapartida de emprestar a outro.

Parte 3 •

INFORMAÇÃO, REDES E INOVAÇÃO

AS CONDIÇÕES NECESSÁRIAS E SUFICIENTES PARA O EMPREENDEDORISMO

NOS CAPÍTULOS PRECEDENTES, QUE TRATARAM dos atores do desenvolvimento, apresentamos diversos paradoxos que é preciso ultrapassar para poder avançar no estudo da dinâmica do empreendedorismo endógeno na economia do conhecimento. Um primeiro paradoxo mostra que os empreendedores buscam a independência, mas suas necessidades de conhecimento complexo são primeiramente e acima de tudo supridas pelas relações que tecem com outros atores. Segundo paradoxo: essas relações se desenvolvem em seu meio e são estimuladas pelo capital social, ou seja, o conjunto dos mecanismos coletivos que têm papel central na multiplicação de empresas, ainda que à primeira vista o empreendedorismo pareça ser uma ação individual. Quanto ao terceiro paradoxo, mostramos no Capítulo 5, sobre o meio, que o modelo capitalista descrito sobretudo pelas análises anglo-saxãs, desde a de Adam Smith até as que hoje tratam do equilíbrio geral, é apenas uma dentre muitas possibilidades (ANTONELLI, 1939; WALLERSTEIN, 1990; BRAUDEL, 1976), pois a criação de uma empresa deve-se ao dinamismo desse meio que evolui no seio de uma cultura empreendedora particular, diferente de acordo com os países e as regiões. Ligado a essas diferenças culturais, o quarto paradoxo mostra que, a despeito da globalização, a maioria das empresas é nacional, quando não local (GROSJEAN, 2002); mesmo as multinacionais são criadas e orientadas de acordo com métodos herdados de seus fundadores ou da direção nacional[1]. As PMEs por sua vez, estão imersas no meio local, exportem ou não para outros países, a menos que sejam compradas por empreendedores ou grupos estrangeiros[2].

Retomando nossa metáfora dos romances policiais, esses paradoxos são observados também no meio criminal. De fato, os criminosos são também desviantes individuais, que se revelam mais ou menos repentinamente em um crime passional ou passam a pertencer a uma quadrilha. Eles se levantam, assim, contra as normas sociais, mas só podem ter sucesso com a condição de não serem rapidamente impedidos ou de serem apoiados em seu crime pelo meio. Neste último caso, as quadrilhas multiplicam os recursos coletivos para dirigir e facilitar o desvio individual, e às vezes infiltrar-se na sociedade de tal forma que esta acaba impregnada por ele. Apesar da globalização do crime, essas quadrilhas permanecem nacionais ou étnicas (italianas, chinesas, russas etc.), o que lhes permite estabelecer nós e manter cumplicidades muito fortes, com frequência familiares. A criminalidade desenvolve-se particularmente em sociedades muito desiguais, nas quais os valores sociais são demasiado fracos. Assim, se nos limitamos a estudar os criminosos um de cada vez, não podemos compreender o que se passa, nem lutar de maneira eficaz contra a criminalidade. E acima de tudo não conseguimos compreender a evolução constante das formas de criminalidade, que se modificam à medida que a sociedade muda[3].

Muitos sociólogos descreveram tais comportamentos de grupo, como o comportamento conservador de grandes industriais, que tendem a se associar aos mesmo clubes, morar no mesmo tipo de bairro muito protegido, frequentar as mesmas lojas e restaurantes, vestir-se da mesma forma etc. (PORTER, 1966; NEWMAN, 1981). São esses os comportamentos que Ouchi (1980) chegou a qualificar de comportamentos de bando ou de clã. É também uma parte da tese de Chandler (1962), que explica que os grandes dirigentes só mudam sua posição e seus comportamentos de poder sob pressões muito fortes, ou no momento de crises graves.

Tais paradoxos do empreendedorismo resolvem-se, portanto, pela resposta cultural, pela transformação da informação por redes particulares, o que estimula a inovação, lançando as bases do caráter distintivo[4] de empresas e regiões, e, assim, seus dinamismos distintos. O que nos conduz a falar agora dos três fatores-chave do empreendedorismo.

O primeiro fator é a informação que serve para diminuir a incerteza e que deve ser apropriada para transformar-se em inovação. A informação provém em parte da organização, de sua experiência em saberes e de sua trajetória em *savoir-faire*. Mas ela é alimentada e transformada principalmente pelo ambiente externo à empresa, pois depende das crenças ou da maneira de ver o mundo dos parceiros que a transformam e adaptam em redes complexas. Desenvolvida por essas redes exteriores e pela organização que a recebe, a informação permite a inovação, que está no coração da competitividade de qualquer economia; como bem mostrou Schumpeter no início do último século, e como é ainda mais o caso na economia do conhecimento, que constitui sua principal aplicação. O relatório francês sobre a economia do conhecimento (VIGINIER, 2002) confirma, aliás, que: "As mudanças estruturais observadas há duas décadas conduziram à multiplicação de análises que destacam o papel da inovação e do conhecimento na competitividade das empresas e nações"; e, portanto, em sua distinção. Ainda que muito raramente seja espetacular, a inovação deve ser constante para manter o caráter distintivo. Assim, isso supõe muita informação rica que, para permitir inovação, deve ser transformada pela organização, ajudada por diferentes recursos externos pertencentes a redes mais ou menos densas. Então se fecha o círculo entre os três fatores, a *informação*, as *redes* e a *inovação* – os dois primeiros constituindo as condições necessárias e o último, a condição suficiente de um empreendedorismo dinâmico.

Nesta parte, trataremos desses três fatores-chave que orientam a ação dos três atores da pirâmide empreendedora sobre a qual a região pode intervir: o empreendedor, a organização e o meio. A informação rica age como fonte de energia para fazer funcionar e estimular os atores e favorecer ou não o empreendedorismo na região. As redes portam e transformam a informação para sustentar a aprendizagem e enriquecer as estratégias e atividades das empresas. Enfim, a inovação distingue as empresas e regiões vencedoras das outras, sustentando seu caráter particular e assim sua competitividade.

NOTAS

1 Um exemplo, entre outros, desses comportamentos nacionais é o envio, pela Renault, de um dirigente francês para recuperar a Nissan, quando comprou o controle da companhia japonesa.

2 Compradores que acabam muitas vezes esvaziando a nova filial de algumas das particularidades que explicavam sua competitividade ou seu dinamismo, ou reorientando os mercados unicamente para o lucro da matriz. Foi isso que constatamos algumas vezes em nossas intervenções em certas empresas, sem contar a transferência de erros de produção de outras filiais para a nova filial.

3 Por exemplo, é evidente que a guerra quase unicamente repressiva contra as drogas está há muito tempo perdida. Quanto mais apreensões importantes são feitas (que representam menos de 2% do tráfico), quanto mais se prende traficantes, mais o preço aumenta e novos traficantes chegam ao mercado, seduzidos pelos enormes lucros (MOREL e RYCHEN, 1994; GRIMAL, 2000). A solução está provavelmente em uma combinação de liberalização e controle, para fazer cair os preços, como fez a Holanda há muitos anos e como começou a fazer a Suíça. Porém, mesmo secando essa importante fonte de renda da escória, isso não dizer que desaparecerá; ela encontrará outras fontes. De qualquer maneira, esse problema (como o do terrorismo, aliás) é antes de tudo social e, se isso não for compreendido, continuaremos seguindo de fracasso em fracasso.

4 Michel Marchesnay (2003) distingue, com razão, a *diferenciação* (bem ilustrada pela vontade da marca e da publicidade de mostrar as diferenças de um produto e se apoderar assim de um mercado em detrimento dos concorrentes) da *distinção*, assentada na inovação global e na pesquisa de um nicho que permite *distanciamento* dos concorrentes.

A propósito dessas pessoas taciturnas,
há algumas bem mais singulares que elas,
e que têm um talento bem extraordinário.
São as que sabem falar sem nada dizer,
e que mantêm uma conversação, durante duas horas,
sem que seja possível desvendá-las, imitá-las,
nem reter uma palavra do que disseram.

Montesquieu, *Carta persa LXXXII.*

CAPÍTULO 6 • A informação
UMA PRIMEIRA CONDIÇÃO NECESSÁRIA PARA REDUZIR A INCERTEZA E A AMBIGUIDADE

A informação está para a economia como o petróleo e agora a eletricidade estão para o transporte. Ela está na origem de todo o aspecto voluntário da estratégia e da diferenciação. É o metarrecurso que permite coordenar e orientar os recursos de toda organização, normal e legal ou criminosa, e que explica a manutenção das vantagens concorrenciais das empresas (TEECE et al., 1997; NONAKA et al., 2000). De maneira global, ela permite combater a tendência à entropia que ameaça todo sistema vivo, seja individual ou social, como lembrava Georgescu Roegen (1971) há cerca de quarenta anos. E isso é ainda mais verdade na economia do conhecimento, que só pode nutrir-se sistematicamente de informação, e nas economias industrializadas, que só podem competir com os países com baixos salários pela inovação sistemática.

Porém, se a economia atual multiplica a informação, principalmente com a ajuda das tecnologias da informação e comunicação (TICs), que aceleram a produção e a troca de informações, o resultado acaba com frequência gerando ruídos – a ponto de o conhecimento não penetrar em toda parte, pois os cidadãos desligam-se das mídias e refugiam-se no silêncio para não se submeterem a esse ruído ininterrupto e muitas vezes desinteressante da superinformação e até da desinformação. Assim multiplicada, excessiva, a informação, que deveria diminuir a incerteza, a aumenta e, sobretudo, cria ambiguidade. A informação só vale se seu tratamento a faz passar dos dados brutos a dados que tocam realmente o ouvinte, portanto a conhecimento e por fim a *savoir-faire*, ou seja, se for transformada por e em proveito daquele que a recebe[1].

> **Marcado pela queda brutal** da bolsa de valores no fim de 2000, o fracasso das tecnologias da informação que produziam sobretudo *hardware* esperando que o *software* o acompanhasse de modo automático, é um bom exemplo de erro de perspectiva; é também uma boa aplicação do paradoxo da produtividade, no qual as tecnologias materiais (os *hardwares*) são com bastante frequência bloqueadas pelo desenvolvimento muito fraco das tecnologias imateriais, aqui a quantidade da informação em relação à sua utilidade (FORAY e MAIRESSE, 1999). Os consumidores que deveriam comprar essas TICs para diversas aplicações domésticas, como o tratamento dos cardápios cotidianos, as compras de supermercado à distância ou a gestão da temperatura da casa, não se deixaram apanhar; da mesma forma que a comunidade empresarial não se atirou de cabeça no comércio eletrônico. Por exemplo, o sucesso limitado da Amazon.com (que só há pouco começou a ter lucro) explica-se, por um lado, porque ela simplesmente substituiu os clubes de compra de discos e livros por correspondência e, por outro, porque foi a primeira a se lançar nesse negócio.

A boa informação transformada, reapropriada, é a base do funcionamento de qualquer indivíduo ou organização, o que lhe permite fazer escolhas e, assim, optar por um comportamento específico ou uma estratégia face ao futuro incerto. No desenvolvimento do empreendedorismo, como obter e interpretar essa *boa* informação, como encontrar as chaves para interpretá-la (se possível antes dos outros) de modo a ser capaz de realizar ajustes e inovar?

Crucial na economia do conhecimento para sustentar a distinção, a busca pela boa informação é fundamentalmente um problema de conteúdo e qualidade, e não de continente e quantidade. Para compreender isso, definiremos primeiro o papel da informação no empreendedorismo. Em seguida, distinguiremos os diferentes tipos de informação. Depois, discutiremos elementos ou fatores que explicam a transmissão e a transformação desta para além das TICs. Por fim, falaremos dos mecanismos que facilitam o desenvolvimento da informação rica nas organizações e regiões.

6.1 • O papel da informação no empreendedorismo

A informação é um bem muito particular, como lembrava Arrow (1962) há algumas décadas. Por exemplo, ela é dificilmente controlável e *apropriável*[2], portanto não exclusiva. Quem a utiliza não pode impedir os outros de fazê-lo, e ela acaba sempre se difundindo, ainda que no princípio seu sentido possa ser confuso. Ela é um bem *não rival*, pois a difusão não a deteriora, seja qual for o número de usuários. Entretanto, contrariamente ao que dizia Solow, ela constitui um bem *híbrido* (COHENDET, 2003), já que, se como bem público, demanda comunicação, portanto interação de muitas pessoas, ela também diz respeito ao privado e pode ser controlada momentaneamente por alguns. Ela é *subjetiva*, pois uma informação pode ser boa para um e não necessariamente para outros. Esse valor ou medida vem do fato de que ela é *cumulativa*, de que toma todo o seu sentido quando se acrescenta a outros dados e conhecimentos. Para aproveitar todo o seu valor, quem a recebe deve ter certa formação e experiência, o que requer na organização capacidades de absorção, uma trajetória informacional e rotinas que permitam, entre outros, *contextualizar* a informação recebida. Essa acumulação está ligada à *complexidade*, pois uma boa informação compreende múltiplos aspectos, como fragmentos obtidos aqui e ali. A medida passa também pela confiança direta ou indireta depositada no informante, e por fontes de informações complementares, algumas sugeridas por este. A informação frequentemente só vale se for compartilhada; neste caso, ela não perde suas vantagens: pode-se compartilhá-la indefinidamente.

A *boa* informação[3], o que quer que digam os economistas neoclássicos, continua sempre difícil de obter. Para tornar-se útil, ela deve ser objeto de certa atenção ou pesquisa, de uma triagem, avaliação e compartilhamento na organização (portanto tem um custo), pois é na maior parte do tempo banal, portanto inútil, ou vaga e frequentemente redundante. Ela demanda tempo e energia. Mas, mesmo quando parece válida, é limitada e frequentemente enviesada: é próprio dos concorrentes tentar enganar o outro; para alguns, é até uma estratégia emitir maus sinais para enganar[4]. Ainda que ela acabe de modo geral sendo conhecida, após muitas voltas e transformações no mercado.

A ciência econômica tem muita dificuldade em compreender isso. Por um lado, o valor da informação é subjetivo e não advém de uma teoria da troca. Ele vai bem além das curvas de indiferença da teoria microeconômica, pois depende das capacidades de absorção e acúmulo, ou seja, da experiência adquirida pela formação de origem e a aprendizagem ou a ação. Por outro lado, não é exatamente um negócio de mercado, pois para obter informação é preciso saber frequentemente retribuir, em uma relação dialógica, uma verdadeira *comunicação*. Enfim, é um processo interativo entre os conhecimentos implícito e explícito (codificado), processo que vai além da ideia de que o conhecimento é um estoque, pois há transformação e possibilidade de salto qualitativo.

O papel central da informação para o empreendedorismo foi esclarecido por Kirzner (1979), que explicou que o empreendedor teria frequentemente um conhecimento superior e mais ou menos intuitivo das imperfeições do mercado. E que utiliza esse conhecimento em benefício próprio para abrir sua empresa, desenvolvê-la e inovar em detrimento de concorrentes que não detêm tal conhecimento. Casson (1991) acrescenta que esse julgamento superior (do ponto de vista econômico) permitir-lhe-ia vencer os outros agentes e, assim, melhor organizar os recursos para obter lucro. O empreendedor transforma justamente o conhecimento em um produto ou em uma maneira de produzir particular. Mas, aqui, trata-se mais dos empreendedores de valorização e de aventura do que dos empreendedores de imitação e reprodução[5].

Assim, o paradoxo da informação na incerteza é justamente a possibilidade de superar esta usando aquela para transformá-la em nova informação ou em inovação que se torna pública, pelo menos em parte. Desse modo, a informação constitui certo poder sobre a incerteza e os concorrentes, ou até sobre outras partes implicadas, como as empresas contratantes, poder que permite diminuir a assimetria entre grande e pequena empresa (JULIEN et al., 2003c). O empreendedor é fundamentalmente um transformador da informação em oportunidade (LANG et al., 1997; JULIEN e VAGHELY, 2008), ou ainda um criador de nova informação pela inovação (SCHUMPETER, 1949), mas não qualquer informação nem de qualquer modo. A economia do conhecimento não é facilmente acessível e o conhecimento não é o mesmo para todos.

6.2 • Os tipos de informação

Existem muitos tipos de informação, dos quais apenas uma pequena parte é válida, ao menos para empreender. Esta parte é chamada de informação *estruturante*, por oposição à informação *corrente*, que vai e vem, rapidamente esquecida ou adotada por considerações outras que econômicas. A última não interessa ao empreendedor ou sua organização, seja porque é vaga demais, fragmentada ou incoerente, seja porque não estão prontos para retê-la ou não têm o tempo de mantê-la até compreendê-la, ou ainda porque suspeitam de que seja falsa ou manipulada. Mas mesmo uma boa parte da informação estruturante acaba esquecida, ultrapassada ou deixada de lado, porque não é mais oportuna ou foi substituída por uma informação mais recente que responde melhor aos critérios que permitem escolher sua estratégia, precisá-la e depois agir (DAVENPORT, DE LONG e BEERS, 1998). Nessa informação estruturante, Leska e Leska (1995) distinguem a informação de funcionamento (a informação técnica, para sustentar a coordenação) da informação de influência (na base da motivação para agir) e da informação de previsão (que permite ver antes dos outros uma oportunidade, ou ver mais longe e diferentemente para, se for necessário, inovar).

A informação pode ser *pública* ou *privada*. Como o nome indica, a informação pública é acessível a todos e pode, portanto, ser conhecida se nos dermos ao trabalho. Ela se encontra em manuais técnicos, artigos científicos, boletins das associações, folhetos explicativos de equipamentos, bancos de patentes etc., ou é difundida na mídia ou em congressos públicos. Já a informação privada encontra-se particularmente nos centros de pesquisa públicos ou privados, embora nos primeiros acabe sendo bem largamente difundida, enquanto no setor privado seja com a maior frequência retida, ao menos por certo tempo, até que apareça em produtos, procedimentos postos no mercado ou patentes, ou até que surja em conversas entre especialistas. Ela pode também circular em subsidiárias ou surgir em conversas específicas no âmbito de organizações empresariais ou científicas.

A informação pública é necessariamente *explícita*, portanto *codificada* de maneira a ser compreendida pelo maior número de pessoas ou ao menos pelos especialistas. Essa informação é particularmente eficaz, pois quem quer que a obtenha pode triturá-la e aperfeiçoá-la (STRANG e MEYER, 1993). Entretanto, como demanda certo tempo para aparecer e ser compreendida, portanto para se difundir um pouco em toda parte[6], ela já é relativamente antiga quando emerge.

A informação pode também ser *tácita* ou *implícita*, requerendo mecanismos de transformação para ser explicitada e conhecida, além de uma atenção particular para ser compreendida. Frequentemente o informante nem mesmo sabe que conhece algumas coisas; ou pelo menos não faz circular espontaneamente o que sabe[7], a menos que um interlocutor hábil ou diversas circunstâncias, como uma conferência ou um curso que ofereça, o incitem a fazê-lo. Do mesmo modo, o interlocutor pode não saber que o outro sabe a respeito de algo. A expressão dessa informação vem, portanto, do tateamento e do acaso, ou exige pelo menos um ambiente propício.

Entretanto, embora seja parcial e se exprima não apenas pela linguagem verbal, mas também por todo tipo de sinais, a informação tácita pode ser nova e rica, e sempre tem lugar na intercomunicação, seja a comunicação interpessoal ou frente a frente.

A informação mais rica, no que diz respeito à capacidade de mudar a compreensão da realidade no momento requerido, de orientar a estratégia, de agir e sobretudo de inovar, portanto de se distinguir, é geralmente a informação estruturante, privada, antecipadora ou pré-competitiva e tácita (DARF e LENGEL, 1986; BAUMARD, 1996). Por exemplo, o pessoal, em todos os níveis de uma organização, possui uma imensidão de informações tácitas cuja expressão só pode ser facilitada por uma organização participante. Como os operadores, que podem dizer muitas coisas para aperfeiçoar suas máquinas, encontrar uma localização ótima para elas na fábrica ou diminuir as quebras, com a condição de que o que digam seja reconhecido e valorizado. Ou ainda os vendedores que, por seu contato com os clientes, são os primeiros informados de novas necessidades e críticas, informações que podem revelar-se extremamente ricas para as lojas no momento de oferecer uma

> **As lojas independentes** podem se distinguir dos grandes supermercados justamente por sua proximidade com os clientes, oferecendo a cada um deles empatia e conhecimento imediato (sem intermediários) e particular de seus gostos e necessidades. Uma das grandes qualidades dessas lojas, fora as mercadorias, é a sensibilidade psicológica do pessoal em relação aos clientes. Por exemplo, em 1986, em uma pesquisa a respeito do impacto das novas tecnologias informáticas sobre diferentes profissões, mostramos que, além das tecnologias, a qualidade que melhor distinguia os/as atendentes de bar e os garçons/garçonetes dos cafés era justamente sua empatia e sua memória (do que o cliente dissera em sua última visita!) (JULIEN e THIBODEAU, 1991). Ao contrário, os grandes supermercados ou cadeias tendem a padronizar a abordagem dos clientes, seja no tratamento por "você" ou "senhor", no atendimento um pouco atencioso demais ou com certa reserva, desconsiderando a idade, a classe social e o estilo de comportamento, o que afasta numerosos clientes. Além disso, a centralização da gestão faz com que os produtos e serviços sejam frequentemente os mesmos em toda parte, como as porções de carne grandes demais que as grandes cadeias de supermercados com açougue preparam, mesmo estando em bairros onde vive um grande número de solteiros.

> **Uma pequena empresa** que buscava componentes de alumínio para substituir os de aço, mais pesados, foi incitada por um grande cliente a comprar um equipamento de corte a plasma, apesar de ser especializada em corte a laser. Assim, contatou o fornecedor de equipamentos japonês habitual, que enviou o equipamento mais avançado do mercado. Após uma semana, o novo equipamento teve uma pane. O fornecedor enviou por sua conta dois técnicos que ficaram lá por duas semanas para resolver o problema. Um mês se passou e os problemas se acumulavam. Os técnicos voltaram, sem mais sucesso. Finalmente, após seis meses de testes, a inovação foi abandonada e um procedimento mais tradicional adotado, mesmo que isso significasse assumir parte dos custos diretos e do tempo gasto discutindo com o cliente e o fornecedor. O empreendedor me disse que não poderia agir assim se diversos recursos externos pertencentes à sua rede de negócios não o tivessem apoiado para encontrar uma solução temporária, financiamento complementar e treinamento especializado para o pessoal.
>
> Para aumentar o valor agregado de sua produção, uma enorme empresa familiar que produzia diversos cereais em grande quantidade para os criadores da região decidiu beneficiar sua produção para o consumo animal e depois para o consumo humano, principalmente flocos de aveia. Infelizmente, as primeiras produções foram um fracasso devido a dificuldades nos métodos de desumidificação, apesar do uso de uma tecnologia dita experimentada. Foram muitos meses antes que se encontrassem todas as respostas, sobretudo junto a pesquisadores universitários e a um fornecedor de equipamentos. Isso só foi possível graças à paciência dos clientes, a recursos suplementares fornecidos pelo Estado, à disposição dos funcionários para trabalhar além do expediente, à ajuda de pesquisadores universitários etc., e principalmente à perseverança dos dirigentes, que estavam convencidos de que superariam o problema.

novidade, distinguindo-se assim dos concorrentes. Do mesmo modo, os contatos interpessoais, sejam eles de negócios, sociais ou científicos, fornecem informação não mercantil que pode ser muito interessante (MORVAN, 1991).

Podemos acrescentar outra distinção que nos servirá particularmente no Capítulo 9: a diferença entre a informação *efetiva* e a informação *potencial* (JULIEN, 1996b). A informação efetiva é a que serve para a decisão. Ela nunca é completa, pois a incerteza persiste sempre. Assim, o tempo tem um papel importante na decisão. O empreendedor sabe que se esperar demais para ter certeza, um dos

FIGURA 6.1 • TIPOLOGIA: DA INFORMAÇÃO CORRENTE OU GERAL À INFORMAÇÃO RICA

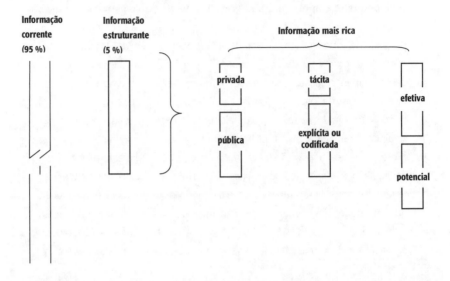

concorrentes o precederá. Todo empreendedor age tendo consciência de que não tem como saber exatamente como reagirão os concorrentes, nem onde está a mudança tecnológica deles, nem em que ritmo evoluem os gostos ou comportamentos dos clientes. Porém age mesmo assim, porque pode ter acesso à informação potencial, capaz de socorrê-lo quando surgir o imprevisto. Assim, se novos investimentos levam mais tempo para rentabilizar devido a obstáculos inesperados durante o período de ajustes, como um empregado-chave que fica doente ou é contratado por um concorrente, ou ainda um concorrente que acaba de comprar uma nova tecnologia nesse ínterim, suas informações potenciais deveriam permitir-lhe encontrar financiamento complementar, tomar emprestado momentaneamente um empregado com a mesma capacitação de uma empresa amiga, obter informações de um centro de pesquisa com o qual trabalha para adaptar o melhor possível a tecnologia em curso etc.

Na Figura 6.1, acima, ilustramos a tipologia da informação que leva de forma gradual à decisão.

6.3 • Os **elementos** que **favorecem** a obtenção de **informação rica**

Para ser apropriado por qualquer organização privada ou pública, um sistema informacional requer ao menos cinco elementos: 1) vigilância tecnológica, comercial e ambiental; 2) capacidade de absorção e acúmulo ou de arquivamento de informações; 3) capacidade de transformar a informação em sentido para passar à ação e à estratégia; 4) proximidade interna apoiada no compartilhamento de uma linguagem comum; e 5) laços fortes e fracos com fontes informacionais externas.

Comecemos pelo segundo ponto. Cohen e Levinthal (1991) estiveram entre os primeiros a mostrar que a informação rica envolve uma capacidade particular dos indivíduos e da organização para pesquisar, compreender e analisar informações internas e externas. Eles defenderam assim que a presença de pessoal treinado e experiente (técnicos, engenheiros etc.) seria a principal condição para acompanhar as necessidades em mudança do mercado e a evolução da concorrência, a fim de se diferenciar pela inovação. Somente um pessoal esclarecido e uma organização sinérgica que ofereça modelos de interpretação (GIOIA, 1986) são capazes de compreender a mudança a tempo e agir, ou pelo menos limitar as reticências, e sobretudo participar da busca de novas oportunidades, sejam elas importantes ou não. Van der Bosch et al. (2002) e Matusik e Heeley (2005) acrescentam a capacidade de aprendizado da rede de empresas parceiras, principalmente pelo mecanismo de aprendizado com os pares, que examinaremos com maior profundidade no capítulo seguinte. Essa dupla capacidade só pode ser evolutiva, o que reclama a formação regular não somente da direção, mas também dos funcionários, qualquer que seja o porte da empresa.

Essa capacidade deve ser alimentada pela vigilância tecnológica, comercial e ambiental. A vigilância consiste em estar atento à mudança, suscitando e utilizando as observações dos clientes, informando-se com seus fornecedores em geral e de equipamentos sobre o que está por vir e buscando todas as informações necessárias na mídia e em revistas especializadas, feiras industriais, associações de negócios dinâmicas e, se possível, centros de pesquisa. A Tabela 6.1 (p. 200) mostra as fontes que costumam ser mais utilizadas ou consideradas como as mais importantes para essa vigilância pelos dirigentes das PMEs manufatureiras, como clientes, revistas especializadas, fornecedores e vendedores, sem esquecer evidentemente as fontes indiretas provenientes do pessoal da empresa. Deve-se notar também que as fontes informais e verbais, frente a frente, são muito mais utilizadas que as fontes formais e impessoais, e contam com cerca de oito pessoas (conforme veremos no capítulo seguinte, que discute as redes pessoais).

Nós mostramos que há diversos níveis de vigilância mais ou menos eficazes que acompanham a turbulência do setor industrial (o que indica a terceira dimensão da Figura 3.2, p. 119) e o tipo de estratégia adotada: quanto mais hostil é um setor

TABELA 6.1 • CARACTERÍSTICAS DAS FONTES DE INFORMAÇÃO NAS PMES[1]

IMPORTÂNCIA RELATIVA (CLASSIFICAÇÃO)[2]					
Clientes	4,01	Revistas de negócios	2,98	Livros especializados	2,14
Revistas especializadas	3,58	Agentes e representantes	2,80	Associações de negócios	2,11
Funcionários da produção	3,48	Empresas contratantes	2,73	Outros funcionários	2,11
Gerência	3,39	Jornais	2,62	Centros de pesquisa	2,07
Fornecedores	3,34	Concorrentes	2,50	Publicações governamentais	2,06
Vendedores	3,34	Empresas contratadas	2,33	Conselho de administração	2,01
Folders e catálogos	3,31	Dados internos	2,30	Instituições financeiras	1,93
Feiras industriais	3,12	Instituições públicas	2,24	Faculdades e universidades	1,85
Feiras comerciais	3,03	Consultores	2,21		

FREQUÊNCIA COM QUE SE RECORRE A ELAS[3]					
Fontes pessoais				**Fontes impressoais**	
Informacionais		Formais		Escritas		Verbais	
Clientes	3,58	Consultores	2,01	Revistas especializadas	3,39	Feiras industriais	3,00
Equipe de produção	3,43	Instit. govern.	1,96	Folders e catálogos	3,18	Feiras comerciais	2,77
Executivos	3,31	Centros de pesq.	1,83	Revistas de negócios	2,95	Assoc. de negócios	1,87
Vendedores	3,16	Instit. financeiras	1,61	Jornais	2,63	Fornecedores	3,14
Universidades e faculdades	1,54	Dados internos	2,20	Livros especializados	2,00		
Agentes e representantes	2,59			Publicações oficiais	1,94		
Empresas contratadas	2,07						
Concorrentes	1,96						
Conselho de administração	1,89						
Outros funcionários	1,88						

NÚMERO DE FONTES FORMAIS UTILIZADAS		NÚMERO DE FONTES IMPESSOAIS UTILIZADAS	
Informais	8,62	Escritas	5,90
Formais	3,74	Orais	2,48
Total	12,38	Total	8.40

FREQ. UTIL. FONTES PESSOAIS		FREQ. UTIL. FONTES IMPESSOAIS	
Informais	2,70	Escritas	2,65
Formais	1,81	Orais	2,56

1: em média
2: escala de 1 (sem importância) a 5 (muito importante)
3: escala de 1 (muito raramente) a 5 (muito frequentemente)
FONTE: JULIEN (1995: 468).

ou quanto mais rapidamente ele evolui, tanto em tecnologia como em estrutura de mercados, e quanto mais uma empresa quer ser a primeira da fila, mais ela deve ter uma vigilância bem organizada e variada para acompanhar a mudança e principalmente para antecipá-la (JULIEN et al., 1999; RAYMOND et al., 2001). Porter e Millar (1985) lembram que, se alguns setores criam pouca informação na cadeia de valor (como o petroquímico, cujos métodos de gestão e produção são bem conhecidos) e têm por isso menos necessidade de renovação contínua de informação, outros criam sistematicamente informações puras, como os setores de multimídia e editoriais ou as empresas financeiras (ver Figura 6.2). Foray e Hargeaves (2002), por sua vez, consideram que alguns setores aproveitam rapidamente as informações tecnológicas advindas principalmente de informações codificadas ou explícitas – sobretudo os setores manufatureiros de engenharia (produção de equipamentos, indústria de transportes, eletrônicos etc.) –, enquanto outros funcionam de um modo mais *humanista* de transformação lenta, apoiando-se em informações principalmente tácitas, transmitidas por contatos interpessoais e cuja aprendizagem se faz pela ação. É o caso de serviços como ensino, consultoria ou outras disciplinas que apresentam mais relações que serviços específicos, ou mais arte que ciência[8]. Vaghely (2005) estima que muitas PMEs manufatureiras e algumas PMEs de serviço

FIGURA 6.2 • MATRIZ DE CONTEÚDO INFORMACIONAL DE ACORDO COM ALGUMAS INDÚSTRIAS

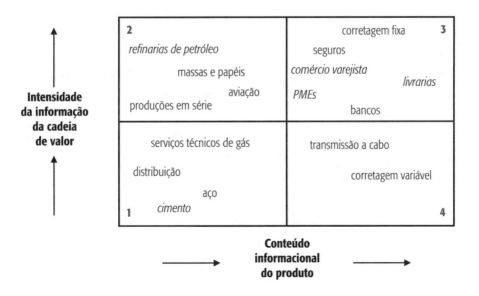

ADAPTADO DE PORTER e MILLER (1985).

> **Eis um exemplo** de aplicação de uma vigilância antecipadora frequentemente intuitiva: o desenvolvimento acelerado de pequenas fábricas de alimentos refinados que são em boa parte vendidos de forma direta ao consumidor (como as cervejas artesanais ou os queijos da fazenda[9]). Esses produtos são uma reação à crítica crescente do consumo dito clássico (como os camemberts industriais ou os pratos prontos das grandes marcas nacionais) feita por uma margem cada vez maior da população (entre 15% e 25%, de acordo com o IRI-França) denominada hoje de alterconsumidores. O impacto é importante: na França, por exemplo, esse consumo clássico caiu em volume de quase 1% ao ano nos últimos anos, quando até então progredia regularmente de 3% a 4%.

às empresas deveriam produzir inovação tanto na cadeia de valor como em seu produto, a fim de garantir uma vigilância adequada e de se valer de um bom processo de transformação da informação em conhecimento.

Esses estudos sobre a vigilância indicam, entretanto, que não basta apenas obter um grande volume de informações para enfrentar a incerteza. A vigilância depende da seleção acertada de informações e de sua boa circulação pela empresa, a fim de promover a análise da mudança e suscitar reações utilizáveis para aperfeiçoar a estratégia. Isso permite ultrapassar a ambiguidade causada pelo excesso de informação e transformar esta última em sentido para a ação, quer dizer, passar do conhecimento à estratégia que oriente a ação e o *savoir-faire* que permite distinguir-se da concorrência (WEICK, 1979). Choo (1998) mostra como é importante e difícil transformar a informação de forma que possibilite orientar a busca de informações complementares que permitirão apoiar (e, se necessário, mudar) a trajetória tecnológica da empresa.

A informação nova, portanto a mais rica, é coletada graças a diversos tipos de proximidade que vão bem além das TICs, como vimos com a importância da informação pessoal obtida face a face. De fato, essa informação que abre novas oportunidades é na maior parte das vezes tácita e parcial; ela requer, portanto, a troca direta[10], em um processo de perguntas e respostas, e deve ser completada por informações provenientes de fontes informacionais complementares. A proximidade supre a necessidade de uma medida imediata de uma boa parte da informação, principalmente técnica, pois não há tempo de estudar em detalhe cada informação, ou meio de fazê-lo[11]. A primeira medida dessa informação é a confiança em relação

> **Na rede de subcontratação** da Bombardier Recreational Products, assistimos a encontros de engenheiros que consideravam que em alguns casos de ajustes de peças as trocas diretas pelos sistemas de concepção assistida por computador (CAD), embora potentes e perfeitamente compatíveis como KATIA, eram insuficientes para sair de um impasse ou ir além do já conhecido. Era preciso, portanto, reuniões pessoais para obter toda a informação tácita e sutil, ou seja, intercomunicação pessoal.
>
> Saxonian (1994) mostrou que, no Vale do Silício, o desenvolvimento de boa parte do conhecimento começava em encontros informais de engenheiros e cientistas nos cafés e outros lugares de descontração, mesmo que esses profissionais trabalhassem para empresas concorrentes.

ao informante, confiança que justamente só pode se desenvolver com a proximidade e o tempo; e ela cresce pela troca gradual: "Você me dá algumas informações e eu lhe dou outras". Ela se desenvolve graças a diversas conivências que vão além das situações concorrenciais e dos comportamentos oportunistas. A proximidade faz assim com que se consiga falar a mesma linguagem, verbal ou não, portanto facilita a compreensão do sentido que têm no interlocutor o dar de ombros, os grunhidos, as hesitações ou as reações de entusiasmo etc., dificilmente visíveis e transmissíveis pelas TICs.

A vigilância eficaz supõe laços externos com informantes em redes diversas. Essas redes permitem ampliar os recursos ou adaptar rapidamente e até automaticamente a informação às necessidades dos interlocutores, tanto para transmiti-la como para recebê-la. Tal alargamento produz uma massa crítica mais importante, que gera efeitos de sinergia propícios à inovação.

6.4 • Os mecanismos de **passagem da informação** ao **conhecimento** e ao *savoir-faire*

A difusão de uma informação rica entre os atores é o fator-chave para estimular a inovação nas empresas e na região. Esta difusão depende dos laços que os atores mantêm uns com os outros e com as fontes informacionais externas, laços que por sua vez devem favorecer a adaptação, a transmissão e a boa recepção dessa informação rica.

Yona Friedman (1974) já destacou que a melhor maneira de produzir ideias de desenvolvimento novas e complexas, mas ainda mal estruturadas e que são aplicáveis diferentemente de acordo com cada cultura, é formar pequenos grupos de trabalho. Nos grandes grupos, o ruído se amplifica muito rápido, o que obriga a empresa a adotar diversos protocolos, na maior parte das vezes incapazes de levar em conta a informação complexa, sutil e tácita (VOGE, 1978)[12]. Trata-se simplesmente de aplicar o *princípio da mínima dificuldade* ao trabalho em pequenos grupos, em vez de deixar a burocracia aumentar a distância pela hierarquia e limitar consideravelmente a riqueza da informação. Watts (1999) retomou essas ideias em sua abordagem dos *pequenos mundos*.

Para Friedman e Watts, o acesso da organização a uma rede regular de contatos onde cada integrante se relaciona com colegas ou amigos próximos (cultural ou geograficamente falando), que também estejam em contato mútuo, como ilustra esquematicamente a forma à esquerda na Figura 6.3, faz com que a circulação da informação seja mais lenta e muito menos rica que em outras formas de contatos organizacionais – porém mais garantida, logo muito eficaz no longo prazo. Ao contrário, os contatos estabelecidos de forma aleatória em que os laços se desenvolvem mais com colegas afastados (à direita na figura) proporcionam uma informação mais rica, porém menor coesão social. Em outras palavras, uma empresa ou região cujos funcionários ou habitantes são próximos e se dão bem desenvolve-se de maneira particularmente coerente, mas existe a falta de informação nova que

FIGURA 6.3 • TIPOS DE REDES QUE REPRESENTAM DIFERENTES FORMAS DE RELAÇÃO PARA AS ORGANIZAÇÕES

ADAPTADO DE WATTS, D. *Small Worlds: The Dynamics of Networks between Order and Randomness*. Princeton: Princeton University Press, 1999.

O princípio da mínima dificuldade relaciona-se ao *Teorema de Ulam*, que demonstra que a dificuldade de gerir o compartilhamento de uma informação sutil, e portanto de administrar uma organização, aumenta na proporção do quadrado do número de membros, ou seja, N^2. A dificuldade total D pode ser calculada pela seguinte fórmula:

$D = N_i N_i 3 2 + (1/2)P$

Na qual N_i é o número de grupos compreendendo N_i indivíduos na organização e P é o número de níveis hierárquicos (TOULOUSE e BOK, 1978). Friedman (1978) calculou que o número ótimo de membros de um grupo para obter o máximo de transferência de informação (de acordo com uma parábola) era aproximadamente quinze pessoas; ou, pelo menos, ele mostrou que as afinidades máximas nos grandes grupos se limitavam a esse número, obrigando assim a formar subgrupos para minimizar o ruído informacional e aumentar a eficácia.

Um dos exemplos da aplicação desse princípio é a Guerra do Vietnã, que permitiu a um exército de guerrilha vencer o exército mais poderoso do mundo. Essas guerrilhas eram formadas em média por 15 combatentes, capazes de carregar armas suficientemente poderosas até perto do inimigo, de atacar subitamente e de se retirar com rapidez para não serem abatidos. Outros estudos mostraram que nas pesquisas em saúde, principalmente sobre o câncer, as pequenas equipes de cerca de 15 pesquisadores quase sempre tinham mais sucesso que as grandes. Podemos também encontrar esse número nos grupos de pesquisa mas eficazes das PMEs.

possibilite a inovação. A empresa teria, portanto, de escolher entre, de um lado, a coerência e a qualidade, e, do outro, a variedade da informação.

Watts afirma que constituir uma rede da forma intermediária, a dos *pequenos mundos* (ilustrada no centro da Figura 6.3, ao lado), que alie contatos próximos e distantes, seria a melhor solução. No capítulo seguinte, retornaremos a esses laços, opondo as redes de sinais fortes às de sinais fracos. No momento, esclareçamos apenas que, se as últimas aportam muitas ideias novas capazes de conduzir à inovação, elas são menos bem compreendidas e assimiladas, pois uma parte da informação rica pode se perder por falta de proximidade para obter a informação complementar necessária.

A empresa pode, entretanto, ir além dos limites dos *pequenos mundos*, aperfeiçoando a qualidade e a variedade da informação que coleta. Para isso, é preciso aumentar

A informação traduzida em simples dados numéricos enviesa e deforma, na maior parte das vezes, o processo de formação estratégica daqueles que se limitam a ela como única fonte de informação (MINTZBERG, 1994). Para ser bem transmitida e completa, a informação deve superar outros obstáculos: a falta de suporte adequado, a obstrução voluntária por razões táticas ou de luta de poder, ou ainda diversas considerações pessoais ou burocráticas, como explicam bem as diversas *leis* de Parkinson (1983) sobre os danos da burocracia nas grandes empresas e nos governos.

Para compreender a noção de ruído ou deformação da informação nas organizações, basta pensar na brincadeira do *telefone sem fio*, em que as crianças murmuram na orelha de seu vizinho da direita a frase que o da esquerda acabou de lhe dizer, até que o último do grupo diz então em voz alta essa frase (que chega, na maior parte das vezes, completamente deformada em relação à original). A multiplicação do número de interlocutores e de níveis hierárquicos geralmente amplifica esse ruído; para assegurar-se de que a informação não será deformada e limitar os erros de interpretação, a empresa deve lançar mão de recursos específicos e sistemas de controles onerosos. Um exemplo são os jornais corporativos, que permitem que as grandes organizações cortem certos rumores particularmente desmobilizadores.

Entre as barreiras há as normas coletivas, que muitas vezes impedem que as pessoas vejam as coisas de maneira diferente da que já estão acostumadas. Assim, no início dos anos 1970, diversas pesquisas americanas mostraram que era preciso reduzir consideravelmente o peso e a potência dos carros americanos, depois de se constatar a demanda crescente por carros alemães e japoneses como segundo carro e, aos poucos, como primeiro carro familiar. Mas os engenheiros das grandes montadoras recusavam-se a qualquer mudança, repetindo que os consumidores jamais aceitariam mudar de hábitos. As duas crises de energia de 1973 e 1975 logo deram razão aos pesquisadores, acelerando consideravelmente essa mudança. Porém essa evidência parece continuar mal compreendida, apesar da nova crise de energia, com os enormes déficits das empresas americanas. O resultado é que a Toyota vende agora mais carros nos Estados Unidos que a General Motors. Esse exemplo confirma que o maior obstáculo à mudança na maioria das vezes encontra-se na cabeça das pessoas – nesse caso específico, na cabeça dos engenheiros das empresas.

a capacidade de pesquisa e absorção de sua organização, e organizar ou colocar de pé sistemas de tradução e adaptação da informação. Limitar-se a multiplicar a informação pela vigilância ou de outra maneira não basta. É preciso mais uma vez ser capaz de fazer uma triagem e análise adequadas da informação, e, por fim, de utilizá-la adequadamente. É o que veremos agora.

6.4.1 • *APERFEIÇOAR A CAPACIDADE DE OBTER E ABSORVER INFORMAÇÕES*

Uma empresa é fabricante de conhecimentos desde que tenha os recursos para aprender, quer dizer, para extrair e converter os saberes explícitos e tácitos em ciclos de *externalização, combinação, internalização e socialização* (NONAKA, 1994). O conhecimento resulta, de fato, da aprendizagem interativa, que oferece bases de saber diferentes de acordo com a experiência e a capacidade de aprendizado dos atores de uma empresa. Isso implica ao menos oito atitudes ou aptidões face à informação:

1 • Capacidade de buscar informação mais ou menos definida como alvo, principalmente pela vigilância;
2 • Implementar e atualizar regularmente as capacidades de absorção interna e externa por meio da contratação de pessoal qualificado, formação contínua e laços com recursos externos de transformação da informação, como certas consultorias particularmente *inteligentes*[13] ou consultores científicos;
3 • Capacidade de converter informação em conhecimento e de fazer circular esse conhecimento na organização;
4 • Capacidade de persuasão dentro da organização, de acordo com as aptidões a aprender, as atitudes a mudar e as práticas a implementar, e não com jogos de poder que tendam a reter a informação ou a enviesá-la;
5 • Desenvolvimento de fluxo informacional pelas redes (colaborações de médio ou longo prazo com os clientes mais importantes, fornecedores, parceiros,

---

Husted e Michaïlova (2002) explicam que o comportamento cultural dos gerentes russos, como o fato de não admitir erros para preservar sua posição na hierarquia, bloqueia consideravelmente a troca de informações e pode causar grandes problemas quando eles trabalham em filiais pertencentes no todo ou em parte a sociedades ocidentais.

FIGURA 6.4 • A TRANSFORMAÇÃO DA INFORMAÇÃO EM CONHECIMENTO E O PRINCÍPIO DA MÍNIMA DIFICULDADE

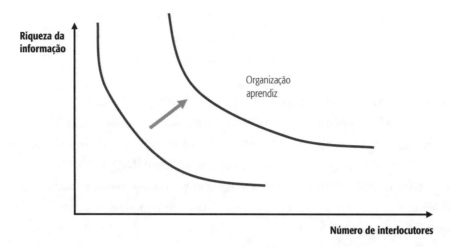

laboratórios de pesquisa ou desenvolvimento, ou seja, com diferentes atores que proporcionem assim informação diversificada e multidisciplinar) por meio de trocas sistemáticas de informações tácitas e codificadas, as quais se apoiem na confiança recíproca e nas quais não intervenha nenhum jogo de poder;

6 • Aceitação de possíveis efeitos de dissonância ou de descontinuidade que podem conduzir a novas possibilidades de inovação;

7 • Capacidade de destacar suas competências para o exterior (utilizando a patente para assegurar sua reputação ou instalando-se em um parque tecnológico) para fazer parte de um clube de novas ideias, de uma rede avançada de troca informacional[14];

8 • Por fim, construção de trajetórias fortes que evoquem combinações novas[15].

Em suma, essas atitudes ou aptidões permitem ultrapassar os limites informacionais devidos à multiplicação do ruído nas organizações e às capacidades limitadas de aprendizado (SØRENSEN e STUART, 2000), deslocando a curva limitante da riqueza da informação à medida que o número de interlocutores aumenta pela formação de redes ricas, como se pode ver na Figura 6.4, acima, e conforme discutiremos no capítulo seguinte.

6.4.2 • ORGANIZAR A TRADUÇÃO DA INFORMAÇÃO, ESTABELECENDO RELAÇÕES E DESENVOLVENDO SÍNTESES

Mas não se trata unicamente de multiplicar a informação rica. É preciso ser capaz de religá-la, de lhe dar sentido e de transformá-la em estratégia e ação. Bettis e Pralahad (1995) lembram que as empresas obtêm cada vez mais informação, mas são frequentemente incapazes de utilizá-la por conta da grande desorganização de seu sistema de transformação de informações, portanto de apropriação. Uma primeira transformação passa pelas pontes informacionais e pelos *champions* (líderes do processo de inovação) de cada organização. As primeiras são os colaboradores que estão em contato com o ambiente externo, como vendedores e técnicos, ou os engenheiros que dialogam com fornecedores. Vendedores à espreita de observações dos clientes podem aportar uma imensidão de elementos que sirvam de detonador para inovações de todo tipo. Os funcionários ou gerentes em contato com vendedores de novos materiais ou de novos equipamentos podem preparar a mudança ou ajudar a adaptar os equipamentos atuais a novas possibilidades. Já os *champions* têm de convencer os demais das vantagens da mudança na organização e diminuir as reticências ou resistências aqui ou ali.

Após obter e difundir as informações, a organização necessita do que chamamos de *catalisadores de informação* (JULIEN, VAGHELY e CARRIER, 2004) e que Krogh, Nonaka e Ichijo (1997) chamam de *ativistas de conhecimento*, ou seja, pessoas que facilitam o contato, a triagem e principalmente a síntese da informação que circula dentro e fora das organizações. Esses catalisadores ficam tão à vontade em ambientes de informação algorítmica (à base de fórmulas, gabaritos e outros sistemas de resolução de problemas próprios à incerteza) como em ambientes heurísticos de criação, discussão e interpretação de sentido, próprios ao tratamento da ambiguidade (VAGHELY e JULIEN, 2008). São frequentemente colaboradores cuja missão é obter junto às pontes informacionais e outros funcionários toda sorte de informações tácitas ou explícitas para ajudar na decisão, dar-lhe sentido, compartilhá-la, sintetizá-la e finalmente transmiti-la à direção para que esta então decida o caminho a seguir. Pode-se tratar, por exemplo, de colaboradores *solucionadores de problemas*, que resolvem todo tipo de questão: não têm tarefas muito precisas, mas podem dar uma mãozinha a um empregado ou equipe para comandos especiais. Ou ainda são funcionários mais antigos, experientes, que conhecem todas as engrenagens da organização e podem assim ajudar a orientá-la. Alguns são catalisadores mais oficiais, encarregados pela empresa de preparar os orçamentos e capazes de ultrapassar os algoritmos habituais a fim de satisfazer algumas demandas especiais a melhor custo, qualidade ou prazo que os concorrentes.

Esses catalisadores são os multiplicadores dos lugares, na maior parte das vezes virtuais, de troca de informação e *savoir-faire*. Rogers (1995, p. 337) assim descreve suas principais qualidades: ajudam a desenvolver as necessidades de trocas e a estabelecer relações com o mercado; podem diagnosticar os problemas que, relacionem-se ou não ao mercado, poderiam incitar o cliente a voltar-se para outro lugar, e fazem assim com que a empresa reaja, passando à ação; estabilizam a adoção da mudança e previnem as rupturas de continuidade; enfim, consolidam os laços reticulares para garantir permanência. Esses catalisadores são um dos instrumentos para transformar a informação em conhecimento: eles favorecem a eficácia das redes, permitindo, se necessário, aumentar o número delas, reduzindo assim a incerteza e a ambiguidade.

6.4.3 • *ACIMA DE TUDO, IR ALÉM DAS ANÁLISES LINEARES OU DA LÓGICA DOMINANTE*

Pralahad e Bettis (1995) lembram que as empresas obtêm cada vez mais informações, mas são frequentemente incapazes de utilizá-las porque seu sistema de transformação, portanto de apropriação, é muito mal organizado, ou ainda por conta de hábitos ou preconceitos que as impedem de inovar e superar a lógica dominante. Como dissemos, essas empresas limitam-se a utilizar algoritmos feitos para analisar informações e esquecem-se de ir além deles para buscar uma visão heurística que dê lugar à intuição. Apenas quando confrontadas com crises graves é que elas aceitam quebrar suas rotinas e mesmo colocá-las em questão. Entretanto, com bastante frequência isso acontece tarde demais.

Um melhor controle da informação, porém, está na base das boas estratégias, especialmente da estratégia proativa. É ela sobretudo que permite alimentar o espírito corporativo, como vimos na Figura 4.1 (p. 150). É, portanto, nesse controle que se apoiam a flexibilidade das empresas e em última instância seu caráter distintivo, tal como o das regiões. Esse controle passa pelas redes que, se forem escolhidas judiciosamente e mantidas com inteligência, permitem à empresa ir além da informação factual obtida e discernir nela os pequenos fatos indicadores do futuro, graças aos quais ela poderá ir mais longe ou mais rápido que seus concorrentes.

Em nossa metáfora, as questões colocadas por Guilherme de Baskerville se resumem nesse melhor controle informacional, o que explica a importância da grande biblioteca do mosteiro. É por isso que toda boa organização criminal, para sobreviver e se desenvolver, deve implementar um sistema de corrupção direta e indireta justamente para obter de forma sistemática informações sobre as estratégias das forças da ordem e sobre a evolução das necessidades de sua clientela atual ou futura, de maneira a ser informada rapidamente de todas as mudanças e aproveitar as novas oportunidades.

NOTAS

1 Já em 1939, Georges Stigler explicava que a transferência de informação não é troca de informação. A transferência está relacionada ao continente, enquanto a troca está relacionada principalmente ao conteúdo.

2 Dizemos pegajosa, escorregadia (*sticky*, em inglês), portanto difícil de agarrar.

3 Ou seja, útil para agir.

4 Essa tendência a tentar enviesar a informação não põe em questão o princípio de Marshall de que as ideias estão no ar. Efetivamente, uma grande parte da informação geral está disponível para todos. Mas esforços particulares são necessários para torná-la operacional para diversos tipos de produtos tirados de diferentes sistemas de produção.

5 Ainda mais quando essa capacidade particular pode tanto ser desenvolvida como enfraquecer-se com o tempo. Ver a esse respeito Krueger (2007) ou Nandram, Born e Sansom (2007).

6 Ocorre com frequência de os acordos entre empresas e centros de pesquisa públicos ou universitários preverem cláusulas de exclusividade, pelo menos por certo período.

7 Daí o adjetivo "tácito", que vem do latim *tacere*: calar-se. A importância da informação tácita foi esclarecida pelo economista húngaro Michel Polanyi (1944), mas provém originalmente do filósofo Sêneca (4 a.C.-65 d.C.) e mais tarde de Maurice Merleau-Ponty (1964). Por exemplo, Sêneca, em sua sexta carta a Lucílio, explica que "aprendemos mais no contato com os sábios do que com a leitura de seus livros".

8 Como a medicina, que, infelizmente, cada vez mais médicos creem estar relacionada acima de tudo a análises puramente técnicas. Estas, porém, são incapazes de fornecer informações sutis sobre a doença, que são um tipo de informação frequentemente tácita e difícil de se obter durante os poucos minutos de contato com o paciente. Sem contar a enorme influência da indústria farmacêutica na medicina, como já dissemos. Do mesmo modo, o funcionamento em rede, tanto para alguns diagnósticos como para a troca de conhecimentos explícitos (e principalmente tácitos) ou de informações sobre as melhores práticas, continua a ser raro, embora seja a chave para compreender e estimular o compartilhamento de informações entre os médicos, tal como ocorre em outros setores.

9 Devemos notar que essas produções artesanais sempre existiram – exemplo é a da cerveja, em um bom número de cafés belgas regionais. O que mudou é que, após cair sistematicamente, elas ganharam novo fôlego e, principalmente, dirigem-se a categorias profissionais superiores com forte poder aquisitivo que buscam novo poder sobre seu consumo.

10 Em uma experiência com grupos de estudantes das Universidades de Montreal e Toronto, Aubert e Kelsey (2000) demonstraram que a confiança e eficácia sinérgica em relações frente a frente eram superiores àquelas das trocas virtuais.

11 Realmente, não há nenhuma necessidade de desmontar um equipamento complexo para conhecer suas capacidades e limites. Na maioria das vezes, a confiança em relação ao representante do fornecedor de equipamentos basta, embora seja possível também fazer verificações complementares com empresas não concorrentes que já utilizam o aparelho ou discuti-lo em feiras industriais. Do mesmo modo, não há nenhuma necessidade de ser um entendido em informática para comprar um computador: na maioria das vezes, confiamos nos conselhos de um amigo relativamente especialista que compreenda nossas necessidades.

12 Voge (1978) mostra que a necessidade de informação evolui de maneira quadrática à medida que a organização cresce, até um máximo além do qual qualquer nova informação é rejeitada. Apenas as organizações realmente descentralizadas conseguem ultrapassar esse limite.

13 Empresas capazes de trazer informação nova ou práticas novas e úteis para além dos instrumentos tradicionais que qualquer consultoria conhece.

14 Essa foi uma das razões dadas pelos membros da rede da Chaire Bombardier para explicar sua participação nesta (JULIEN et al., 2003b), e também se aplica aos parques tecnológicos (STOREY e STRANGE, 1990).

15 Contrariamente a posições de fechamento, que fazem com que certas trajetórias tecnológicas sejam particularmente ineficazes mas ainda assim perdurem por inércia, mesmo quando as razões que explicam seu desenvolvimento já não existem (DAVID, 1994).

O café está muito na moda em Paris:
há um grande número de estabelecimentos onde ele pode ser tomado.
Em alguns deles, contam-se fofocas; em outros, joga-se xadrez.
Há um onde o café é preparado de tal maneira
que dá mais verve a quem o toma:
Pelo menos, de todos os que saem de lá, não há quem não creia
ter quatro vezes mais verve do que quando entrou...

Montesquieu, *Carta persa XXXVI*.

CAPÍTULO 7 • As redes

UMA SEGUNDA CONDIÇÃO NECESSÁRIA:
O COMPARTILHAMENTO DE INFORMAÇÕES
QUE CONDUZ À INOVAÇÃO

As redes locais, regionais e extrarregionais são uma das bases da dinâmica do meio, quer funcionem por meio dos cafés, como descreveu Montesquieu há mais de 280 anos, das associações profissionais ou de outras maneiras. Elas são o melhor meio de compartilhar informações no interior de uma região e de buscar, selecionar e acumular informações vindas do ambiente externo. Assim, elas são fundamentalmente *disseminadores* e *amplificadores* de informações para as empresas.

A depender das características das informações, os atores e principalmente os empreendedores preferem quase sempre obtê-las por meio de interação pessoal com pessoas que conhecem ou de quem têm referências, em vez de obtê-las pelos canais institucionalizados ou à distância, como assinalamos anteriormente. Esses encontros constituem o suporte necessário ao desenvolvimento do conhecimento e são o instrumento-chave para apoiar o aprendizado, criando sinergia na região.

Mas por que se organizar em redes quando um dos objetivos importantes da criação de uma empresa é a independência? Isso faz parte de um dos paradoxos de que falamos no início desta terceira parte. Contudo, responde também às necessidades de proximidade de qualquer indivíduo com pessoas que o compreendam, que possam apoiar seus esforços e até mesmo alimentar seu entusiasmo. Se as empresas forem livres para estabelecer redes com quem quiserem, elas não entenderão as redes que constituírem como uma barreira à sua independência. Os empreendedores

> **Um estudo do Battelle Institute** de Genebra mostrou, no início dos anos 1970, que os cafés europeus eram o principal lugar onde os executivos compartilhavam informações a respeito do desenvolvimento de suas empresas. Dá-se algo semelhante com os restaurantes e bares norte-americanos, o que também vem lembrar que a descontração favorece a troca de informações.

e os membros de sua pequena organização são seres sociais, que fazem parte de uma família e de uma comunidade, sendo todos, portanto, mais ou menos ligados no mínimo a redes sociais (ou até econômicas) baseadas em troca recíproca e confiança. Todo empreendedor dispõe de pelo menos sua família e amigos para obter e trocar informações, e alguns parceiros para melhor vender seus insumos e ajudá-lo a distribuir seus produtos. No momento da criação, esses parceiros são frequentemente cruciais para que ele consiga dar a arrancada e atingir a velocidade de cruzeiro.

Encontram-se nas regiões diversos lugares de troca informacional mais ou menos informais, como cafés, restaurantes, clubes e associações diversas, que permitem aos empreendedores obter todo tipo de informação e colaboram para a sua avaliação. E com os funcionários não é diferente: eles estabelecem laços de amizade dentro e fora da empresa, com seus colegas de profissão, com os membros de um clube esportivo, cultural ou de uma associação de caridade etc.

As redes sempre existiram, embora os pesquisadores só as tenham descoberto há três décadas. Essa ignorância vem da velha teoria econômica segundo a qual as empresas são isoladas e só funcionam em um sistema de concorrência mais ou menos feroz. Entretanto, encontram-se em toda organização diversas redes mais ou menos inter-relacionadas, a depender do número de gerentes e funcionários. Por exemplo, muitas PMEs utilizam as redes de seus funcionários para contratar novos profissionais ou compreender melhor as mudanças no meio (DESS e SHAW, 2001), ou então usam as redes de seus dirigentes para viabilizar o levantamento de recursos em órgãos estatais (JOHANNISSON, 1995; JULIEN e LACHANCE, 1999). Como ilustra a Figura 7.1, a seguir, essas diversas redes sobrepõem-se mais ou menos, de acordo com o uso que a direção faz delas (ALLEN, 1997). Elas evoluem mais ou menos rapidamente de acordo com o ritmo de chegada de novos membros e do estabelecimento de novos objetivos[1].

FIGURA 7.1 • INTER-RELAÇÕES DAS REDES DE FUNCIONÁRIOS DE UMA EMPRESA

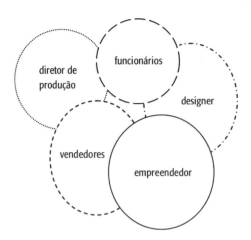

As redes constituem a estrutura de comunicação e aprendizado que a região oferece aos atores sob a forma de lugares de troca informacional, tanto físicos como virtuais. São também a expressão do coletivo e das convenções estabelecidas em toda a sociedade. Elas ilustram o próprio funcionamento do meio. As redes são a base sobre a qual se desenvolve o capital social, pois podem favorecer (ou não) o desenvolvimento de uma cultura empreendedora dinâmica aberta à inovação, desde que forneçam informações novas, variadas e de qualidade, ligando-se ao ambiente externo, ou, ao contrário, encorajem o conformismo, limitando-se à região ou opondo-se à mudança. Elas constituem o meio privilegiado de difundir e compartilhar informações, portanto de aprender em conjunto, de modo a atingir uma compreensão mútua da mudança em um sistema de produção e consumo (MAILLAT, QUÉVIT e SENN, 1993). Podem ser baseadas em contratos mais ou menos formais e mais ou menos de longo prazo, ou simplesmente na confiança, lealdade e reciprocidade entre os parceiros (FERRARY, 2002). Podem ainda permitir às empresas desenvolver ativos compartilhados, agregados e complementares, o que facilita a criação coletiva e, consequentemente, que a empresa se distinga e cresça (ALLEN, 1983).

Assim, quando são dinâmicas, as redes constituem o meio privilegiado para favorecer a circulação sistemática da informação rica em um território, quer dizer, para buscar e adaptar a informação às necessidades dos empreendedores, a fim de acelerar seu aprendizado da mudança (ZAJAC e OLSEN, 1993). Elas respondem também a uma necessidade crucial, a de diminuir a incerteza e a ambiguidade diante das decisões a tomar. Trazem informação não procurada, fornecendo assim

Até mesmo as microempresas desenvolvem redes de relacionamento, como esta, de uma dirigente da E176, fabricante exportadora com quatro funcionários, fundada em 1990 e situada em um pequeno município distante.

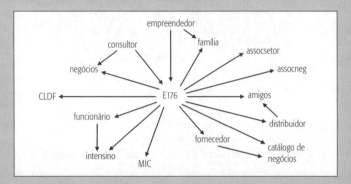

Essa figura ilustra os diversos laços declarados por uma dirigente: 1) ser membro de duas associações, um grupo de mulheres empreendedoras (ASSOCNEG) e uma associação de seu setor industrial (ASSOCSETOR); 2) trabalhar com duas pessoas/recursos exteriores à sua empresa que a ajudam na condução dos negócios cotidianos: um fornecedor de matérias-primas cujo nome ela encontrou no catálogo de negócios (FORNECEDOR/CATÁLOGO DE NEGÓCIOS) e uma representante apresentada por um amigo (AMIGOS/DISTRIBUIDOR); 3) além disso, nos dois últimos anos, duas instituições lhe deram apoio quando ela enfrentou problemas, o Centro Local de Desenvolvimento (CLDF), no caso de questões sobre o desenvolvimento da empresa, e o Ministério da Indústria e do Comércio (MIC), em assuntos relativos ao desenvolvimento das atividades de exportação; 4) enfim, nos seis últimos meses, ela discutiu o desenvolvimento de sua empresa com três pessoas importantes: um consultor de uma grande cidade (finanças e P&D) que a contatou e que ela só conhece há alguns meses (a relação está rompida no momento) (CONSULTOR/NEGÓCIOS), um funcionário que conheceu na universidade (há dez anos) e com quem fala todos os dias (FUNCIONÁRIO/INSTENSINO), e finalmente seu irmão, que mora em outra cidade e é coproprietário de outra empresa, com o qual ela fala uma dezena de vezes por mês (FAMÍLIA/EMPREENDEDOR).

FONTE: JULIEN, LACHANCE e MORIN (2004).

diversas indicações, tanto das oportunidades e possibilidades de inovar a fim de melhor se distinguir de seus concorrentes como dos recursos disponíveis para melhor aproveitar tais oportunidades, o que permite a variedade nas empresas. Elas constituem uma espécie de *rede de pesca aberta*[2] para aproveitar a passagem da informação estruturante a fim de enxergar melhor as oportunidades e agir – o tamanho das malhas permite filtrar a informação e reter apenas os elementos desejados. Elas têm, portanto, um papel muito importante no empreendedorismo. Ainda mais quando a informação fornecida por elas tem a vantagem, primeiro, de já ser selecionada, visto que os membros se conhecem e conhecem suas necessidades; em seguida, de ser analisada e medida de diversas formas por observadores atentos e até certo ponto especialistas em seu campo específico; e por fim, de ser adaptada às necessidades particulares ou potenciais daquele que a recebe, o qual tende a reter a informação em sua disciplina ou em função de seus interesses e de sua trajetória, anterior e projetada, estando ainda aberto às necessidades de amigos ou parceiros frequentemente escolhidos de acordo com os mesmos critérios: "Cada qual com seu igual!". Voltando à nossa metáfora, Maigret, como vimos, explica que para compreender a situação e os laços entre a vítima e o assassino é muito importante conhecer bem a família e as redes de relacionamento da vítima.

Além disso, como já mencionamos, a participação em redes gera informação *potencial*, que facilita a decisão, oferecendo, conforme necessário, recursos complementares ou portas de saída. Birley (1985) trata corretamente essa informação potencial proveniente das redes como uma *segurança* para apoiar a decisão e a ação. A informação efetiva e a informação potencial, adaptadas às necessidades dos empreendedores, têm como consequência diminuir a incerteza e a ambiguidade, e principalmente convencê-los a serem ainda mais ativos. (A menos que as redes sejam conservadoras e freiem o dinamismo.)

Neste capítulo, falaremos inicialmente do funcionamento das redes, apresentando em seguida seus diferentes tipos, de acordo com o gênero de empresa e de meio. Terminaremos lembrando que a existência dessas redes em um território não quer dizer que a região esteja bem interligada em redes, nem que as trocas sejam ótimas para favorecer a inovação – o que nos levará ao capítulo seguinte, sobre a inovação.

7.1 • O funcionamento das redes

Redes são antes de tudo ligações interpessoais entrelaçadas de múltiplas formas (JOHANNISSON, 2000). Elas podem ir além da simples troca de informação e se estender à colaboração e à ação conjunta, tornando-se finalmente cooperação.

Essas redes informacionais podem diferir em estrutura, no tipo de ligação que as caracteriza, na posição de seus membros, em seu tipo de proximidade, porte, densidade, diversidade ou qualidade. As ligações podem ser primárias, quer dizer, ocorrerem diretamente entre os membros, ou secundárias, portanto indiretas, passando por intermediários que são membros da rede. Graças a esses laços indiretos, o indivíduo pode confiar na informação secundária que recebe de um interlocutor muito pouco conhecido, mas que lhe foi apresentado por um membro da rede no qual confia. Aliás, este último também terá feito ao tal indivíduo algumas recomendações sobre a maneira de abordar aquele terceiro, para conseguir tirar dele toda a

> **A primeira forma de cooperação**, a colaboração, pode ser mais ou menos espontânea. Por exemplo, ocorre com muita frequência em vários negócios concorrentes, como lojas de móveis ou calçados, que se instalam em um mesmo setor ou rua, beneficiando-se de uma clientela maior, em uma colaboração implícita. Esse comportamento é muito antigo: demonstram-no os mercados de todas as medinas norte-africanas ou, nas antigas cidades européias, as ruas cujos nomes evocam o ofício daqueles que ali se reuniam há muitas centenas de anos. A segunda forma, a ação conjunta, é mais voluntária, como no caso antigo[3] dos curtidores e tintureiros, que tinham uma necessidade enorme de água para seu ofício: ela assenta no compartilhamento de alguns serviços para diminuir o custo, como uma ferrovia ou porto. Ela pode ser observada nos parques industriais ou mais recentemente nos parques tecnológicos e incubadoras, que reúnem serviços comuns. A ação conjunta permite também atividades de comum acordo para organizar, por exemplo, uma festa de bairro a fim de atrair a clientela, ou para compartilhar alguns comportamentos, como no caso dos distritos industriais. A terceira forma diz respeito destacadamente às redes densas – o que Lorenzoni (1990) chama também de *constelações de empresas* ligadas entre si em produtos e serviços complexos –, e às alianças, às vezes pontuais, que surgem em uma cooperação com vistas a objetivos de longo prazo mais dificilmente acessíveis às empresas isoladas[4].

informação desejada. Em um bom número de redes informacionais, passa-se frequentemente de um a outro para obter a informação mais precisa possível, a fim de obter uma resposta completa. São esses laços secundários que fazem a riqueza de uma estrutura reticular, pois eles permitem reduzir consideravelmente o tempo dedicado à busca da solução para um obstáculo que impede a inovação eficaz, quando se possuem todos os outros elementos e informações para fazê-lo.

Uma boa rede informacional primária não precisa ser de grande porte[5], pois seu primeiro papel é fornecer informação personalizada, mais difícil de assegurar quando há interlocutores demais (ATHREYE e KEEBLE, 2002), e seu segundo papel é ligar seus membros a outras redes. De acordo com o *princípio da mínima dificuldade*, uma rede grande demais gera cada vez mais ruído, quer dizer, incompreensões por falta de conhecimento recíproco. A *valência*[6], ou a capacidade que uma rede tem de obter, absorver e transmitir informação precisa e apropriada, é limitada pelo número de seus membros e pela atração ou repulsão de uns em relação aos outros: membros demais tornam os laços cada vez mais frágeis e a qualidade da informação baixa, pois os membros se conhecem mal e pouco adaptam a informação uns para os outros, e, além disso, muito poucos limitam a variedade da informação transmitida, portanto a sinergia nas trocas. Friedman (1978) calculou que o número ótimo (de acordo com uma parábola) era de mais ou menos 15 membros[7]; ou pelo menos as afinidades eficazes se limitam a esse número, provocando frequentemente a criação de sub-redes para limitar o ruído em grupos maiores.

Esse número, entretanto, pode variar de acordo com a proximidade e a densidade. Se os laços são fracos ou pouco recíprocos, um maior número de membros será necessário para encontrar alguém que responda às questões. Porém, se a densidade é forte, o número pode ser reduzido. A densidade diz respeito não somente ao número de participantes, mas também a seus laços recíprocos, à posição de cada um deles na rede e à sua proximidade em relação uns aos outros. A posição pode ser central ou periférica, sendo que a primeira fornece o máximo de informação[8]. A posição de *nó de rede* (ver Figura 7.2, p. 222), caso dinâmica, facilita as trocas e aumenta a proximidade. A proximidade depende também da confiança entre os membros e da reciprocidade de suas trocas sem intermediário (BIDAULT, GOMEZ e MARION, 1995). A densidade é medida pela relação do número de laços que existem efetivamente entre os membros, reunidos dois a dois no número de laços possíveis (NIEMEIJER, 1973). Assim, na Figura 7.2, a rede A é menos densa que a rede B. Mas nos dois casos o membro representado pelo círculo branco ocupa uma

FIGURA 7.2 • OS DIFERENTES LAÇOS POSSÍVEIS ENTRE MEMBROS DE ACORDO COM O TIPO DE REDE

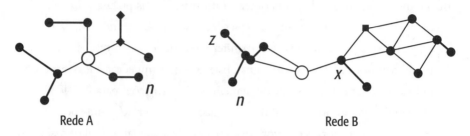

posição relativamente central para obter o máximo de informação, a posição de nó, enquanto o membro n é periférico e recebe pouca informação.

Os laços são diversos e sua qualidade depende da conectividade, da intensidade e da durabilidade das relações. A conectividade é o número de laços entre os membros, sua acessibilidade, reciprocidade, reatividade e durabilidade. Quanto mais numerosos, recíprocos e de longa data são os laços, o que cria um clima de boa familiaridade, mais as questões suscitam reações e portanto mais as trocas são intensas, podendo ser assim adaptadas e ricas (JOHANNISSON et al., 1994; JULIEN e LACHANCE, 1999).

Quantidade apenas, entretanto, não basta: é preciso também diversidade. Uma rede composta de membros muito parecidos ou relativamente com as mesmas ideias não é muito rica, pois costuma gerar poucas ideias novas ou complexas, repetindo sempre as mesmas. Contudo, um pouco de redundância não é necessariamente mau, principalmente para empreendedores distraídos. É o que Burt (1992) quis ilustrar propondo sua teoria dos buracos estruturais para falar dessas ligações que faltam entre interlocutores potenciais. Ele afirma que, ao contrário do que se poderia crer, quanto mais buracos há, menos redundante é a informação, e mais ela é nova e rica. Assim, na Figura 7.3 (ao lado), as fontes B e C do caso 2 são redundantes, portanto menos úteis a A, que pode recorrer a uma ou outra para obter a mesma informação vindo de D ou E. Ao contrário, no caso 1, C é necessariamente útil a A, que pode recorrer diretamente a B, C ou D (pois não há buraco estrutural entre estes últimos) para obter a informação sem passar por um intermediário, um trajeto mais curto que evita ruídos.

De qualquer maneira, uma boa rede deve compreender membros heterogêneos, que tragam ideias diferentes. Mas heterogeneidade sem profundidade, quer dizer, sem trocas suficientemente frequentes, impede os membros de se conhecerem melhor, provocando ao mesmo tempo uma má adaptação das respostas aos interlocutores (DEGENNE e FOSSÉ, 1994; HUMAN e PROVAN, 1997).

FIGURA 7.3 • LAÇOS DIRETOS E INDIRETOS ENTRE OS MEMBROS DE UMA REDE E BURACOS ESTRUTURAIS

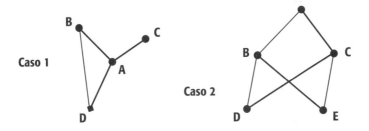

Assim, o tipo de laços, o porte, a densidade e a diversidade exercem um papel muito importante na obtenção de uma rede de qualidade. A qualidade se mede pela capacidade de os membros de uma rede fornecerem informação rica, ou seja, oportuna ou nova, decodificada e adaptada, como vimos no capítulo anterior. Quanto mais elevada é a diversidade (ALDRICH e ZIMMER, 1986) – pois a rede compreende mais especialistas (conhecedores especializados) no assunto do que pares (RUEF, 2002) e a informação chega por diversos canais –, mais a equipe empreendedora é capaz de absorver essa informação e mais aumenta a qualidade da rede.

Entretanto, qual é o peso dessas diversas variáveis? Parece que apenas o porte (maior) é consenso entre os pesquisadores (SINGH et al., 1999), muito embora um porte grande demais traga burocracia e ruído, como já dissemos. A intensidade e as outras características das redes impediriam de tirar plenamente proveito delas, incluindo-se a rapidez de circulação da informação para aproveitar as oportunidades antes dos outros. Essa ausência de unanimidade é, entretanto, normal diante de uma heterogeneidade (de redes e de capacidade empreendedora de absorção) tão grande como a das PMEs. Ainda mais quando apenas algumas redes da empresa

> **Boa parte das mesas de concertação** criadas nas décadas de 1980 e 1990 em regiões quebequenses para conceber planos comuns de desenvolvimento rapidamente começou a andar em círculos, por reunir pessoas que tinham relativamente as mesmas ideias ou soluções, ou, no caso em que contavam com participantes desviantes, por não se reunirem com frequência suficiente, o que as impedia de extrair toda a riqueza possível da heterogeneidade.

(ou do empreendedor) são levadas em consideração nos estudos atuais, e quando a natureza, a qualidade dos laços e sua influência em curto e longo prazo, portanto o tipo de rede da qual se faz parte e sua evolução, ainda estão por serem medidos (JULIEN, 2006).

7.2 • Os tipos de redes

Existem muitos tipos de redes socioeconômicas de compartilhamento de informação. Algumas empresas participam de redes de tamanho mínimo, outras fazem parte de um sistema de redes que vai bem além dos laços que poderíamos chamar de naturais (pessoais e de negócios), baseados em redes voluntárias e estratégicas (redes de cooperação diversa durante períodos limitados). Sem contar as redes de poder (políticas) para obter monopólio, beneficiar-se das ajudas específicas do Estado ou "para melhor enganar o público", como dizia Adam Smith já em 1776 – embora as redes socioeconômicas não estejam isentas desses defeitos.

As redes podem ser naturais, por essência, ou espontâneas, como as redes de parentesco e de amizade, as do trabalho, de clubes sociais etc. Essas redes são ditas sociais ou de *imersão* em uma comunidade, permitindo compreender as convenções locais e conhecer outras redes econômicas (PROULX, 1989). Elas podem ser *ad hoc* e mais específicas, e vir, por exemplo, de uma proximidade geográfica, como quando algumas empresas estão próximas, em um parque industrial. Elas podem ser desenvolvidas por razões de curto prazo, para melhor aproveitar a ocasião de uma feira industrial ou de um congresso científico. Mas elas podem também ser voluntárias ou construídas aos poucos, para responder às necessidades de informação cada vez mais complexas. Este último tipo de rede, na maioria das vezes estratégico, é constituído para manter o dinamismo da empresa, no seio de uma área industrial de empresas interdependentes (distritos industriais, parques tecnológicos etc.), ou para favorecer a formação e a informação complexa. A Tabela 7.1 ilustra essas diferentes formas, distinguindo as redes sociais das redes de negócios, que podem ser estratégicas e particularmente dinâmicas, favorecendo a inovação e a formação.

Temos de um lado as redes de negócios, divididas em redes pessoais e de negócios propriamente ditas, ou de transações; do outro, as redes informacionais, que podem ser sociais, oferecendo uma informação mais geral (redes sociais ou simbólicas; JOHANNISSON, 2000), ou estratégicas, quando visam a uma inovação mais específica.

TABELA 7.1 • DIFERENTES TIPOS DE REDES

	FORMA GENÉRICA	FORMA ESPECÍFICA
EXISTÊNCIA ESPONTÂNEA	Redes sociais de imersão	Redes de negócios
CONSTRUÇÃO VOLUNTÁRIA	Redes estratégicas	Redes dinâmicas de inovação e formação

ADAPTADO DE DUMOULIN, 1996. Citado por DUSSUC, 2000.

Em geral, as redes pessoais contam com alguns funcionários, dirigentes ou colaboradores-chave, principalmente os mais antigos, membros da família próxima ou ampliada, amigos ou colegas de estudos, alguns grandes clientes, um membro específico da associação do empreendedor etc. – em suma, pessoas com quem o empreendedor tem uma relação emotiva intensa e em quem confia o suficiente para discutir com regularidade o desenvolvimento de sua empresa. Em geral, essas redes têm de oito a nove membros nos países nórdicos, ou até 14 membros nos países do sul (BIRLEY et al., 1991; JULIEN, 1995; DRAKOPOULOS-DODD e PATRA, 2002), o que destaca mais uma vez a importância do impacto da cultura no empreendedorismo, principalmente nas empresas informais dos países em desenvolvimento (SVERRISON, 1997). A rede pessoal pode ser organizada como um conselho ou um semiconselho de administração, ou ainda servir só quando necessário, sobretudo para testar ideias novas ou para saber a opinião ou os pressentimentos de seus membros sobre a evolução do ambiente da empresa[9].

Já as redes de negócios propriamente ditas ou de transações são formadas por intervenientes econômicos a montante e a jusante. A montante estão os fornecedores das matérias-primas, peças ou produtos acabados ou semiacabados, os fornecedores de equipamentos, as empresas financeiras etc. Se eles estiverem bem interligados, podem fornecer não apenas informação corrente, mas também informação prospectiva: os fornecedores de matérias-primas e equipamentos podem aconselhar o empreendedor a estocar antes que os preços subam ou a esperar que baixem, ou ainda a fazer durar tal equipamento esperando o lançamento de uma nova tecnologia que deve melhorar consideravelmente o desempenho. A jusante encontram-se os transportadores e as diferentes empresas associadas à distribuição (atacadistas, publicitários etc.), que podem ser preciosos não somente porque ajudam a colocar melhor os produtos no mercado, mas também porque fornecem diversas informações que permitem ao empreendedor desenvolver melhor esse mesmo mercado. Assim, se os caminhoneiros estão atentos para perceber a mudança nas empresas para quem fazem entregas, podem ajudar a ampliar os mercados, advertir sobre a chegada de um concorrente, aperfeiçoar os prazos de distribuição para uma concorrência melhor etc. Essas dicas beneficiam tanto o produtor como a transportadora.

Enfim, as redes informacionais representam as outras fontes de informação nova. Elas compreendem as consultorias, os organismos de formação, as empresas financeiras em seu aspecto consultor, os centros de pesquisa, os diversos organismos governamentais de ajuda etc. Elas podem limitar-se a fornecer serviços gerais, como os de auditoria contábil ou de certificação de sistema de qualidade[10], ou ser muito mais ativas e estimular a mudança nas empresas, fornecendo-lhes informações avançadas que lhes permita inovar, distinguir-se e aumentar a competitividade. A Figura 7.4 ilustra a configuração que essas diferentes redes de empreendedores podem assumir.

Evidentemente, alguns membros das redes de negócios ou informacionais podem fazer parte da rede pessoal após certo tempo, se a informação que eles proporcionam é de qualidade suficiente para dar confiança ao empreendedor e incitá-lo a consultar esses membros de forma mais sistemática. Aliás, o recurso aos membros dessas redes pode ser regular ou esporádico, de acordo com a qualidade e importância das informações trocadas (JOHNSON e KUEN, 1987; JULIEN, 1995; JOHANNISSON e KANTIS, 2000).

FIGURA 7.4 • ESQUEMA DAS PRINCIPAIS REDES DOS EMPREENDEDORES

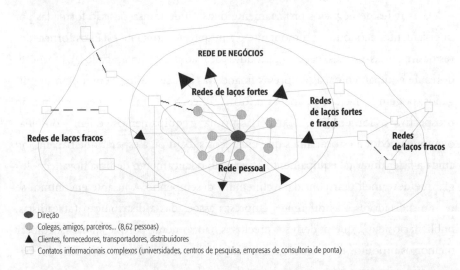

ADAPTADO DE JOHANNISSON, B. e JOHNSSON, T. (1988). New Venture Network Strategies. *Caderno de pesquisa* n. 18, Universidade de Växjö.

Alguns sociólogos (GRANOVETTER, 1973, 1982; KRACKHARDT, 1992) distinguiram as redes de laços fortes das de laços fracos. As primeiras resultam de relações frequentes, oferecendo assim um clima de grande confiança recíproca; já as segundas se apoiam em um ou alguns encontros esporádicos, demandando muito mais esforço do empreendedor que, para compreender a informação que lhe é fornecida, deve frequentemente confirmá-la junto a outras fontes.

Para Granovetter, os laços fortes costumam acentuar as relações entre os interlocutores, sendo que os intermediários entre esses laços fortes favorecem a aproximação e a transitividade entre as fontes para criar cada vez mais redundância, e portanto cada vez menos informação nova. Assim, os laços fortes tendem a criar zonas fechadas, a reproduzir as mesmas representações mentais, a fornecer informação que se repete, enquanto os laços fracos constituem pontes que podem dar acesso a outras redes para informações mais específicas e pontuais (ROTHWELL, 1989; SUNDBO, 1998). Os estudos parecem mostrar, assim, que são os laços fracos que suscitam a mudança (com a condição, é claro, de que sejam levados em conta); já os laços fortes, ao contrário, oferecem conformidade ao grupo, a menos que este aceite os desviantes. Em outras palavras, os amigos e conhecidos próximos parecem-se conosco, e a convivência com eles raramente traz grandes novidades, ao passo que encontrar pessoas diferentes provoca reações de recusa, um certo questionamento que ajuda a evoluir. Isso remete a Robert Marris (1971), que explicava que esses desviantes eram pioneiros que faziam os pequenos grupos de consumidores evoluírem.

Do ponto de vista econômico e no sentido informacional discutido mais acima, é preferível falar de redes de sinais fortes ou fracos a falar de redes de laços fortes ou fracos. De fato, na maior parte do tempo as redes de laços fortes trazem informações facilmente compreendidas, podendo assim ser chamadas de sinais fortes; já as redes de laços fracos proporcionam uma informação compreendida com mais dificuldade, por conta da desatenção e da falta de confiança, o que as torna redes de sinais fracos. Para Caron-Fasan (2001), a noção de sinal fraco está estreitamente ligada ao tempo, pois esse sinal tem uma duração limitada e só pode ser aprendido pontualmente. Portanto, é preciso estar presente no momento certo, ainda mais porque esse sinal está mergulhado e disseminado em uma imensidão de outras informações e de ruído (LESKA e BLANCO, 2002).

As redes de sinais fracos correspondem na maior parte das vezes aos organismos que não fazem parte dos campos tradicionais dos empresários, como os centros de pesquisa e as universidades (FRIEDKIN, 1980; WOODWARD, 1988;

Pode-se supor que, geralmente, as empresas têm relações de negócios apenas em seus próprios setores. Mas os laços raramente limitam-se aos setores. Analisando os laços clientes-fornecedores em 22 manufaturas de uma região de Quebec, a Mauricie, inseridas em três subsetores diferentes (transportes terrestre, aéreo e naval), Drolet et al. (2003a) observaram que essas empresas mantinham laços entre si independentemente da atuação em dado subsetor.

RELAÇÕES ENTRE FORNECEDORES E CLIENTES – 22 EMPRESAS DO SETOR DO TRANSPORTE A B C D

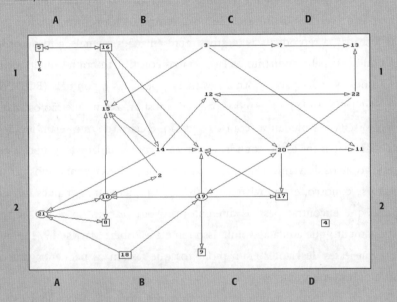

LEGENDA Números em quadrados: empresas do subsetor do transporte terrestre; números em círculos: empresas do subsetor do transporte aéreo; outros números: empresas do subsetor do transporte naval.

Observa-se, nessa figura: 1) quais empresas do setor do transporte terrestre são fornecedores de empresas do setor aéreo e naval; 2) quais empresas do setor aeronáutico são fornecedores de empresas do setor terrestre e naval; e 3) quais empresas do setor naval são fornecedoras de empresas do setor aéreo. A tabela abaixo enumera esses laços intersetoriais clientes-fornecedores. Nele, a menção 21→8 indica que a empresa 21, pertencente ao setor aéreo, é um fornecedor da empresa 8, pertencente ao setor do transporte terrestre; ou ainda 18→21 e 19 indica que a empresa 18, do setor de transporte terrestre, é um fornecedor das empresas 21 e 19, classificadas no setor aéreo. Por exemplo, uma empresa do setor do transporte terrestre que fabrica guinchos pode muito

continua

bem modificá-los para vender a uma empresa do setor naval. Esses laços de negócios permitem às empresas ir além de seu respectivo setor e diversificar sua produção.

RELAÇÕES INTERSETORIAIS CLIENTE/FORNECEDOR

	TERRESTRE	AÉREO	NAVAL
Terrestre		18→21 e 19	5→6
Aéreo	21→8 10→8 19→9 e 17		10→15 e 2 19→1 e 20
Naval	nenhum	14→21 2→10 20→19	

JULIEN, 1993a), embora seja possível também encontrar sinais fracos na informação tácita coletada junto a operadores de máquinas ou agentes comerciais que dão sua contribuição. Para atingir essas redes de sinais fracos, é preciso geralmente passar por intermediários membros de redes de sinais fortes, como vimos há pouco na Figura 7.4 (p. 226).

Nas redes ricas que aliam sinais fortes (vindos do hábito de trabalhar conjuntamente) a sinais fracos (vindos das diferenças de saberes e expertise dos parceiros), classificam-se as alianças com outras empresas inovadoras, por exemplo, para apoiar a pesquisa e o desenvolvimento (GULATI, 1991). Assim, as empresas de setores de ponta, como a biotecnologia ou as novas fontes de energia, ganham enormemente para conhecer os últimos desenvolvimentos no assunto, aliando-se ou cooperando em médio prazo com os centros de pesquisa especializados das universidades, que por sua vez estão em contato com outros centros de universidades estrangeiras. Outro modo de formação de redes muito eficaz é a participação em uma empresa-rede na qual se encontram geralmente um grande contratante e seus diversos contratados (ALIOUAT, 1996). Essa rede densa favorece a sinergia, instaura um sistema de aprendizado coletivo e sistemático e proporciona às empresas que dela fazem parte uma capacidade de produção que lhes permite distinguir-se cada vez mais de seus concorrentes, através de relações complexas muito dificilmente reproduzíveis. Esse é o caso da rede da Chaire Bombardier (JULIEN et al., 2003b)[11]. Se essa rede

> **Recentemente**, conduzimos uma pesquisa em uma antiga região em declínio que iniciava uma nova arrancada. Notamos ali que 70% dos empreendedores manufatureiros tinham recorrido a muitos novos contatos no ano, cujo número representava de 10% a 50% do número de membros da rede. Quase 29% desses empreendedores tinham em seguida mantido uma boa parte desses novos contatos, enquanto os outros os tinham utilizado uma única vez. É muito provável que, no primeiro caso, os contatos tenham transformado e enriquecido as redes, enquanto, no segundo, só serviram para responder a questões explícitas ou tácitas no momento em que elas se apresentaram. Pode ser, contudo, que esses contatos sejam novamente utilizados mais tarde, se houver necessidade. Aliás, quanto maiores eram as PMEs, mais elas evoluíam em mercados tecnológicos ou inovadores, mais complexas e de sinais fracos eram suas redes, e mais elas se transformavam regularmente (JULIEN, LACHANCE e MORIN, 2004).

oferece um mecanismo de aprendizado acelerado, é porque não apenas ela pode contar com a presença de membros cuja formação, experiência e maneira de abordar os problemas são muito variadas (e com fontes informacionais ampliadas, já que cada participante da rede tem seus contatos particulares), mas também porque todos os exemplos reais desses membros têm um efeito multiplicador e tornam-se modelos que permitem ao empreendedor encontrar a melhor solução para seu problema[12]. Os distritos industriais onde se localiza uma enorme quantidade de pequenas empresas que compartilham os diferentes elementos de uma cadeia de produção constituem também redes densas particularmente eficazes para dominar um mercado internacional (BECCATINI, 1989; CONTI e JULIEN, 1991).

As regiões têm interesse em encorajar as empresas a formar redes mais ricas ou a ajudar as redes locais a se ligar a fontes de informação internacional – por exemplo, por meio de centros de pesquisa de universidades e colégios ramificados em redes internacionais. O dinamismo territorial, mesmo nas grandes cidades, declina frequentemente porque as redes não se renovam ou têm dificuldade em multiplicar os contatos internacionais portadores de novas ideias (CABUST e VANHAVERBEKE, 2006). Qualquer sistema de redes deve evoluir, renovar-se regularmente, substituindo alguns membros ou incluindo outros e criando incessantemente laços com novas redes (JOHANNISSON, 1995; MONSTEDT, 1995). Da mesma maneira, qualquer rede deve inscrever-se em redes mais complexas (ver Figura 7.5, a seguir),

FIGURA 7.5 • IMBRICAÇÃO DE REDES COMPLEXAS

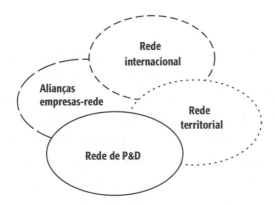

inclusive internacionais, que, embora sejam geralmente de sinais fracos, também permitem prever a mudança e desvendar oportunidades novas.

Em suma, a colaboração reticular pode trazer diversas vantagens: 1) uma melhor percepção da mudança ou sua previsão, principalmente no mercado (gostos ou possibilidades); 2) localização ou acréscimo de recursos complementares; 3) compartilhamento e combinação de conhecimentos atuais ou novos; e, por fim, 4) laço com novas fontes informacionais para novas penetrações técnicas ou novas percepções dos problemas (AHUJA, 2000).

> **Foi graças à complexidade** de sua direção que uma empresa especializada em mobiliário industrial, principalmente pequenos utensílios, pôde triplicar o número de funcionários em menos de dez anos. Essa direção é formada por muitos jovens em cargos de gerência cuja colaboração no trabalho é tal que eles podem, se necessário, cumprir as funções uns dos outros. Por exemplo, o diretor de vendas vai falar de um comando especial diretamente com o pessoal da produção; o diretor de produção participa das transações com um cliente quando as necessidades deste são novas e demandam uma reorganização da produção. Além disso, o PDG encoraja seus gerentes a irem regularmente às feiras industriais, tecer sua própria rede informacional e depois compartilhar seus saberes e expertise, o que dá à empresa flexibilidade e capacidade de adaptação e inovação particularmente eficazes para ganhar porções de mercado importantes na América do Norte (JULIEN et al., 2003a).

7.3 • Informação, redes e inovação

Se, em uma região, as relações dos empreendedores limitam-se quase apenas à sua rede pessoal e a uma ou algumas redes de negócios, é porque o acesso a redes informacionais mais sutis, fontes de inovação e de competitividade não está generalizado. Os empreendedores que querem aperfeiçoar sua competitividade devem organizar melhor suas redes e inserir-se em redes mais *inteligentes*, capazes de apoiar sistematicamente sua aprendizagem, ou seja, de ajudá-los a desenvolver seu saber e fornecer-lhes regularmente informação rica, portadora de inovação e de oportunidades novas (ALLEN, 1983). Fazer parte de muitas redes fornecidas pelo meio não significa necessariamente que haverá apoio em seus esforços de distinção. Muitos empreendedores preferem manter-se nas redes oferecendo o mínimo de novidade, por medo de serem contestados. A participação em redes ativas ou proativas não é necessariamente natural. Isso poderia explicar por que não há necessariamente relação de causa e efeito entre a participação das empresas em redes e seu sucesso (JOHANNISSON, 1995; WITT, 2004). Ainda mais quando pode muito bem ocorrer de as redes de uma região serem portadoras de conformismo, constituindo freios à expressão de novas ideias.

Shan, Walker e Kogut (1994) mostraram que há uma ligação positiva entre o número de relações de colaboração, a posição nessas redes e a inovação. Mas, como dissemos, os resultados desses estudos não são ainda muito claros e suscitam diversas questões, sobretudo por conta da complementaridade dos tipos de redes e também porque a informação relaciona-se a uma capacidade de absorção importante, portanto a um processo cumulativo difícil de avaliar.

Evidentemente, a escolhas das redes depende do setor ao qual a empresa pertence e da estratégia que ela adota. Em uma indústria madura de mudança lenta, como a têxtil ou a madeireira, as redes não precisam ser tão dinâmicas quanto em indústrias da moda ou de tecnologia de ponta, como vestuário esportivo ou biotecnologia. Nestes últimos casos, gastar alguns meses a mais para compreender que uma informação é crucial pode fazer a diferença entre a sobrevivência e o desenvolvimento. O mesmo vale no caso da estratégia de uma empresa reconhecida como líder em sua área, que destina recursos importantes à vigilância de redes avançadas, na maioria das vezes internacionais. A formação de redes, contudo, pode também se desenvolver à medida que a organização evolui e o ambiente muda. Novos laços podem aparecer, gerando outros laços etc. (DODD, ANDERSON e JACK, 2004; JULIEN, LACHANCE e MORIN, 2005).

> **Um pequeno fabricante** de colchões explicou-me que os laços com seu fornecedor de tecidos, cuja empresa era 40 ou 50 vezes maior que a sua, permitiram-lhe conhecer a diretora do centro de pesquisas e estabelecer uma amizade com ela, ao ponto de esta realizar gratuitamente pesquisas para responder às questões complexas que ele colocava. Eram questões que ela apreciava muito, por seu espírito inovador que contrastava com o caráter muito frequentemente conservador dos membros de sua empresa.

Sempre é possível e benéfico aperfeiçoar a qualidade das redes naturais, como a pessoal e as de negócios. Na rede pessoal, os empreendedores beneficiam-se em agregar um ou dois membros um pouco críticos ou não tradicionais (vindos de fora do setor e do meio dos negócios, como um cientista), a fim de confrontar suas ideias e encontrar novas, simplesmente respondendo às questões que esse novo membro não deixará de fazer para esclarecer ideias que a ele parecem confusas, mesmo que pareçam evidentes a todos os outros. Nas redes de negócios, é necessário não apenas trabalhar com fornecedores em geral e de equipamentos dinâmicos, mas escolher bem os representantes e, se necessário, entrar em contato com os funcionários da gerência ou do centro de P&D desses representantes para obter informações mais precisas.

Nas empresas a jusante, a cooperação pode ser muito benéfica – por exemplo, com o transportador que possui diversas informações para aperfeiçoar a distribuição ou manter a concorrência. Diga-se de passagem que os europeus utilizam muito melhor seus transportadores do que os norte-americanos, estes sendo infelizmente passivos demais.

Os estudos recentes revelam também que é preferível, para o empreendedor que deseja inovar, frequentar redes de sinais fracos, que são as maiores portadoras de novas ideias (ANSOFF, 1975; RUEF, 2002). Ao contrário, se deseja ser confortado em seu itinerário e em suas decisões, e receber o complemento de informação necessário à manutenção de sua estratégia em curto e longo prazo, o empreendedor será mais prudente recorrendo às redes de sinais fortes.

Isso mostra bem que as redes de sinais fortes estão longe de ser inúteis. Na verdade, essas duas formas não se opõem, mas são complementares, pois as novas ideias vindas das redes de sinais fracos devem ser completadas por outras informações vindas das redes de sinais fortes: as primeiras sendo, com maior frequência, a condição necessária, determinante, e as segundas, a condição suficiente para conduzir à inovação mais sistemática (FREEL, 2000; JULIEN, RAMANGALAHY e ANDRIAMBELOSON, 2004). Os segredos da indústria não estão *em toda parte* "no ar", mas circulam através de redes ou estruturas de interação nas quais primam frequentemente relações de confiança (COHENDET et al., 1998). Assim, quanto menos uma empresa tiver laços fracos ou menos apelar a redes de sinais fracos, menos inovadora ela será. Inversamente, quanto mais tiver laços fracos e participar de muitas redes de densidade fraca ou com buracos estruturais, mais inovadora será (GRANOVETTER, 1973; SEIBERT, KRAIMER e LIDEN, 2001).

Na verdade, é preciso atingir uma combinação ótima de rotinas, ideias experimentadas e novas ideias vindas de redes de sinais fracos. As primeiras permitem que se utilize a experiência para, em seguida, aplicar melhor as novas. Isso remete à teoria baseada nos recursos e competências, de acordo com a qual a combinação específica de recursos e competências da empresa muda graças ao aporte sistemático de novas ideias pelos membros da rede. Isso agita o conhecido para transformá-lo, em um processo desordenado que Cohendet (2003) chama de efeito de *percolação*[13].

Em outras palavras, quando o assunto é PMEs e empreendedorismo, as redes criam entre diferentes atores da região (e também externos aos seus limites) uma proximidade que favorece a troca de informações sutis, que agem sobre o saber e transformam o *savoir-faire* de modo a incentivar a inovação. Isso por sua vez estimula a flexibilidade organizacional e interorganizacional, a fim de responder de maneira particular a cada cliente e compensar assim economias de escala inferiores. Como as PMEs, por definição, não têm os recursos das grandes empresas, elas devem dispor de um reservatório de recursos externos para complementar os seus, em especial recursos novos para aproveitar as oportunidades. Com a formação de redes de saber e o compartilhamento de tarefas entre as organizações (concentrando-se em suas

> **Evocando o café**, cujos grãos moídos se desagregam, chocam-se, misturam-se e recompõem-se em uma cafeteira, para proporcionar todo o seu aroma, a metáfora da percolação através de redes ilustra o fenômeno de contágio desordenado das ideias individuais que leva o conjunto dos membros a modificar qualitativamente sua compreensão de uma questão, quando a mistura e o acúmulo destas últimas atingem certo limiar.

FIGURA 7.6 • IMBRICAÇÃO DE REDES COMPLEXAS

competências, mas trabalhando em rede com empresas contratadas), as empresas respondem à variedade exigida pela nova economia do conhecimento e às necessidades da nova divisão do trabalho. A Figura 7.6, acima, ilustra o *efeito de percolação* entre a proximidade, a flexibilidade e a variedade, efeito que gera novas ideias e novas capacidades para melhor se distinguir.

Como veremos na Quarta Parte, a região deve ter um papel importante no desenvolvimento da formação de rede, facilitando ou até criando alianças e troca informacional entre empresas de serviços avançados, centros de pesquisa e de valorização e PMEs manufatureiras. Retomando nossa metáfora, uma boa maneira de limitar o desenvolvimento das organizações criminosas em um território é limitar ou bloquear a comunicação entre elas, como faz a polícia de Montreal com os diferentes grupos de Hells Angels[14].

Essa formação de redes mostra a importância do setor de serviços para a produção manufatureira, pois o dinamismo de uns e outros favorece o desenvolvimento geral. Isso explica por que é tão difícil falar da produtividade dos serviços, que parece, à primeira vista, evoluir muito mais lentamente que a do setor manufatureiro. Contudo, a produtividade manufatureira é cada vez mais resultante da produtividade de novos serviços oferecidos, por exemplo, na indústria do transporte, finanças e distribuição (GADREY, 1996). Seu dinamismo requer o aporte de serviços motores que ajam em interação[15] (instituições de formação, consultorias de informática, empresas de formação e desenvolvimento de mercados, empresas de engenharia para P&D e implantação de novas tecnologias, centros de pesquisa etc.) e favoreçam assim o desenvolvimento do conhecimento (JULIEN e THIBODEAU, 1991; GALLOUJ, 1994). Nós mostramos que as gazelas recorrem sistematicamente à expertise externa de todo tipo de serviços complementares, o que explica seu desempenho, apesar dos limites de seus recursos internos (JULIEN et al., 2003a).

Quanto mais a estrutura local se limita a redes de sinais fortes tradicionais e pouco abertas ao ambiente externo, mais ela limita certa desviância tecnológica na região, favorecendo a inércia. Quanto mais os empreendedores são imersos em redes conservadoras, mais essas redes são "malhas densas", mais tendem a promover a facilidade e a redundância em vez da inovação (UZZI, 1997).

Mas, mais uma vez, as redes não constituem o *networking* que irá dinamizar um território. Muitas empresas regionais contentam-se com uma rede pessoal tradicional ou pouco utilizada e com redes de negócios que forneçam os recursos mínimos: 1) porque lhes falta tempo; 2) porque elas não desejam crescer; 3) porque fazer de outra forma atrapalharia o hábito de agir sozinho e os métodos aprendidos na prática para gerir uma PME (CURRAN et al., 1993), sobretudo entre as menores (CHELL e BAINES, 2000); e 4) porque elas têm um desejo muito pequeno de inovar ou de se distinguir e creem ainda que a localização específica bastará para protegê-las. Contudo, na nova economia do conhecimento, a inovação está no coração da singularidade, portanto da competitividade, tanto para as empresas como para as regiões. Ela é a condição suficiente que se acrescenta às duas condições necessárias sobre as quais acabamos de falar. Assim, nós a examinaremos mais de perto no capítulo seguinte.

NOTAS

1 Qualquer empreendedor pode estar ligado, diretamente ou através de seus funcionários, a muitas dezenas de pessoas que estão, por sua vez, ligadas a outras. Os laços possíveis, por exemplo, entre cem pessoas, são em número de 4.950, de acordo com a fórmula de $(N|N - 1)/2$ (ROGERS, 1995, p. 308). Evidentemente, esse potencial jamais é atingido – mas não é necessário atingi-lo para obter boas informações, já que muitas redes são redundantes, ou os empreendedores não dispõem de tempo suficiente para multiplicar o número de redes úteis.

2 A palavra rede vem justamente da antiga palavra francesa *rets*, ou pequena rede de pesca. Ela conservou o sentido em outras línguas, como o espanhol, *red*, ou o italiano, *rete*. Não significa, em inglês, uma rede que trabalha: *network*?

3 Antigo nos países industrializados, pois essa ação conjunta ainda existe, por exemplo, entre os tintureiros da medina de Fez, no Marrocos.

4 Essas distinções entre as diferentes formas de cooperação vieram a nós a partir de uma discussão com Bernard Billaudot em uma viagem ao Marrocos, em 2003, para dar um curso na universidade americana de Al Akhawayn.

5 Pelo menos do ponto de vista de quem busca informação. Um empreendedor pode estabelecer laços com um ou dois pesquisadores de uma grande universidade, o que constitui apenas uma pequena rede primária, mas essa pequena rede está evidentemente incluída em uma rede geral muito mais ampla.

6 A valência, em química, é o número de átomos que podem ligar-se entre si. Em psicologia, é a medida da atração (*valência positiva*) ou da repulsão (*valência negativa*) de um sujeito em relação aos outros. O número de 15 vai ao encontro das análises que recorrem ao princípio da mínima dificuldade, que vimos anteriormente.

7 Encontramos esse número em muitas empresas quebequenses de tecnologia de ponta com as quais trabalhamos.

8 É o caso de associações de negócios quando o empreendedor faz parte da direção, como constatamos em um estudo sobre as redes e a inovação em Brazzaville (JULIEN et al., 2009).

9 Uma pesquisa recente mostra, no entanto, que os conselhos de administração nas empresas não são sempre eficazes para gerar ideias novas. Por exemplo, apenas 6% dos membros em Quebec contribuíram fortemente para o desenvolvimento da empresa (contra 14% na Suécia e 7% na Holanda). Além disso, apenas 33% dos membros dos conselhos de administração (a mesma porcentagem vale também para a Suécia e a Holanda) colocariam "sempre os interesses da empresa em primeiro lugar". Esses resultados não são surpreendentes: os dirigentes consideram que somente 17% dos membros (30% na Suécia) chegam bem preparados às reuniões (LAURENDEAU et al., 2003). Mas é provável que a pesquisa tenha sido realizada principalmente nas grandes empresas, coisa que o artigo não esclarece.

10 Nossos estudos de auditoria junto a um grande número de empresas revelam que muito frequentemente a certificação de qualidade segundo a norma ISO 9000 não ultrapassa o mínimo requerido ou serve de biombo para em seguida utilizar os estoques como tampões, quando a qualidade deve ser muito mais que isso.

11 O principal resultado dessa rede é ter levado as organizações industriais membros a se apropriar da mudança tanto tecnológica como organizacional, de maneira a preparar a mudança seguinte; mas há dez anos, no início da rede, qualquer mudança maior suscitava imediatamente resistências e tornava-se frequentemente uma montanha a escalar.

12 Esses modelos de solução adaptada diminuem as resistências e transcendem os hábitos: "Se tal empresa conseguiu resolver tal problema em um ambiente que eu compreendo bem, por que eu não?". Do mesmo modo, as redes densas multiplicam as chances de encontrar soluções novas pela confrontação de experiências e de informação nova para muitos.

13 A metáfora da percolação é utilizada em matemática e física para explicar como alguns elementos se aglomeram em subconjuntos para formar grupos de *clusters* que aparecem finalmente sob a forma de treliças. Por exemplo, ela serve para saber como um foco de incêndio florestal estende-se de lugar em lugar e não de modo contínuo. Ver a esse respeito Stauffer e Aharony, 1992.

14 Ver a esse respeito os romances de Kathy Reich, especialmente *Déjà Dead*, 2003.

15 Os serviços estabelecem frequentemente relações pelas quais as partes podem se estimular para inovar instantaneamente como coprodutores e coinovadores.

Uma mulher que deixa Paris para passar
seis meses no campo torna-se tão arcaica
como se lá houvesse sido esquecida durante trinta anos. [...]
Algumas vezes, os penteados sobem insensivelmente,
e uma revolução os faz descer de repente.
[...] Quem poderia crer nisso? [...]
As maneiras e o modo de viver são
como modas: os franceses mudam de costumes
de acordo com a idade de seu rei.

Montesquieu, *Carta persa XCIX*

CAPÍTULO 8 • Inovação
A CONDIÇÃO SUFICIENTE

Ainda que a relação entre inovação e empreendedorismo não tenha sido jamais plenamente resolvida, ela continua no coração do processo empreendedor, como explicava Schumpeter desde 1911 (KRUEGER, 2007), e é o fator-chave que permite distinguir as empresas, como vimos no Capítulo 4. Isso se explica em parte pela dificuldade de imaginar que a inovação possa ser perpétua. Por exemplo, a teoria do estado estacionário, desenvolvida por teóricos como John-Stuart Mills, no século XIX, ou Simon Kuznets, no XX, afirma que haveria um limite para a mudança perpétua – portanto, para a inovação. Mas Montesquieu já destacava, através de seu exemplo da moda que muda continuamente, que as possibilidades de combinações são infinitas, por conta da necessidade contínua de mudança dos homens. A inovação pelas empresas está, aliás, no coração da abordagem estratégica baseada nos recursos e competências, logo da competitividade regional e mundial. Para as PMEs e as regiões, ela é portanto crucial nessa nova economia. Retomando nossa metáfora dos romances policiais, a inovação no crime é uma das condições mais importantes para não se deixar apanhar, pois os policiais conhecem a maioria das receitas já utilizadas, quando não todas elas, podendo facilmente seguir a pista até os autores que as empregam.

Para Schumpeter (1934), a *combinação renovada* de ideias ou elementos existentes permite à organização distinguir-se no mercado, criando novas rotinas que serão novamente transformadas quando a inovação se renovar. Essa definição de uma recombinação de ideias gerando, evidentemente, uma nova realidade que toca um ou alguns produtos e o processo de produção, vai ao sentido do que defendíamos a

> **Alexandre Dumas**, o autor de *Os três mosqueteiros*, conta em seu *Grande dicionário de culinária*, de 1850, que o nobre gastrônomo de Napoleão, o marquês de Cussy, caiu em desgraça após a derrota de Waterloo. Mas quando Luís XVIII soube que havia sido ele a encontrar "a combinação de morango, creme e champanhe", apressou-se a conceder-lhe seu perdão. A recombinação complexa pelos grandes cozinheiros é, entretanto, criticada pelo chef francês Hervé This, físico e químico de formação, o qual afirma que essa recomposição é o mais das vezes mínima, obedecendo apenas a algumas regras sobre os contrastes entre dois de seis elementos: o amargo, o doce, o seco, o oleoso, o açucarado e o salgado[1]. Porém, na verdade, pode-se utilizar mais de dois elementos, e até mesmo os seis, o que dá 720 recomposições possíveis (de acordo com o fatorial do número 6). Além do mais, This esquece que cada um desses elementos pode guardar inumeráveis nuances, como um pouco mais ou um pouco menos doce, açucarado, amargo etc., o que cria um número quase infinito de recombinações com sabor muito sutil[2]. Tudo isso sem contar a cor dos diferentes pratos, permitindo aos olhos participar da festa dos sentidos. As combinações possíveis são por assim dizer infinitas, portanto acessíveis a qualquer empresa inteligente e bem conectada à informação nova, seja qual for seu setor de atividade.

propósito da economia do conhecimento. Ela é, aliás, retomada por Choo (1998), o qual faz da inovação uma nova criação de saber pela conversão de informações em novas informações[3]. Tarondeau (2002) constatou muitas vezes que os próprios executivos consideram a inovação como resultado do trabalho de controle e reorganização que a organização efetua sobre os saberes e competências para explorar uma oportunidade de mercado ou abrir um novo domínio de atividade.

A inovação se manifesta antes de tudo pela aprendizagem – portanto pela apropriação e transformação, pelo empreendedor ou organização, de uma ou várias ideias vindas principalmente de fora, mas também da empresa. Ela permite ao empreendedor distinguir-se de seus concorrentes e assim se desenvolver. Finalmente, a multiplicação da inovação nas empresas do território permite também a este desenvolver-se rapidamente.

A inovação distingue-se da invenção, mais rara e que surge mais ou menos por acaso[4], e da criatividade. A invenção apoia-se em teorias, princípios, estando na maior parte das vezes ligada a laboratórios. Ela implica novidade, diferentemente da inovação, que é o mais das vezes combinada ao que é conhecido. A criatividade, por sua vez, é a busca de novas ideias que deverão ser em seguida verificadas e desenvolvidas[5]. A inovação é nova *como resultado*, tanto em seu uso como em sua aplicação. Tal é a culinária dos grandes chefes, como vimos no boxe anterior, geralmente baseada na recomposição mais ou menos regular de elementos nutritivos de toda sorte e de preparações para impressionar a visão e acima de tudo o paladar. Ela é, de uma forma ou de outra, uma transgressão dos hábitos estabelecidos, da ordem, das normas, sem que cada elemento o seja. É, portanto, local ou particular a cada organização, mesmo quando vem do exterior, como no caso da compra de um novo equipamento já utilizado em outras empresas que obriga o comprador a remanejar a disposição dos outros equipamentos e a repensar a organização para aperfeiçoar a produtividade ou o produto.

A inovação, na empresa ou na economia, raramente é isolada. Ela intervém em uma imensidão de situações mais ou menos estáveis. Na empresa, ela é na maioria das vezes efeito de uma série de pequenas mudanças, algumas muito simples e relacionadas a respostas criativas a problemas de produção ou a solicitações de clientes. Essas mudanças são mais ou menos controladas e referem-se a diferentes elementos da cadeia de valor: da recepção das matérias-primas e de sua evolução até

Em 1996, quando ocorreu o International Council of Small Business em Estocolmo, encontrei-me pessoalmente com Tilton Penrose, uma das pesquisadoras que mais havia influenciado minhas primeiras reflexões sobre a importância das PMEs na economia. Com seu conceito de interstícios, ela se deu conta da existência, ao lado dos grandes mercados, de muitos pequenos mercados reservados a uma clientela limitada, portanto abertos às pequenas empresas, fossem eles culturais, geográficos ou tecnológicos. Ela então me contou que seu livro sobre as causas do crescimento das empresas tinha partido da encomenda de um ministério britânico, a qual seu diretor lhe encaminhou para que ela pudesse ganhar algum dinheiro enquanto trabalhava em sua tese sobre um outro assunto bem diferente; contou-me ainda que a ideia de interstícios viera-lhe de suas discussões com alguns empreendedores. Durante sua fala como conferencista convidada, ela destacou que nunca considerara ter criado um dos conceitos essenciais para compreender as PMEs e, finalmente, que o conteúdo de seu livro relacionava-se a uma série de acasos mais ou menos fora do seu conhecimento.

o modo de distribuição. E isso é ainda mais verdadeiro para os serviços, já que neles o produto se confunde, na maior parte das vezes, com o procedimento, e a inovação atravessa geralmente todos os elementos da cadeia, da compra à transformação, introdução no mercado, venda e entrega (GALLOUJ, 1994).

A inovação resulta do *processo de aprendizado interativo* baseado em certa forma de tensão entre os indivíduos e a organização, que suscita ideias vindas mais ou menos de toda parte, tensão advinda de um *pensamento lateral* que conduz os funcionários a ver as coisas de outra forma[6]. Esse processo, na maioria das vezes, dá-se mais ou

---

Eis um bom exemplo do funcionamento turbilhonante da inovação.

A fundição Feursmétal (volume de negócios de € 43 milhões e cerca de 500 funcionários, em 2000), de Feurs, na França, estava ameaçada de fechar por conta da sua quantidade de resíduos. Para resolver esse problema crucial, ela foi levada não apenas a transformar seus procedimentos relativos ao uso dos materiais que produziam os principais resíduos, mas também a mudar o comportamento de seus funcionários e as rotinas de produção. Em cinco anos, seus resíduos passaram de 26.641 a 300 toneladas (MIFE, 2001), e seus custos gerais diminuíram em 15%.

Outro exemplo: certa PME de uma região afastada era especializada na transformação do *sphagnum*, retirando dele os diversos elementos que permitiam fabricar adubos específicos para diferentes tipos de plantas e flores. Isso a levou a ampliar suas atividades de filtragem da água, pois a turfa é particularmente eficaz nisso. Depois, gradualmente, ajustou outros meios físicos e químicos de filtrar a água. Sua prática no ensacamento da turfa levou-a a fabricar equipamentos para outros tipos de ensacamento. E assim por diante, de modo que essa pequena empresa criada há trinta anos emprega agora mais de 2 mil pessoas em diversos países.

O caso do Cirque du Soleil, do qual falamos no Capítulo 3, mostra também que uma inovação central pode ser facilitada por outras inovações. Por exemplo, nos primeiros anos, quando o Cirque penava para dar conta de suas despesas, precisando deslocar-se incessantemente, o recurso à grande lona gerou a utilização de materiais compostos para a fabricação dos mastros, que, tornando-se assim muito mais leves, podiam ser montados pelo próprio pessoal de espetáculo, minimizando os custos.

FIGURA 8.1 • FUNCIONAMENTO EM ESPIRAL E TURBILHONAR DA INOVAÇÃO EM UM BOM NÚMERO DE PMES

menos organizado nas PMEs, pois uma pequena mudança obriga frequentemente a outras, que por sua vez provocam outras, e assim por diante. Ele é, portanto, um *turbilhonar* (CALLON, 1995) ou em espiral, tocando primeiro, por exemplo, as matérias-primas, em seguida a produção e a organização, depois a distribuição e finalmente o produto, o qual inicia um novo ciclo de mudanças (ver Figura 8.1, acima). Ela vem de um certo compartilhamento e da transformação coletiva da informação no interior da empresa, graças à intervenção direta ou indireta de diversos funcionários, trabalho que se faz sempre em relação com o exterior, para captar as ideias que estão *no ar* no ambiente. Assim, a mesma inovação aparece quase ao mesmo tempo em várias empresas e indústrias de diferentes países (VON HIPPEL, 1988).

A inovação é, na maior parte das vezes, pouco espetacular. Ela é feita de pequenas diferenças no produto e nos materiais utilizados, no *métier* e na maneira de produzir, na distribuição, portanto na maneira de fazer e oferecer bens e serviços, ou no serviço pós-venda. O Serviço Francês de Estatísticas Industriais (SESSI, 1999b) distingue ainda a inovação nas PMEs daquela das grandes empresas, explicando que a primeira frequentemente está relacionada mais à difusão e adaptação que à inovação em sentido estrito. Em muitos serviços, ela é observada principalmente na maneira de criar a relação entre vendedores e compradores durante uma venda.

Mais de 60% das empresas inovam (um pouco, medianamente ou muito) no produto ou no processo, mas com mais frequência nos dois[7]. Essa proporção é quase a mesma em todas as pequenas empresas (com menos de dez funcionários), como mostraram Médus e Pacitto (1994). Na maior parte do tempo, essa inovação se apresenta primeiro como uma mudança vinda de fora, um novo equipamento ou instrumento, uma matéria-prima um pouco diferente ou, no caso dos serviços, um produto que não faz parte da linha oferecida. Ela pode provocar um ligeiro rearranjo nos equipamentos da fábrica, pequenos ajustes em sua disposição ou ainda mudanças nas vitrines do local de venda. Essa inovação pouco espetacular, mas *global* ou *difusa* (porque acaba afetando um bom número de elementos da cadeia de valor, tanto interna como externamente, incluindo até alguns fornecedores ou empresas contratadas, por exemplo) é uma boa maneira de concorrer com as outras empresas que têm dificuldade para compreender todos esses elementos nos quais se apoia o caráter distintivo. Ao contrário, uma inovação importante pode não apenas atrair rapidamente a atenção dos concorrentes, mas também incitá-los a reagir o mais rápido possível em busca de uma inovação próxima (principalmente se uma patente fornece parte dos procedimentos), para não se distanciar demais. Aliás, a inovação espetacular precisa enfrentar muitas armadilhas antes de atingir o mercado, apresentando riscos que nem todos podem se permitir correr.

Neste capítulo, falaremos inicialmente dos diferentes tipos de inovação e em seguida da lógica subjacente a esse processo. Depois veremos a maneira, as regras a seguir para melhor realizar tal processo. Terminaremos demonstrando a ligação entre a inovação individual das empresas e a inovação regional, retomando o papel das redes capazes de multiplicar a inovação.

8.1 • Os **diferentes tipos** de **inovação**

Schumpeter distinguia, já em 1934, inovação de produto de inovação de processo, inovação nos equipamentos, acrescentando ainda inovação em marketing, distribuição de produtos no mercado e até a inovação organizacional, que afeta principalmente a alocação da equipe. Embora essas distinções sejam práticas no nível teórico, na maior parte das empresas ocorre de outra forma, já que uma inovação costuma não ocorrer sem a outra. A inovação de produto reclama mudanças nos processos, as quais exigem por sua vez a adaptação da organização do trabalho e mudanças na colocação no mercado para rentabilizar esse produto. E as mudanças nos processos permitem adaptar ainda mais o produto que, uma vez no mercado, suscita reações da clientela, ocasionando novas mudanças no produto e nos processos etc. Nos serviços, ainda que se possa recorrer a tecnologias desenvolvidas no setor manufatureiro[8], a maior parte das inovações não é de natureza técnica, afetando principalmente os métodos de abordagem e de persuasão dos clientes, portanto a venda. É por isso que se fala em *processo* de inovação ou em um movimento contínuo, *turbilhonar*, como dissemos acima, que não se sabe quando começa nem quando termina, embora se possam discernir pausas e acelerações de acordo com a multiplicação e a difusão das ideias que tocam os diferentes elementos da cadeia de valor. Também se pede a um inovador que chega com uma boa ideia de produto que a reelabore cem vezes para encontrar as diversas ideias complementares sobre a maneira de produzi-lo e principalmente de distribuí-lo, ideias que possibilitarão, portanto, que aquela primeira ideia possa atingir o mercado e ser rentável.

Para contornar a dificuldade que algumas vezes há em distinguir esses dois tipos de inovação, Barreyre (1975) fala de dominância. Haveria, assim, inovação de:

- dominância tecnológica (por exemplo, fibra ótica; velcro; lentes de contato; caixa-preta para o controle das rotas dos caminhões);
- dominância comercial (por exemplo, nova embalagem para presente; novo modo de distribuição, como vendas por internet; nova forma de promoção com testes gratuitos; nova apresentação dos produtos);
- dominância organizacional (por exemplo, franquias; estrutura matricial da organização; equipes semiautônomas; análises organizadas das observações dos clientes);
- dominância institucional (por exemplo, taxa sobre o valor agregado; normas antipoluição; retorno dos bondes nas cidades, após seu abandono nos anos 1950-1960).

Mas, repetimos, em muitas empresas é raro que a inovação não acabe tocando um grande número de elementos da cadeia de valor. Isso é ainda mais verdadeiro para a maioria das PMEs, pois elas funcionam de maneira sistêmica e não são divididas em departamentos. Por isso é preferível falar em inovação *difusa*, como já dissemos, o que é mais fiel à abordagem baseada nos recursos e competências. Essas competências geram aplicações particulares múltiplas em toda a empresa, portanto uma nova combinação para sustentar o caráter distintivo. Tudo isso funda as vantagens concorrenciais, pois essa combinatória dificilmente é replicada pelas outras empresas em curto prazo. Em outras palavras, ainda que os concorrentes desmontem e analisem atentamente o novo produto, e estudem sua colocação no mercado, isso não lhes diz como esses elementos são desenvolvidos, produzidos, reunidos e distribuídos; e, quando conseguirem desvendar esse mistério, será tarde demais, pois a empresa inovadora já terá partido para outras inovações.

As pausas ou as acelerações provocam outra distinção: entre o que se chama de inovação gradual ou *incremental* (segundo a tradução literal do inglês), que engendra mudanças menores mas que afetam mais de 95% das inovações (MANSFIELD, 1968), e a inovação radical, que provoca uma ou algumas mudanças maiores. Ela é radical não apenas por essa razão, mas também porque exerce efeitos frequentemente importantes em muitos setores da economia, ao contrário da maioria das inovações graduais. A informática é um bom exemplo de inovação radical que se difundiu para todos os setores econômicos (ou pelo menos a maioria).

A inovação radical corresponde, no entanto, a menos de 5% do conjunto das inovações em uma economia. Alguns pesquisadores (destacadamente ABERNATHY e UTTERBACK, 1978) consideram até que a maior parte ou mesmo todas as inovações radicais resultam simplesmente de uma sequência de inovações graduais, cuja última inovação provoca um salto maior que as anteriores. A história de inovações

> **Em 1997**, a Theratechnologies e uma agência de investimentos criaram a Andromed, empresa cuja primeira missão era conceber um estetoscópio eletrônico. A ideia desse novo produto germinara no espírito de André de Villers, médico de emergência e proprietário de uma policlínica (primeiro PDG da Andromed), que, farto dos estetoscópios clássicos, desenhou-o em um papel numa noite de férias com sua companheira nas montanhas. Convencido das enormes vantagens de sua inovação, ele estava certo de que sua difusão se daria praticamente sozinha. Mas as vendas progrediram muito devagar. A empresa associou-se então com a Hewlett-Packard e a Philips, com a Philips se ocupando de comercializar o produto sob sua marca. Apesar disso, o estetoscópio acústico clássico continuava a representar 99% do mercado mundial. A Andromed e seus parceiros haviam esquecido que o mundo dos médicos é organizado em corporações muito conservadoras e conta com membros particularmente ciumentos de seus poderes. Foi o que demonstrou, há 15 anos, a aventura da criação do sistema de diagnóstico informatizado (que permite limitar o número de possibilidades a partir de uma série de sintomas; JULIEN e THIBODEAU, 1991), sistema que apenas agora começou a penetrar nesse mundo, apesar de suas grandes vantagens. Os dissabores do estetoscópio eletrônico e os do sistema de diagnóstico informatizado ilustram mais uma vez que a inovação, qualquer que seja seu valor, deve ser acompanhada de muitas outras inovações, se quiser vencer as resistências e difundir-se.

como a lâmpada elétrica ou o telefone, que são apenas a reunião ou uma nova combinação de elementos conhecidos (principalmente quando hoje se sabe que um grande número de pesquisadores de países diferentes nelas trabalhou durante anos), confirma essa maneira de ver a inovação. Acrescentemos que a inovação radical não é apenas material: Jean-Jacques Salomon, antigo diretor do comitê da Ciência e da Indústria na OCDE, considerava que a inovação mais importante do século XX foi o autosserviço, que transformou todo o sistema comercial dos países industrializados (SALOMON, 1992).

A inovação pode responder a uma demanda do mercado ou vir de ideias de pesquisadores, produtores ou usuários[9] capazes de combinar elementos novos para criar de alguma maneira um novo mercado. Nesse caso, Hamel e Pralahad (1994) esclarecem que as inovações desses *quebradores de convenções* podem agir no produto em si (os relógios Swatch), na sua comercialização (Ikea, para os móveis; Benetton, para as roupas) ou nas regras do mercado (Coca-Cola[10] ou Microsoft e seus comportamentos monopolísticos). Quando conseguem, as outras empresas acabam adotando-as tal e qual, ou modificando ligeiramente as inovações desses precursores. Acrescentemos que tais inovações são frequentemente o feito de pioneiros ou precursores individuais; em seguida, elas são notadas por empreendedores observadores que, finalmente, adaptam-nas para propô-las ao grande público.

A difusão da inovação pode ser rápida ou lenta, tudo depende das capacidades de convencer o mercado e dos métodos utilizados para fazer isso. O elemento comercial é sempre determinante para rentabilizar a inovação, mas, muito frequentemente negligenciado por muitos inovadores, ele torna-se então a fonte de numerosos fracassos.

Rogers (1995) dá cinco condições complementares para que a penetração e a difusão de uma inovação sejam relativamente rápidas:

1 • As vantagens relativas da inovação em comparação com o antigo produto devem ser realmente importantes ou, pelo menos, percebidas como tal pelos compradores potenciais;

2 • A novidade deve respeitar os valores e normas dos usuários ou ser complementar às outras tecnologias e equipamentos conexos em uma empresa ou domicílio;

3 • Se visa ao grande público, a inovação deve, tanto quanto possível, ter um caráter fácil de manipular e não requerer aprendizado profundo. Se visa às empresas, ela será mais rapidamente adotada caso seja compatível com a formação

do pessoal e com seus outros equipamentos. Além disso, se demandar menos esforço e até mesmo agregar elementos de descontração, sua difusão será ainda mais fácil;

4 • O cliente deve poder experimentar a inovação antes de comprá-la;

5 • A inovação deve poder ser observada entre alguns pioneiros satisfeitos. Uma pessoa ou empresa feliz constitui o melhor instrumento de venda.

O fator tempo varia também no ritmo de produção da inovação. A maior parte das empresas que não estão ameaçadas em curto prazo por seus concorrentes inova geralmente de maneira esporádica, quando a necessidade ou a pressão se fazem sentir sobre seu mercado ou quando os procedimentos tornam-se cada vez mais inadequados ou respondem mal a novos materiais mais ou menos impostos pelos fornecedores. Porém uma minoria delas, especialmente as empresas em forte concorrência, como as gazelas ou as empresas exportadoras, fazem-no de maneira sistemática, organizada, em que cada inovação prepara a seguinte (JULIEN et al., 1997). Essas empresas fundam justamente seu caráter distintivo nessa capacidade de inovar e tornam-se assim o que Miles et al. (2000) chamam de líderes de alguns tipos de produtos, em oposição às outras empresas que evoluem com maior ou menor atraso. Algumas empresas até brincam de esconde-esconde ou empreendem uma guerrilha, utilizando inovações verdadeiras e falsas, com direito a blefe e desinformação; outras registram suas patentes por partes para marcar um caminho previsível ou mesmo depositam falsas patentes para enganar os concorrentes (EISENHART, 1990).

Acrescentemos neste último caso que a proteção pela patente quase nunca é uma solução definitiva: por um lado, em geral ela fornece detalhes cujos elementos podem ser retomados pelos concorrentes ou que poderiam pelo menos orientar suas pesquisas[11]; por outro, ela pressupõe a capacidade financeira de acompanhar os imitadores — capacidade que as PMEs raramente têm, sobretudo se o plagiador é uma grande empresa. A melhor defesa é, na maioria das vezes, o segredo, pelo menos durante um tempo, e principalmente a complexidade do produto e de sua fabricação[12]. Isso aumenta a dificuldade de imitação. Além disso, a renovação contínua da inovação acrescenta dificuldade, mas depende também do setor.

Em suma, a inovação se faz, na maior parte do tempo, de maneira esporádica e reativa, quando não simplesmente pela adoção de uma inovação de outra empresa ou de um centro de pesquisa. A maioria dos inovadores é formada por imitadores ou adaptadores de inovações desenvolvidas em outros lugares. Menos de 20% deles são *iniciadores*, salvo em setores novos que exigem inovação quase que por definição, e outros 20% recusam-se a inovar ou mudar, preferindo concentrar seus esforços na gestão daquilo que adquiriram ao longo de muito tempo.

Se não se pode falar em empreendedorismo no caso destes últimos, e se deixarmos de lado os iniciadores, os 60% de inovadores que restam são o que convém chamar de inovadores reativos ou retardatários, porque apenas introduzem praticamente do mesmo modo aquilo que foi mais ou menos experimentado longamente em outro lugar. Também chamados de empreendedores de *imitação* e de *reprodução*, eles devem ser considerados como inovadores, pois introduzir uma inovação vinda de fora os obriga a rever a combinação dos ativos e o funcionamento de sua produção ou as rotinas de sua empresa, combinação ainda aqui relativamente nova e que os distingue dos outros, embora possa ser conhecida e imitada sem muito esforço. Toda renovação do caráter distintivo, incluindo uma reinvenção ou uma reapropriação do que se faz em outro lugar, é uma inovação que apoia a competitividade da empresa e permite-lhe sobreviver até que outra empresa mais inovadora ou mais imitadora satisfaça melhor o mercado, como lembra a definição do *Manual de Oslo*.

Rogers (1995) retoma essas distinções entre os diferentes inovadores colocando de um lado os inovadores *iniciais*, os precursores da novidade, e do outro aqueles que adotam a inovação em seguida com maior ou menor rapidez, acrescentando-lhe alguns elementos complementares para que funcione bem. Depois, aos poucos, muitas empresas passam a seguir essa inovação e formam o que ele chama de *maioria precoce*, incitando depois um número ainda maior de empresas a fazer o mesmo. Por fim, os *retardatários* ou os *inovadores passivos* acabam acompanhando com maior ou menor dificuldade o movimento inovador, deixando no fim do pelotão as empresas que continuam se recusando a adotar a inovação, protegidas por algumas vantagens absolutas, como a distância geográfica ou normas culturais ou religiosas. Com exceção dos que continuam recusando a novidade[13], Rogers distinguiu, grosso modo, *iniciadores* (que chama também de *aventureiros*), contando cerca de 2,5%; *seguidores precoces* (mais integrados ao meio, mais bem vistos pelos pares que os iniciadores), representando 13,5%; *maioria precoce* (a mais voluntarista), 34%; *maioria ampla* (os céticos), também 34%; e *retardatários* (os tradicionais), 16%. Ele mostra também que os *iniciadores* e os primeiros *adesionistas* necessitam de pouquíssimos canais de comunicação para aderir à inovação, porque os primeiros transformam rapidamente a informação recebida e vão além, e os segundos são fáceis de convencer. Já os *seguidores precoces* ou retardatários necessitam receber muita informação, ser influenciados e persuadidos para aderir à novidade. Esclareçamos que adotar a estratégia do seguidor não é necessariamente ruim para uma empresa; pode ser mesmo preferível deixar aos outros as surpresas

FIGURA 8.2 • TRÊS CASOS DE DIFUSÃO DE UMA INOVAÇÃO

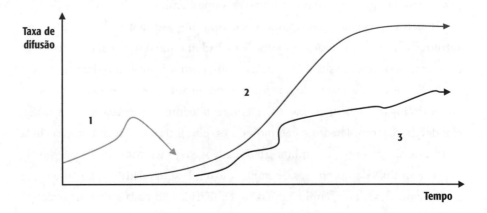

negativas, para em seguida lucrar com seus erros. Contudo, isso não é válido para regiões ou empresas que busquem o forte crescimento, nem para os novos setores.

A inovação começa, então, em algumas empresas ou centros de pesquisa, para depois difundir-se lentamente na economia e na região. Depois vem uma nova inovação que leva novamente à mudança. Assim, na maioria das vezes, chega-se a uma evolução segundo uma curva em S. Na Figura 8.2, acima, apresentamos apenas três casos, mas pode haver muitos outros casos intermediários. O primeiro caso ilustrado mostra que a inovação não progrediu, limitando-se ao *iniciador* e a alguns *seguidores* e desaparecendo em seguida, porque não foi adaptada às particularidades de um mercado maior, sofreu má comercialização ou então porque surgiu outra inovação mais eficaz. O segundo caso ilustra uma difusão ou penetração de início lenta, que depois se acelera para em seguida desacelerar, após cobrir todo o potencial possível do mercado: esse é o processo mais conhecido das inovações vencedoras. Por fim, o terceiro caso apresenta uma inovação lenta e irregular, cuja difusão desacelera e acelera segundo as adaptações que são feitas para responder às especificidades de pequenos mercados.

8.2 • A **lógica** da **inovação**

Portanto, para compreender a inovação, não se pode seguir um raciocínio unívoco, como na teoria econômica clássica. O economista canadense Richard Lipsey (1996) afirmava, aliás, que a ciência econômica é incapaz de compreender a inovação e mesmo a mudança tecnológica[14], pois a inovação relaciona-se a mecanismos cognitivos (mentais) individuais e organizacionais, escapando ao positivismo dessa ciência. O que impede tal compreensão é em primeiro lugar o fato de essa teoria considerar a inovação como um processo racional dos indivíduos, em vez de apreendê-la como um processo coletivo e interativo que ultrapassa, por exemplo, "a busca da melhor solução para uma empresa" (NOOTEBOOM, 2000, p. 117 e seguintes). Dito de outra maneira, a inovação obedece a outras considerações além da racionalidade ligada à eficácia do mercado e à mão invisível. Ela tem na maioria das vezes resultados não programáveis, portanto incertos.

Essa *flecha do tempo* da mudança, como dizem os filósofos, que pode trazer tanto benefícios como erros ou malefícios[15], explica-se justamente porque a inovação é feita de acasos e intuição, e não da simples apreensão de oportunidades. A inovação é uma *aposta no futuro*. Ela parte dos empreendedores, não dos pesquisadores, e de sua capacidade de pensar lateralmente, conforme dito antes. A profissão de inovador não existe. É uma questão de crença que procede justamente da incerteza e que possui contornos fluidos (ALTER, 2003). A inovação não é racional em si. A lógica da inovação não existe enquanto não for posta em marcha. Os cálculos para justificar uma inovação frequentemente são feitos apenas para impressionar a plateia, seguindo códigos lógicos nos quais não se crê, mas que são exigidos, principalmente pelos especialistas em finanças; isso explica por que as relações entre os inovadores e as empresas de capital de risco são tão difíceis. A inovação é fruto de uma relação privilegiada (quase íntima em alguns casos) com o mercado, relação que permite ao inovador *senti-lo*[16] (AKRICH, CALLON e LATOUR, 1988), ou mesmo perceber essas necessidades antes que o mercado as exprima. Como combinação nova, ela rompe com as regras para reinventá-las, reconfigurá-las em seu benefício ou impor inovações, fundadas em determinantes internos.

Quando se trata de inovação, nada é garantido, tanto no quesito complexidade quanto nos custos e benefícios esperados. A inovação é um processo do acaso, cuja origem não se conhece, que escapa à realidade e aos procedimentos. Por definição, a inovação aborda o *incerto* e assim a *sorte*, tanto nos resultados esperados como no tempo a dedicar para se chegar a algo que agradará ao mercado. Assim, não se pode forçar um dirigente de empresa a ser inovador nem a adotar logo uma tecnologia, mesmo fornecendo-lhe informação e subvenções, da mesma forma como não se pode forçar uma empresa a crescer, quaisquer que sejam as oportunidades do mercado. A inovação é, portanto, um ato eminentemente empreendedor; ela é o que funda a própria ideia de empreendedorismo (GAGNON e TOULOUSE, 1993; HOFFMAN et al., 1998).

Essa lógica da inovação permite compreender por que as PMEs, tanto nas grandes cidades como nas localidades, podem ser particularmente inovadoras. Isso contradiz a ideia do Schumpeter do período americano, para quem a inovação era antes de tudo negócio de grandes empresas com muitos recursos. Contudo ele bem percebeu, no tempo em que trabalhava na Áustria, que as pequenas empresas estavam bastante bem posicionadas para inovar, graças a seu caráter empreendedor e portanto muito pouco burocrático em comparação ao das grandes.

Scherer (1984) explica que uma das maiores vantagens das PMEs sobre as grandes empresas no que diz respeito à inovação é justamente esse comportamento sistêmico (interdepartamental[17]), capaz de favorecer ao mesmo tempo: o envolvimento sutil dos membros da equipe de colaboradores no meio (ou sua proximidade), o que possibilita trocas complexas; o estabelecimento de relações diretas e informais com o mercado para dele captar as ideias; e um sistema de comunicação de grande rapidez e agilidade baseado em informação tácita particularmente propícia, que lhe proporciona grande flexibilidade e encoraja a iniciativa e a criatividade, conforme confirmam as análises de Rothwell (1989). Ao contrário, as grandes empresas chocam-se contra barreiras burocráticas que bloqueiam as iniciativas ou criam sistematicamente uma inércia tamanha que impede a geração da inovação global (CERISIER e LUBOT, 1992). É verdade, entretanto, que algumas PMEs sofrem, em contrapartida, da falta de recursos de qualidade e de um portfólio pobre em inovações para diminuir os riscos quando os gastos com P&D são elevados em setores que requerem inovação constante.

> **Em um estudo de caso** sobre as razões da difusão (e portanto da adoção) da mudança tecnológica em 14 PMEs de seis setores quase do mesmo porte e de mercado semelhante, começamos a entrevista com os empreendedores pedindo que opinassem sobre fotos de equipamentos de ponta desenvolvidos para seu setor. Desde essa primeira abordagem, sua avaliação diferia fortemente de acordo com suas percepções da incerteza: enquanto alguns viam todos os problemas que a adoção desses novos equipamentos poderia provocar, outros eram capazes de discutir suas vantagens e limites. A sequência da entrevista só confirmou essa primeira percepção, o que mostra bem que, antes de ser uma questão de análise, a inovação está *na cabeça* (JULIEN et al., 1994a).

Há muito tempo pesquisadores tentam comparar o desempenho em relação à inovação das grandes e das pequenas empresas. Por exemplo, Peeks (1962) interessou-se pelas invenções importantes na indústria do alumínio entre 1946 e 1957, atribuindo aos centros de pesquisa das grandes empresas apenas 17 dentre 149 invenções. Por sua vez, Hamberg (1966) atribuiu sete das 27 descobertas que analisou às grandes empresas, esclarecendo, no entanto, que estas haviam participado de desenvolvimento de um maior número delas. Do mesmo modo, Jewkes et al. (1969) estudaram 64 invenções importantes e mostraram que 40 delas eram provenientes de indivíduos inventores ou de pequenas empresas, enquanto 24 vinham dos centros de pesquisa das grandes empresas. Nos anos 1970, a Science Policy Research Unit (SPRU), da Universidade de Sussex, analisou não menos de 4.378 inovações ocorridas em um período de oito anos, chegando à conclusão de que seu número havia sido inversamente proporcional ao de funcionários (PAVITT, ROBSON e TOWNSEND, 1987). Por sua vez, Cremer e Sirbu (1978) mostraram que o volume de inovações primeiro diminuía com o crescimento do número de funcionários para em seguida aumentar novamente, segundo uma curva em U. Por fim, após analisar oito mil inovações introduzidas comercialmente nos Estados Unidos entre 1988 e 1990, Acs e Audretsch (1990) concluíram que o volume de inovações por funcionário nas PMEs (menos de 500 funcionários) era 2,8 vezes maior do que nas grandes corporações. Também é bastante possível que as inovações realizadas em setores controlados por grandes empresas, como a química pesada, a distribuição elétrica ou a indústria automobilística, tenham nascido em PMEs. Contudo, nos setores que são dominados pelas PMEs, é delas que a inovação definitivamente provém. Acrescentemos que essa importância das PMEs na inovação foi confirmada, na Itália, por Santarelli e Sterlacchini (1990), Rolfo e Calabrese (1995) ou Epifanio (1995); na Holanda, por Kleinknecht, Poot e Reijnnen (1991); e mais recentemente no Canadá, por Baldwin e Gellatly (2003). Nooteboom (1994) concluiu a partir dessas comparações que as PMEs participam menos de P&D do que as grandes empresas, mas o fazem de forma mais intensa e produtiva quando realizam pesquisas formais e informais. Além disso, elas implementam inovações no mercado com maior rapidez e facilidade que as grandes empresas.

Tanto no caso das PMEs quanto das grandes empresas, as taxas de sucesso são, porém, sempre baixas: menos de 5% das ideias lançadas acabam concretizadas, e sua adoção é quase sempre gradual (DEWAR e DUTTON, 1986). Lachman (1996) lembra que 80% dos projetos de inovação são abandonados antes de ficarem prontos e que 10% fracassam no lançamento. No caso de setores cujos fundamentos científicos ainda não estão estabelecidos, as taxas de sucesso são ainda mais baixas (MANGEMATIN, 2003). Após sintetizar um grande número de estudos, Pras e Le Nagard-Assayag afirmam até mesmo que o fracasso ultrapassa 30% a 40% no caso do lançamento de novos produtos bem elaborados e até, em alguns casos, 80% no caso de inovações de imitação. Em suma, nada é fácil quando se trata de inovação.

8.3 • A organização da inovação

Como a inovação é um processo coletivo, interativo, turbilhonar, interno e externo, é difícil organizá-la de fato. Pode-se, contudo, tornar a empresa propícia a aproveitar ou multiplicar a informação e as novas ideias que conduzem à mudança, assim como é possível tornar uma região mais inovadora multiplicando as redes *inteligentes*, principalmente ajudando as empresas a se ligarem a redes de sinais fracos e a outros recursos que favoreçam a aplicação das novas ideias.

No caso das PMEs, é preciso primeiro mobilizar as competências do maior número de funcionários e relacioná-las entre si e, se possível, a recursos externos, como consultores tecnológicos, para criar sinergia e desenvolver assim o que se chama de competências relacionais. É preciso em seguida aperfeiçoar essas competências pela formação e informação, a fim de criar formas de se distinguir por meio da mistura original de rotinas e ideias novas (KIESTLER e SPROULL, 1982). Essas competências permitem multiplicar as ideias complementares (WEST, 1997; LATOUR, 2003), a fim de maximizar, tanto interna como externamente, a *chance* de a inovação projetada ver-se concretizada, sobretudo quando, como já dissemos, menos de 5% das ideias chegam finalmente ao mercado.

Para fazer isso, pode-se recorrer a técnicas de invêntica (de sinética)[18], algumas das quais são particularmente eficazes dependendo do tipo de produto e setor (KAUFMAN et al., 1971; CARRIER, 1997). Essas técnicas facilitam a transformação dos sistemas mentais para quebrar as rotinas. Em seguida, é preciso desenvolver técnicas particulares para ser capaz de escolher entre muitas ideias, técnicas baseadas nos conhecimentos e na experiência (DA VIGNE, 2001).

Para multiplicar as ideias, há quem mande fazer parte do trabalho de triagem com clientes ou usuários futuros da inovação proposta, estimulando sua capacidade crítica e interpretando as ideias surgidas por meio de diversos mecanismos de proximidade (COLEMAN, KARTZ e MENZEL, 1966). Esse é o caso por exemplo quando se ajudam as redes a transformarem-se em mecanismo de pesquisa e de transformação da informação rica (HEDSTRÖM, SANDELL e STERN, 2000), ou ainda quando se recorre à competência das organizações locais e regionais de pesquisa e valorização (STRANG e MEYER, 1993; TRÉPANIER et al., 2003). Essa capacidade de análise é ainda mais importante quando a pesquisa se faz simultaneamente ao desenvolvimento e à introdução do produto no mercado, em um processo de engenharia simultânea informal.

Para a análise, é preciso multiplicar a informação complementar proveniente do interior da empresa, organizando interna ou externamente os testes de produto, a fabricação de protótipos e os testes de mercado, limitando sempre as rotinas esclerosadas. Desenvolvido há algumas décadas para gerir a inovação, o modelo sequencial ou linear[19] hoje é cada vez menos válido, pois a inovação eficaz costuma passar de uma etapa a outra com retornos e saltos, seguindo um movimento de vai e vem com o exterior da empresa (KLINE e ROSENBERG, 1986; MUSTAR, 1997). Frequentemente, é melhor integrar as fases de maneira mais ou menos paralela ou fazer com que as etapas se sobreponham.

Lenfle e Midler (2003) fornecem quatro regras para aperfeiçoar a análise ou a escolha das ideias:

1 • Reformular as questões subjacentes *durante o processo* para aparar as arestas;
2 • Criar uma dialética conhecimento/prática, pois a experiência nem sempre é útil, exceto quando posta em prática;
3 • Garantir uma boa gestão do conhecimento para reforçar a interação; e
4 • Precisar os limites de tempo que a fase da exploração deverá respeitar. As organizações aprendizes e inovadoras seguem essas quatro regras.

Senge (1990) enumera algumas características das organizações ditas aprendizes e inovadoras, e nós acrescentamos alguns elementos:

1 • Pequeno porte, de acordo com o princípio da mínima dificuldade[20]. Portanto, em uma empresa maior é preciso criar pequenos grupos responsáveis, a fim de minimizar a burocracia, a cacofonia, a incompreensão e as discussões sem fim. Inovação não combina com burocracia e hierarquia.
2 • Diversidade e riqueza de personalidades, disciplinas e origens, sem esquecer o saber dos fornecedores e das empresas contratadas. Esses saberes podem até ser multiplicados pela organização em redes densas, cujos benefícios são patentes (JULIEN et al., 2003; PRAS e LE NAGARD-ASSAYAD, 2003).

3 • Membros *inovadores* no pessoal; abertos, não convencionais: *champions*, desviantes, colaboradores críticos, intuitivos e alguns franco-atiradores que sabem aprender na prática com seus erros[21] e encontrar novas vias para contornar os obstáculos. O que inclui, portanto, tanto o racional como o não racional.

4 • Redução da resistência declarada ou não às mudanças, por meio da participação mais ampla possível dos funcionários, pelo menos no que se relaciona à difusão da informação (NONAKA, 1994). Adler (2003) apoia-se em Schumpeter para distinguir três tipos de resistência: a resistência objetiva (falta de estabilidade ou de experiência), a resistência subjetiva (imaginar situações sem referencial) e a resistência social (com parceiros rotineiros).

5 • Multiplicação das ideias, de forma que algumas delas sejam mantidas. Em geral, de cada cem ideias apresentadas como novas, 90 não o são de fato ou são imprecisas demais para serem válidas. Das dez que restam, apenas uma ou duas são suficientemente interessantes para serem concretizadas e atingir o mercado[22].

6 • Utilização de uma linguagem comum a todos os participantes, que se apoie na confiança e ultrapasse a linguagem de seus setores ou culturas.

7 • Consideração real das oposições, recorrendo-se a um ou alguns conciliadores e coletando rapidamente todas as informações complementares, ligando a equipe a bancos de dados, centros de pesquisa ou pesquisadores associados, por exemplo.

8 • Rotação: as equipes que trabalham tempo demais em conjunto acabam andando em círculos, criando rotinas esclerosadas ou levando tempo demais para obter resultados.

9 • Certo enquadramento do processo (não muito, para não impedir as boas ideias), a fim de garantir que os diferentes aspectos sejam abordados e evitar transbordamentos. Isso implica principalmente definir objetivos operacionais (por exemplo, limite de custos) que levem em conta a estratégia global, o mercado-alvo e as limitações de recursos e tempo. Esses objetivos devem ser esclarecidos desde o princípio, sobretudo se existe a intervenção de pessoas externas à empresa, senão o processo pode rapidamente andar em círculos, como foi o caso no princípio da experiência de desenvolvimento de um *snowmobile* para crianças (Corriveau, 1997).

10• Capacidade de *avançar* ou pelo menos de não patinar durante muito tempo, que está ligada à estratégia adotada pela empresa para garantir sua coesão.

11• Instalações materiais, como a localização das principais pessoas envolvidas com o projeto no mesmo ambiente – a existência de uma grande mesa onde possam discutir pontos importantes do projeto, por exemplo –, e laços fortes com o ambiente externo, a fim de obter informação complementar, principalmente no seio de redes com sinais geralmente fracos.

Portanto, uma mistura ou certo equilíbrio entre conhecimento, habilidades, *savoir-faire* e acaso. Como dissemos, esse processo é turbilhonar, tateante e deixa margens para a liberdade, embora seja orientado.

Nonaka e Takeuchi (1995) resumem em quatro palavras esses elementos indispensáveis ao apoio sistemático da inovação: socialização, exteriorização, combinação e interiorização.

O processo, porém, deve ser específico a cada empresa, pois depende de suas aptidões e capacidades, de sua estratégia e do tipo de mercado a que ela visa. Ele se revela principalmente na descontração, ultrapassando assim a simples gestão. Deve ainda permitir que ocorra em quebras no cotidiano, abrir espaço também ao acaso e à sorte. Ele se aperfeiçoa com o tempo, com a experiência da inovação, inclusive com os fracassos que, se bem analisados, permitem fazer melhor da próxima vez. No caso das empresas de serviços, por exemplo, a inovação raramente é organizada. Contudo, as manufatureiras também não têm garantias de que o modelo industrial clássico de inovação, incluindo um departamento de P&D bem implantado e portanto sem retroação em toda a empresa, seja o mais eficaz. Na verdade o modelo que mais favoreceria a inovação seria o neoindustrial (lógica de flexibilidade e interações, com atores múltiplos e em mudança; GALLOUJ, 2003, p. 126).

Uma das condições necessárias (mas não suficientes) para inovar é que exista certa flexibilidade financeira – não somente para a fase de pesquisas, que guarda sempre algumas surpresas, mas sobretudo para a fase de aplicação, ao longo da qual é preciso adaptar os equipamentos e treinar o pessoal, ou comprar novos equipamentos e contratar pessoal suplementar para fabricar o novo produto (SANTARELLI e STELLACHINI, 1990; ST-PIERRE, 2004). Mas, novamente, o mais importante na inovação são o empreendedor e sua organização interna e externa, pois sempre é possível encontrar financiamento para uma boa inovação capaz de atingir de fato o mercado (NOOTEBOOM, 2006).

Na Figura 8.3, a seguir (p. 260), apresentamos de forma sucinta as diferentes variáveis de sucesso da inovação, segundo quatro ângulos. O primeiro diz respeito à capacidade de aproveitar o mercado ou as necessidades reais ou potenciais dos clientes; o segundo, à capacidade de absorver informação complexa e rica, sobretudo graças às redes e a uma vigilância eficaz; o terceiro, à flexibilidade e à

FIGURA 8.3 • VARIÁVEIS QUE EXPLICAM O SUCESSO DA INOVAÇÃO

capacidade de aprendizado; e o quarto, aos laços mantidos com recursos externos, como centros de pesquisa e consultorias em tecnologia e formação (JULIEN et al., 1994a). Pras e Le Nagard-Assayag (2003) acrescentam três elementos de sucesso que dizem respeito à colocação de um novo produto no mercado: 1) a consideração das necessidades dos clientes desde a fase de adaptação; 2) a unicidade ou o caráter superior do produto com um preço concorrencial ou atrativo; e 3) uma estratégia proativa para lançá-lo.

Nada é fácil, porém. É sempre complicado gerir o acaso em uma parte da organização, trabalhando com outros serviços e com empresas ou instituições exteriores. Toda inovação em desenvolvimento implica por definição em desacordos. Abrir-se ao exterior é algo capaz de multiplicar esses desacordos. Não se abrir, contudo, significa privar-se de informações e ideias novas ou complementares. A multiplicação das divergências, se bem gerida, é justamente fonte de uma inovação ainda maior.

Em suma, a inovação é uma combinação que se segue a trocas de informação repetidas interna e externamente, informação antes de tudo tácita, mais econômica e informal que tecnológica, e completada por informação codificada. Ela supõe a atualização constante da capacidade de absorção e imaginação. Resulta da participação e ligação dos participantes interna e externamente, da interação dos processos de aprendizado elaborados pelas empresas, da intensidade das retroações positivas e, por fim, da qualidade da formação de redes. A participação e formação de redes permitem ao inovador ultrapassar sua lassidão, compartilhando suas ideias e os riscos que representam, o que mantém na empresa a tensão necessária ao processo *durante o percurso*.

Essa combinação permite a organização da improvisação, embora isso pareça paradoxal (CAMOCHE e PINA E CUNHA, 2001). Uma forte organização desse tipo favorece a flexivelocidade (flexibilidade e velocidade) na inovação geral, que se baseia em um conjunto de pequenas mudanças disseminadas em todas as áreas, para superar os concorrentes de maneira a desencorajá-los ou neutralizá-los. A chave de tudo é ser capaz de sentir o mercado, a fim de permanecer dentro dos limites do que é possível, levando em conta que muitas coisas são incontroláveis (MARTINET, 2003). Essa é, aliás, a principal estratégia que adotam as gazelas para se desenvolver rapidamente: por exemplo, elas buscarão o saber e o estímulo de que necessitam em uma rede ou em alianças dentro ou fora de sua região.

> **Para explicar por que** uma grande empresa de produtos de transporte e suas empresas contratadas sofreram um relativo fracasso com o sistema de inovação em rede densa que tinham desenvolvido durante uma dezena de anos, recorremos à análise de Giddens (1984), para quem todo compromisso é primeiro individual e depois coletivo. O compromisso individual se baseia em três tipos de conhecimento: o *conhecimento consciente* (ou seja, no presente caso, a capacidade de cada engenheiro do departamento de desenvolvimento da empresa de desenvolver novos componentes), o *conhecimento prático* (ou seja, o reconhecimento de que esses novos componentes permitirão aperfeiçoar o desempenho do produto), e o *conhecimento inconsciente* (que faz com que as habilidades acumuladas permitam ir além do que se conhece no desenvolvimento desses componentes). Já no compromisso coletivo, os conhecimentos são compartilhados e reforçados pelo grupo, uma vez que cada indivíduo age dentro de uma estrutura corporativa dotada de suas próprias regras de conduta e compartilhamento, que dificilmente podem ser ignoradas.
>
> Essas regras orientam as ações que, juntas, parecem *sensatas, legítimas* e *portadoras de poder*. A percepção de sensatez vem dos esquemas de interpretação incluídos nos três tipos de conhecimentos adquiridos individual e coletivamente. Porém, se a maneira de atuação tradicional permite fabricar produtos eficazes e se distinguir dos concorrentes, por que mudar? A legitimidade é necessariamente coletiva e apoia-se em regras comuns ou convenções estabelecidas ao longo
>
> *CONTINUA*

CONTINUAÇÃO

dos anos, que, por darem segurança, são difíceis de transgredir. Assim, quando sobrevém um fracasso, sua importância é muito menor quando todas as regras foram seguidas do que quando foram infringidas, caso em que as sanções virão lembrar aos responsáveis a importância de respeitar as normas. Isso reforça ainda mais o poder desses hábitos e convenções.

Aplicando esse modelo de análise ao caso apresentado acima, podemos afirmar o que se segue. Em primeiro lugar, o departamento de desenvolvimento dessa grande empresa considerou suas formas de trabalhar considerando poucas dentre as empresas contratadas como perfeitamente *sensatas* ou mesmo *experientes*, o que não incitou os engenheiros a proceder de outra forma. Devido ao fato de muitos indivíduos trabalhando em um mesmo projeto já suscitar dificuldades, e tendo em vista a dificuldade de *organizar* inovações que, por conta de serem novidade, suscitam desacordos, pareceu pouco interessante ampliar o número de participantes externos à empresa e aumentar consequentemente ainda mais as possibilidades de divergências. Em segundo lugar, essa maneira era *legítima*, pois estava de acordo as regras em vigor e respondia mais particularmente à pressão constante exercida sobre os chefes de projeto para que diminuíssem os custos, pressão que os levava a privilegiar soluções que ofereciam poucos riscos. Em terceiro lugar, era de qualquer forma a boa maneira de conservar o *poder* no serviço interno (sem que houvesse perturbações vindas do exterior) e principalmente sobre as empresas contratadas. Em suma, essa estrutura de raciocínio, regras e poderes foi suficientemente forte para contrariar a vontade declarada da direção de trabalhar em cooperação com as empresas contratadas no interior de uma rede densa (JULIEN et al., 2003c).

8.4 • Da **inovação individual** à **inovação coletiva**

A inovação nas empresas será ainda mais eficaz se conduzida de forma coletiva, reunindo um bom número de colaboradores qualificados (OWUSU, 1999) e contar também com laços fortes externamente. O resultado será um processo interativo complexo (interno e externo) que não se reduz à simples descoberta de uma nova ideia, mas implica, em primeiro lugar, na elaboração de mais ideias (AMAR, 2001), como vimos no estágio de criação de uma empresa (LONGO e MacMULLAN, 1984); em segundo lugar, no desenvolvimento dessas ideias (GARTNER, CARTER e HILLS, 2003; BUENSTORF, 2007); e por fim, em terceiro lugar, após uma boa avaliação, na integração dos serviços da empresa, a fim de garantir o bom funcionamento de todas as etapas do processo, desde o desenvolvimento até a colocação no mercado (HILL, SHRADER e LUMPKIN, 1999; DUTTA e CROSSAN, 2005). Entretanto, o papel do coletivo vai além desse aspecto mais técnico. Ele tem inicialmente por objetivo alimentar a crença de que o sucesso é possível. Isso porque, repetimos, a inovação é um ato empreendedor que, como tal, depende do tipo de cultura empreendedora predominante na região – seja ele o espírito conservador que inibe a introdução de novos comportamentos, seja o espírito dinâmico que estimula novas ideias e facilita sua aplicação.

Portanto, isso nos afasta das abordagens clássicas da teoria econômica e também daquelas baseadas nas teorias evolucionistas ainda muito lineares (como a de NELSON e WINTER, 1982). Também ultrapassa o Schumpeter do período austríaco, que limita demais a inovação a um empreendedor individual, sem dar importância a seus laços com o mercado e o ambiente. Como lembra Dosi (1988), a inovação é, ao contrário, um processo dinâmico necessariamente aberto. Nesta abertura estão o meio e as redes, portanto os laços do empreendedor com um ambiente local dinâmico.

Até mesmo a aprendizagem do saber que funda toda inovação é um processo coletivo (AVENIER, 2001). Para nos convencer disso, basta pensar nos estabelecimentos financeiros. Longe de se limitar a decidir se darão ou não empréstimos, eles devem ultrapassar seu conservadorismo tradicional e orientar os inovadores para as fontes informacionais e os recursos complementares que lhes permitam ultrapassar as limitações inerentes a qualquer novidade.

A formação de redes e o capital social têm, portanto, um papel central que afeta as atitudes diante da inovação e assim, diante do risco, desenvolve líderes e oferece diferentes recursos para estimular os inovadores, como mostraram Saxenian (1994) e Dakhli e De Clercq (2004), e conforme lembrado na Tabela 5.2 (p. 173). Nesse capital social, as instituições de alto conhecimento e seus múltiplos laços com universidades ou faculdades podem, se proativos, ter um papel indutor, com a condição de que ultrapassem as barreiras culturais constituídas entre essas instituições e as empresas (JULIEN, 1993a) – algo possível em um ambiente inovador. Esse ambiente certamente deve permitir à região gerar mecanismos de polinização da inovação entre as diversas empresas, mas também entre estas e os outros atores socioeconômicos. Essa polinização deve, por sua vez, permitir multiplicar a informação nova, fonte primeira da inovação, e fazer com que finalmente toda a cultura empreendedora estimule a inovação, a mudança. Voltando à nossa metáfora, Michael Connelly

> **Em sua tese de doutorado**, Danielle Capt (1994) mostra que o dinamismo observado hoje em algumas cidadezinhas de montanha pirenaicas seguiu um processo em espiral. Iniciado com os produtos e serviços já existentes, como os queijos de fazenda e os embutidos montanheses, depois ele foi obrigado aos poucos a integrar múltiplos atores. Entre eles, estavam os cozinheiros dos restaurantes regionais, os proprietários das pousadas, que adotaram critérios de qualidade comuns, os guias de montanha, que conduziam a passeios para colher champignons, observar pássaros ou visitar ruínas romanas e medievais, e as empresas de transporte, que trabalhavam com algumas agências de turismo de fora da região. Tudo isso apoiado por uma busca de qualidade que se estende até a denominação controlada. Esse sistema de formação de redes intrarregionais e extrarregionais ilustra maravilhosamente que o sucesso só pode se basear na complementaridade ou nas cumplicidades múltiplas.
>
> Michel Marchesnay (2001) fez a mesma análise com a pimenta de Espelette, no País Basco francês. Ele mostra que, apesar dos benefícios do clima favorável e de uma longa história que remontava à descoberta da América, foi preciso um espírito de união e de empreendorismo forte para fazer com que, primeiro, essa pimenta se distinguisse; depois, que fosse reconhecida; e por último, que sua qualidade e desenvolvimento fossem protegidos por uma *denominação controlada*.
>
> Assim, se os festivais sentem dificuldade em criar na sua região um efeito propulsor que ultrapasse os limites de suas atividades, é porque costumam se contentar com alguns dias e com atividades ligadas à festa. Para aumentar seu impacto, seria preciso oferecer em vez disso diversos produtos e serviços associados, como fazem alguns eventos ou espetáculos cujo grosso do rendimento provém dos produtos indiretos. É a mesma coisa no caso dos lugares turísticos que, apesar de algumas atividades fortes, só conseguem se manter multiplicando seus lugares de interesse.

explica em um de seus romances que a dificuldade de compreender o gangsterismo californiano provém do fato de que as gangues têm muitos ramos e clubes afiliados em diferentes mercados, e trocam informações para reagir rapidamente e inovar frente às novas situações criadas por um ambiente em mudança. É sobre isso que nos deteremos na quarta parte, voltando primeiro ao conceito de formação de redes e a seu papel-chave no empreendedorismo regional, para depois explicar os mecanismos do contágio empreendedor.

NOTAS

1 Fonte: Entrevista ao jornal *Devoir*, 30 dez. 2002.

2 Mesmo no caso da humilde batata, existem mais de cem variedades. Algumas se casam de maneira muito específica com certas carnes e não com outras, criando sabores particulares, assim como certos vinhos com certos queijos. Do mesmo modo, os italianos inventaram mais de uma centena de tipos de massas, a maioria suculenta e muito distante das massas frequentemente insípidas do restaurante de bairro que de italiano só tem o nome – massas finas que podem servir para diferenciar qualquer bom restaurante. Lembremos que essa metáfora da alimentação para compreender o fenômeno contínuo da inovação é utilizada também por Nooteboom (2000, p. 40).

3 Para Van de Ven (1986), a inovação vem de uma ideia nova que pode ser uma recombinação de ideias antigas, uma recombinação que modifica a ordem presente ou ainda uma abordagem percebida como nova pelos compradores.

4 É o que se chama de serendipidade. Mas, mesmo no caso desta, é necessário um meio propício, pois o acaso nunca é esperado, mas deve ser apreendido e aceito.

5 De Branbandere (1998) explica que a criatividade é a fagulha que dá partida na reflexão, enquanto a inovação é a mistura gasosa que permite resolver um problema químico. A primeira se dá em um curto instante; a segunda demanda tempo para se realizar.

6 Essa importância do pensamento lateral para inovar é muito antiga, como se pode ler em Pella y Forgas, de 1892 (p. 15: a inovação é *"pensar como de lado, porque las más de las ideas nuevas ú originales las hallamos por digresión* [...]"). Este último refere-se, aliás, a uma obra ainda mais antiga, de Souriau (1882), que dava toda a importância à imaginação na invenção e na inovação.

7 Essa porcentagem pode atingir 80%, se incluirmos os ajustes menores nos equipamentos ou na organização do trabalho, ou ainda as mudanças de ordem estritamente estética nos produtos. O *Manual de Oslo* não inclui, no entanto, essas pequenas mudanças em sua definição de inovação tecnológica. Esse manual, preparado sob a égide da OCDE, define a inovação de produto como "a elaboração e comercialização de um produto de melhor desempenho, com o fim de fornecer ao consumidor serviços objetivamente novos ou aperfeiçoados. Por inovação tecnológica de procedimento, entende-se a elaboração/adoção de métodos de produção ou distribuição novos ou aperfeiçoados. Essa inovação pode gerar mudanças que afetem – separada ou simultaneamente – os materiais, os recursos humanos ou os métodos de trabalho" (OCDE, 1997, p. 9).

8 A título de exemplo, pensemos nos novos sistemas de resfriamento para os balcões das mercearias ou açougues, ou nos aparelhos de GPS utilizados pelas empresas de frete para acompanhar melhor os itinerários de seus caminhões.

9 Von Hippel (1988) calculou que 77% das inovações nos instrumentos científicos provêm dos usuários, sendo eles próprios muitas vezes cientistas que adaptam seus equipamentos para responder a suas próprias necessidades de pesquisa e desenvolvimento.

10 Lembremos que a história da Coca-Cola começou de certa forma com a exclusividade de fornecimento para o exército americano e gradualmente para as populações libertadas por ele na última grande guerra, exclusividade que acompanhava as manobras políticas de seu presidente.

11 Algumas patentes são particularmente complexas, contando mais de mil páginas ou dividindo-se em múltiplas patentes, em parte justamente para erigir barreiras de defesa ou para retardar qualquer imitação, como explica Laperche (2003).

12 Quase 82% das patentes de invenção concedidas pelo United States Patent and Trade Office são para instituições, como centros de pesquisa públicos e universidades, o que demonstra outra estratégia das empresas. Fonte: *L'observateur des sciences et des technologies du Québec*, v. 3, n. 3, 2001.

13 Rogers dá o exemplo do povo amish da Pensilvânia, formado por descendentes de imigrantes da Suíça no fim do século XVIII que fugiam de perseguições. Eles recusam quase todas as descobertas modernas, como a eletricidade, os tratores a gasolina, o automóvel e os cigarros.

14 "Eu mesmo, quando estava estudando, não compreendia nada de mudança tecnológica. A maioria dos economistas que eu conhecia sabia muito pouco sobre tecnologia e não achava que isso fosse um problema, o que é ainda mais escandaloso. Mas a mudança tecnológica é uma das mais importantes forças econômicas que afetam nosso nível de vida [...]" (LIPSEY, 1996, p. 48).

15 Como todas essas armas cada vez mais mortais, a exemplo das minas antipessoais ou ainda dos medicamentos mal testados no longo prazo, como a talidomida.

16 Voltaremos mais adiante a essa ideia de sentir, utilizando novamente a metáfora dos romances policiais.

17 Muitas PMEs praticam há tempos diferentes formas de *engenharia simultânea*, incluindo com grande rapidez os diferentes serviços no processo de inovação. Esses serviços são, aliás, mais ou menos inexistentes nas menores empresas.

18 As técnicas da inovação de produtos exigem, por exemplo, analisar determinado produto estudando o recurso a outros materiais (se a madeira poderia ser substituída por metal ou plástico etc.) ou ainda questionando as funções (se deve-se adicionar estética, quais seriam outras possibilidades de organização ou de transporte, se seria possível um uso misto etc.).

19 O modelo sequencial linear apresenta a inovação como uma sequência lógica que começa por: 1) percepção da necessidade, passando em seguida para 2) pesquisa, 3) desenvolvimento, 4) comercialização, 5) adoção ou difusão e 6) análise dos resultados ou das consequências. Contudo, a realidade quase nunca é linear, e proceder dessa forma pode simplesmente matar a inovação.

20 Cf. Seção 6.4 do Capítulo 6.

21 Latour (2003) fala em "não paranoia do inovador de partida".

22 Essa taxa pode aumentar com uma organização inovadora, algo de que falaremos na próxima seção. Conhecemos empresas onde até 4% das ideias surgidas se concretizavam.

Parte 4 •

OS MECANISMOS
DO DESENVOLVIMENTO ENDÓGENO

COMO MULTIPLICAR O DINAMISMO POR CONTÁGIO

O EMPREENDEDORISMO ENDÓGENO não surge apenas com a criação de uma ou várias empresas, mas com sua multiplicação pelos empreendedores regionais e a transformação das empresas existentes em empresas de forte crescimento ou proativas, além da chegada de outros empreendedores externos atraídos pelo dinamismo territorial. Esse impulso de criação e transformação é sustentado pela informação cada vez mais rica gerada pelo meio ou obtida por repetidos contatos com o ambiente externo através das redes. Mas o dinamismo não é automático e não se manifesta em toda parte nem continuamente. É preciso empreendedores decididos, organizações aprendizes e inovadoras, um tecido industrial variado, instituições públicas ativas na troca de informação rica, capital social que favoreça redes eficazes que apoiem a inovação, além de uma cultura empreendedora assentada em princípios ou crenças que estimulem a ação dos atores, de maneira que o território, mais ou menos ampliado, tendo em conta suas necessidades complexas (portanto capaz de reunir muitas regiões pouco densas), possa se distinguir e desenvolver-se rapidamente. Em outras palavras, o sucesso das empresas, principalmente das mais dinâmicas, como as gazelas, ocorre em função de múltiplas sinergias que se desenvolvem no território para produzir um ambiente estimulante que acelere o empreendedorismo.

Dá-se o mesmo com o crime. Se ele for isolado, como à primeira vista parecia ser o caso do mosteiro no norte da Itália, então está relacionado a comportamentos sociopsicológicos irregulares de desvio e, nesse caso, o prior não reclamaria a vinda de Guilherme de Baskerville de sua longínqua Inglaterra para resolver o problema. Mas, quando esses crimes se generalizaram com uma morte por dia, a presença do monge inglês tornou-se indispensável, embora os dominicanos do mosteiro não tivessem o hábito de frequentar franciscanos como Guilherme de Baskerville. Quando o crime se generaliza, como no caso das quadrilhas, estas devem não somente ser capazes de reunir pequenos e grandes delinquentes e organizá-los segundo princípios severos e um sistema de encorajamento pecuniário, mas também de contar com certa permissividade ou tolerância na sociedade[1]: quando há criminosos que se beneficiam com o crime, há de qualquer maneira participantes ou vítimas que aceitam pagar, como no caso da prostituição ou das drogas[2]. No caso de *O nome da rosa*, o conflito aberto entre o imperador e o papa detonou as querelas, finalmente favorecendo os desvios que explicam os comportamentos criminosos mesmo em um lugar santificado como um mosteiro.

Desse modo, para compreender o empreendedorismo não podemos nos contentar com o simples estudo do empreendedor e das empresas, o que nos limitaria ao primeiro nível de análise, à maneira de Columbo. Para atingir o segundo nível, devemos considerar também as interdependências entre as empresas, como Maigret faz ao estudar as relações entre o criminoso, sua família, seu meio e, finalmente, sua vítima. Contudo, é importante ir ainda mais longe, levando-se em conta a cultura empreendedora e as múltiplas formas de apoio ao empreendedorismo e, portanto, aos comportamentos coletivos do meio. Quando o meio é dinâmico, esse funcionamento coletivo estimula a criação e o desenvolvimento das empresas, convidando o maior número delas a participar de diversas maneiras e promovendo outros interesses, como o respeito pelo meio ambiente e alguma distribuição da riqueza. Isso é o contrário das fortíssimas disparidades sociais e da exploração da pobreza nos países em desenvolvimento, que freiam sistematicamente o empreendedorismo e excluem boa parte das forças do meio, que, assim, continuam passivas.

A exploração da mão de obra pode ser durante certo tempo um elemento de competitividade internacional no caso dos países em desenvolvimento, como ocorre atualmente em muitas partes da China. Mas isso não se sustenta no longo prazo, pois tal exploração acaba inevitavelmente engendrando numerosos custos, como a baixa qualidade e resistências surdas à mudança, como vimos por exemplo com o taylorismo na indústria automotiva dos anos 1950-1960. Ela provoca toda sorte de ineficácia na cadeia de valor externa, tanto a montante, entre fornecedores ou prestadores de serviços diversos às empresas, como a jusante, em especial entre os transportadores e distribuidores. Adam Smith criticava, já em 1776, a exploração dos trabalhadores, destacando a ineficiência desse método: "A obra realizada por homens livres encontra no fim das contas melhor mercado que aquela feita por escravos"[3].

Para compreender o empreendedorismo territorial, devemos não somente ver além dos empreendedores, das outras partes implicadas e das organizações, com seus recursos, seu modo de funcionamento e abertura para o ambiente externo, mas também olhar além dos recursos materiais e humanos locais e regionais. Devemos nos interessar pelos comportamentos coletivos do meio, suas crenças, princípios e capacidade de desenvolver capital social, considerando a atmosfera do setor, que integra as diversas necessidades da sociedade em matéria de empregos e de ambiente sociocultural, em suma, de bem-estar geral. Abrindo-nos assim para o coletivo global, passamos ao terceiro nível de reflexão. Ele nos leva a nos debruçar, à maneira de Guilherme de Baskerville, sobre as crenças ou o espírito empreendedor da sociedade local, ou seja, sobre a política em seu sentido mais nobre (o da gestão geral da *politikos*, a cidade, o lugar onde se vive). Essa política realmente se torna um elemento ativo, uma condição suficiente para explicar o maior dinamismo de algumas regiões em comparação a outras. Para Guilherme de Baskerville, as verdadeiras causas por trás dos ódios individuais e mesmo por trás da guerra atenuada entre o papa e o imperador são o controle das crenças, portanto os freios à busca da verdade e finalmente à liberdade, que está na origem da criatividade e da inovação.

Indo além das criações dispersas e de uma modernização limitada, em muitas regiões, a algumas empresas, interessamo-nos nesta análise pela criação generalizada e pelo estímulo sistemático de ideias novas. Tais criações passam em geral por sete grandes fases nas regiões com passado industrial em declínio, principalmente aquelas cujo desenvolvimento provinha acima de tudo da exploração de recursos naturais. São elas:

1 • Interrupção da criação de novos empregos ou multiplicação de demissões pelas grandes empresas.
2 • Convicção de que tal interrupção ou declínio será de curta duração, e de que novos investidores apoiados pelo Estado irão retomar o desenvolvimento e a criação de empregos.
3 • Desencorajamento e êxodo para regiões mais dinâmicas ou para a metrópole em busca de empregos.
4 • Conscientização, por parte dos que ficaram e dos que voltaram por não encontrarem trabalho, de que detêm, ao menos em parte, as chaves para o

desenvolvimento da região. Essa fase pode ser particularmente longa. Ela começa a se acelerar quando as elites socioeconômicas locais decidem não mais esperar a salvação de fora e mudam ou dão lugar a uma nova elite.

5 • Estímulo das primeiras forças locais para além dos setores industriais tradicionais, capaz de criar capital social ou outros incentivos para as novas PMEs ou para aquelas que estão em desenvolvimento. O arregaçar de mangas de alguns empreendedores, seguidos por outros em novas atividades que trazem inovação, gradualmente faz com que a região se distinga e ocupe espaço no mercado nacional e até mesmo internacional.

6 • A fase de aceleração, na qual os empreendedores acabam compreendendo que não estão sozinhos e que qualquer desenvolvimento resulta da colocação em rede dos múltiplos recursos materiais e imateriais que permitem precipitar a modernização das empresas para criar contágio e multiplicar o seu número.

7 • Por fim, uma sétima fase evolui lentamente a partir da sexta para consolidar os princípios, sustentar o sucesso, multiplicar as ideias novas e os recursos complementares, e gerar dessa forma um capital social dinâmico.

Nas regiões que não contaram com o aporte de capitais externos, o desenvolvimento passa apenas pelas quatro últimas fases. Elas podem se sobrepor e, evidentemente, ser mais complexas do que o que acabamos de dizer. Entretanto, a mais difícil e frequentemente a mais longa dessas fases é a tomada de consciência de que o desenvolvimento passa pela vontade de todos, por um novo espírito que envolva aos poucos todas as elites socioeconômicas, e, portanto, pela multiplicação dos recursos e ideias vindos do meio e do tecido industrial em formação. Essa nova atmosfera deve provocar a multiplicação das redes internas e externas de desenvolvimento, o que permite aumentar o número de novas empresas.

As fases podem ser mais ou menos longas. Quando as grandes empresas não concentram todos os recursos, como em setores de fraca capitalização ou que oferecem condições em nada superiores às das PMEs[4], a nova arrancada apoia-se na experiência destas últimas e é muito mais rápida. Neste caso, essas PMEs já formam uma base importante para a criação de novas empresas, pois oferecem modelos e diversos recursos, como serviços de transporte e consultoria. E o todo se acelera quando algumas gazelas surgem a partir dessas empresas e demandam serviços e redes particularmente dinâmicos, que começam, por sua vez, a estimular outras empresas novas ou antigas apoiadas por capital social renovado, e, por fim, transformam a atmosfera industrial.

Situadas em margens opostas do rio São Lourenço, as regiões quebequenses de Centre-du-Québec e Mauricie, que outrora formavam uma única região, ilustram bem como as condições iniciais podem determinar a forma que tomará a arrancada de um território.

Após a Segunda Guerra Mundial, a economia de Centre-du-Québec, concentrada nas cidades de Victoriaville e Drummondville e seus arredores, era especializada na indústria têxtil, de vestuário e de móveis, com muitas grandes empresas cujos capitais vinham do exterior e que ofereciam fracas condições salariais. Isso, porém, não impediu que um bom número de PMEs de todo tipo prosperasse paralelamente, sobretudo para servir aos mercados de cidades maiores. Quando chegou o declínio dessas grandes empresas nos anos 1970, a experiência das PMEs e as redes existentes permitiram a multiplicação de outras PMEs, o que engendrou uma economia cada vez mais vigorosa e dinâmica, com a participação das PMEs de forte crescimento se aproximando dos 10% desde 1996.

A Mauricie (Trois-Rivières, Shawinigan e Grand-Mère) do pós-guerra, ao contrário, edificou sua economia, muito próspera, essencialmente sobre os grandes investimentos estrangeiros em química pesada e na transformação de matérias-primas como alumínio, papel e celulose, tirando partido da presença da energia barata das grandes centrais hidrelétricas do rio Saint-Maurice. Quando, nos anos 1960, a química pesada foi aos poucos dando lugar à petroquímica (que exige um porto de águas profundas que o grande rio cheio de barragens não podia oferecer) e as usinas de alumínio e de papel e celulose começaram a se modernizar, diminuindo consideravelmente os empregos, assistiu-se ao rápido declínio da região. Como nenhuma PME vigorosa havia conseguido instalar-se ali, por não ser capaz de concorrer com as excelentes condições salariais oferecidas pelas grandes empresas, havia pouquíssimas PMEs para que fosse possível iniciar a reconversão. Isso explica por que nenhum pequeno município situado ao longo do Saint-Maurice tinha uma proporção de gazelas que ultrapassasse os 5,1% antes de 1996. Foi apenas na segunda metade da última década, após ter atravessado as fases de espera, desencorajamento, tomada de consciência e arregaçamento das mangas que essa região viu as coisas começarem a mudar e a economia endógena se acelerar, atingindo taxas de 20% em Haut-Saint-Maurice[5] (La Tuque), de 11,1% em Centre-de-la-Mauricie (Shawinigan e Grand-Mère) e de quase 9% na MRC de Francheville (Trois-Rivières).

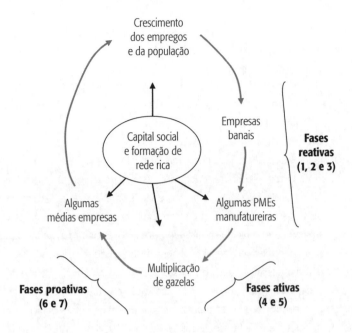

Mas essas fases podem não se suceder quando a migração de jovens e mão de obra qualificada se acelera na fase de desencorajamento, o que diminui os recursos disponíveis, provoca o declínio da região e a diminuição gradual da população (e até das instituições públicas). Chega-se então a um círculo vicioso no qual a população envelhece rapidamente, as empresas fecham ou emigram e as redes se empobrecem.

A formação de redes com informação rica é, portanto, uma das peças-chave, pois permite compartilhar os recursos, transformar os espíritos e criar uma cultura empreendedora, multiplicando o capital social dinâmico; encoraja os empreendedores locais a empreender, apesar da incerteza inerente à economia; suscita a criação de gazelas e até mesmo de uma ou duas médias empresas; e finalmente faz crescer os empregos e a população. No esquema acima, ilustramos como a formação de redes ricas permite que o desenvolvimento siga um círculo virtuoso, passando primeiro por três fases consideradas como reativas (fases 1, 2 e 3), em seguida por duas outras mais voluntárias (fases 4 e 5) e por fim por duas fases proativas (fases 6 e 7).

Nesta última parte do livro, daremos atenção particular aos elementos que apoiam a passagem às fases proativas – em primeiro lugar ao mecanismo da formação de rede, no Capítulo 9; e, em seguida, ao fenômeno de contágio ou aceleração da criação das empresas, além da transformação dos espíritos e, portanto, da cultura empreendedora, no Capítulo 10 – o que nos permitirá fechar o círculo do funcionamento do empreendedorismo endógeno na economia do conhecimento.

NOTAS

1 Por exemplo, o detetive Wallander lembra que os crimes em um antigo Estado totalitário, como a Letônia antes da queda da União Soviética, só podem ser compreendidos se forem vistos "na categoria de *não crime* que impregnava a sociedade inteira" e que levou muito tempo até diminuir em um estado de direito (MANKELL. *Les chiens de Riga*. Paris: Seuil, 2003, p. 168).

2 É possível diminuir a influência das gangues criminosas, desde que se busque uma solução tanto social como individual. Foi assim que algumas comunidades conseguiram se levantar contra a presença aberta dos Hells Angels próximo de seus domicílios, até forçá-los a se mudar. Na Filadélfia dos anos 1970 era impossível lutar abertamente contra as gangues dos bairros (as *terts*), as quais exercem uma pressão tamanha sobre os comerciantes que estes se viam obrigados a fechar as portas. Desse modo, o controle dos estabelecimentos foi transferido às gangues, o que as forçou gradualmente a aprender a atuar na economia *legal*. Também se facilitou a transferência de jovens estudantes não submetidos ainda à lei das *tert* entre as escolas de bairro, justamente para quebrar as fronteiras artificiais dos territórios. Ver a esse respeito a Parte 3, sobre o desvio, de F. Dumont, S. Langlois e Y. Martin (dir.), *Traité de problèmes sociaux*, Quebec, Institut Québécois de Recherche sur la Culture (1994), e especialmente o capítulo 12 de Alvaro Pires intitulado "La criminologie: enjeux épistémologiques, théoriques et éthiques".

3 *Recherches sur a nature e les causes de la richesse des nations*. Trad. francesa Pierre J. Duplain. Londres e Paris: 1788, tomo I, p. 87. Note-se que essa observação de Smith ecoa a nossa crítica, sobretudo do Capítulo 1, a uma concorrência baseada unicamente nos baixos custos salariais, como na China e na Índia.

4 Ou quando o Estado apoia paralelamente ou permite, sob certas condições, o desenvolvimento de múltiplas PMEs abertas à exportação, ao lado de imensos conglomerados públicos. Foi o caso por exemplo da Polônia ou da Tchecoslováquia durante o período comunista (em contraste com a Rússia, onde só existiam empresas muito pequenas atuando no mercado negro, como mostra o estudo de Rehn e Talass, 2004) – PMEs que serviram de base à multiplicação de outras quando o regime caiu.

A Espécie se multiplica em um país onde a abundância
provê aos filhos, sem nada diminuir da subsistência
dos pais. A própria igualdade dos cidadãos,
que produz ordinariamente igualdade nas fortunas,
porta a abundância e a vida em todas as partes
do corpo político e a difunde a toda parte.

Montesquieu, *Carta persa CXXII*

CAPÍTULO 9 • A atuação em redes de inteligência
O DESENVOLVIMENTO DE UM TECIDO REGIONAL DINÂMICO

Como indicamos no Capítulo 6, as empresas e os empreendedores sempre atuaram em redes pessoais e de negócios. Se a existência das redes relaciona-se à necessidade que todos têm de compartilhar suas ideias com outros, o primeiro fundamento das redes de negócios pode remontar à velha teoria da divisão do trabalho ou à teoria das vantagens comparativas que lhe é associada. No primeiro caso, Adam Smith lembrava, no século XVIII, que não é vantajoso para um produtor tentar fazer tudo; ao contrário, é preferível trabalhar com outros produtores situados a montante e a jusante, concentrando-se naquilo que faz de melhor. No segundo, a teoria das vantagens comparativas de Ricardo acrescentava que é benéfico restringir até mesmo certas atividades nas quais se pode ser eficaz, a fim de concentrar-se naquelas que geram maior valor ou maior lucro. É a mesma ideia na qual se baseia a teoria do retorno sobre o *métier* ou as competências centrais: naquilo em que se é capaz, tirar o máximo de valor de suas competências, deixando a outras empresas a preocupação de produzir o que tem menos retorno. É a aplicação perfeita do sistema de distritos industriais nos quais as empresas concentram-se cada uma em um elemento da cadeia de valor, oferecendo em conjunto um produto capaz de concorrer com bens provenientes de outras empresas sustentadas por uma burocracia dispendiosa. É também a tendência, nas décadas recentes, da externalização de parte das produções, como a automobilística, criando um sistema de subcontratação em cascata (LAMMING, 1995). No caso de indústrias maduras de produtos complexos e em mudança, não é particularmente vantajoso tentar fazer tudo sozinha, ainda que seja possível ser muito produtivo. Com a especialização, o peso da inércia do grande porte diminui e aumenta a flexibilidade necessária em uma economia cada vez mais global – que se exprime, por exemplo, em um ritmo elevado de inovação compartilhada.

Contudo, essas duas teorias complementares não bastam para explicar por que se deveria trabalhar com redes de informação avançada, sobretudo de sinais fracos. O terceiro fundamento vem da economia do conhecimento e da abordagem baseada nos recursos e competências. Como dissemos, para essa teoria, as vantagens concorrenciais da empresa se baseiam não em recursos raros e inimitáveis, mas em uma combinação dinâmica (portanto dificilmente imitável) de competências baseadas em saberes e expertise. Estes recursos e competências podem estender-se aos parceiros da empresa (FOSS, 1999), permitindo que esta responda de maneira específica a cada cliente e se distinga assim de seus concorrentes. Tais saberes e expertise ganham muito quando são sistematicamente enriquecidos e transformados em redes informacionais de inteligência[1], multiplicando as oportunidades e a inovação.

Neste capítulo, retomaremos a necessidade de trabalhar em redes e em seguida falaremos sobre como aperfeiçoar a formação de redes na região. Depois, descreveremos os mecanismos que permitem melhor filtrar a informação fornecida pela formação de redes para tirar dela todo o sabor, o que evocavamos com a metáfora da percolação do café[2] (p. 234).

9.1 • A eficácia do desenvolvimento com os pares em redes

A miopia dos pesquisadores que se contentaram durante muito tempo em enxergar a empresa isoladamente, em vez de vê-la em rede, explica-se em especial pela abordagem neoclássica. Esta considerava e ainda considera a empresa como um ator isolado diante de seus concorrentes, do mesmo modo como o consumidor encontra-se sozinho diante do mercado. É o individualismo da ética protestante levado ao extremo. Mas nem o consumidor, nem o empreendedor e nem a empresa agem sozinhos, como já destacava John Maurice Clark em 1926[3], retomando alguns elementos da primeira obra de Adam Smith, publicada em 1759, que trazia uma *teoria dos sentimentos morais*. Aliás, a formação de redes é a melhor maneira de enfrentar a incerteza e a ambiguidade, graças às convenções comuns. Por exemplo, ao proporem informações variadas e filtrarem-nas como uma rede de pesca estendida, as redes informacionais fornecem diversas indicações que dão segurança ao empreendedor e apoiam sua ação. Já as redes de negócios proporcionam ao empreendedor certa segurança de que será apoiado no sucesso de seus negócios, pois todos os parceiros ganharão com isso. Em seu *Principles of Economics*, Marshall acrescenta que a rede de negócios permite absorver melhor os impactos externos, distribuindo uma parte mais ou menos importante do impacto entre todos os membros. Mas a formação de redes é acima de tudo um mecanismo de aprendizado em comum particularmente eficaz para enfrentar a incerteza futura.

A formação de redes estimula cinco alavancas de aprendizado (JACOB et al., 1997), indicadas a seguir:

1 • Acelera a circulação da informação entre os membros, em especial quando a confiança mútua é grande, permitindo assim ganhar sistematicamente tempo para a análise.
2 • Multiplica as fontes complementares ou novos laços informacionais para completar a informação conhecida à medida que as necessidades se desenvolvem.
3 • Impulsiona a comparação entre as organizações: as dissonâncias cognitivas criadas pelas diferentes percepções de uma pessoa em relação à outra tendem a estimular as empresas e forçam-nas a demonstrar continuamente sua capacidade concorrencial para aumentar sua competitividade individual no seio do grupo. A retroação entre as empresas e seu ambiente as conduz a aumentar o grau de competitividade e a apoiar a aprendizagem contínua para ultrapassar incessantemente os limites de sua capacidade.
4 • Proporciona informações não rotineiras e novas, facilitando sua multiplicação e troca dentro e fora do grupo, segundo uma estrutura que comporta pouca ou nenhuma ambiguidade. As observações de outras pessoas, muitas vezes semelhantes, e a condensação das informações vindas de múltiplas fontes favorecem a coleta ativa de novas informações (principalmente informações tácitas, complementadas pela informação explícita compartilhada) e multiplicam novas ideias adequadas à inovação.
5 • Por fim, quando útil, ela transforma as relações de competição entre as empresas-membros da rede em relações de cooperação, sem com isso negar as pressões dos concorrentes.

Já faz muito tempo que os fiéis estimulam mais novas *conversões* do que os *padres* (KARTZ e LAZARFELD, 1955); do mesmo modo, a mudança e difusão de novas tecnologias e da inovação acompanham acima de tudo o *exemplo dos pares* (por comportamentos ditos *homophilis*, por pareamento). Para convencer um empreendedor a inovar ou a se organizar melhor para inovar (aumentando sua capacidade de absorver informações, por exemplo), é sempre mais eficaz fazê-lo por intermédio de outros empreendedores ou atores próximos. A comunicação entre os pares reduz a distância cultural e aumenta bastante as capacidades de absorção ou aceitação, permitindo superar assim os esquemas prévios, os vieses que os interlocutores têm em relação a novas formas de pensar ou ainda a resistência à mudança (NOOTEBOOM, 2000, p. 155-56). O empreendedor e seu pessoal aceitarão mais facilmente as mudanças necessárias à medida que seus pares os colocarem em contato com diferentes recursos por intermédio das redes. Recorrendo assim a pessoas que lhe foram recomendadas, o empreendedor terá acesso mais facilitado às informações complementares de que necessita, em especial a informações tácitas, e poderá compreendê-las melhor. A confiança não se limita às relações entre os atores econômicos, mas inscreve-se em uma dimensão social territorial evidente (MICHELSONS, 1990) que impregna ao mesmo tempo o comportamento dos membros e os princípios que compartilham. Ela vem ainda do fato de que os empreendedores costumam partilhar as mesmas experiências e conhecem a história e a reputação uns dos outros, ao contrário do empreendedor que acaba de chegar ou que se recusa a integrar-se, como fazem com grande frequência as grandes empresas.

Rogers (1995) explica que a difusão por pares é particularmente eficaz ao permitir que a informação tome múltiplos caminhos nas redes de comunicação de acordo com o grau de atenção do ouvinte, que passe por momentos de parada, retomada, aceleração, fornecendo exemplos de aplicação ou de usuário, remetendo se necessário a fontes informacionais complementares etc. Isso permite formular perguntas, respostas e análises. Tais caminhos são mais eficazes à medida que um ou mais pares são reconhecidos e aceitos como líderes, tornando-se de certa forma exemplos a serem seguidos para acelerar a mudança. Foi o que Bass observou ao estudar a difusão, nos anos 1930, do milho híbrido entre os agricultores. Sua análise mostra que as relações interpessoais, frente a frente, permitiram uma penetração muito mais rápida (e sobretudo generalizada) dessa inovação do que aquela que seria possível por intermédio de mídia. Assim, se a influência que a mídia pode exercer sobre a adoção de uma inovação é em princípio favorável, ela logo se atenua porque é impessoal, enquanto a dos pares é não apenas muito mais forte, como também dura pelo menos duas vezes mais (ver Figura 9.1, a seguir, p. 283).

Mas a eficácia da formação de redes vem também de um mecanismo que Habermas (1981) descreveu bem: o agir comunicativo, mecanismo pelo qual a

FIGURA 9.1 • DIFUSÃO DA INOVAÇÃO PELAS RELAÇÕES INTERPESSOAIS OU PELAS MÍDIAS

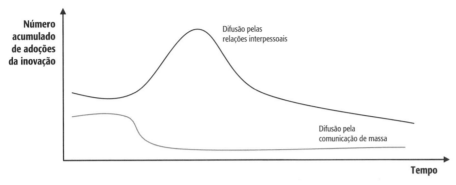

ADAPTADO DE ROGERS, E.V. (1995). *Diffusion of Innovations*. Nova York: The Free Press, p. 80.

informação muda a representação mental daquele que a recebe, preparando, na maioria das vezes, a ação. Esse filósofo explica que a intercomunicação não apenas transmite dados, mas já inicia a ação que deve provocar – tanto no informante como no informado –, ajudando a prever sua aplicação possível. Em outras palavras, a ação já se inicia na troca de ideias e se torna mais precisa nas explicações complementares.

A informação fornecida por pessoas conhecidas nas quais confiamos acelera a mudança e portanto a inovação de adaptação, pois age sobre os ânimos: "Se fulano é capaz de adotar essa nova tecnologia, por que não eu?!". O compartilhamento da informação pode ir ainda mais longe e suscitar entusiasmo em quem a recebe, como por exemplo para enveredar pela exportação apesar das dificuldades que pode representar, principalmente quando a informação *potencial* que as redes fornecem reduz a incerteza. Realmente, as redes difundem não apenas a informação *efetiva* que permite agir, mas também a informação *potencial*, quando a operação requer mais informação para obter recursos complementares. Isso não quer dizer que apenas a formação de redes estimula a inovação, pois isso se relaciona à intuição dos indivíduos. Porém, quer dizer que ela é um complemento necessário que apoia e estimula os mecanismos cognitivos complexos e dá encorajamento, fazendo com que o empreendedor empregue uma inovação maior do que se estivesse sozinho.

Na Figura 9.2 (p. 284), ilustramos como o fato de incluir parceiros externos no processo de inovação ou de se lançar a muitos deles simultaneamente no mesmo processo pode ser benéfico. A curva pontilhada mostra que, embora a inovação fechada seja em princípio mais rápida (mesmo aquela empreendida por uma equipe aguerrida), ela logo encontra todo tipo de problemas que os membros do projeto não

FIGURA 9.2 • EFEITOS DA INTEGRAÇÃO DE PARCEIROS EXTERNOS OU DA ENGENHARIA SIMULTÂNEA NO PROCESSO DE INOVAÇÃO

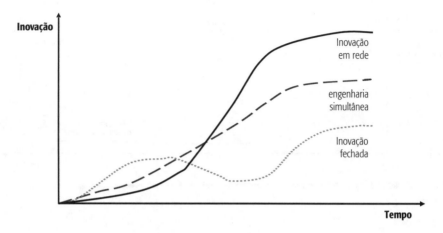

tinham previsto, donde advém a queda da curva. Apenas depois de resolver esses problemas o processo de inovação pode ser retomado, mas ele rapidamente atingirá um nível em que não há mais avanço, por conta das capacidades de aprendizado limitadas da equipe (SØRENSEN e STUART, 2000). A curva tracejada, por sua vez, mostra que, como integra desde o princípio do projeto pessoal das áreas de marketing, produção e outros departamentos, a engenharia simultânea permite avaliar o mais rapidamente possível os problemas que poderiam sugir. Assim, embora o processo de inovação seja inicialmente mais lento (porque obriga integrantes de equipes pouco habituados a refletir sobre a inovação potencial a encontrar uma linguagem e objetivos comuns a toda a equipe para criar uma sinergia eficaz), não há mais uma fase de retração para resolver os problemas imprevistos. Além disso, a equipe ampliada traz ideias novas e encontra melhores soluções do que as propostas, quando necessário. Isso se traduz, na figura, por uma subida da curva tracejada no fim do percurso, bem acima da curva pontilhada. Por último, a terceira curva ilustra o processo de inovação difusa que integra equipe de pesquisa e membros externos, como funcionários de fornecedores de peças ou equipamentos que farão parte da equipe de desenvolvimento do novo produto ou procedimento. O ajuste dos objetivos e das linguagens desacelera ainda mais o começo do processo, mas a multiplicação de experiências e ideias o acelera depois a ponto de, na maior parte das vezes, ultrapassar em muito as outras duas (BALA e GOYAL, 1998).

Entretanto, a formação de redes mais ou menos densa faz mais que fornecer informação nova: ela suscita destacadamente nas novas empresas um sentimento que

As relações entre empresas concorrentes no interior de uma rede frequentemente apresentam problemas. Porém, os resultados da análise abaixo mostram que as empresas concorrentes podem interagir e até encontrar vantagens nas relações com outras empresas dispostas a entrar em acordo com elas. Em um questionário submetido aos membros da alta gerência da Chaire Bombardier (JULIEN e LACHANCE, 1999), perguntamos aos dirigentes com que outras empresas eles desejariam *transmitir*, *obter* e/ou *trocar* informação sobre diversos assuntos (por exemplo, estratégia, P&D, produção, GRH). Os respondentes também podiam indicar com que empresas não queriam interagir. A figura abaixo ilustra esses laços, além de mostrar que muitas empresas (no alto, à direita) não têm laços entre si.

No caso das informações do assunto *estratégia*, duas empresas (2 e 17) foram mutuamente *rejeitadas*. Mas, procedendo à análise tipológica hierárquica da flutuação máxima dos laços (*desramificação* progressiva da rede, na tabela), constatamos que, embora tenham expressado o desejo de não fazer acordos diretos entre si, elas se reservavam a possibilidade de tirar proveito de contatos indiretos, graças a laços de abertura que haviam estabelecido com outras empresas.

EMPRESAS QUE DESEJAM TRANSMITIR, OBTER E/OU TROCAR INFORMAÇÃO RELATIVA À ESTRATÉGIA

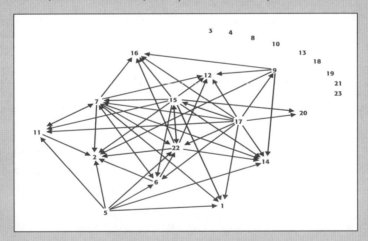

ANÁLISE TIPOLÓGICA HIERÁRQUICA

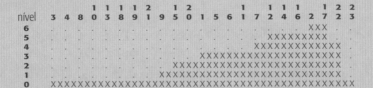

CONTINUA

> *CONTINUAÇÃO*
>
> Vemos assim que, no último nível da análise (nível 6), as duas últimas empresas que continuam em contato são as empresas 2 e 17, concorrentes diretas que indicaram claramente não querer interagir uma com a outra. A figura abaixo mostra que elas estão, no entanto, ligadas pela empresa 22, com a qual a empresa 17 manifestou desejo de entrar em acordo, mas que havia desejado ligar-se à empresa 2.
>
>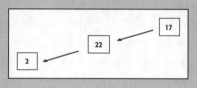

impulsiona a ação. Como lembra Velts (2002, p. 88): "Fazer parte de uma rede, de um tecido dinâmico, permite estar por dentro das coisas, saber o que não está escrito em lugar nenhum, nem mesmo na imprensa especializada, conhecer a reputação de fornecedores e clientes. Para um dirigente de empresa, a capacidade de julgamento, de separação do positivo e do negativo, de pesar qualitativamente os riscos, é fundamental. E esse julgamento é infinitamente mais difícil para o empreendedor isolado, iniciante, socialmente isolado, do que para o empreendedor bem inserido em um meio". Tal como o grupo social faz em relação aos indivíduos, a rede dá segurança aos iniciadores e inovadores precoces, proporcionando o sentimento de não estar sozinho *tentando a sorte* (MILES e SNOW, 1995).

Em suma, quanto mais rica for a formação de redes em um território e quanto mais as empresas estiverem ramificadas em fontes inovadoras (formação de redes de inteligência), mais rapidamente elas tendem a crescer (BAUDRY e BRESCHI, 2000).

9.2 • A **atuação** em **redes de inteligência**

A cooperação é a norma no mundo dos negócios, ao passo que a hierarquia pura (produzir tudo) e a abordagem do mercado único (comprar tudo) são casos mais raros. Até mesmo as redes densas existem há muito tempo. Exemplos são as do setor de construção com empreendedores chamados justamente de *gerais*, que contratam encanadores, eletricistas, gesseiros, pintores etc., reservando para si a construção básica e a planificação geral; ou ainda do setor agrícola, que se reúnem em cooperativas para distribuir seus produtos em mercados longínquos ou para enfrentar melhor os grandes compradores. Na Europa, um bom número de distritos industriais de hoje remonta a centenas de anos, o que Braudel (1979) lembrou muito bem ao falar, especialmente, do distrito dos *retalhos* (do vestuário) de Prato, na Itália, que existia já no Renascimento. Isso também é verdade na América do Norte, onde por exemplo o distrito de peles de Montreal remonta aos tempos do comércio com os povos nativos. Alguns pesquisadores chegam a considerar esses distritos como resíduos do antigo capitalismo do século XVIII ou XIX (PYKE e SENGENBERGER, 1992).

A atuação em redes difere de uma empresa a outra, de acordo com a experiência e a implicação do empreendedor, de sua organização e das redes de seu pessoal. Assim, um jovem empreendedor, sobretudo se não fizer parte de uma família empreendedora, terá uma formação em rede pouco desenvolvida a qual ele próprio deverá fomentar, caso queira crescer (VELTS, 2002; HITE, 2005). Ao contrário, um empreendedor inovador e que evolui em um setor que requer muitas tecnologias novas rapidamente se juntará a outros e desenvolverá uma formação em rede complexa que lhe permitirá obter a informação antes de seus concorrentes, além de se beneficiar das redes de seu pessoal (JULIEN, LACHANCE e MORIN, 2004; WATSON, 2006). Nas regiões bem providas de empreendedores dinâmicos, as redes são bem desenvolvidas e ligadas a redes externas. Esses empreendedores estimulam a complexificação das redes, criando outras. Isso dinamiza o meio, constituindo um tecido industrial[4] complexo dotado de um capital social forte e de uma cultura empreendedora adequada para apoiar a criação de novas empresas.

Nas pequenas regiões, as redes são tão ou mais importantes do que a quantidade de recursos distribuídos nas empresas, principalmente se transcendem os setores

> **Após lançar sua própria empresa** em uma área diferente daquela da empresa de sua família e desenvolver redes próprias, uma empreendedora sueca teve de se adaptar novamente a toda uma série de redes quando aceitou retomar a empresa familiar. Porém, suas antigas redes permitiram-lhe mostrar suas capacidades individuais e sustentar as atividades da empresa, a fim de constituir um lugar para si com maior facilidade e acabar com a imagem de filha do antigo empreendedor (TIDÅSEN, 2001).

industriais para atingir as filières (cadeia ou circuito). Um tecido de redes coexistentes pode, entretanto, tomar diferentes formas e se compor e recompor continuamente em diferentes emaranhados. Daí a dificuldade, para os pesquisadores, em compreendê-las, de representar sua estrutura e medir seu impacto.

A constituição de um sistema mínimo de redes de inovação só pode ser criado a partir de um emaranhado de laços institucionais estabelecidos com, por exemplo, instituições de ensino, empresas e um conjunto de atividades econômicas capazes de apoiar o espírito empreendedor e favorecer uma cultura de negócios aberta. Neste caso, as instituições educacionais formam funcionários que poderão apoiar as inovações possíveis nos domínios que estudaram. Mas a proximidade pode ser maior ou menor entre as instituições financeiras, as empresas e as outras instituições geradoras de conhecimentos e de mão de obra eficaz. Quando essa proximidade é grande, a avaliação dos projetos inovadores é rápida, pois seus idealizadores são bem relacionados e sabem que suas redes irão apoiá-los, quaisquer que sejam os obstáculos. Por outro lado, quando a proximidade é pequena os critérios são meramente financeiros, o que na maioria das vezes significa conservadores – e portanto pouco favoráveis às novas empresas ou à mudança (rever Figura 5.2, p. 169). Isso também vale para outros recursos. A proximidade pode permitir, por exemplo, o compartilhamento sazonal da mão de obra[5], ou que diversas infraestruturas sejam compartilhadas em incubadoras de empresas ou parques tecnológicos.

Todas as regiões suficientemente grandes podem contar, pelo menos, com um patamar de atuação em redes mínimo e razoavelmente dinâmico para fornecer às empresas os recursos e os serviços de base, ou ainda acesso a diferentes programas de ajuda de instituições públicas. Essas redes são reforçadas por diferentes grupos intermediários (câmaras de comércio, clubes sociais, associações patronais etc.), renindo empreendedores que, por sua vez, facilitam a troca das informações. Bhérer e Désaulniers (1998) mostraram que não apenas cada região pode contar com um grande número desses grupos intermediários para oferecer diferentes serviços e ligar os empresários entre si e também a diversos parceiros, mas que a relação entre seu número, o de habitantes da região e o nível de desenvolvimento era relativamente constante, levando-se em consideração necessidades muito variadas de acordo com os setores e o ciclo de vida das empresas. Evidentemente, o dinamismo desses grupos varia consideravelmente.

O número de redes, porém, não diz nada nem sobre o dinamismo ou a capacidade que elas podem ter de se ligar a outras redes informacionais nacionais e internacionais, nem sobre a riqueza e oportunidade de informação que proporcionam.

Uma região dinâmica necessita de uma formação de redes proativas, capazes de desenvolver e combinar conhecimento novo e também de apoiar a difusão de novas tecnologias e inovação (LAWSON e LORENZ, 1999). Essas redes podem até facilitar diversas formas de aliança ou a criação de redes densas. Algumas devem ser ligadas a redes de sinais fracos para que a região possa atrair empresas de tecnologia de ponta (KEEBLE e WILKINSON, 1999).

A formação de redes proativas está ligada inicialmente a alguns pioneiros ou catalisadores regionais[6] (LAYTON SMITH, GLASSON e CHADWICK, 2005), incluindo o empreendedor social ou comunitário (JOHNSTONE e LIONAIS, 2004). São eles que criam redes ricas no nível local, primeiro informais e depois cada vez mais organizadas, e que convidam outros empreendedores dinâmicos a participar. Essas primeiras redes podem continuar limitadas se tais agentes de mudança não forem representativos ou forem considerados como seres à parte, que não sabem mobilizar os outros. Rogers (1995, p. 272-274) esclarece algumas características desses pioneiros: eles têm empatia, são pouco dogmáticos, sabem lidar com abstrações, são curiosos em relação às mudanças que os desenvolvimentos da ciência permitem, são pouco fatalistas e capazes de gerir a incerteza, e, por fim, têm fortes aspirações. Poderíamos acrescentar outras qualidades: eles são muito sociáveis, ficam à vontade nas comunicações interpessoais, têm acesso a informações novas e têm visão cosmopolita. Essas características são, contudo, discutíveis, assim como aquelas definidas pela escola dos traços. Elas podem ter maior ou menor importância, ser compensadas por outras, e, principalmente, evoluir com rapidez de acordo com as circunstâncias e necessidades.

A esses pioneiros é preciso acrescentar líderes capazes de serem *champions* da mudança. Eles são geralmente mais instruídos e têm espírito aberto a todo gênero de novas questões; são reconhecidos por sua experiência, muitas vezes adquirida em instituições privadas ou públicas importantes e reconhecidas na região; têm status social mais elevado que a média e maior mobilidade de ascensão social; são muito altruístas e fazem com que suas diversas mensagens não pareçam interessadas ou com que pelo menos forneçam tanta informação rica quanto eles próprios retiram de suas relações; e por último, são capazes de colocar as pessoas em contato com novas fontes de informação complementar (SPARROWE e LIDEN, 1997). Esses líderes podem estar entre os primeiros a adotar as mudanças e iniciar sua difusão na região, ou no mínimo recomendá-las, caso não se apliquem ao seu domínio de ação. Quanto mais eles são membros de redes dinâmicas e aceitos por seus pares, mais recomendam a mudança e mais a região se anima.

Hoje se conhece bem os pioneiros do que, em Quebec, ficou conhecido como "o milagre de Beauce" dos anos 1950-1970. Nesse período, a região passou de uma economia baseada quase que apenas na agricultura e na exploração florestal para uma economia sustentada por centenas de PMEs, destacadamente nos setores de aço e plástico. No princípio, havia os Lacroix, os Dionne e os Dutil, todos nascidos na região, que aos poucos montaram empresas manufatureiras. Ao enriquecerem, eles continuaram envolvidos em diversas obras sociais e também próximos dos demais empreendedores, apoiando-os tanto com conselhos como com financiamento, o que favoreceu a multiplicação das empresas na região. Mas não se pode esquecer os prefeitos de Drummondville, que desenvolveram um sistema dinâmico de apoio às empresas, o qual incitou os empreendedores a trabalharem juntos, atuando como mediadores de informação para estimular a atuação em rede.

O mesmo foi observado em outras regiões, como no entorno de Oxford, Inglaterra. Lawton Smith et al. (2003) mostraram que, neste caso, diversos líderes científicos e de negócios, como os Wood, Hirsh, Bradstock e Cary, tiveram um grande papel na aceleração do desenvolvimento baseado na tecnologia de ponta, o que evidentemente não diminui em nada a importância de todos os outros pesquisadores e empreendedores. No Vale do Silício, conhecemos também o papel dos antigos membros da gerência da Shockley Semiconductor, como Moore, Hoerni e Kleiner que, avessos aos comportamentos paranoicos do fundador, decidiram abrir sua própria empresa e logo receberam o auxílio de universidades californianas e enormes encomendas do Ministério da Defesa americano. Esses líderes estão também na origem do desenvolvimento dos parques tecnológicos franceses da região de Grenoble, de Sofia Antipolis (próxima a Nice) e de outros lugares, embora seja verdade que não teriam conseguido tanta influência se não tivessem sido precedidos de perto, apoiados ou acompanhados por um grande número de atores menos conhecidos.

O tecido industrial que estimula a formação de redes deve por último gerar capital social cada vez mais variado: primeiro capital financeiro de proximidade para o lançamento e em seguida capital de risco, principalmente para as empresas de base tecnológica. Mas ele deve também sustentar certo capital psicológico, sobretudo o interesse de todos na mudança e na inovação, portanto uma cultura empreendedora da mudança. A formação de redes pode, no entanto, limitar-se a estruturas sem grandes forças, se o compartilhamento da informação não estiver suficientemente avançado. Saxenian (1994) mostrou que foi em virtude de sua cultura mais aberta, menos conservadora e mais cooperativa que o Vale do Silício conseguiu superar uma grande quantidade de empresas de tecnologia de ponta instaladas na Rota 128, na Nova Inglaterra.

Para que o tecido industrial seja um importante portador de ideias novas e de inovações, a formação de redes deve preencher ao menos quatro condições. É preciso que ela seja:

1 • Capaz de multiplicar ideias, adaptando-as de acordo com as necessidades das empresas e sua capacidade de inovar, trate-se de empreendedores precursores ou não;
2 • Compatível com os valores e normas de funcionamento dos membros atuais e futuros, mas sendo sempre inovadora para ajudar esses valores a evoluir;
3 • De utilização simples para os membros que queiram participar, compartilhar e aprender, portanto redes fáceis de manipular ou pelo menos adaptadas ao grau de formação ou instrução dos membros, que devem ainda poder encontrar nelas alguma descontração;
4 • Ligada cada vez mais solidamente a outras redes fora da região e de sinais fracos, para aumentar a riqueza e a variedade da informação que oferece e ajudar os empreendedores a se unirem a redes mais complexas.

9.3 • O mecanismo de formação de redes

A formação das redes que se desenvolvem para criar um tecido cada vez mais rico nas regiões segue seis etapas: 1) percolação da informação rica; 2) efeito de impulso pelos líderes de opinião; 3) multiplicação das redes; 4) sua complexificação; 5) sua contribuição ao aumento do número de gazelas; 6) avaliação do tecido em rede pelos responsáveis do desenvolvimento regional.

9.3.1 • A PERCOLAÇÃO DA INFORMAÇÃO RICA

O mecanismo de percolação, do qual já falamos no Capítulo 5, constitui uma metáfora que ajuda a compreender o primeiro efeito da formação de redes, o de multiplicar as fontes de grupos em grupos. Isso se dá filtrando e enriquecendo a informação nova, sempre adaptando-a às necessidades das empresas e ajudando-as a compartilhá-la, a fim de suscitar, por intercomunicação, a mudança – tal como a percolação possibilita extrair todo o sabor dos grãos de café sem eliminar o amargor. Ocorre o mesmo com a informação bruta que, muitas vezes indigesta, passa com dificuldade – seja por falta de adaptação, atenção, tempo, capacidade ou interesse de quem a recebe. Ela deve, por conseguinte, ser retomada sob diferentes ângulos, repetir-se parcialmente e adaptar-se à capacidade de recepção das empresas, fornecendo os elementos complementares que são a confiança entre o informante e o informado, além das chaves que permitirão superar qualquer ambiguidade.

9.3.2 • O EFEITO DE IMPULSO DOS LÍDERES DE OPINIÃO

O efeito de impulso provém do fato de que um ou alguns líderes de opinião reconhecidos pelos membros da rede ajudam-nos por uma espécie de mimetismo a aceitar a informação e por fim a agir e mudar. A eficácia das redes depende, portanto, da qualidade dos membros e da informação nova que ali circula, mas antes de tudo, de empreendedores reconhecidos como líderes e que incitam os outros a imitar seu dinamismo. Toda rede enérgica supõe alguns membros que atuem como agentes de mudança; sem eles, os outros membros seriam mais reativos ou passivos. Como o meio ou as redes podem ser tanto estimuladores da inovação como freios, é preciso poder contar com esses líderes de opinião reconhecidos por seus pares para vencer o conservadorismo e favorecer a mudança.

Segundo Rogers (1995), esses atores são em geral os indivíduos mais expostos à mídia, os mais cosmopolitas e os mais envolvidos socialmente. Eles também teriam, na maior parte das vezes, um status social elevado. Sua influência viria, entretanto, do fato de que ocupam uma posição de nó na rede, na confluência de um grande número de ligações, tendo assim um papel importante. Desse modo, eles devem ter influência sobre os outros membros e estar na mesma sintonia que eles. Em nível regional, esses atores da mudança devem, além disso, situar-se nas redes-chave, senão seu impacto fica limitado.

9.3.3 • A MULTIPLICAÇÃO DE REDES

Assim como qualquer empresa ou empreendedor estão ligados a diversas redes, as regiões podem contar com muitas redes mais ou menos ligadas umas às outras ou que se sobrepõem. Se algumas se ramificam em escala nacional, outras o fazem em escala internacional. Seja por razões relativas ao setor no qual atua a sua empresa, à estratégia que ela adotou ou a seu nível de desenvolvimento,

Na rede da Chaire Bombardier, algumas empresas, mesmo não sendo membros do grupo, ocupam posição-chave para estimular a mudança entre muitas sub-redes. Na figura abaixo, por exemplo, a empresa 60 (A2), importante empresa contratante, está ligada à rede global pelas empresas 57 (A2), 42 (B2), 65 (B2), 3 (A3) e 21 (A3), que, por sua vez, estão ligadas a várias outras integrantes.

SUB-REDES DAS EMPRESAS-MEMBROS SUBCONTRATADAS DA CHAIRE BOMBARDIER

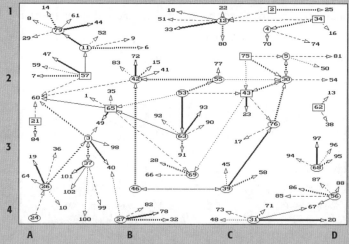

Os números em círculos indicam as empresas-membros da Chaire há anos; os números em quadrados, as que recém se tornaram membros; os números soltos, as que não são membros. A intensidade dos laços se expressa pela importância das linhas, sendo que as linhas contínuas indicam os laços mais fortes.
FONTE: JULIEN e LACHANCE, R., 1999.

As empresas-membros *centrais* (visto que trocam produtos e informação com muitas outras) formam grupos triplos[7]. No caso da empresa 30 (D2), ele é formado pelas empresas 5 (D1) e 75 (C1); 75 (C1) e 43 (C2), 43 (C2) e 76 (D3). Na rede da Chaire e em outras, como exemplo da influência de líderes, constatamos a existência de empresas exportadoras que incitam outras a também enveredar pela exportação (JULIEN e MORIN, 1996). Seu sucesso e suas formas de atuar servem de exemplo a empresas mais reativas. Novamente, percebemos a noção de modelo, seguido tanto por jovens empreendedores como por dirigentes experientes.

A figura revela também sub-redes ligadas à rede global apenas pela grande empresa pivô (não representada na figura); como as sub-redes reunidas em torno da empresa 12 (C1), as duas pequenas redes 31 e 56 (C4 e D4) ligadas pela empresa 67 (D4) e as empresas 68 (D3) e 62 (D2). Aqui, as empresas-membros da Chaire são empresas contratadas de inteligência e muitos de seus principais parceiros são importantes empresas contratantes muitas vezes de fora de Quebec.

principalmente informacional, o empreendedor deve poder sair de sua região e até ver o que se faz em outros países.

Mesmo as empresas localizadas em um parque tecnológico são ligadas a diversas redes externas, já que esse parque não pode fornecer todas as respostas procuradas (STOREY e STRANGE, 1990; WESTHEAD e BATSTONE, 1999). Tais redes são, na maior parte das vezes, acessadas em busca de recursos de base locais, como mão de obra, financiamento e profissionais como especialistas em contabilidade.

Portanto, as redes têm tamanhos diferentes de acordo com as necessidades. Elas se apoiam nos hábitos, na confiança e na reputação de seus membros. Para não perecer, elas se desenvolvem e se transformam segundo a evolução dessa confiança, desses hábitos e das necessidades dos membros.

> **A estrutura em redes** difere de acordo com a região, sua cultura e população. Assim, Putnam (1995) explica que as relações baseadas na confiança seriam responsáveis pelas diferenças democráticas entre o Norte e o Sul da Itália. As ligações dos italianos do Norte seriam mais horizontais, baseadas em diversos tipos de associações voluntárias, principalmente esportivas e culturais. Essas relações favoreceriam a proximidade e o desenvolvimento de redes eficazes para sustentar a democracia. Já as relações dos italianos do Sul seriam mais verticais, do local à região próxima e à região ampliada, como a Sicília ou todo o Mezzogiorno, o que limita os laços entre os cidadãos e acentua o peso da autoridade, seja ela política ou criminal.

9.3.4 • A COMPLEXIFICAÇÃO DAS REDES

As redes também devem se tornar mais complexas, pois podem se ver incapazes de trazer novas ideias quando uma desaceleração atinge setores-chave de sua região, o que muitas vezes ocorre nos distritos industriais (CONTI e JULIEN, 1991).

Sem contar que é raro que o dinamismo seja constante. Até mesmo o Vale do Silício sofreu uma forte desaceleração com o estouro da bolha da bolsa das empresas de tecnologias da informação e comunicações no fim do ano 2000. Os laços fracos devem ser renovados ou ampliados, senão atolam em rotinas que impedem qualquer criatividade.

> **Florida (2001) reconhece** a importância dos laços em redes multifuncionais, como os que existem entre as redes de negócios propriamente ditas e aquelas que respondem a outras funções societais, como a cultura. Assim, ele mostra a adequação que existe entre uma cultura dinâmica (que oferece toda sorte de atividades – teatro, cinema, festivais etc.) e uma região de forte crescimento: a cultura possibilita a absorção e a apropriação da novidade. Ele propõe seu *índice boêmio* para falar da medida dessa interdependência entre o dinamismo econômico e o desenvolvimento das artes e do lazer nas sociedades. Acrescentemos que os trabalhos de Florida foram fortemente criticados, sendo muito difíceis de medir e não podendo ser generalizados para diferentes tipos de regiões dinâmicas. A arte é por definição um bem difícil de avaliar e depende de relações complexas entre o mecenato e outros recursos territoriais para sustentá-la e para ser ligada com as empresas, a economia e a cultura.
>
> Johannisson (2003), por sua vez, descreve algumas redes culturais como *atrativas*, pois permitem a seus membros multiplicar os contatos ricos e completá-los com relações de negócios. A inovação vem do domínio do sonho e da confrontação de ideias de toda sorte, inclusive por contatos com pessoas diferentes, principalmente imigrantes, que fornecem sinais fracos portadores de novas ideias.

9.3.5 • *A CONTRIBUIÇÃO DAS REDES AO NÚMERO DE GAZELAS*

As redes também devem contribuir para o crescimento do número de empresas proativas e principalmente de gazelas. Embora simplificada, a Figura 9.3 (p. 296) ilustra, por um esquema em duas dimensões, como uma formação de redes dinâmica pode facilitar a multiplicação dessas empresas. A primeira curva representa as diversas oportunidades de negócios; a segunda, os recursos de que elas necessitam, principalmente recursos informacionais para avaliar relações de custo-benefício.

No gráfico da figura, a primeira curva mostra que geralmente vale muito a pena ser o primeiro a aproveitar as novas oportunidades de mercado ou aquelas que decorrem de inovações. Mas os lucros diminuem à medida que outros empreendedores também as aproveitam e reproduzem, pois a concorrência exerce uma pressão de baixa sobre os preços. Essa curva desce, portanto, da esquerda para a direita. Em compensação, as novas oportunidades são incertas, pois nada garante que respondam bem ao mercado, nem que se possa rapidamente acrescentar-lhes os elementos complementares que satisfariam a este. Para diminuir a incerteza, o

FIGURA 9.3 • EFEITO DA FORMAÇÃO DE REDES SOBRE O CUSTO-BENEFÍCIO DE UMA OPORTUNIDADE OU INOVAÇÃO, E SOBRE A MULTIPLICAÇÃO DAS EMPRESAS PROATIVAS OU DE FORTE CRESCIMENTO EM UMA REGIÃO

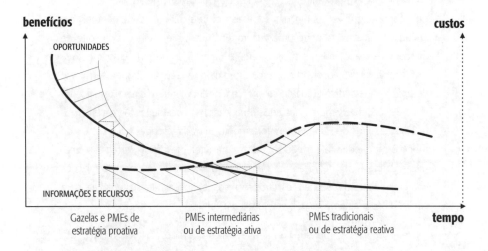

empreendedor deve lançar mãos de recursos complementares que avaliarão os benefícios e os custos de cada uma dessas oportunidades ou que farão com que as inovações cheguem até o mercado. Consequentemente, se ser o primeiro a vender determinado bem pode dar muito retorno; em contrapartida os riscos de se enganar são elevados. Para limitar esse risco, é preciso obter informações e assegurar para si recursos complementares, o que é caro. Assim, a segunda curva começa a subir da esquerda para a direita, e após certo tempo declina, quando as tentativas e erros de um bom número de empresas imitadoras, as da maioria precoce, terão tornado a informação disponível. Mas o fato de que mais empreendedores imitam estas últimas cria uma concorrência que exerce pressão sobre os recursos e aumenta seu custo, o que impede a curva de descer completamente.

Essas duas curvas permitem distinguir três grandes tipos de empresas ou de empreendedores, indicados na abscissa. Os primeiros, à direita, são os empreendedores de imitação ou de reprodução, ou ainda as empresas de estratégia reativa, que privilegiam a perenidade e a independência sobre o crescimento (PIC). Esses empreendedores preferem deixar que outras empresas sejam as primeiras a inovar ou a aproveitar diversas oportunidades, mas que também sejam as primeiras a se enganar ou a fazer muitas tentativas antes de ter sucesso. Os segundos, no centro, são os empreendedores de valorização, as empresas cuja estratégia é mais ativa e que estão prontas para seguir mais ou menos rapidamente os iniciadores após seus primeiros sucessos. São as PMEs que aproveitam as oportunidades com algum atraso, mas obtêm bastante informação para reagir. Por último, à esquerda, estão os empreendedores ditos aventureiros ou as empresas que têm uma estratégia proativa, sendo as mais suscetíveis de crescer rapidamente, por aproveitarem logo as oportunidades ou inovarem sempre. Este último tipo compreende as gazelas, que se desenvolvem enfrentando rapidamente os desafios.

Como vimos nos Capítulos 3 e 4, as regiões em geral contam com menos de 10% de empresas proativas, cerca de 20% de empresas ativas e algo em torno de 70% de empresas reativas (ou *defensivas*, de acordo com a tipologia de Miles e Snow; HAMBRICK, 1982). As primeiras evidentemente arriscam muito, agindo muitas vezes de maneira mais ou menos intuitiva, com pouca informação. Elas fazem de certa forma uma aposta no futuro, esperando ganhar ao menos duas vezes em três, o segundo ganho compensando a perda. São empresas que privilegiam o espírito de aventura antes da prudência e das longas análises. As segundas tentam aproveitar as ocasiões suficientemente cedo para conseguir benefícios superiores, mas se dão tempo para encontrar bastante informação com o objetivo de se enganar menos e diminuir o risco assumido. Por último, as empresas com estratégias reativas adotam uma inovação apenas quando ela já foi provada; elas tentam ganhar sempre, mesmo que isso implique em ganhos menores que os das primeiras e segundas. Já dissemos: é o fato de haver muitas empresas proativas, gazelas, que melhor explica o dinamismo regional. Mas como a formação de redes na região pode facilitar sua multiplicação?

A resposta pode estar no espaço vazio entre as duas curvas na sua origem, espaço que diminui gradualmente da esquerda para a direita. Na curva das oportunidades, é a formação de redes, em especial redes de sinais fracos, que faz com que a curva seja mais alta, pois isso multiplica a informação sobre novas oportunidades para as empresas atentas e inovadoras. Contudo, essas redes também fornecem a custo mínimo toda sorte de informações sobre as melhores formas de aproveitar essas oportunidades ou de adaptar a inovação ao mercado, oferecendo quando necessário diversos recursos a baixo custo, graças ao capital social disponível. É o que indica a projeção da curva de informação e recursos.

Assim, a formação de redes tem como efeito geral em primeiro lugar ajudar as empresas proativas a assumir ainda mais chances (ou riscos) no mercado. Oferecendo um generoso aprovisionamento de ideias, informação e recursos, ela permite que essas empresas possam acertar três vezes em quatro, ou até quatro em cinco. Portanto, com a ajuda do meio, ela encoraja as empresas a seguir ainda mais rápido, a tornarem-se gazelas. Esse apoio, tanto na multiplicação de ideias como no aumento do volume de informações para melhor aplicá-las, impulsiona também as empresas ativas a passar para o lado esquerdo da figura, o que aumenta o número de gazelas. (Se bem que algumas regiões contam até com 15 a 20% dessas empresas, o que transforma todo o dinamismo territorial.) As redes permitem assim a criação do que Bruyat (2001) chama de *configurações quentes*, que facilitam o comprometimento dos empreendedores e dos outros atores regionais com a criação de empresas e a inovação.

Para entender essa relação entre a formação de redes regionais dinâmicas e o tipo de empresas nas regiões, podemos também utilizar a abordagem um pouco diferente da OCDE, que classifica as regiões ou os diferentes tipos de empreendedores em função do risco assumido e do grau de incerteza. Assim, na Figura 9.4, vemos claramente que, quanto mais elevado o risco, menor a incidência de empreendedores de valorização, gazelas e empreendedores aventureiros.

FIGURA 9.4 • ESTRATIFICAÇÃO DOS DIFERENTES TIPOS DE EMPREENDEDORES E EFEITO DO MEIO SOBRE A MULTIPLICAÇÃO DE EMPREENDEDORES DE AVENTURA E GAZELAS

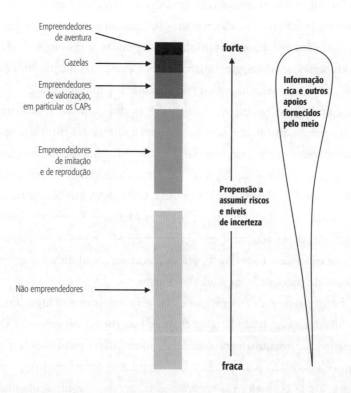

ADAPTADO DE "Fostering Entrepreneurship and Firm Creation as a Driver of Growth in a Global Economy". Relatório apresentado ao grupo de trabalho de Budapeste. OCDE, 8-10 set. 2003.

Mas se o risco é diminuído pelo apoio complexo fornecido pelas redes, o número de empresas de forte crescimento se multiplicará e mais empresas inovadoras nascerão, o que permitirá à região distinguir-se ainda mais. Como ilustra a Figura 9.4, o meio dinâmico age como um balão de hélio, pois permite aos empreendedores gerir altos graus de incerteza e buscar assim atingir os picos, não apenas subindo mais rápido, mas também aguentando o tranco por mais tempo.

As cinco etapas da formação de redes que acabamos de descrever em detalhe podem se sobrepor ou seguir uma ordem diferente, de acordo com as regiões e o período. Elas estão apresentadas sucintamente na Tabela 9.1, abaixo.

Assim, graças a uma boa formação de redes, a região pode contar com um ambiente estratégico que facilite trocas de todo tipo, estimule a inovação e aumente sua competitividade e a de suas empresas. Apoiadas por redes ricas, essas interações diversas criam um movimento em espiral, identificado, sobretudo, em alguns distritos industriais italianos (PANICCIA, 2002) ou em algumas comunidades em

TABELA 9.1 • ETAPAS DA FORMAÇÃO DE REDES DINÂMICAS NA REGIÃO

ETAPAS DA FORMAÇÃO DE REDES NA REGIÃO	PROPÓSITO	CONDIÇÕES	EFEITOS EM CURTO PRAZO	EFEITOS EM LONGO PRAZO
Percolação	Filtrar, triturar, adaptar a informação nova	Capacidade das redes de fazer circular informação rica	Enriquecer a informação efetiva para os empreendedores	Estimular a mudança tecnológica
Impulso	Favorecer os efeitos de mimetismo	Qualidade e dinamismo dos membros	Fazer como os outros, modernizando-se	Acelerar a inovação gradual
Multiplicação	Adaptar as redes às diferentes necessidades	Qualidade das pontes informacionais nas empresas	Abrir os empreendedores à cooperação	Acelerar a aprendizagem coletiva
Complexificação	Multiplicar os sinais fracos na região com informação não tradicional	Desenvolvimento da confiança em relação a fontes como centros de pesquisa e universidades	Criticar as respostas prontas e satisfazer os mercados tradicionais	Favorecer a inovação mais radical e aumentar as oportunidades
Multiplicação de PMEs proativas (gazelas, MEs etc.)	Multiplicar os modelos de empresas dinâmicas	Desenvolver laços fora da região, em particular laços internacionais	Multiplicar os empregos qualificados	Complexificar os serviços proativos e finalmente as *filières*

reconversão (JOHNSTONE e LIONAIS, 2004). Com todos os recursos e ideias que neles circulam, os meios dinâmicos tornam-se essenciais não somente para estimular os empreendedores, mas também para multiplicar seu número. Isso cria um empreendedorismo coletivo no qual o próprio fato de compartilhar informação através das redes estimula a difusão ainda mais ampla dessa informação e dos recursos, difusão que por sua vez alimenta o entusiasmo do meio. Foi esse o caso, no século XIX, da região dos altos fornos na Inglaterra (ALLEN, 1983), que facilitou a modernização e o desenvolvimento dos mercados. Foi também o caso da indústria química alemã, especialmente de corantes sintéticos, a qual se desenvolveu ao ponto de controlar, no início do século XX, mais de 85% da produção mundial, não somente porque as empresas químicas estavam bem ligadas aos centros de pesquisa das universidades, mas também porque estes eram apoiados pelo Estado e por todo um grupo de atores econômicos, em um processo que se pode chamar de coevolução (MURMANN, 2000).

Retomando nossa metáfora, pode-se ver em *O nome da rosa* que o espírito de curiosidade mórbida, propagado nos corredores pelos monges, levou-os a procurarem o livro envenenado (nos dois sentidos do termo: porque as ideias que ele portava queimavam as almas e porque suas páginas haviam sido envenenadas suas páginas). De Baskerville, após muita reflexão, acabou compreendendo que o comportamento individual dos monges não poderia ser explicado sem considerar uma *coevolução* informal dos espíritos, suscitando o contágio daninho no mosteiro.

Em suma, uma formação de redes dinâmica apoia a formação de um círculo virtuoso que favorece o dinamismo territorial, partindo dos recursos coletivos e das experiências regionais para se apropriar da informação rica e transformá-la em empresas e então em empregos, criando finalmente um contágio empreendedor, como veremos no próximo capítulo.

NOTAS

1 "Inteligência" nos dois sentidos do termo, tanto no sentido anglo-saxão de obter informação por espionagem industrial, como no de *inteligente*, que permite melhor acesso e apropriação da informação, como define, aliás, o Comissariado Geral Francês: "A inteligência econômica [...é] o conjunto das ações coordenadas de pesquisa, tratamento e distribuição da informação útil aos atores econômicos, tendo em vista sua exploração. Essas diversas ações são conduzidas legalmente com todas as garantias de proteção necessárias à preservação do patrimônio da empresa, nas melhores condições de qualidade, prazo e custo" (MARTRE, 1994).

2 É interessante notar que, em latim, a palavra "sabor" (*sapor*) tem a mesma origem que a palavra "saber" (*sapiere*). Considerava-se então que as pessoas capazes de discernir os sabores complexos dos alimentos eram "sábios" (e provavelmente ricos, por dispor de tempo para se instruir e para consumir iguarias variadas, ao contrário dos pobres, que deviam contentar-se quase sempre com os mesmos alimentos).

3 Em sua obra *Social Control of Business*, citado por Pirou (1946).

4 A palavra "tecido" remete aqui a um conjunto formado por um entrelaçamento complexo, que ilustra bem a ideia de redes interconectadas e que se sobrepõem em diferentes formas e níveis.

5 Para o compartilhamento da mão de obra de acordo com as estações, ver o exemplo da Rhino Food apresentado por Hitt e Reed (2000).

6 Retomando a imagem dos catalisadores informacionais, que podem ser encontrados nas empresas e dos quais falamos no Capítulo 6.

7 No sentido da teoria sociológica das redes. Ver a esse respeito Degenne e Forsé, 1994.

Queres tu que, em um exército de cem mil homens,
não possa haver um único homem tímido?
Crês que o desencorajamento deste não possa produzir
o desencorajamento de um outro; que o segundo, que deixa
um terceiro, não lhe faça logo abandonar um quarto?
Não é preciso mais para que o desespero de vencer apodere-se
repentinamente de todo um exército, e apodere-se dele tanto
mais facilmente quanto mais numeroso ele se encontre.

Montesquieu, *Carta persa CXLIII*

CAPÍTULO 10 • Contágio empreendedor e apropriação do conhecimento

O declínio territorial pode advir do fechamento de algumas empresas ou da partida de uma empresa-chave, mas, sobretudo, do desencorajamento de alguns, que se transmite de lugar em lugar, atinge os líderes e por fim chega a toda a região, como lembra Montesquieu. No mesmo espírito, mas em sentido contrário, o dinamismo depende primeiro da vontade de alguns e depois da sinergia desenvolvida com outros atores que aprendem a superar obstáculos e enfrentar melhor a incerteza. Esses atores acabam agindo em redes para acelerar a aprendizagem coletiva, a fim de apropriar-se da informação rica visando a inovar e facilitar a obtenção dos recursos necessários para a ação. A inovação permite não somente às empresas, mas também à região, distinguir-se, o que facilita as produções para diferentes mercados e portanto a criação de empregos. Passa-se assim do pessimismo ou da resignação para o otimismo coletivo, para o *mundo da imaginação*, como veremos novamente com Montesquieu na conclusão, e para a ação, de acordo com uma trajetória mais ou menos em espiral, feita de recuos, mas principalmente de sucessos acumulativos, o que ilustramos na Figura 10.1, a seguir (p. 304).

Essa aprendizagem coletiva e essa apropriação da informação rica pela formação de redes acabam criando uma atmosfera propícia aos negócios, que permite superar a incerteza e a ambiguidade, gerando capital social e uma cultura empreendedora que, por sua vez, mantêm essa atmosfera, fazendo por fim a diferença entre o derrotismo ou a expectativa e a ação. Assim, uma cultura empreendedora vigorosa é condição suficiente para estimular a criação de empresas para além das pretensões

FIGURA 10.1 • COMO A APRENDIZAGEM PELAS REDES, A DISPONIBILIDADE DO CAPITAL SOCIAL E A INOVAÇÃO CONCORREM PARA DINAMIZAR A REGIÃO

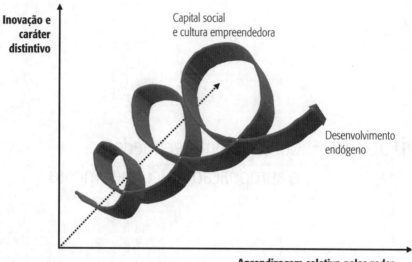

dos empreendedores potenciais. E ainda mais para apoiar a mudança nas empresas-chave da região, favorecer sua competitividade, provocar a transformação das organizações de apoio e, por fim, multiplicar a inovação nas empresas imitadoras. A inovação explica a inserção das PMEs e de toda a região na economia do conhecimento. A importância do capital social, da cultura empreendedora e da inovação são, portanto, fundamentais para reforçar o caráter distintivo de empresas e regiões, de modo a permitir seu desenvolvimento.

Um meio dinâmico e um importante capital social são os elementos sobre os quais se funda a imersão territorial (e portanto as transações relacionadas aos recursos a mínimo custo ou mais facilmente disponíveis) e a informação para a criação e o desenvolvimento das empresas. Tal imersão oferece modelos de empresas, informação potencial, confiança e reputação, algo necessário principalmente para o financiamento e o apoio para a inovação, ou seja, ativos reais e virtuais capazes de distinguir a região (STORPER, 1996). A Figura 10.2 (p. 305, a seguir) ilustra as relações entre o meio e a imersão territorial. Nessas relações, o capital social facilita a criação e o desenvolvimento de pequenas empresas, enquanto o mecanismo de rede permite a disseminação da informação rica e estimula a aprendizagem dos atores de acordo com as necessidades de cada empresa. Cada uma delas tira daí

FIGURA 10.2 • RELAÇÕES ENTRE O MEIO DINÂMICO, O CAPITAL SOCIAL, AS REDES, O PROCESSO DE APRENDIZADO COLETIVO, O EMPREENDEDORISMO E O DESENVOLVIMENTO TERRITORIAL

vantagem para inovar e enriquecer em retorno às redes, ao desenvolvimento do capital social e o dinamismo do meio, como podemos ver pelas setas de retroação.

Tomemos um exemplo contrário a essa imersão, como a chegada de grandes cadeias varejistas ou das grandes lojas e supermercados a uma região. É verdade que elas criam empregos diretos e indiretos, mas também provocam muitas demissões e o fechamento de muitos pequenos concorrentes, ao ponto de não se saber muito bem se o balanço total de sua chegada é favorável ou não. Contudo, elas normalmente compram pouco ou nada na região, talvez pela não competitividade das empresas regionais, mas principalmente porque as grandes cadeias pouco conhecem a respeito da ofertas de produtos na região. Obrigados ou impelidos pela matriz que desconhece a região, seus compradores recorrem quase sempre a produtos e serviços nacionais ou internacionais[1].

Em seus romances, Gonzales Ledesma descreve a transformação do velho bairro de Pueblo Seco, em Barcelona, com o qual seu detetive Mendes se identifica cada vez menos. Mendes explica que a multiplicação da criminalidade, grande ou pequena, teve origem no aumento da pobreza em um meio que se deteriorou graças à construção extensiva e à especulação ou à corrupção que se seguiram aos jogos olímpicos de 1992. Ele observa em especial o lento desaparecimento das referências socioculturais para a população do bairro, principalmente os cafés e as pequenas lojas, assim como as escolas e os pequenos museus, expulsos pela modernização e pela multiplicação de bolsões de riqueza. Isso é semelhante ao que ocorreu nos velhos bairros de Londres no fim do século XIX, com a proliferação do crime relacionado à pobreza trazida pela deterioração do tecido local, como observa Sherlock Holmes nos romances de Conan Doyle. Uma cidade ou um bairro é um sistema global onde um componente que se enfraquece demais acaba afetando todos os outros.

Por outro lado, se forem cada vez mais dinâmicas, as trocas entre os empreendedores locais servem para apoiar esse tecido capaz de favorecer a decolagem da economia regional, desde que, evidentemente, tais empreendedores se tornem rapidamente competitivos.

É verdade que as cadeias e os centros comerciais aumentam a concorrência e multiplicam a variedade dos produtos oferecidos aos consumidores. Seja como for, eles estão inseridos no movimento da globalização e seguem o exemplo do comércio internacional. Contudo, como vimos no caso das grandes empresas, muita dependência externa acaba exercendo efeitos perversos, pois limita o empreendedorismo regional. Isso ocorre a tal ponto que alguns poderiam se sentir tentados a aplicar a teoria de List, economista alemão do século XIX que preconizava uma proteção temporária para desenvolver trocas mínimas regionais. Foi o que, aliás, fizeram os britânicos antes da sua revolução industrial, ou os japoneses antes de 1980 (ver a esse respeito Maurice Allais, 1993)[2]. Pelo menos, as autoridades regionais não têm interesse em favorecer a vinda desses centros comerciais com todo tipo de ajuda, direta e indireta.

O fato de haver um grande volume de comércio regional não explica, no entanto, como ocorrem o início ou a aceleração do desenvolvimento. Neste último capítulo, descreveremos de início os mecanismos ou as etapas da multiplicação de empresas até a constituição de uma massa crítica capaz de provocar o desenvolvimento da região por certo contágio empreendedor. Falaremos em seguida do papel dos governos nesse processo e no crescimento regional. Depois veremos que o objetivo é tornar a região aprendiz e inovadora, tal como as empresas em uma economia do conhecimento. Por fim, resumiremos tudo, com uma discussão centrada nos mecanismos do empreendedorismo endógeno e as diferentes etapas pelas quais ele costuma passar, da estagnação ou dependência à responsabilidade local pelo desenvolvimeno e o dinamismo.

10.1 • As etapas do contágio empreendedor

Todo início de desenvolvimento ou nova arrancada em uma economia territorial costuma apoiar-se em alguns empreendedores de valorização (ou de aventura), normalmente iniciadores de novos negócios no setor manufatureiro de médio ou alto conhecimento. Tais empreendedores devem ser reconhecidos ou ter boa imagem no meio empresarial, na câmara de comércio ou nas organizações ligadas ao desenvolvimento econômico. Esses iniciadores devem poder contar com um capital social inicial mínimo que englobe principalmente: alguns bons colaboradores capazes de compartilhar seu entusiasmo; meios de transporte e de distribuição para os futuros produtos; e por fim serviços de manutenção para os equipamentos. Eles podem também necessitar de apoio governamental para garantir o sucesso.

Essas primeiras experiências perceptíveis (e *observadas* na região) fazem evoluir as mentalidades, suscitam certo otimismo e servem de modelo para outros empreendedores potenciais: "Nós deveríamos ser tão capazes quanto ele!". Elas permitem estabelecer os primeiros princípios de confiança e diversos suportes socioculturais que propagarão o otimismo no meio e favorecerão a imersão dos empresários na região e, aos poucos, a multiplicação de novos recursos e o desenvolvimento de instituições que estimulem a inovação.

A consolidação dessa etapa se manifesta pela complexificação das redes no local e pelo desenvolvimento de novas redes ligadas a locais fora da região (algumas de sinais fracos), a fim de receber ideias novas, informação sobre os concorrentes nacionais ou mundiais e recursos mais complexos, como vimos no capítulo anterior. Quando capazes de suscitar forte interesse pelas técnicas modernas de gestão e pelos sistemas avançados de produção (como a gestão celular ou a produção sincrônica), as redes podem tornar-se verdadeiros motores da mudança.

A formação de redes deve facilitar a multiplicação dos seguidores precoces influenciados pelos comportamentos dos iniciadores. Em seguida, por influência mútua, produz-se a aceleração e assim o contágio empreendedor em diferentes setores econômicos, o que constitui pouco a pouco a massa crítica de empresas necessária para transformar o tecido industrial (UZZI, 1997). Seguem-se as empresas de serviços, filiais de empresas da metrópole ou novas empresas locais, que facilitam a distribuição (transporte, armazenagem, comércio atacadista, consultorias etc.) e a modernização das empresas da região (pela formação, descentralização e implantação de técnicas como o *kaizen*).

Os pesquisadores, entretanto, não chegam a um acordo a respeito desse contágio. Ele deve favorecer a diversificação ou, ao contrário, a concentração em um único ou alguns poucos setores? A diversificação pode ser um paliativo para as flutuações de um único setor, cuja desaceleração conjuntural ou estrutural pode afetar toda a dinâmica regional. A concentração, porém, cria com maior rapidez uma massa crítica para atrair diversos serviços especializados capazes de ajudar as empresas a melhor se desenvolver. O que ocorre é que essa questão está mal colocada, pois ela carrega uma simplificação da noção setorial: é realmente raro que se encontrem muitas empresas trabalhando ao mesmo tempo no mesmo setor e no mesmo mercado. Por exemplo, os distritos industriais italianos ou a região do Jura na Suíça, embora especializados em alguns setores, contam com partes importantes de empresas que trabalham em outros setores e em dezenas de milhares de *métiers* diferentes (MAILLAT, QUÉVIT e SENN, 1993). O importante é que haja multiplicação das atividades complementares para criar *filières* complexas[3], com possivelmente um setor mais importante que sustente serviços mais especializados, mas que possa também atuar com empresas de outros setores. É necessário ainda que o desenvolvimento de uma massa crítica de empresas manufatureiras e de serviços essenciais seja capaz de sustentar um mínimo de redes informacionais ricas, capazes de dinamizar o capital social e assim aumentar as sinergias na região (BEST, 1990).

O capital social permite acelerar a criação de novas empresas não somente por causa da maior disponibilidade e menor custo dos recursos materiais, mas porque a boa reputação dos empreendedores da região estimula as trocas, as cooperações e as transações em regime de confiança. Ele exerce também o papel fundamental de ajudar a mudar as mentalidades ou o espírito de conformismo e as demais resistências, confessas ou não, à mudança. E, ao agir sobre normas e princípios, pode ajudar a limitar comportamentos oportunistas (KNACK e KEEFER, 1997), como a especulação sobre o terreno onde uma empresa busca se estabelecer.

Como mostrou Giddens (1984), os obstáculos frequentemente vêm do desejo de algumas elites tradicionais, incluindo-se alguns empresários, de conservar seu poder legalmente ou não por princípios conservadores (quando não por meio de uma estrutura industrial fechada ou de controle restrito), ou de limitar o número de concorrentes, inclusive em sistemas de subcontratação de capacidade. No entanto, esses obstáculos se ampliam quando o tecido industrial local encontra dificuldade para transformar a informação de maneira a ultrapassar a incerteza e a ambiguidade para agir, ou então para fornecer recursos ou capital social.

O capital social dinâmico acelera a formação de recursos, principalmente recursos humanos, e o compartilhamento de novas ideias. Ele acaba também atraindo empreendedores de fora que queiram aproveitar esses recursos complexos (cujo custo é mais baixo do que nas metrópoles) e cooperações múltiplas entre empresas de todo tipo. O capital social multiplica assim as oportunidades e a inovação regionais (BURT, 1987).

Ao multiplicar a qualidade e a variedade das informações, inclusive informações tácitas (o que permite gerar ideias novas e recursos de todo tipo), e diminuir resistências pontuais, o capital social e as redes facilitam a transformação das empresas existentes em gazelas. Os laços estabelecidos graças a esses mecanismos sinérgicos aumentam o número de empreendedores estimulados a agir, ajudando-os a se distinguir. Eles aceleram o funcionamento da ação intercomunicacional e portanto da proatividade e, com isso, o movimento. Estimulam a introdução de novos negócios, de acordo com uma curva em S (ver segunda curva da Figura 8.2. p. 252). A região se vê aos poucos transformada pela multiplicação de gazelas com capacidade para exportar não somente para fora da região, mas muitas vezes em escala mundial.

Por fim, os empregos e o entusiasmo do meio mantêm os recursos na região, principalmente os jovens, criando um ambiente sociocultural que faz com que não desejem se mudar para as metrópoles. Isso acelera a *espiral virtuosa* do desenvolvimento e estimula a multiplicação de empresas proativas e de empresas de serviços essenciais, uns e outros ajudando-se mutuamente a fim de evoluir e assim consolidar o tecido industrial (Figura 10.1, p. 304).

10.2 • O **papel complementar** do **Estado**

O Estado tem papel importante no contágio empreendedor, seja pela ação de suas antenas territoriais, que conhecem melhor as necessidades locais, seja por sua organização central para as operações mais estruturantes, como o desenvolvimento de instituições voltadas à formação da mão de obra e a implementação de infraestruturas eficazes. Esse papel pode ser resumido em cinco tópicos: *definir o alvo, conectar, apoiar, estimular* e *facilitar*.

10.2.1 • DEFINIR O ALVO

O primeiro papel do Estado é reconhecer (por meio de diversos estudos *detalhados* sobre a estrutura industrial regional) e depois definir adequadamente seus alvos entre os empreendedores, suas empresas e os outros atores de mudança com que trabalham. Estes alvos devem ser capazes de ajudar fortemente a região e seus produtos e serviços a se distinguirem. Politicamente, as dificuldades costumam estar sempre presentes, pois as demandas podem ser numerosas e diversas. Como já dissemos, não podemos classificar a priori os empreendedores em categorias de acordo com características gerais ou traços; aliás, não é nem apenas o empreendedor nem apenas a empresa que nos interessam, mas partes do tecido industrial. É preciso então orientar as escolhas para empreendedores dos setores manufatureiros e de serviços avançados. A qualidade dos projetos e a formação, a experiência e os laços dos empreendedores com as redes externas são boas indicações complementares para decidir quais as primeiras empresas que devem ser direta ou indiretamente apoiadas. Johannisson (2003) lembra, no entanto, que é difícil precisar antecipadamente todos os critérios e que é preciso saber improvisar. De fato, se as regras forem excessivamente estritas, os programas de apoio poderão ver-se obrigados a rejeitar projetos com potencial muito bom porque não se enquadram nas normas e se ver impelidos a apoiar outros, que não têm futuro mas as respeitam. É aí que entra em jogo a competência do funcionário: assim como um champion em uma empresa, ele deve ser capaz de defender um projeto que considera ter potencial, apoiando-se em outros atores do meio para embasar sua avaliação[4].

10.2.2 • CONECTAR

O segundo papel do Estado é ajudar a desenvolver redes complexas, além das redes tradicionais, e conectá-las melhor aos empreendedores. Um dos meios de realizar isso é fornecer recursos técnicos e científicos às empresas, sob a forma de plataformas informacionais ou de ligações informacionais avançadas, favorecendo as trocas de informação tecnológicas (HJALMARSSON e JOHANSSON, 2003). Podemos pensar nas Redes de Pesquisa e Inovação Tecnológica (RRIT) na França, nas "Business Links" na Grã-Bretanha, nos ALMIs na Suécia, nos Institutos Fraunhofer na Alemanha, nos Centros Kohsetsushi no Japão[5], ou nos Centros Colegiais de Transferência Tecnológica de Quebec (CCTT)[6]. Pode-se também apoiar a criação de incubadoras ou sementeiras de empresas, e de parques tecnológicos para favorecer o spin-off de projetos que prometem.

De maneira geral, os organismos de interface ou de corretagem informacional devem permitir conectar aqueles que necessitam de informação rica e aqueles que a produzem, como as universidades. Essas agências podem tornar-se aos poucos facilitadores para a multiplicação de informações avançadas, apoiando a inovação e a distinção (BLIND e GRUPP, 1999). Os corretores informacionais em especial podem ajudar a reduzir os obstáculos entre o mundo dos negócios e o da produção de saberes (JULIEN, 1993; SHANE, 2003)[7]. Nas regiões, são os líderes que efetuam essa corretagem, mas também servidores públicos e técnicos de diversas organizações de empreendedores, que estão em contato com o capital de proximidade, empresas avançadas de formação e de consultoria e centros de pesquisa e valorização (BENNETT, BRATTON e ROBSON, 2000). Esses intermediários devem poder ao mesmo tempo contar com diferentes fontes informacionais externas, como fontes de sinais fracos, conhecer o comportamento dos informantes e sua linguagem, e reconhecer as necessidades complexas e em mudança dos empreendedores. Eles devem ultrapassar seu próprio campo de interesse, sua especialização, para abrir novas portas e conectar os empreendedores a informantes capazes de responder às necessidades do momento, permitindo-lhes ir mais rápido e mais longe.

Esse tipo de corretagem costuma ser fundamental para as empresas de alta tecnologia, que precisam lançar mão de diferentes recursos científicos. É também mais fácil, pois essas empresas têm o hábito de contratar pessoal muito instruído vindo das universidades e que se beneficiam conservando contato com antigos professores e equipes de pesquisa, desde que isso seja estimulado pela direção. Mas essas empresas geralmente respondem por menos de 5% a 10% dos empregos nas regiões; mesmo assim, elas podem ter um papel motor para estimular a mudança tecnológica (VAN LOOY, DEBACKERER e ANDRIES, 2003), favorecendo a difusão da informação tecnológica para as outras empresas de média-alta ou de média-baixa tecnologia, principalmente pelo fato de a necessidade de consultoria avançada poder ser utilizada por outras empresas. É preciso consolidar as relações científicas e tecnológicas, multiplicando redes densas e de sinais fracos entre os empreendedores, pesquisadores e funcionários, como se faz na indústria moveleira sueca e quebequense (JOHANNISSON, 2000; LAGACÉ e TRÉPANIER, 2007).

O problema das redes de sinais fracos é que as relações entre pesquisadores e empreendedores não se dão sozinhas, sobretudo por conta da dispersão geográfica[8]. É preciso, portanto, que haja *intermediários* para conectar os empreendedores e os informantes especializados, não importa de onde venham, a fim de que possam aos poucos *se cativar* e formar redes ainda mais eficazes. Para multiplicar a inovação, pode revelar-se muito lucrativo transformar os intervenientes locais em corretores informacionais, capazes de colocar em contato os empreendedores em busca de informação especializada e os pesquisadores ou especialistas que possuem essa informação (ou que conhecem alguém *que possua* e que pode juntar-se a eles).

Evidentemente, um bom número de pequenas regiões não dispõe de universidades, centros de pesquisa ou consultorias especializadas nos setores ali presentes. Essa *corretagem* pode então tornar-se essencial para conectar os empreendedores dinâmicos a especialistas, não importa onde eles estejam, a fim de gradualmente criar redes eficazes e que interessem tanto a uns como a outros (HUTCHINSON, FOLEY e OZTEL, 1997).

Para ser verdadeiramente eficazes, contudo, esses corretores não devem ser deixados por sua própria conta, pois seus contatos são necessariamente limitados. Quaisquer que sejam suas dúvidas, eles devem sempre que possível poder consultar um banco de dados atualizado que registre as pesquisas e experiências em curso na região e no país. Atualizado com regularidade, esse banco proativo deve estar relacionado ao governo estadual ou federal, pois suas informações não podem se limitar à região.

10.2.3 • APOIAR

O terceiro papel é apoiar as empresas ou grupos de empresas mais destacadas ou proativas da região por meio de diversos auxílios complementares, como o financiamento de risco (que se acrescenta, por exemplo, ao financiamento de proximidade na região), a contratação de pessoal técnico, como designers ou engenheiros, ou ainda a modernização dos equipamentos e a consultoria tecnológica avançada. Em outras palavras, quando o potencial parece muito grande e a incerteza é tão grande quanto, o apoio do Estado é o complemento necessário para permitir a arrancada de um novo setor ou para criar uma massa crítica de produtos e serviços em uma região (LAPERCHE e UZUNIDIS, 2003). Nesse caso, entretanto, é preciso que os empreendedores assumam sua parte do risco e privilegiem o crescimento em detrimento da satisfação das necessidades de autonomia e perenidade. Não adianta nada ajudar empresas reativas e conservadoras ou novos empreendedores de imitação, exceto talvez em um período de recessão intensa no qual o apoio ao emprego, que recomendam as políticas keynesianas, torne-se primordial para frear ou tentar reverter a tendência. Esse apoio deve visar principalmente as empresas que reestruturam ou fazem evoluir o tecido industrial da região, ou ainda os parques tecnológicos, por meio do financiamento de recursos e de atividades de pesquisa. Ele deve também dirigir-se, nos serviços, aos agentes de mudança capazes de estimular as trocas fora da região ou mesmo internacionais. Mas para serem realmente úteis esses diferentes apoios devem ser adaptados às necessidades de cada região, e não partir de programas gerais aplicados frequentemente fora de contexto (ROBSON e BENNETH, 2000; LAMBRECHT e PIRNAY, 2005).

10.2.4 • ESTIMULAR

O Estado tem também o papel de estimular o tecido industrial, por meio do estímulo sistemático à inovação global em toda a cadeia de valor ou à logística das empresas, interna e externamente. Assim, multiplicam-se as instituições de apoio e de P&D e facilita-se o contato entre estes, as empresas e centros de pesquisa externos à região. Permitir que os jovens empreendedores visitem empresas modernas ou participem de feiras pode fomentar, pelo efeito de pareamento, novas ideias e formas de atuação, e até mesmo o desenvolvimento de mercados potenciais fora da região.

Outro exemplo é a ajuda a empresas contratadas. Não apenas para aumentar sua capacidade de atender as encomendas das grandes empresas contratantes de fora da região, mas também para transformá-las gradualmente em contratadas *de inteligência*, capazes de ajudar no desenvolvimento de produtos em plataformas de inovação, quando necessário, de maneira a reduzir a assimetria informacional e consolidar o saber na região (JULIEN et al., 2003c).

Entretanto, é preciso fazer com que os líderes de opinião ou os agentes de mudança participem dessas atividades de inovação, explicando-lhes as vantagens importantes da mudança e até mesmo, se a resistência for grande, seu caráter inevitável. É preciso em seguida atingir os grupos que poderão adotar mais facilmente essas mudanças e tornar-se então modelos. Ao mesmo tempo, é preciso manter a motivação dos outros grupos, para que sigam mais rapidamente o movimento. Por último, quando o movimento estiver bem montado, é preciso descentralizar a campanha de estimulação dos ânimos, criando novas redes para atingir novos públicos de negócios. Essa operação para estimular a inovação pode utilizar a estrutura hierárquica das empresas ou as empresas contratantes, como no caso das práticas de qualidade total.

10.2.5 • FACILITAR

Por fim, o Estado deve facilitar a aprendizagem dos atores, dirigentes e funcionários, bem como apoiar o desenvolvimento de laços de cumplicidade entre os diferentes inovadores, a fim de melhor conectar os recursos e as competências e multiplicar ideias. As relações entre as instituições de ensino e as empresas são particularmente importantes. Por exemplo, a ida de empreendedores às escolas para falar com os alunos sobre suas experiências é muito eficaz como estímulo de vocações. Em contrapartida, esses contatos com alunos e professores podem orientar a formação dos alunos, de maneira que ela responda melhor às necessidades dos empreendedores, e também dar lugar a trocas ricas que suscitarão novas ideias ou formas de atuação[9].

TABELA 10.1 • O PAPEL COMPLEMENTAR DO ESTADO

PAPEL DO ESTADO	PROPÓSITO	CONDIÇÃO	ATORES COMPLEMENTARES	EFEITOS
Definir o alvo	Dar início ou reforçar as *filières* com forte potencial	Obter informação complexa sobre a estrutura setorial	Intervenientes com experiência e proativos na região	Aumentar as chances de sobrevivência e desenvolvimento das empresas
Conectar	Dinamizar as redes	Corretagem apoiada em um banco de fontes complexas	Centros de pesquisa, faculdades e universidades	Aumentar o compartilhamento dos sinais fracos para apoiar a inovação
Apoiar	Aumentar a perenidade e desenvolver algumas gazelas	A ajuda só pode ser multifuncional, complexa e adaptada	Intervenientes com experiência e outros agentes de mudança	Aumentar a exportação
Estimular	Compensar carências importantes do tecido industrial	Conhecimento apurado desse tecido, que transcenda os dados estatísticos	Líderes das redes e centros de transferência	Tornar os serviços proativos
Facilitar	Aumentar as capacidades de aprendizado coletivo	Diminuir as barreiras inúteis	Intervenientes e *champions*	Aumentar o caráter distintivo da região

Na Tabela 10.1, resumimos esses cinco papéis que o Estado deveria cumprir com suas intervenções.

> **As empresas do setor** de produtos plásticos de Beauce e Bas-Saint-Laurent tinham muita dificuldade para satisfazer suas necessidades de mão de obra. Elas então fizeram alianças com escolas secundárias da região, a fim de que estas adaptassem alguns cursos às suas necessidades, e ofereceram maquinário para que parte dessa formação fosse feita com equipameno de ponta, com o objetivo de reduzir o período de treinamento dos novos funcionários. Essa colaboração deixou felizes os dois lados: hoje, a maior parte dos alunos desse programa sabe onde será contratada ao fim dos estudos, e as empresas satisfazem com tanta facilidade suas necessidades de mão de obra que empresas de fora da região buscam Beauce e Bas-Saint-Laurent para atender às suas necessidades de pessoal.

Em suma, o governo local deve não apenas participar do desenvolvimento de uma atmosfera dinâmica e aberta à mudança, mas também apoiar diversos recursos e mobilizar os atores para criar um círculo cada vez mais virtuoso em uma região capaz de aprender e de inovar.

10.3 • Regiões aprendizes e inovadoras

Muitos pesquisadores estenderam às regiões a noção de organização aprendiz desenvolvida com foco nos gestores, para acompanhar a ideia de economia do conhecimento e assim a necessidade de centrar o desenvolvimento no saber e na inovação (FLORIDA, 1995; MORGAN, 1997; MASKELL et al., 1998). Eles explicam que os laços dinâmicos existentes entre atores de todo tipo em uma localidade, ligados com o exterior de sua região pela formação de redes complexas e portadoras de informação rica, constituem um mecanismo coletivo de aprendizado muito poderoso para estimular a cultura empreendedora, multiplicar a mudança, apoiar a competitividade das empresas e finalmente dinamizar todo o território. Eles lembram assim que a imersão da maior parte das empresas e dos diferentes atores na região e, em muitos casos, as trocas sistemáticas de informação entre eles, são os melhores modos de desenvolver competências distintivas.

De acordo com as análises desses pesquisadores, uma região deveria cumprir pelo menos sete condições para tornar-se aprendiz:

1• Uma parte de sua base industrial deve ser manufatureira e suas produções devem requerer inovação, criando assim muito valor agregado.
2• Deve apoiar seu desenvolvimento em mão de obra especializada, portanto formada em boas escolas e universidades, mantendo em seguida laços com essas instituições de ensino e pesquisa, sobretudo pela formação contínua.
3• Deve possuir infraestrutura adequada, tanto material (estradas, ferrovias, portos) como imaterial (redes de internet e extranet eficazes que interliguem fornecedores, produtores, clientes, consultores), de maneira a facilitar as trocas. Deve, além disso, ter acesso a múltiplos lugares de encontro e descontração, como cafés, restaurantes e instalações culturais e esportivas de qualidade.
4• Deve poder recorrer com relativa facilidade a diferentes fontes para o financiamento de risco, o capital de proximidade para as novas PMEs e outros capitais pacientes quando tiver a intenção de fazer maiores investimentos.

5• Deve dispor de um conjunto de princípios e regras de comportamento aberto e baseado na confiança entre as empresas e outros atores privados e públicos, que se agregue às normas de governança política existentes na região. Esses diferentes princípios devem promover nas empresas a descentralização das decisões, a flexibilidade das operações, a orientação ao cliente, a cooperação-concorrência com fornecedores e empresas contratadas, e, principalmente, a excelência ou práticas exemplares, desenvolvendo, desta forma, uma cultura empreendedora dinâmica.
6• Deve se apoiar na presença de redes informacionais ricas ligadas a outras redes de sinais fracos fora da região, que multipliquem as trocas técnicas e tecnológicas e o apoio a diversas iniciativas.
7• Por último, tudo isso deve favorecer a aprendizagem contínua, ou seja, a mudança em todos os níveis – entre dirigentes públicos e chefes de empresa e também entre gerentes e funcionários. Essa aprendizagem é estimulada por todos os conhecimentos obtidos no exterior por meio de diversas ramificações diretas (ligações em contínuo pela formação de rede) e indiretas (presença regular nas feiras internacionais e laços entre as fontes de P&D, como entre as universidades ou colégios regionais e as universidades estrangeiras).

Uma região aprendiz deve sistematicamente basear seu desenvolvimento no conhecimento e na inteligência humana. Ela deve, portanto, fazer a adequação entre espírito empreendedor, recursos de qualidade, competências diversas e informação rica. Isso deve permitir que *se aproprie*[10] do conhecimento novo e que se beneficie, quando necessário, de um reservatório de fontes informacionais complementares (a informação potencial), podendo dessa forma enfrentar melhor a incerteza e a ambiguidade, e inovar de forma contínua. Como dissemos, a rapidez com que a inovação é adotada depende do grau com que os canais de comunicação falam delas e mostram suas vantagens (vantagens relativas, compatibilidade, complexidade limitada, possibilidade de testar e observar), do nível de eficiência dos *champions* ou agentes de mudança, e também da formação e da abertura à novidade dos dirigentes, dos gerentes e dos funcionários das empresas. A rapidez da inovação deve ocorrer de maneira flexível, por meio de diferentes canais que permitam caminhos oblíquos e até, se necessário, retornos, a fim de ultrapassar os obstáculos (LAWSON e LORENZ, 1999).

Evidentemente, em uma região aprendiz e inovadora, são necessários detonadores para acelerar a mudança, indivíduos ou pequenos grupos de indivíduos capazes de apreender rapidamente as ideias novas, de adaptá-las e adotá-las. Mas é preciso também o que Atlan (1979) chamava metaforicamente no caso das ciências sociais de pseudoatratores[11], mecanismos visíveis e atrativos para um grande número, ou indivíduos que atraem os olhares e suscitam a adesão, favorecendo as mudanças nas empresas e por fim a auto-organização e o autodesenvolvimento (JOHANNISSON, 2003). Esses pseudoatratores devem ajudar de maneira contínua as relações a se desfazer e refazer, estabelecendo laços mais ou menos frouxos que estimulam a aprendizagem e permitem que a região se autotransforme, para se adaptar de forma regular à economia global (WEICK, 1976).

10.4 • A superação da incerteza e da ambiguidade

Para resumir, o desenvolvimento territorial endógeno está apoiado no papel crucial, primeiro, da informação (*efetiva e potencial*) compartilhada em redes complexas; em seguida, da formação de recursos humanos capazes de absorver e transformar essa informação; e, por último, da inovação e da estratégia para se distinguir; sem esquecer também os laços que podem ser chamados de *cumplicidades*, quando são particularmente ativos para apoiar o desenvolvimento. Esse é o triângulo central da Figura 10.3 (p. 318). O fluxo informacional é continuamente mantido por antenas de vigilância que diferentes atores implementaram, tanto para ver ou apreender a evolução dos mercados e reconhecer as mudanças tecnológicas e concorrenciais, como para captar os sinais fracos que favorecem a inovação sistemática. As diferentes cumplicidades formam o meio dinâmico e suscitam o capital social capaz de estimular o desenvolvimento das novas empresas e as mudanças nas mais antigas. É o que permite finalmente criar as chamadas *economias de esfera* (ou *de atmosfera*, segundo Marshall), à imagem das economias de escala das grandes empresas ou das economias de aglomeração das grandes metrópoles, que diminuem os custos gerais e os custos de transação, facilitando os negócios. Essas economias de esfera reduzem mais especificamente os custos da informação e da busca de recursos, como vimos na figura que ilustra as sub-redes das empresas subcontratadas da Chaire Bombardier (ver Capítulo 9). O resultado é um aplainamento do obstáculo maior que representam a incerteza e a ambiguidade, obstáculo que tende a bloquear a ação dos empreendedores potenciais e, por fim, impedir a multiplicação ou o *contágio* necessários para criar ou desenvolver empresas de toda sorte, principalmente as gazelas, que exercem mais impacto sobre o empreendedorismo endógeno.

FIGURA 10.3 • ESQUEMA DO DESENVOLVIMENTO REGIONAL MOSTRANDO COMO SUPERAR A INCERTEZA E A AMBIGUIDADE INERENTES A QUALQUER ECONOMIA

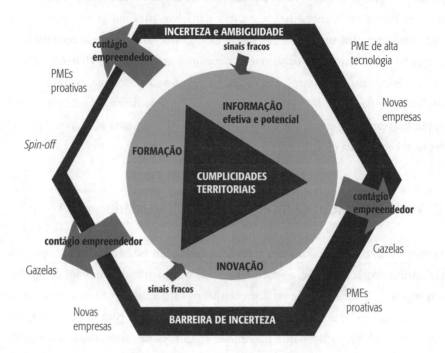

Se as regiões podem todas tornar-se aprendizes para se distinguir das outras e ser cada vez mais competitivas, o caminho que empregam para chegar a isso e os resultados que obtêm costumam diferir, pois os atores e as condições jamais são os mesmos. Raros são os casos, no entanto, em que as regiões partem do nada, por assim dizer – como Beauce, da qual falamos anteriormente, e a região da Alta Vadaisa na Itália, estudada por Bagnasco e Trigilia (1988), nas quais a economia se apoiava essencialmente na agricultura. Mas mesmo algumas regiões que apostam tudo em recursos naturais ou mão de obra abundante e barata não reagem todas da mesma maneira quando a indústria que viera aproveitar esses elementos decide partir e desencadeia a ruína. As diferenças na reconversão das regiões de Detroit, Pittsburg e Montreal (CONTI, 1983; LAMONDE e MARTINEAU, 1992), ou ainda das de Turim e Milão (REGINI e SABEL, 1989), ilustram bem isso. E outras regiões, que começam sua aceleração após um período de crescimento muito lento, apoiam seus desenvolvimentos em setores muito diferentes.

Nem mesmo os ritmos são semelhantes, e raramente seguem o modelo linear à maneira de Rostow. Algumas regiões especializam-se primeiro para em seguida se diversificar, outras fazem exatamente o contrário. Não há modelo único e principalmente modelo replicável em qualquer lugar e em qualquer momento. Ainda mais porque qualquer modelo muda no curso de sua aplicação, seguindo a evolução das diversas capacidades regionais de acordo com trajetórias que são impossíveis de prever. Todo desenvolvimento toma caminhos particulares, sendo que as regiões se abrem às vezes muito rapidamente à exportação para mercados distantes, em outras vezes mais lentamente, quando querem garantir seu efeito em longo prazo. Os atores, os recursos, as regras, os princípios e as oportunidades dos mercados nacionais ou internacionais acabam provocando processos de evolução muito diferentes e imprevisíveis. Na economia do conhecimento, para melhor inserir-se em realidades complexas e dinâmicas, o empreendedorismo endógeno, com a ajuda do governo, deve ajustar-se ao estágio de desenvolvimento.

Sherlock Holmes, embora extremamente crítico do modo de agir do inspetor Lestrade da Scotland Yard, a grande organização policial do Reino Unido, aceita as conclusões de algumas de suas investigações e fica satisfeito com a cooperação que recebe de tempos em tempos de outros organismos públicos.

NOTAS

1 Esse costuma ser o caso dos comerciantes membros de bandeiras ou grupos de compras, que são limitados a uma certa porcentagem de compras regionais para conservar a força competitiva das compras feitas em grupo. Mas pelo menos os proprietários dessas cooperativas de compras imersas no território participam de seu desenvolvimento; além disso, contrariamente aos membros das grandes cadeias, eles frequentemente fazem pressão para comprar mais produtos regionais.

2 Primeiro Prêmio Nobel de economia francês. Ver também: CARMIGNAC e RATEL (2002).

3 Ver REY e MATTHEIS (2000).

4 Nós sempre acabamos voltando às pessoas. Chicha (1981), há muito tempo, e Bennett e Robson (2003), mais recentemente, mostraram que o mesmo programa estatal de formação de novos empreendedores funcionava muito bem em certas regiões, enquanto era um fracasso em outras, embora elas fossem do mesmo tamanho e tivessem mais ou menos o mesmo nível de dinamismo. Tudo depende da qualidade dos intervenientes na região e de sua experiência. Aliás, o fato de eles serem com frequência transferidos necessariamente limita o conhecimento que podem ter dos atores locais. Do mesmo modo, esses intervenientes podem ser muito mais eficazes quando os recursos do território os apoiam ou mesmo orientam suas intervenções.

5 Interindustrial Networks for Technological Activities.

6 Essas redes parecem eficazes em especial para desenvolver novos produtos complexos, pois relacionam laboratórios públicos e empresas de diferentes tamanhos que trabalham em temas claramente estabelecidos. Ver a esse respeito: MIFE (2001), para a França, e TRÉPANIER et al. (2003), para Quebec.

7 Por exemplo, a comunidade científica recorre à linguagem complexa, enquanto os empreendedores demandam uma linguagem simples e operacional; a primeira busca a melhor solução possível, enquanto os segundos querem respostas rápidas; e, por fim, os cientistas requerem três ou quatro meses para iniciar uma pesquisa, enquanto os empresários querem a resposta antes de três meses etc.

8 Na verdade, nada indica que o pesquisador especializado no problema levantado por determinado empreendedor more necessariamente na mesma região que este. Muitas vezes ele vive no exterior, mas é conhecido por um pesquisador próximo que trabalhou com ele. A ligação em rede é um sistema que permite justamente que os laços se multipliquem aos saltos, do intermediário mais próximo ao mais distante.

9 Nesse papel que visa a *facilitar* o empreendedorismo, não discutimos a necessidade de diminuir as diferentes barreiras burocráticas ou outras que freiam o desenvolvimento das empresas – necessidade que foi tantas vezes expressa, principalmente nos trabalhos da OCDE. Destaquemos, contudo, que muitas dessas barreiras são necessárias para responder a outras necessidades sociais, ou simplesmente para proteger as PMEs das ações frequentemente anticoncorrenciais das grandes empresas. De qualquer forma, como lembra o "processo de Bolonha" para favorecer o empreendedorismo, "não há ambiente empreendedor ideal": cada país deve encontrar um equilíbrio entre as diferentes necessidades econômicas e sociais de curto e longo prazo (OCDE, 2003, p. 310; ver também: STEVENSON e LUNDSTRÖM, 2001).

10 Ou "tornar próprio de si", fazer com que o conhecimento torne-se natural, como uma parte do todo.

11 Esses pseudoatratores são virtualidades significativas, portanto incentivadores desenvolvidos no próprio movimento em que se atualizam. É impossível dizer se eles estavam lá antes da ação, pois se exprimem ao mesmo tempo em que ela (ATLAN, 1979). Um exemplo de pseudoatrator é a ideia reconhecida em quase toda parte de que é mais fácil fazer negócios em um determinado território, sem que se possa prová-lo.

Em uma ilha próxima das Órcades, nasceu uma criança
que tinha por pai Éolo, deus dos ventos,
e por mãe uma ninfa da Caledônia. […]
Ela aprendeu em suas viagens que, na Bética,
o ouro reluzia em toda parte […]
Ousou ir a todos os cruzamentos, onde gritava sem cessar
com uma voz rouca: "Povos da Bética,
vós credes serem ricos porque tendes ouro
e dinheiro. Vosso erro me dá pena.
Crede em mim, abandonai o país dos vis metais;
vinde ao Império da Imaginação; e eu vos prometo
riquezas que espantarão até mesmo a vós."

Montesquieu, *Carta persa CXLII*

CONCLUSÃO • Em direção a uma nova teoria do empreendedorismo

O empreendedorismo autoadaptativo e portador de novas dinâmicas está muito longe tanto do liberalismo econômico à Jeremy Bentham, que só enxerga o empreendedor racional e egoísta que busca exclusivamente dinheiro[1], como do conceito da empresa que atua sozinha para enfrentar os concorrentes. O empreendedorismo endógeno é um fenômeno de conhecimentos difusos, portanto de ideias *no ar*, de imaginação distribuída na região, como conta a criança das Órcades na citação da abertura, ao lado. Essa imaginação que toca a economia deve atingir gradualmente todo o meio e vir acrescentar-se a um capital social proativo e a recursos humanos complexos para criar em conjunto uma cultura empreendedora estimulante. Em suma, tal empreendedorismo é um negócio de sociedade, que só pode se desenvolver na osmose com um meio inovador, no qual as PMEs de forte crescimento exercem um papel central tanto como resultado quanto como fator de dinamismo. A presença dessas PMEs demonstra de fato que o meio é capaz de oferecer capital humano de qualidade e multiplicar redes ricas e a aprendizagem compartilhada. Consequentemente, é capaz de criar toda sorte de outras empresas e atores complementares, a fim de tornar-se um ambiente propício que no entanto dá aos empreendedores o tempo de se consolidar.

Podemos também aqui recorrer aos romances policiais para ilustrar essa maneira de conceber o empreendedorismo como algo que só pode se desenvolver com a participação de um número muito grande de atores com diferentes papéis complementares. Assim, o doutor Watson[2], fiel amigo de Sherlock Holmes, graças à sua descrição detalhada das etapas das investigações, mostra-nos justamente que é um conjunto complexo de fatores que explica os sucessos do grande detetive, cuja capacidade extraordinária de observação e espírito de síntese são somente dois dos elementos. Esses fatores nos fazem então compreender não apenas por que a primeira Revolução Industrial nasceu na Grã-Bretanha, mas também o que lhe permitiu prosperar mais especificamente no fim do século XIX, com o aparecimento de milhares de empresas de todo tipo em diferentes regiões. Dessa forma, para elucidar um assassinato cometido em uma aldeia remota da Inglaterra, Holmes e Watson enviam sem qualquer dificuldade um ou dois telegramas, mandam publicar dois ou três pequenos anúncios nos jornais de algumas horas mais tarde, reservam dois lugares em um trem que parte e chega na hora, são atendidos por um motorista que os leva em um carro confortável até um pequeno hotel que lhes oferece um quarto bastante luxuoso e uma boa mesa etc. – o que seria quase impensável em outros países europeus nessa época. Em outras palavras, Holmes, apesar de seu engenho, não teria conseguido os êxitos que fizeram sua notoriedade e que atraíam até mesmo príncipes de outros países sem tal apoio de uma economia, digamos, tão complexa e eficaz quanto possível para uma época de mais de cem anos atrás.

Do mesmo modo, as chances de vencer dos empreendedores por trás dessa revolução industrial eram proporcionais à capacidade de contarem com todo tipo de serviços – como bons meios de transporte; entrepostos para receber suas matérias-primas ou expedir seus produtos; financiamento de proximidade e dos bancos, ou ainda a bolsa, para apoiar seus investimentos; intermediários, como atacadistas, para distribuir seus produtos; além de toda espécies de outros atores e organismos com os quais concluir diversas transações tanto de produtos como de serviços, no mercado nacional ou internacional. Por outro lado, embora com certeza sejam tão capazes quanto os empreendedores ocidentais, os melhores empreendedores dos países em desenvolvimento encontram hoje dificuldades tão grandes que boa parte de sua energia é destinada a tentar encontrar os recursos de base e superar todo tipo de obstáculo, em vez de se concentrarem em aperfeiçoar a empresa e desenvolver seu mercado. Não apenas o meio não lhes oferece o apoio necessário que os ajudaria a vencer, como até mesmo multiplica os obstáculos.

Essa organização complexa que se instalou aos poucos nos séculos XVIII e XIX para apoiar sistematicamente o empreendedorismo obriga os pesquisadores a questionarem com seriedade a maneira como Max Weber explicou por que a primeira Revolução Industrial ocorreu na Inglaterra e não em outro lugar. Na verdade, boa parte de sua análise se centra no impacto da ética protestante puritana que, segundo ele, impeliria os indivíduos a trabalhar sem descanso para desenvolver os negócios[3]. Contudo, se essa fosse a explicação central, a revolução deveria ter começado na Suíça ou na Holanda, onde o puritanismo era ainda mais desenvolvido, e não na Inglaterra, onde a Igreja Anglicana dominante seguia em boa parte os ensinamentos da Igreja Católica. Aliás, a se crer nas memórias de Burnet (1824), bispo de Salisbury, os anglicanos faziam todo o possível para frear o puritanismo que preconizavam sobretudo os presbitérios da Escócia. É preciso também lembrar que foram os discípulos dessas seitas puritanas, perseguidos pela Igreja oficial, que deixaram a Europa para colonizar boa parte do que viria a se tornar os Estados

> **A história do empreendedorismo** em Quebec transborda de exemplos de como a falta de complexidade industrial pode explicar os atrasos no desenvolvimento. Assim, nos anos 1960, os pesquisadores (destacadamente TAYLOR [1965], que se apoiava na teoria de Martin Offenbacher[4]) invocaram razões culturais para explicar a fraca presença de francófonos e negros na direção das grandes empresas. No caso dos francófonos, Toulouse (1977) mostrou muito bem que, apesar de sub-representados na indústria manufatureira e nos serviços financeiros (os únicos setores que tinham atraído a atenção de Taylor), eles eram super-representados na maior parte dos outros setores. Aliás, outras pesquisas, como as dos historiadores economistas Michel Brunet (1964) e Richard Desrosiers (1976), lembraram as dificuldades dos francófonos para entrar nas redes manufatureiras e financeiras, principalmente porque as barreiras culturais erguidas após a conquista inglesa de 1763 tinham permitido que os representantes da nova metrópole os substituíssem por anglófonos. Prova de que explicações simples demais, como as de Taylor, não estão no caminho certo é que, nos anos 1970, os francófonos conseguiram não somente inserir-se em muitas dessas redes, como também desenvolver redes próprias para obter, em menos de vinte anos, uma posição invejável nos setores industrial e financeiro. Neste último caso, basta pensar na importância das cooperativas de crédito, que se tornaram os primeiros estabelecimentos financeiros privados de Quebec, seguidas de perto pelo Banco Nacional, que também pertence a francófonos. Esse exemplo mostra mais uma vez que o empreendedorismo não é nem algo que aparece automaticamente quando a demanda se faz sentir, nem é fruto espontâneo de uma conjuntura global favorável. Não se pode compreendê-lo limitando-se à análise de empreendedores isolados.

Unidos. Se o puritanismo tivesse de fato sido o fundamento da Revolução Industrial inglesa, esta teria se espalhado quando os puritanos deixaram o país. Em seu grande painel da evolução socioeconômica dos países entre os séculos XV e XVIII, Braudel mostra, ao contrário, que foi o efeito cumulativo do desenvolvimento e da interpenetração das riquezas, das tecnologias e das instituições estatais e paraestatais modernas (cuja maior parte havia, no entanto, sido criada em outros lugares[5]) que fez com que a Revolução Industrial acontecesse primeiro na Inglaterra, e não na Itália ou na Holanda – embora estas gozassem de uma acumulação maior de riquezas, no caso da primeira, e de capitais, no caso da segunda.

Retomemos outro exemplo de nossa metáfora, para melhor compreender a complexidade do desenvolvimento empreendedor. Maigret, em suas *Memórias*[6], explica que em uma investigação de verdade costumam somar-se os inspetores do Quai des Orfèvres, que interrogam centenas de testemunhas; os policiais do comissariado do bairro, que visitam milhares de casas; e ainda aqueles em serviço nas estações, que escrutam escrupulosamente os rostos. Algumas vezes junta-se até a força policial do país inteiro, que busca diversos indícios, assim como também os *indicadores* e uma parte do público, que fornece diversas informações, algumas delas cruciais (por exemplo, após a publicação da fotografia do suspeito nos jornais). Como diz Simenon, esses milhares de intervenientes e essas centenas de peripécias não poderiam ser descritos em detalhe em um romance sem enredar o leitor até um ponto em que ele se perderia[7]. No caso do sucesso de uma empresa, sabe-se que ele não é fruto apenas de seu dirigente, mas de um conjunto: os membros da organização, as empresas parceiras a jusante e a montante, o sistema de informação e os múltiplos atores da região e de fora dela, sem contar a conjuntura e até mesmo a sorte.

É preciso, portanto, abandonar as teorias unitárias, que tentam explicar com pouco sucesso o empreendedorismo endógeno, e adotar uma abordagem mais complexa, que considere as capacidades de superar a incerteza e a ambiguidade crescentes que criam a globalização dos mercados e a economia do conhecimento. É preciso passar da análise da empresa isolada e do empreendedor aventureiro "excepcional" para a das empresas ligadas a redes complexas e inseridas em sistemas de cooperação e concorrência, o que facilita o compartilhamento das ideias e o dinamismo do meio. É importante considerar variáveis sociológicas, como a confiança e as convenções relacionais, que favoreçam a penetração tecnológica e a inovação, apoiando o dinamismo regional. Na Tabela A, indicamos algumas das relações complexas existentes em certas das grandes fases do desenvolvimento territorial discutidas no Capítulo 9: a formação de redes, o tipo de empresas mais frequente e o aporte do Estado.

TABELA A • ALGUMAS RELAÇÕES ENTRE AS FASES DO DESENVOLVIMENTO ENDÓGENO E OUTRAS VARIÁVEIS

GRANDES FASES DO DESENVOLVIMENTO	AMPLITUDE DA FORMAÇÃO DE REDES	EMPRESAS MAIS FREQUENTES	APORTE DO ESTADO
Dependência			
Desaceleração	Redes econômicas externas não conectadas e redes sociais	Algumas grandes empresas em setores tradicionais e PMEs banais	Apoio mínimo do Estado, sobretudo nas infraestruturas, e intervenções reativas puramente financeiras
Expectativa			
Desencorajamento ou resignação	Atuação em redes se enfraquecendo		
Desenvolvimento endógeno			
Tomada de consciência do potencial regional	Passagem gradual de uma formação de redes puramente de negócios a uma formação de redes informacionais ricas	Alguns empreendedores de valorização ou de aventura	Apoios diversos à criação de empresas em setores novos
Multiplicação de empresas inovadoras	Aceleração do desenvolvimento do capital social e da confiança	Multiplicação de PMEs manufatureiras e do setor terciário que servem de modelos	Desenvolvimento de uma corretagem informacional rica
Complexificação da formação de redes e convenções estimulantes	Multiplicação de redes com conexões internacionais	Multiplicação de gazelas e de PMEs exportadoras	Apoio às empresas mais impulsionadoras para acelerar a penetração tecnológica
Cultura empreendedora dinâmica	Criação de redes tecnológicas densas	Chegada de empreendedores exógenos que vêm aproveitar o dinamismo regional	Estimulação sistemática da inovação e de cumplicidades que apoiem a competitividade

Mas como justificar essa passagem das teorias simplificadoras a uma abordagem mais complexa considerando os cinco elementos – o empreendedor, a organização, o meio, o ambiente e o tempo –, e os três fatores de dinamismo – a informação, as redes e a inovação? Nesta conclusão, mostraremos como a evolução das teorias econômicas e de gestão apoia nossa abordagem transdisciplinar. Descreveremos em seguida seu funcionamento em escala macroeconômica, insistindo na instabilidade que não pode deixar de decorrer dos comportamentos inovadores dos empreendedores. Por fim, concluiremos, retomando nossa metáfora dos romances policiais, que o empreendedorismo de uma região se baseia no desenvolvimento de um modelo no seio desta que englobe os comportamentos sociais dos atores – ou seja, de uma cultura empreendedora e coletiva apoiada por todo o potencial do ambiente.

1 • A evolução das teorias

Para falar da evolução das teorias que apoiam *nosso procedimento* holístico, podemos partir da teoria econômica neoclássica, bem anterior a todas as teorias que depois se debruçaram sobre gestão e desenvolvimento regional. Embora ela tenha questionado muitas conclusões[8] dos economistas clássicos do século XIX, principalmente as do economista francês Léon Walras e da Escola de Viena, essa teoria conservou seus principais fundamentos: a racionalidade dos agentes econômicos, a busca de seus interesses a qualquer preço ou seus comportamentos puramente egoístas e, por fim, a capacidade do mercado de fornecer toda a informação necessária. Muitos economistas defendem ainda hoje essa teoria, dita então neoliberal, porque ela é relativamente simples, coerente e sobretudo segura para seus adeptos. Ela permite de fato que estes deem uma explicação racional sem questionar muito seu realismo[9] e principalmente sua capacidade de integrar a mudança sistemática, e portanto a instabilidade do ambiente econômico. Estática, essa teoria não considera nem os comportamentos complexos dos empreendedores, nem o papel da organização, cujo conhecimento seria preocupação de outras ciências, como lembravam McCloskey e Sandberg (1971). Do mesmo modo, ela não vê nenhum interesse em penetrar na caixa-preta da empresa, pois considera que, de qualquer maneira, esta não pode fazer nada além de agir racionalmente e buscar a qualquer preço o lucro, se quiser sobreviver e se desenvolver face aos concorrentes (MACHLUP, 1967). Além do mais, o empreendedor seria uma função residual que influencia marginalmente o comportamento das empresas (LUCAS, 1978), o que explica que o empreendedor e a organização continuem ausentes da maior parte dos manuais dos cursos básicos de economia. Baumol (1968) deplorava essa ausência, considerando que se tratava de uma lacuna tão grande como se Shakespeare não tivesse mencionado o príncipe em *Hamlet*. Ou, retomando nossa metáfora, como se os autores de romances policiais tentassem resolver um crime sem a intervenção de detetives – oficiais ou não[10].

FIGURA A • EVOLUÇÃO DOS FUNDAMENTOS TEÓRICOS DO EMPREENDEDORISMO ENDÓGENO

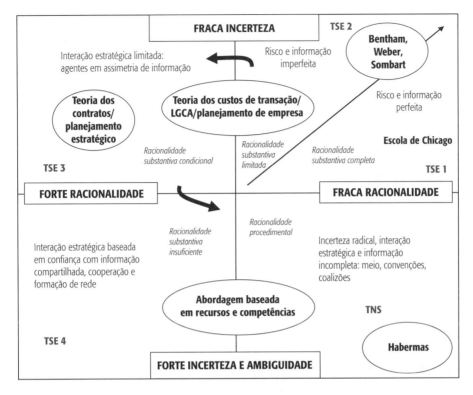

ADAPTADO DE BILLAUDOT (2001).

Assim, na parte mais alta do quadrante superior direito da Figura A, podemos ver que a teoria teve de evoluir para superar esses limites. Por exemplo, Simon (1951), na segunda parte desse quadrante, questionou a ideia da informação perfeita ou da incerteza inexistente ou muito fraca, lembrando que os agentes não podiam prever tudo. Isso os impedia de concluir no mercado contratos *completos* que evitassem todas as eventualidades. Seus comportamentos só podiam, portanto, ser *satisfatórios*, e não *ótimos*, embora fossem mais racionais. Mas os limites informacionais são ainda maiores que isso, pois o jogo dos agentes no mercado concorrencial é reter o maior tempo possível a informação ou enviesá-la. Sem contar que, uma vez que se consegue apreendê-la, é preciso saber interpretá-la, e ela raramente é simples – muito pelo contrário, costuma ser portadora de muita ambiguidade. Acima de tudo, o conhecimento está na maior parte do tempo atrasado em relação à realidade, que muda continuamente. Outra crítica à abordagem neoclássica vem dos trabalhos de Coase em 1937, retomados depois por

Williamson (1985). Ambos acrescentaram a ideia de que o mercado, formado por milhares de pequenas empresas ou trabalhadores autônomos em concorrência mais ou menos forte, não regula tudo, e de que aos preços que consideram custos de produção e gestão é preciso adicionar os custos de pesquisa de fornecedores de qualidade e confiáveis, e da verificação das sequências da transação, principalmente quando esta é relativamente irregular. Quando estes custos são elevados demais, é melhor produzir no interior de um sistema hierárquico, portanto em uma grande empresa que utiliza sua autoridade para limitar qualquer comportamento oportunista, ao menos entre os funcionários.

Na Figura A, mostramos que as teorias evoluíram de acordo com dois eixos. Evidentemente, essa figura é muito sintética e não pode conter toda a riqueza das teorias e de sua evolução. Ela serve apenas para ilustrar a sua evolução em direção a uma maior complexidade, para justificar nossa abordagem holística do empreendedorismo endógeno em uma economia do conhecimento. O eixo horizontal indica a passagem da racionalidade forte (completa e substantiva, quer dizer, baseada em um conhecimento da substância das coisas) dos neoclássicos, à direita, para a racionalidade fraca, seguindo o que os agentes ou atores aceitam fornecer em informação, à esquerda. O eixo vertical representa a apreensão que os agentes têm do nível de incerteza que enfrentam. Na teoria neoclássica, a racionalidade substantiva é forte porque os agentes buscam acima de tudo o lucro e vão para isso respeitar, voluntariamente ou não, as leis do mercado[11] (sem esquecer que o mercado fornecerá muita informação, o que enfraquecerá a incerteza e o risco). Trata-se aí da teoria desenvolvida mais de perto pela escola econômica de Chicago, e que Favereau (1989) chama de modelo padrão ampliado TSE1. É o modelo neoclássico herdado da teoria clássica dos séculos XVIII e XIX, portanto das ideias de Bentham, Weber e seu discípulo Sombart, de quem já falamos diversas vezes. O modelo pretende que os homens ajam racional e egoisticamente. Simon e Coase, por sua vez, criam o modelo TSE2 da teoria padrão ampliada, transbordando gradualmente para o quadrante superior esquerdo.

Mas, como reconhecemos agora, os agentes não agem isoladamente face aos concorrentes, e muitas vezes tendem até a juntar forças. Alguns pesquisadores chegam a dizer que em muitos mercados não é a demanda, mas a oferta ou a própria empresa (sobretudo aquela em situação de monopólio ou cartel), que determina os preços e até mesmo o nível de qualidade. É preciso ver também que, em muitos casos, a concorrência se dá apenas em longo prazo e se faz muito frequentemente entre coalizões, integrando centenas ou milhares de empresas contratantes, fornecedores, empresas contratadas, distribuidores e mesmo o Estado. Mais recentemente, basta pensar na concorrência entre a Airbus e a Boeing, ou entre a Bombardier e a Embraer, que ultrapassa largamente as matrizes dessas empresas.

Os preços podem estar relacionados também a instituições públicas e parapúblicas ou, no caso das empresas isoladas, a uma organização eficaz definida, por exemplo, pelo modelo LCAG[12] da faculdade de administração de Harvard ou pelo planejamento estratégico[13]. Essa racionalidade é condicionada à adoção de comportamentos não oportunistas pelos agentes que gozam de uma informação privilegiada. Para que esses agentes aceitem trabalhar em conjunto sem buscar continuamente enganar uns aos outros, é preciso que o mercado ou as organizações prevejam contratos especificando os custos e ganhos de cada um. Por exemplo, além dos contratos de compra com fornecedores e de venda com distribuidores, uma organização pode ser considerada como um conjunto de contratos entre a direção e os funcionários, que aceitam, mediante remuneração e vantagens sociais, não buscar seus interesses pessoais. Esses contratos estendem-se a outros agentes, como os fornecedores de diferentes serviços, ao menos pelo tempo da prestação desses serviços. Não é, portanto, a simples racionalidade que move os agentes, ou, pelo menos, ela é discutível e condicional, pois a informação é assimétrica: alguns sabem mais ou melhor que outros, principalmente aqueles que detêm o poder ou que são os primeiros a inovar. Por fim, como explicaram Jensen e Meckling (1976), a empresa pode ser vista como um sistema ou um nó de contratos concluídos com um grande número de *stakeholders*, que ela convida a entrar no jogo em troca de ganhos definidos.

Mas apenas os contratos não bastam. Os pesquisadores voltaram-se então para o papel da organização, explicando que os agentes também necessitam da *autoridade* para agir, portanto da hierarquia e do planejamento estratégico impostos pelo proprietário ou pelos representantes dos acionistas. Nada garante que apenas os contratos farão desaparecer os comportamentos oportunistas, sobretudo porque todo contrato é necessariamente incompleto, tendo em vista a opacidade e a assimetria da informação econômica[14]. Portanto, o desejo de trabalhar em conjunto em uma empresa é inspirado por suas orientações estratégicas. O que nos conduz às análises do planejamento estratégico e às estratégias genéricas que, de acordo com Porter (1981), permitem influenciar ou controlar o mercado e determinar as condições da concorrência (ao menos em curto prazo) por diversas barreiras à entrada de empresas, por exemplo. A empresa tem por fim uma boa margem de manobra e o mercado é mais contestável do que dizem os neoliberais, como lembra Blaug (1982), o que nos conduz ao modelo padrão ampliado TSE3.

Essa margem de manobra da qual dispõe a empresa diante de imprevistos permite ao economista ultrapassar a teoria relativamente simplista dos custos de transação para considerar situações intermediárias ou híbridas entre a hierarquia (a organização integrada) e o mercado, para falar portanto de cooperação. Esta pode se exercer pela subcontratação de *capacidades*, ou ainda pela subcontratação de *especialidades* ou *inteligência*, seja de maneira formal (com contratos firmados) ou informal (sem contratos específicos). Assim, como lembrava Richardson (1972), a maior parte das empresas funciona em relativa cooperação ou coalizão, seja a montante (com seus fornecedores de matérias-primas, serviços e equipamentos), seja a jusante (com seus transportadores, distribuidores e alguns clientes). Essa cooperação vai bem além dos contratos, que muitas vezes são por demais imperfeitos[15], o que permite às empresas não somente minimizar os custos de transação, mas também obter toda sorte de informações estratégicas quando se encontram em situações carregadas de muita incerteza e ambiguidade. Aliás, alguns estudos (POWELL, 1990; CONTI, 2000) mostraram, como fizemos aqui, que o desenvolvimento – e portanto o sucesso das empresas – não é independente do apoio que elas obtêm da região, do acesso a pessoal qualificado e a diversos serviços, nem dos laços que tecem com outras empresas. Outros pesquisadores mediram as vantagens da proximidade na inovação (AUDRETSCH e FELDMAN, 1996), por exemplo, e se opõem aos neoclássicos que afirmam que a informação sobre a inovação está automaticamente disponível e que, portanto, não há nenhuma razão para concentrar as atividades em certos lugares, como os parques tecnológicos, para favorecer a inovação. Mas a cooperação costuma ser tão benéfica para as empresas a montante como para as empresas a jusante, pois uma parceria que funciona bem acelera a aprendizagem de todos e facilita ao mesmo tempo a multiplicação das novas informações e a inovação, o que lhes permite continuar competitivas.

Portanto, nesse mundo de cooperação, a racionalidade substantiva é insuficiente e pode estar sujeita a todo tipo de comportamento, tanto lógico ou racional como impulsivo ou intuitivo, quando os interesses divergem ou as oportunidades se apresentam, conforme lembra Mintzberg (1994). A informação é na maior parte das vezes assimétrica, com algumas empresas sabendo mais coisas do que outras, principalmente as empresas contratantes em relação às contratadas. A incerteza e a ambiguidade são ainda mais fortes para os outros. É por isso que é preciso fazer intervir outro mecanismo que os neoclássicos não vislumbram, a confiança, que interessa à psicossociologia. Embora limitada, de acordo com o caso, a confiança soma-se aos elementos de autoridade e propriedade na organização e estende-se às redes pessoais, de negócios e informacionais, permitindo à empresa obter a informação tácita de que necessita para inovar, singularizar-se e apoiar sua gestão e produção – em suma, para se envolver (Karpik, 1996). A confiança diminui a assimetria de informação e limita os comportamentos oportunistas. Isso nos conduz à terceira transformação da teoria padrão ampliada, TSE4, no quadrante inferior esquerdo.

Essa transformação teórica ultrapassa a escola do planejamento, sendo este quase impossível quando o ambiente muda continuamente (BROWN e EISENHARDT, 1998), e nos faz passar à abordagem baseada nos recursos e competências. Essa abordagem permite à empresa e a seus parceiros reagir com rapidez ou se adaptar regularmente diante da incerteza e do imprevisível, aprendendo em conjunto por tentativa e erro[16] e por experiência, *durante a trajetória* (FOSS, 1999). Ela também permite superar a ideia de concorrência baseada apenas em preços, introduzindo a qualidade, e portanto a troca, nas diversas redes – da informação e do conhecimento próprio à organização e às instituições, incluindo-se as normas e princípios. A formação de redes facilita a troca de informações tanto para os consumidores como para as organizações, o que aumenta sua flexibilidade, já que elas não são obrigadas a fazer tudo nem a saber tudo; torna-se um modo de coordenação de parte das atividades, principalmente em escala *regional*. Ela é o plano de fundo do modo de governança do território para estruturar boa parte das transações das PMEs, principalmente as novas. Ao contrário do que afirma a teoria neoclássica, que insiste que a empresa tem liberdade de escolha por qualquer estratégia, a inclusão em redes e a flexibilidade que elas permitem criam *efeitos de atalho* (NELSON e WINTER, 1982), escolhas limitadas por equipamentos, conhecimento desenvolvido anteriormente e laços com parceiros. É verdade que a empresa age então em ambiente com incerteza e ambiguidade fortes, mas pode reagir melhor a elas formando coalizões ativas, primeiro internamente, com pessoal envolvido e de confiança, depois externamente, com as redes de negócios e informacionais que também têm interesse de que a empresa dê certo. Esse atalho não é, no entanto, coercitivo; ele permite ajustes, mudanças e mesmo rupturas, segundo a qualidade da informação obtida, a flexibilidade da empresa com seus parceiros e sua capacidade de inovação (MATHÉ, 2001; DESREUMAUX, 1998).

O último passo é o envolvimento do meio e do capital social. Quando dinâmicos, eles mobilizam e fornecem recursos e ideias, reputação, confiança, além de princípios e regras baseados em coalizões diversas, a fim de melhor enfrentar a incerteza radical e a concorrência mundial. Essas regras e princípios podem ser gerais ou específicos a alguns grupos ou coalizões. A racionalidade não é mais substantiva, mas procedimental e social: como não se pode saber se a informação obtida é verdadeira ou válida por conta da grande incerteza própria da natureza da economia, é melhor trabalhar (deliberar e *proceder*) em conjunto, o que permite agir *como se fosse verdade*[17], pois os parceiros fazem o mesmo. Agindo em grupo, tem-se a convicção de que as coisas correrão bem. Isso faz, principalmente, com que aumentem as chances de que corram mesmo (MALECKY, 1994). Além do mais, essa maneira de agir permite uma ação muito mais eficaz, pois é apoiada por um consentimento coletivo que facilita a obtenção de recursos e ideias, além de alimentar o entusiasmo. As estratégias tornam-se interativas e respondem à necessidade que *esse coletivo* tem de compartilhar e de apreender as ideias *no ar*. O que diferencia a empresa é a combinação particular que ela faz das ideias provenientes de suas redes com seus recursos e competências próprios (e considerando aqueles de seus parceiros). Tal combinação interna e externa constitui a base da competitividade na economia do conhecimento.

Essa nova abordagem adota, assim, uma racionalidade de outro tipo, uma racionalidade "forte", mas agora procedimental e social, baseada em uma verdade coletiva e circunstancial em longo prazo. Isso porque qualquer verdade se escreve no tempo e no espaço: o que é verdade em um país ou região hoje não é necessariamente verdade em outro lugar ou época. Passamos assim de uma teoria econômica padrão ampliada à uma teoria não padrão, TNS, e nos juntamos então a filósofos como Habermas, em uma racionalidade coletiva que se opõe às abordagens positivistas.

Na nova teoria econômica, essa racionalidade coletiva se constrói passando pelas sete etapas seguintes, mais ou menos simultâneas, que correspondem aos tantos aspectos sob os quais ela pode ser apreendida.

1 • A racionalidade individual, principalmente ocidental, originária em particular de Descartes, Hobbes, Comte ou Weber, que afirma haver uma relação entre a racionalidade individual e a eficácia da economia (bem ilustrada pela *mão invisível* do capitalismo), desenvolve uma concepção deformada da realidade.

2 • A racionalidade (as inclinações e desejos, os sentimentos e humores, a compreensão do mundo, a justificativa das ações etc.) é eminentemente *subjetiva*. Ela relaciona-se ao atavismo, à família, aos amigos, à formação inicial, aos encontros diversos e ao querer, ou seja, ao inato, ao adquirido e ao construído que caracterizam o empreendedor em seu meio (ver Capítulo 3). Portanto, ela é também fortemente influenciada pelas necessidades, os conhecimentos e os comportamentos daqueles que a cercam.

3 • É através da *aprendizagem coletiva* que os indivíduos efetuam essa racionalização das imagens do mundo, aprendizagem que serve para diminuir a incerteza e a ambiguidade, e para apoiar a ação, como lembra Hodgson (1988), referindo-se a Veblen. Essa racionalização torna-se um *construto* social, o que confere a essa abordagem seu aspecto construtivista.

4 • Essa aprendizagem coletiva passa por relações interpessoais (em diversos tipos de redes) apoiadas por normas técnicas, regras e convenções sociais (ou uma linguagem comum) e antes de tudo pela intercomunicação. Essas normas e regras vêm aumentar – e sobretudo superar – o limite dos contratos e os efeitos de autoridade (de poder) para regular os conflitos, provocar a adesão e favorecer a coordenação nas organizações e instituições[18]. Elas evoluem (principalmente as normas técnicas apoiadas pela inovação, enquanto as regras institucionais são frequentemente inibidoras) e impõem ajustes sustentados pela aprendizagem coletiva, o que explica o dinamismo das instituições, organizações e finalmente dos territórios.

5 • Como essas regras e convenções dependem dos lugares e das épocas, os modelos genéricos de desenvolvimento *bons para todos* não existem. Cada modelo é particular, embora possa ser aperfeiçoado no contato com outros.

6 • O sucesso da ação é consequentemente decorrente das ações dos outros (cooperação entre as empresas) e da troca de informação (intercomunicação), que mantém a convicção de que tudo irá correr bem, permitindo superar a incerteza crescente em uma economia do conhecimento.

7 • Por fim, a intensidade do empreendedorismo depende da qualidade e da intensidade da cooperação e da intercomunicação em um meio; da capacidade das normas e convenções de preconizar a mudança tecnológica e organizacional; e de um ambiente propício que forneça capital social sistemático, capacidades para apoiar a inovação e uma cultura empreendedora dinâmica.

Na Tabela B (p. 336, a seguir) resumimos esses diversos aspectos e seus efeitos sobre o empreendedorismo.

No quadrante inferior direito da figura, encontramos uma teoria fundada nessa racionalidade subjetiva, coletiva e circunstancial que proporciona o compartilhamento sistemático de informações entre todos os intervenientes que trabalham com o empreendedor e sua organização para apoiar a inovação.

Isso nos afasta definitivamente da imagem da empresa sozinha contra as demais, cujo funcionamento só depende da direção. Mesmo que o empreendedor mantenha

TABELA B • RACIONALIDADE COLETIVA E EMPREENDEDORISMO

RACIONALIDADE	EFEITO SOBRE O EMPREENDEDOR	CONSEQUÊNCIAS SOBRE O ESTUDO DO EMPREENDEDORISMO
A racionalidade puramente individual não existe	O empreendedor não é um ser excepcional nem à parte	Deve-se pensar o empreendedorismo coletivamente
É subjetiva e temporal	Ele ou ela pertence a um meio e a um certo período	O meio age sobre o empreendedorismo
Vem da aprendizagem coletiva	Seu aparecimento é estimulado pelo meio	A eficácia da aprendizagem coletiva distingue as regiões dinâmicas das outras
Passa por relações interpessoais, regras e convenções	Os empreendedores são pessoas em rede e seu sucesso se explica por seus laços e pela ação dessas redes	A qualidade das redes é uma das chaves para desacelerar ou estimular o empreendedorismo
As regras e convenções são específicas aos lugares e às épocas	As regras e convenções conservadoras ou dinâmicas permitem distinguir o tipo de empreendedor mais comum na região	O empreendedorismo dinâmico deve se apoiar em regras e convenções abertas e em mudança
O sucesso da ação depende da ação de outros	O empreendedor é dependente do apoio e da ação de outros empreendedores e atores	A qualidade do empreendedorismo vem de um conjunto de atores relativamente dinâmico
A intensidade do empreendedorismo depende do nível de cooperação e de intercomunicação em um meio	O empreendedor deve ver as empresas com que trabalha como parceiros e integrar redes informacionais, acelerando sua aprendizagem da mudança tecnológica e da inovação em uma economia do conhecimento	O dinamismo regional depende da qualidade do capital social e portanto da presença de uma cultura empreendedora proativa

sua independência, ele só pode vencer apelando a outros atores que lhe forneçam recursos e informações, ideias e oportunidades para melhor se desenvolver.

Além disso, ainda que se fie no ambiente geral para agir, o empreendedor sempre exerce alguma influência sobre este, e assim é porque decidiu agir mesmo sem saber como os outros vão interpretar a situação. A confiança não pode jamais ser total e absoluta, não somente porque os comportamentos oportunistas são sempre possíveis, mas também porque a informação é incompleta e o interesse pode incitar algumas pessoas a trabalhar com outros atores mais interessantes. Além do mais, cada vez que o empreendedor transforma uma nova ideia em inovação, ele é ao mesmo tempo impelido pelo desejo de ser o primeiro e confrontado com a dificuldade de se explicar aos parceiros, mesmo que nem tudo esteja claro para ele. Ele espera, portanto, que compreendam os diversos sinais dessa transformação (a compra de novos equipamentos, o compromisso de um novo vendedor, testes no mercado etc.) e se ajustem.

É esse ajuste que demonstra flexibilidade, a qual, em contrapartida, aumenta a incerteza. Na verdade, o próprio empreendedor não sabe muito bem o que fará amanhã, embora geralmente siga certa rotina e certo caminho de produção e inovação que proporcionam os recursos e as competências atuais e a experiência que ele forjou por uma aprendizagem constante. E ele sabe ainda menos como os parceiros mais próximos reagirão e se ajustarão (e é provável que estes também não saibam). Assim, a racionalidade procedimental e social implica que as diferentes partes se ajustem de forma tateante, sem saber onde isso os conduzirá. O próprio procedimento está sujeito a mudanças, tal como as regras e convenções. Encontramo-nos portanto bem longe da tendência ao equilíbrio entre a oferta e a demanda (seja esse equilíbrio parcial ou geral), no qual a *mão invisível* impeliria todos ao preço mínimo[19].

2 • Equilíbrio ou instabilidade

A economia funda-se em tensões nas e entre as empresas, assim como em oportunidades e inovações que favoreçam a competitividade, inclusive das pequenas empresas. Ela se baseia tanto na concorrência em longo prazo como em cooperação, formação de redes, apoio do meio, comportamentos sociais e convenções que fazem com que o empreendedor jamais esteja só. É palco de coalizões formais ou informais, amplas ou estreitas, e de jogos de poder, como lembra a economia institucionalista de Commons ou Veblen. Tais coalizões podem ser vagas e limitar-se a seguir as convenções e manter a confiança, ou ir mais longe e se transformar em cartéis ou alianças diversas dedicadas ao lobby ou mesmo à corrupção para obter vantagens particulares. Porém, sem ir tão longe, o empreendedorismo endógeno na região necessita da formação de redes, da parceria e da confiança para gerar economias de esfera e compensar as fraquíssimas economias de escala ou de aglomeração distantes dos grandes centros e das grandes empresas.

Se a concorrência funcionasse automaticamente, a corrupção e o lobby seriam inúteis, inclusive nos países em desenvolvimento. A teoria do equilíbrio dos economistas neoclássicos, ao defender que a pressão dos concorrentes leva qualquer empresa a encontrar as melhores formas de reduzir os preços e de aperfeiçoar a qualidade, supõe um estado de concorrência perfeita que, talvez, tenha existido até certo ponto no tempo de Adam Smith. Mas o capitalismo selvagem dos séculos XIX e XX já desdenhava dessa busca do equilíbrio com golpes de esgrima ou até mesmo assassinatos e suicídios disfarçados, como foi o caso na indústria petrolífera americana[20]. Ainda hoje, as empresas farmacêuticas se preocupam antes de mais nada em manter laços privilegiados com os médicos, em vez de buscar reduzir sistematicamente os preços, como explica Foucault (1994) e como já mostrou a comissão Kefauver (1965) nos Estados Unidos, nos anos 1960. Essa comissão descreveu muito bem o impacto das práticas monopolísticas e de lobby em diversas outras indústrias, como a automobilística, do aço, de armamentos e até de panificação. Basta ler os jornais para constatar que as coisas não mudaram muito desde então: na França, a Elf e sua utilização sistemática de subornos; os escândalos recentes da manipulação contábil pela Enron, Worldcom e Tyco nos Estados Unidos, pela Hollinger e Nortel no Canadá, pela Adecco na Suíça e pela Parmalat na Itália; ou o recente escândalo da bolsa que afetou mais de 25% das ações das multinacionais americanas[21].

Aliás, mesmo para fenômenos econômicos muito mais localizados, o modelo neoclássico da oferta e da procura que mantém o mito do equilíbrio é incapaz de explicar o funcionamento de um bom número de mercados, como por exemplo o dos carros usados ou de serviços de advocacia, como explicava Léon Walras, o pai dessa teoria, mas que muitos economistas depois dele simplificaram ultrajantemente[22]. No primeiro caso, Akerlof (1970) mostrou que o mercado muitas vezes funciona invertido: são os piores carros que vendem mais, como se seguissem de certa maneira a *lei de Gresham*. No segundo caso, Karpik (1989) mostrou que o cliente em geral escolhe um advogado que lhe tenha sido recomendado por pessoas que fazem parte de sua rede de conhecimentos, mas cujo julgamento só raramente se apoia em considerações racionais, o que costuma conduzir a uma escolha não judiciosa.

Não é de hoje que a tendência dita natural ao equilíbrio econômico é criticada. No início do século XIX, Sismondi já a contestava, seguido, no fim desse mesmo século, por Alfred Marshall, que afirmava que a dinâmica de uma economia se explica antes de tudo pelas condições estruturais herdadas da história, especialmente das técnicas (o tempo longo), e não pela tendência ao equilíbrio (LECOQ, 1993). Nos anos 1960, Georgescu-Roegen (1971), um dos primeiros economistas a considerar a ecologia nos cálculos econômicos, afirmava que essa ideia do equilíbrio não considerava a lei da entropia, nem, portanto, dos rendimentos decrescentes, porque a economia liberal era incapaz de incluir os efeitos perversos, como a poluição, no cálculo da otimalidade. Joan Robinson (1971), por sua vez, explicava que a realidade é formada antes de qualquer coisa por desequilíbrios, desigualdades e desperdício. Há outros críticos, até mesmo economistas neoclássicos, como Kaldor (1972), que lembrava que a teoria do equilíbrio só leva em consideração as funções alocativas e esquece as funções criativas, como as do empreendedorismo, que reviram o equilíbrio econômico[23]. Finalmente, diferentes análises econômicas (de Debreu, Lipsey-Lancaster, Sonnenschein, Nash, Allais, por exemplo)[24] demonstraram que o *équilibrium* era apenas uma visão do espírito. Infelizmente, essa teoria continua a servir de referência, porque mudar obrigaria os economistas neoclássicos a questionar não somente suas outras teorias, mas também sua metodologia e sua abordagem da realidade.

Longe de favorecer o equilíbrio, tanto as grandes como as pequenas empresas o freiam (criando ao contrário instabilidade) quando adotam comportamentos que visam a desacelerar os concorrentes, no caso das primeiras, e a se singularizar para garantir uma clientela inovando sistematicamente, no caso das segundas. No caso das grandes empresas, os preços tendem a ser sempre mais elevados que o preço de equilíbrio. Pensemos no comportamento das empresas petrolíferas, farmacêuticas ou dos grandes bancos, com seus enormes lucros sempre em crescimento. No caso das PMEs, a inovação sistemática, graças a informações depois retransmitidas a conta-gotas no mercado, permite quase-rendas. Já em 1917, John Maurice Clark explicava que o mercado funciona *por oscilações*[25]. Assim, as relações entre a oferta e a procura passam continuamente da explosão à implosão, freadas pelo controle social das convenções, das normas e da *coevolução*, e portanto pela formação de redes e pela aprendizagem coletiva, que fixam diferentes limites[26] que não devem ser ultrapassados. Mas a tendência ao equilíbrio não está mais garantida do que a tendência ao desequilíbrio – a menos, evidentemente, que uma crise favoreça mais um bem que o outro (por forte deflação ou inflação galopante). É por isso que Cohendet (2003) fala de *desequilíbrio permanente*. Mesmo Adam Smith[27] explicava que o equilíbrio jamais é atingido, mas que, ao contrário, tudo tende a impedi-lo, sobretudo no preço do trabalho.

A escola de Viena mostra, inclusive, que a inovação continuamente suscita desequilíbrios (ver principalmente os trabalhos de Von Mises, 1949). Para Kirzner (1982), o desequilíbrio é a norma na economia. Ele é incessantemente mantido pelos comportamentos dos empreendedores *aventureiros* ou *de valorização*, cujo próprio objetivo é contestar a ordem estabelecida, impedir que se atinja o equilíbrio pelo controle de informações exclusivas ou compartilhadas em círculos restritos. Esses empreendedores criam continuamente informação fragmentada e complexa pela mudança ou pela inovação, de modo que quando os concorrentes conseguem compreender a inovação e se aprontam para também se lançar a ela, a realidade já voltou a mudar (MILGROM e ROBERTS, 1997). A teoria econômica neoclássica é uma teoria de *regulação* pela concorrência (FELLNER, 1983), enquanto a do empreendedorismo é fundamentalmente um sistema de distinção pela coevolução de muitas empresas e atores que aprendem juntos de forma contínua, e antecipam e geram sistematicamente a mudança para se reposicionar em um mercado em desequilíbrio permanente.

Finalmente, a instabilidade é acelerada em nossos dias pelo fato de que as capacidades enormes do conhecimento podem conduzir a mudanças brutais, como a substituição de um setor inteiro por outro. Foi algo pelo que algumas regiões passaram diante do declínio de algum setor importante. Porém, isso tem o mérito de forçar os sistemas locais, como os distritos industriais, a se renovar regularmente, em geral depois de crises que surgem mais ou menos a cada década (LAZZARETTI e STORAI, 2001). Essa instabilidade é particularmente forte nos sistemas de PMEs: as grandes empresas são menos afetadas porque podem contar com sua burocracia para controlar ou estabilizar o mercado e com seus enormes recursos para obter informação nova, comprando se necessário PMEs inovadoras[28]. Em seguida, outros empreendedores e outras PMEs tomam o lugar das empresas compradas e assim renovam a economia continuamente, destruindo a ordem econômica com a introdução sistemática de novos produtos e novas formas de atuação. Por fim, o Estado intervém a fim de que todos esses movimentos não provoquem uma crise importante. Por exemplo, a grande quebra da bolsa de 1987 levou o Estado a conceber alguns freios ditos *automáticos* e a interditar os comportamentos mais especulativos na bolsa de valores. No entanto, isso não impediu que a bolha financeira das TICs estourasse em 2000. Como podemos ver na Figura B, o empreendedorismo é a inovação, e portanto a instabilidade controlada fora dos tempos de crise.

Limitando-se a uma abordagem positivista, portanto linear e causal, não compreendendo o papel particular dos empreendedores apoiados por seu meio e vendo a inovação apenas como a resposta ao mercado ou a necessidades latentes que permite atingir o equilíbrio entre a demanda e a oferta, mesmo a ciência econômica atual continua incapaz de compreender as verdadeiras fontes de desenvolvimento e seus mecanismos. Ora, as relações econômicas não podem ser compreendidas

FIGURA B • A INSTABILIDADE OU AS TENDÊNCIAS TANTO AO EQUILÍBRIO COMO AO DESEQUILÍBRIO

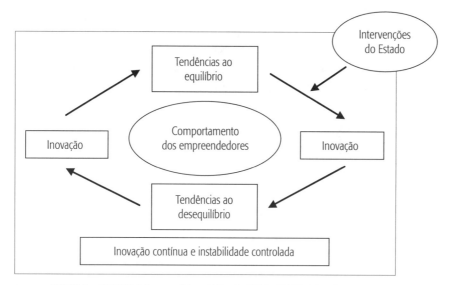

ADAPTADO DE ALVAREZ, S. e BARNEY, J. Entrepreneurial capabilities. In: MEYER e HEPPARD (2000), p. 63-81.

sem considerarmos seu contexto social, inclusive o comportamento das multinacionais, cuja direção e filosofia são quase sempre nacionais (americana, japonesa, francesa ou outra), contrariamente ao que anunciava Polanyi (1944). Ao considerar o conhecimento como resultado apenas das relações entre oferta e demanda, ignorando assim o papel da força imaginativa de múltiplos indivíduos e organizações frequentemente unidos por laços não mercantis, a teoria econômica, especialmente a neoclássica, não consegue compreender que, tanto em sua dimensão individual (o empreendedor) como coletiva (a empresa, o meio e as redes), a nova economia é um ato profundamente humano, feito de seres humanos em coletividade.

É da própria natureza do empreendedorismo criar instabilidade e manter por meio de suas inovações certo desequilíbrio. Ele cria sistematicamente informações novas, muitas vezes bastante complexas (portanto difícil de conseguir ou decodificar). Trata-se de informações que as empresas tentam reter por meio de confidencialidade e principalmente pela mudança contínua, mas que, depois de chegar aos ouvidos dos concorrentes, já está em vias de mudança – ou seja, já está ultrapassada.

O empreendedorismo e a inovação criada por ele funcionam a despeito da ciência econômica, que, sem o aporte das outras ciências sociais, é incapaz de compreender sua dinâmica, pois costuma excluir o empreendedor ou não apreende nem seu papel nem seus laços privilegiados com o meio. Para os economistas

> **Para medir o valor exato** em curto e longo prazo das informações que recebe do principal fornecedor de matérias-primas, uma pequena empresa de produtos químicos mantém sempre contato com uma antiga gerente, agora aposentada, que era seu principal laço com a multinacional americana. Esta agiu com correção no momento da aposentadoria, após 30 anos de serviços leais, enquanto a direção da PME sempre a respeitou, antes e após a mudança. A ciência econômica é incapaz de considerar esses laços não mercantis.

tradicionais, a grande empresa, sobretudo a multinacional fora de seu lugar de origem[29] e de forte inércia, continua a ser quase que a única fonte da riqueza e do desenvolvimento. Para eles, a imitação é mais importante do que a inovação, pois toda inovação tende a ser copiada – freando assim a introdução dessa inovação, pois priva de renda aqueles que a lançaram. Porém, na realidade, muitas inovações não são imitadas, mas substituídas por outras. Se o equilíbrio fosse a norma, haveria muito pouca renda empreendedora e portanto pouquíssima inovação, como lembra Rumelt (1987).

Último limite da ciência econômica: ela tem muita dificuldade de compreender o espaço empreendedor. Considerando que tudo é global, ela não vê a importância do local. Ao menos 95% das empresas são antes de tudo locais, e esse enraizamento é crucial para encontrar todos os recursos de base de que necessitam para sobreviver e se desenvolver. Curioso paradoxo em que quase tudo é local ou territorializado, enquanto a economia tornou-se global; a concorrência tornou-se internacional, e as redes, imbricando-se umas nas outras, ligam agora os quatro cantos do planeta (CONTI, 2002; SCHMITT et al., 2003).

3 • Abordagem técnica ou holística:
O crime, o gangsterismo e o empreendedorismo endógeno

A ciência econômica tornou-se tão técnica que não compreende mais a realidade. Fechando-se em uma teoria desligada do mundo real, ela se limita a explicações à maneira de Columbo, segundo as quais a criação de empresas na região só dependeria do afastamento dos grandes centros, portanto de problemas de transporte ou de necessidades específicas. Quando o mercado se amplia, a empresa pode então crescer e tornar-se aos poucos uma média e depois grande empresa, que se mudará por fim para um grande centro e tornar-se-á uma filial (ou desaparecerá, por ser incapaz de vencer a concorrência externa). Vale o mesmo para as pesquisas unidisciplinares em finanças, marketing ou sociopsicologia, por exemplo, que limitam o empreendedorismo ao resultado de um financiamento disponível com facilidade, de uma demanda nova ou de uma ruptura social. É um pouco como se qualquer assassinato só pudesse ser explicado por razões claras, como a sede de riqueza ou o ódio. A teoria econômica neoclássica adora esse gênero de raciocínio simplificado. Aliás, sua homenagem ao individualismo ou ao cada um por si (contra os outros) não permite *dividir para reinar*, pois sabemos muito bem que uma pequena empresa isolada é muito facilmente manipulável.

Pelo menos, o neoliberalismo não pode negar os laços de negócios que unem as empresas a suas numerosas partes implicadas e a outros atores, incluindo-se aí relações não mercantis. Ao contrário, ao se limitar a uma simples análise dos comportamentos racionais de dada empresa, ele é incapaz de compreender seus êxitos ou fracassos. É o que lembra Sherlock Holmes, que se preocupava não apenas com o maior número possível de indícios nas cenas de crimes, mas também com as ações da vítima nos dias que os precederam e até mesmo com seus laços familiares e sociais. Sobretudo, sua análise de cada pista é meticulosa. Os pesquisadores diriam que ele recorre a análises estatísticas complexas, interpretando-as à luz de sua grande sensibilidade da realidade. Infelizmente, em muitas revistas científicas, estudos perfeitos do plano estatístico esquecem as sutilezas da realidade e limitam-se a diferenças fracas que se aproximam da média[30], o que só pode produzir banalidades.

Por exemplo, a história do sucesso ou da falência de uma empresa poucas vezes se explica pelas decisões tomadas em seu último ano de existência. É preciso remontar a escolhas no momento do lançamento e às primeiras estratégias adotadas. É preciso voltar não somente ao itinerário do empreendedor[31] e de seus funcionários-chave, mas também às mudanças imprevistas. É preciso compreender os diversos laços que a empresa estabeleceu ao longo de sua história, interessar-se pelas redes que ela frequentou e conhecer as inovações que lançou, as que tiveram sucesso e as que fracassaram etc. Situamo-nos aqui na linhagem de Maigret, que tenta com toda a paciência saber quem a vítima viu há muito tempo e recentemente, e procura se colocar na pele dela para melhor apreender os diferentes meandros de sua vida. O personagem de Simenon não deixa de criticar os detetives modernos impostos pela a administração pública, que pretendem resolver um crime do conforto de seus

> **Certo estudo** do Instituto Nacional de Estatística do Canadá realizado entre 1999 e 2002 afirma que as empresas canadenses com menos de 20 funcionários são atrasadas em relação às maiores empresas no que diz respeito à adoção de novas tecnologias. Esses resultados, contudo, não querem dizer nada. Em primeiro lugar, um bom número dessas pequenas empresas não necessita dessas tecnologias; depois, o estudo não diz nada sobre as relações particulares que essas PMEs mantêm com sua clientela para compensar as carências técnicas, nem sobre outros comportamentos que possam adotar para obter alguma vantagem específica. Por exemplo, a produção sob medida costuma exigir pouquíssima tecnologia de ponta, e a proximidade frequentemente compensa o suposto atraso tecnológico.

gabinetes e contentando-se em acumular e simplificar as informações que os assistentes lhes reportam. No caso do empreendedorismo, muitos conceitos relativos à empresa ou à economia setorial são artificiais, pois foram propostos por pesquisadores que se contentam em triturar as estatísticas bastante limitadas dos institutos nacionais sem jamais colocar os pés em uma empresa, seja esta bem organizada ou *caótica*, como constatamos algumas vezes.

Por último, o meio e seu ambiente mais amplo exercem um papel ativo e bastante importante no empreendedorismo, pois cria uma atmosfera propícia ao reforço das empresas existentes e ao apoio a novas empresas, e fornece informação compartilhada que diminui a incerteza e a ambiguidade em uma economia do conhecimento. Portanto, vamos além do empreendedor e da empresa, chegando ao coletivo que não somente apoia a inovação difusa, mas favorece o contágio empreendedor, estimulando o desenvolvimento de toda a região. Chegamos aqui ao âmago da compreensão da pirâmide empreendedora, não apenas dos elementos que à primeira vista atingem qualquer desenvolvimento regional (como a qualidade e a quantidade de empreendedores e empresas, os tipos de setores, o dinamismo dos serviços privados e públicos complementares, a qualidade das infraestruturas e instituições), mas também das questões mais complexas (como as sutilezas da formação de redes, a vitalidade do meio ou do capital social, a abertura para fora e, finalmente, as normas e convenções sociais que fundam a cultura empreendedora). Para compreender os crimes, Guilherme de Baskerville considera a situação política e as crenças religiosas de sua época, o que lhe permite estabelecer as conexões necessárias entre os diferentes indícios que encontra dentro e fora da abadia e os conflitos latentes em uma comunidade que, embora só esteja em contato com outras abadias, reflete as convenções de toda a sociedade ocidental.

Na Tabela C, ilustramos de maneira sucinta os laços entre esses diferentes elementos e o empreendedorismo. Retomamos na segunda coluna os três tipos de compreensão descritos no romance O nome da rosa, que correspondem às abordagens behaviorista, interpretacionista e construtivista. Essa última ultrapassa a análise do crime individual para tentar explicar por que certas sociedades seriam mais propensas ao crime que outras. Por exemplo, quem deseja compreender o gangsterismo (as redes criminosas) não pode se valer apenas do estudo do comportamento dos pequenos ou grandes criminosos. Como toda sociedade é capaz de criar marginais e pessoas violentas em maior ou menor número, para explicar a maior presença de criminosos é preciso considerar também disparidades e exclusões sociais. Isso porém não pode levar ao pensamento de que a criminalidade *per capita* seria mais elevada na Índia, por exemplo, onde o sistema religioso de castas subsiste apesar de sua supressão oficial, do que nos Estados Unidos, onde na verdade a criminalidade é mais forte que em todos os outros países desenvolvidos[32]. É preciso, portanto, passar ao terceiro tipo de compreensão e ver até que ponto a sociedade é permissiva[33] e encoraja de algum modo certa delinquência social que banaliza vários tipos de crimes[34]. Por exemplo, a Rússia, que por muito tempo

TABELA C • CRIMES, GANGSTERISMO E EMPREENDEDORISMO ENDÓGENO: OS TRÊS TIPOS DE ABORDAGEM

TIPO DE ABORDAGEM	O NOME DA ROSA	REDES CRIMINOSAS	EMPREENDEDORISMO ENDÓGENO
Abordagem positivista ou behaviorista (Columbo)	Crimes passionais ou engendrados pelos monges	Comportamentos criminosos e gangsterismo	Os empreendedores e sua organização
Abordagem pós-positivista ou interpretacionista (Holmes e Maigret)	Conflito entre o papa e o imperador e seus representantes (os beneditinos ou os franciscanos)	Pobreza e exclusão, riqueza ostentatória etc.	Redes, cumplicidades e meios mais ou menos bem organizados e inovadores
Abordagem construtivista (de Baskerville)	Importância da busca da verdade pelos habitantes	Permissividade e delinquência social	Regras, convenções, espírito de inovação e finalmente cultura empreendedora conservadora ou dinâmica

fechou os olhos para a existência de uma economia florescente feita de corrupção e denúncias, paralela ao seu sistema oficial extremamente centralizado, hoje tem grande dificuldade para sufocar o gangsterismo, como explicam os romances policiais de Marínina.

Uma sociedade como a dos Estados Unidos, com um presidente recente que com grande frequência só reagiu ao cheiro do petróleo, e cujo pai e avô estavam satisfeitos fazendo negócios com a família de Bin Laden antes da catástrofe ou com os nazistas cinquenta anos antes (FUENTES, 2004), dificilmente pode estimular suas crianças a se sacrificar para salvar a democracia. As últimas guerras americanas foram sustentadas, antes de tudo, no alistamento de mercenários ou dos cidadãos mais pobres, que não conseguiam encontrar outro emprego. O exército teve, além disso, de apelar a empresas privadas para cumprir diversas tarefas, como o interrogatório de prisioneiros no Iraque, tendo como consequência os abusos que se seguiram. Um país como o Canadá, com um recente primeiro-ministro que enviou sua fortuna para um paraíso fiscal com o objetivo de não pagar impostos, ou outro que dilapidou o dinheiro dos contribuintes para liquidar os nacionalistas quebequenses[35], e onde muitos cidadãos aceitam pagar informalmente diversos serviços para economizar impostos, não pode pensar que o restante da sociedade será honesto nem que as crianças que veem adultos agirem assim ficarão chocadas se algum lhes oferecer drogas. Os ricos que creem que basta proteger o seu para estarem em segurança esquecem que, de qualquer maneira, um dia pagarão um preço pesado, pois suas fraudes terminarão por pesar sobre a capacidade concorrencial e mesmo entravar fortemente os negócios[36]. Tudo está ligado em uma sociedade, como lembra Lipovetsky (1992).

Apreender essa interdependência entre as variáveis microeconômicas, macroeconômicas e sociológicas é indispensável para compreender o empreendedorismo endógeno e refletir sobre a maneira de suscitar o dinamismo em uma região. Não se pode analisar uns sem considerar os outros. Retomamos na Figura C os laços que os unem para melhor ilustrar essa complexidade sob três níveis, mostrando que, em última análise, são a imaginação, o espírito de iniciativa, a formação de redes e a inovação que facilitam o estabelecimento de laços entre os empreendedores, as empresas, o meio, as redes e as normas ou a cultura empreendedora que fazem emergir a informação rica, a distinção e, por fim, o desenvolvimento regional. Lembremos, aliás, que não há modelo genérico para promover o empreendedorismo, pois todos os elementos podem se recompor ao infinito, um pouco à maneira de uma receita que os grandes cozinheiros reinventam a cada vez para acompanhar a evolução dos

FIGURA C • NÍVEIS DE ANÁLISE DO DESENVOLVIMENTO REGIONAL ENDÓGENO

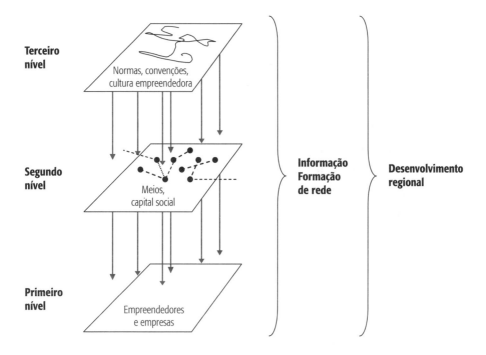

gostos. Assim, o modelo que se tenta implantar tal e qual em outra região que não aquela onde ele foi criado estará sempre mal adaptado ao novo ambiente e não funcionará ali.

Aliás, fazer como os outros gerará sempre certa *ilegitimidade* que impedirá a imitação de ser tão boa quanto. Cada região deve encontrar seu próprio modelo e pode, para isso, tomar elementos compatíveis de outros modelos, com a condição de adaptá-los. Isso vai ao encontro da abordagem baseada em recursos e competências, segundo a qual cada região deve: contar com uma combinação particular de empreendedores, empresas e atores de todo tipo que formem um meio que vise ao desenvolvimento; ser capaz de aprender e inovar; e estabelecer para isso princípios e uma rede de cumplicidade que favoreça a inovação. Em suma, cada região deve criar uma verdadeira cultura empreendedora. Encontramos um bom exemplo dessa combinação específica na capacidade de integrar os imigrantes, algo que difere de região para região e de época para época. A taxa de empreendedores entre os imigrantes é geralmente mais elevada do que na população geral. Assim, embora Marselha tenha integrado os piemonteses na primeira metade do século XX, encontra mais dificuldade de fazer o mesmo hoje com os magrebinos.

O empreendedorismo endógeno é um projeto coletivo que pressupõe uma construção social específica de recursos, competências, produtos e serviços em cada região. Essa construção deve considerar valores difusos, comportamentos dinâmicos e conservadores, e instituições que os encorajam. O empreendedorismo endógeno baseia-se, portanto, na mobilização social, lenta no início, depois acelerada, quando a identidade local e alguns atores dinâmicos que servem de motor começam a estimular os outros. Essa mobilização ocorre primeiro *na cabeça*, pela imaginação, como lembrava Montesquieu. É preciso crer que é possível propagar aos poucos essa crença de círculo em círculo, de rede em rede, para por fim *ultrapassar* a incerteza e a ambiguidade e multiplicar as ações.

É finalmente uma criação de valores coletivos, reconhecida primeiro pelas outras partes implicadas que aceitam compartilhar o desafio – os riscos da *inovação* – a despeito da incerteza e da ambiguidade, depois pelo mercado próximo (ou seja, pelo meio) e por último pelo exterior da região. Na nova economia do conhecimento, os produtos são ainda mais uma obra humana, sobretudo porque a participação dos serviços e de recursos imateriais, inclusive em complemento dos bens ofertados, é cada vez mais importante. É fundamentalmente um processo informacional e coletivo pois, ao facilitar o desenvolvimento das oportunidades e os laços com os recursos, a informação permite à região distinguir-se das outras.

Retomando uma última vez nossa metáfora, se os melhores romances policiais são considerados como tais, na maioria das vezes é porque *ultrapassam* a questão do crime. Eles se detêm nas relações humanas, preocupando-se com laços entre o criminoso e a vítima, remontando à sociedade que apoiou, facilitou ou limitou tais laços, conforme lembra Simenon. Os grandes romances policiais e de ficção científica são *fábulas modernas* que, para descrever a condição humana, substituem os animais de Esopo, Fedro ou La Fontaine pelo crime ou pela representação do que poderia existir em outros mundos habitados. O empreendedorismo também é um ato fundamentalmente humano, que coloca em cena um indivíduo empreendedor integrante de um meio e conectado a redes que o apoiam e estimulam. Tal empreendedor é portanto um amálgama que pode, quando encorajado, acumular informações e recursos indispensáveis à aceleração do desenvolvimento territorial.

Como qualquer processo de desenvolvimento, o empreendedorismo é simplesmente a história coletiva do homem (como humanidade distinta em um território), que parte em busca de sua identidade própria para primeiro se conhecer e em seguida se fazer reconhecer por sua obra (o resultado nobre de seu trabalho por meio da criação e da inovação). E esse homem, o empreendedor, compartilha tal experiência com todo o pessoal de sua empresa e com as partes envolvidas, bem como com os membros de suas redes e de seu meio. É, portanto, verdade que toda história individual pertence também a todos aqueles que a endossam e a ela dão valor em termos de reconhecimento, muito além do seu valor monetário, desta forma dando à humanidade seu verdadeiro sentido e o poder de mudar o curso de sua história.

É da maneira de pensar dos homens que se valorize mais a coragem que a timidez, a atividade que a prudência, a força que os conselhos.

Montesquieu, *Do espírito das leis, livro XI, cap. 6.*

NOTAS

1 Ou "loucos racionais", que, como explica Amartya Sen (Prêmio Nobel de Economia de 1998), "agem sempre para obter sempre mais ao preço mais baixo possível, deixando de lado todas as outras possibilidades, como os hábitos, a preguiça, a ignorância, a amizade, o altruísmo etc.".

2 Ou, evidentemente, o autor Conan Doyle (1859-1930).

3 Em seu pequeno livro intitulado *A ética protestante e o espírito do capitalismo*, de 1904. Era a aplicação concreta que propunham os mais puritanos da máxima bem conhecida: "A preguiça é a mãe de todos os vícios", cujo complemento seria: "O trabalho é a mãe de todas as virtudes". Isso justificaria finalmente que esses grandes trabalhadores mais virtuosos fossem considerados eleitos e explorassem seus operários *preguiçosos* para supostamente ajudá-los "a ganhar o reino do céu". Braudel (1979, p. 506) esclarece, no entanto, que, ao contrário do que disseram seus discípulos, principalmente Sombart e Offenbacher, para Weber essa relação era mais uma coincidência que um fato verificado.

4 BRAUDEL, 1979, p. 505.

5 Boa parte das instituições e das práticas comerciais nasceu nos países do sul da Europa. O primeiro banco de que se tem notícia teria sido o banco veneziano do Rialto; a bolsa de valores (nome que faz referência a Van der Bourse, de Bruges, na Bélgica, cuja casa tinha um frontão ornado com três bolsas ou pequenos sacos) teria nascido em Portugal (primeira citação em 1294) e florescido primeiro em Lucca, Pisa, Veneza e Barcelona, bem antes de atingir os países do Norte; e a manutenção de livros contábeis e a contabilidade foram primeiro utilizadas pelos árabes, que os tomaram dos indianos, mais tarde foram adotados pelos italianos (a contabilidade em partida dupla é perfeitamente descrita na obra de 1494 de Luca Pacioli), e por fim acabaram transmitidos aos ingleses pelos holandeses (BRAUDEL, 1979, tomo II).

6 Evidentemente, segundo "uma confrontação irônica e afetuosa entre o *criador* e seu personagem". Estas foram escritas por Simenon para explicar "os mecanismos de sua criação e denunciar seu caráter fictício". In: *Simenon. Romans.* tomo II. Paris: Bibliothèque de la Pléiade, p. 1419-1420.

7 O mesmo se dá com as inovações maiores, cuja autoria é atribuída a um ou alguns inventores, enquanto a realidade é muito mais complexa, como lembramos no Capítulo 8.

8 Por exemplo, os mecanismos do valor e dos preços centrados apenas no mercado, a concorrência perfeita, a informação inteiramente disponível, a moeda neutra etc.

9 Milton Friedman, um dos pais da abordagem neoliberal, falecido em 2006, seguindo George Stigler, afirmava, provavelmente fazendo graça, que se a realidade não pode ser explicada pela teoria, "é porque a realidade está errada!". Infelizmente, muitos economistas neoclássicos aderem a esse modo de ver as coisas. Sobre as razões que muitos deles invocam para defender a teoria neoclássica, apesar de seu irrealismo patente, ver entre outros De Vroey (1986).

10 Sabe-se que diversos autores de romances policiais colocam em cena personagens perspicazes (como Miss Marple de Agatha Christie) que agem paralelamente à investigação policial para resolver os crimes.

O leitor deverá notar também que nem Sherlock Holmes nem Guilherme de Baskerville eram oficialmente policiais.

11 Lembremos que não existem nem em ciência econômica nem em ciência de gestão *leis* propriamente ditas, mas inclinações ou fortes tendências – embora, nos século XVIII e XIX, supostas *leis* tenham sido definidas por economistas que esperavam ser tão *racionais* quanto os pesquisadores das ciências naturais. Esses economistas consideravam que, se a compreensão da natureza permitia explicar os comportamentos dos corpos por leis físicas, deveria também haver *leis naturais* para explicar o comportamento dos atores econômicos. Acrescentemos que mesmo cientistas como Buffon (principalmente no tomo V de sua *História natural* de 1769) tiveram de se defender por ter tentado explicar comportamentos humanos desenvolvendo leis contrárias aos dogmas da Igreja.

12 Do nome de seus principais autores, Learned, Christensen, Andrews e Guth, professores de Harvard. Fala-se também do modelo SWOT, que equilibra as forças (*strengths*) e fraquezas (*weaknesses*) no seio da organização, assim como as oportunidades (*opportunities*) e as ameaças (*threats*) detectáveis no ambiente.

13 *Corporate planning*.

14 Lorino (1989) esclarece que, internamente, "cada homem da empresa [...] dispõe de um *quantum* de informação que comunica apenas parcialmente, porque não pode (por falta de tempo, de capacidade de formalizar) ou porque não *quer* dar que venha a ser conhecido integralmente". Em suma, cada um na empresa protege de diversas maneiras seus interesses. Foray (1990) acrescenta que, externamente, a disponibilidade de informações é fraca porque os recursos tendem a ser cada vez mais específicos. Em outras palavras, o *gritador público* de Walras frequentemente está ausente ou é muito pouco eficaz, porque impede os compradores potenciais de se comunicar.

15 Pois um contrato que tenta prever tudo costuma limitar a mudança, impedindo que se aproveitem diferentes oportunidades. Além disso, contratos complexos podem gerar contestações e custos jurídicos elevados.

16 Pascale (1981) dá o exemplo da Honda, que conseguiu inserir-se no mercado americano aprendendo com seus erros, para mostrar que uma boa maneira de enfrentar a incerteza e a ambiguidade é ser flexível, a fim de prover qualidade e variedade dos recursos e competências da empresa e de seus parceiros.

17 A racionalidade procedimental, por mais limitada que seja, leva em conta processos de tomada de decisão e a própria maneira de aprender o problema e de aprender com ele. Ver a esse respeito Quinet (1994).

18 Tomadas aqui, como em outras vezes, segundo a abordagem dos economistas institucionais, o que compreende as normas e convenções.

19 A ideia que os economistas clássicos e neoclássicos fazem do equilíbrio é também herdada da busca da lei natural dos físico-químicos, a qual funda suas teorias. Trata-se de uma lei que mesmo estes já questionam há muito tempo (ver PRIGOGINE e STENGERS, 1979).

20 Já em 1964, Jacques Desrousseaux mostrava que, se a empresa tivesse como único objetivo o ganho financeiro, não haveria empreendedores há muito tempo, pois eles teriam sido substituídos por engenheiros obcecados pela implementação de uma produção no custo marginal.

21 Nesse escândalo, os operadores aumentavam artificialmente a data de distribuição das ações a um preço menor para depois revendê-las pelo preço do mercado do dia, maximizando assim seu lucro.

22 Seu primeiro assistente, Antonelli (1939: 20, 218, 254, 268), explica muito bem que Walras via o equilíbrio apenas como um modelo fortemente reduzido da realidade: "Uma primeira aproximação da realidade [...] que, infelizmente, os jovens economistas imaginam tornar cada vez mais 'científica' à medida que a tornam cada vez mais confusa e obscura... [O equilíbrio não pode ser visto] como um movimento real, mas como um movimento virtual [...]; sem dúvida, não existe tempo real em que esse equilíbrio geral tenha assim se realizado [...]. Podemos dizer que o equilíbrio estável (o retorno à mesma posição) é uma rara exceção, enquanto o equilíbrio instável (o retorno a qualquer outra posição, após uma mudança tecnológica, por exemplo), é a situação geral [...] [Para Walras, o equilíbrio é apenas] uma metáfora".

23 Ver Anne Isla (1999).

24 Debreu (Prêmio Nobel de Economia de 1983) demonstrou que o equilíbrio geral, quando sobrevém, pode ser encontrado em qualquer lugar, na maioria das vezes longe do ótimo social. Lipsey e Lancaster (1956) mostraram que ele só poderia ser geral; qualquer mudança, vinda, por exemplo, de comportamentos monopolísticos ou de uma inovação empreendedora, o destruiria. Sonnenschein (1973) explicava que o equilíbrio só poderia sobreviver por acaso ou por conta de um comportamento errático da oferta e da demanda; e esse equilíbrio seria, por fim, totalmente instável. Nash (Prêmio Nobel de Economia de 1994) demonstrou que o equilíbrio no mercado era a pior solução. Finalmente, Allais (Prêmio Nobel de 1988) esclareceu que o equilíbrio não pode funcionar se os atores tiverem comportamentos irracionais devidos à incerteza, o que é o caso na maior parte das vezes.

25 Antecipando assim a teoria termodinâmica, como se pode ver com o conceito de oscilação reativa de Belousov-Zhabotinski. O Prêmio Nobel de Química de 1977, Ilya Prigogine (2001. p. 31 e 80), explica que "longe do equilíbrio, a natureza cria continuamente novas formas de coerência [...] O que faz com que] a vida só seja possível em um universo distante do equilíbrio [...] No equilíbrio, a natureza é cega, mas longe dele ela começa a ver".

26 Por exemplo, para conservar a reputação necessária a fim de obter os recursos procurados.

27 Ver em particular o Capítulo X de seu Livro I (*Recherches sur a nature e les causes de la richesse des nations*, trad. francesa de P. J. Duplain, Londres, 1788).

28 Tendo o hábito de em seguida abafar o espírito de inovação que as caracterizava, algo que constatamos com muita frequência.

29 Segundo estes economistas.

30 Por exemplo, os resultados de uma pesquisa obtidos de respostas a questões semiabertas, em uma escala ordinal de 5 apresentando valores médios de 2,8 ou 3,3, não querem dizer grande coisa, ainda que sejam estatisticamente discriminantes. Bygrave (1989) continua nesse sentido, explicando que um R2 de 0,60 ou mais não oferece nenhuma indicação sobre a causalidade entre duas variáveis.

31 Incluindo-se fracassos em sua vida familiar.

32 Por exemplo, o Ministério da Justiça americano admite que o número de pessoas encarceradas *per capita* nos EUA é o mais elevado do mundo. Em 30 de junho de 2003, as penitenciárias desse país abrigavam 2.078.570 detentos, 49% a mais que em 1991, ou 714 prisioneiros a cada 100 mil adultos – contra 137 na Grã-Bretanha, 134 no Canadá e 88 na França. Como Solow explicava, "a prisão constitui nos Estados Unidos uma das respostas ao problema do desemprego, principalmente entre os negros". É necessário observar, no entanto, que a importância do encarceramento nos Estados Unidos difere segundo cada estado. Por exemplo, em Louisiana, Geórgia, Texas, Mississipi e Oklahoma, cerca de 1% da população está presa, enquanto em Maine, Minnesota, Rhode Island, Vermont e New Hampshire esse percentual é muito mais baix0. Não deve nos surpreender que essas diferenças sejam paralelas ao nível de empreendedorismo, como vimos na Tabela 2.1 (Capítulo 2).

33 Impedindo, por exemplo, o bloqueio ao livre comércio das armas de fogo, que satisfaz os lobbies extremamente poderosos e um grande número de americanos que invocam a filosofia libertária da conquista do Oeste para fazer valer seu direito de portar armas.

34 Em sua história do romance policial, Dubois (2003) explica que tal delinquência permite transgredir de maneira relativamente fácil as barreiras sociais. Isso não significa, contudo, que essa transgressão seja sem limites no mundo dos negócios: por exemplo, as fraudes fiscais podem ser toleradas, desde que não ultrapassem um limite. Mas essa permissividade não deixa de ser perigosa, pois sempre acaba gerando abusos mais graves – como as manipulações financeiras das grandes empresas nos últimos anos, de que já falamos.

35 Isso foi chamado de escândalo do programa de comanditas que, com o objetivo de promover a imagem do Canadá em Quebec, permitiu que empresas de publicidade aliadas do governo embolsassem US$ 100 milhões de um orçamento total de US$ 250 milhões. Na França, um ex-primeiro-ministro foi condenado por ter cooperado na distribuição das moradias públicas a amigos quando era prefeito de Paris.

36 Por exemplo, de acordo com uma pesquisa da Ernst & Young, mais de dois terços das empresas internacionais declaram ter sido vítimas de fraudes graves, 30% provenientes de funcionários e 55% de gerentes. Esses números teriam aumentado bastante desde as primeiras sondagens realizadas por essa empresa de consultoria há 16 anos (http://www.ey.com/-global/content.nsf/Canadaq_F/Media_-_2003Global).

Referências

ABDESSELAM, R.; BONNET, J.; LE PAPE, N. An explanation of the life span of new firms: an empirical analysis of French data. *Cahier de recherche du Gemma-Lere*, Université de Caen, dez. 2000.

ABDESSELAM, R.; BONNET, J.; LE PAPE, N. Le modèle de créateurs et de repreneurs et les facteurs de pérennité dans l'espace régional en France. In: CONGRÈS DE L'ASSOCIATION DES SCIENCES RÉGIONALES DE LANGUE FRANÇAISE, 2002, Trois-Rivières.

ABERNATHY, W.; J. UTTERBACK. Patterns of industrial innovation. *Technology Review*, n. 80, p. 41-47, 1978.

ACS, J. Z.; ARENUS, P.; HAY, M.; MINNUTI, M. *Global Entrepreneurship Monitor*: 2004 Executive Report. Babson: Babson College, 2005.

ACS, J. Z.; AUDRETSCH, D. B.; BRAUNERHJELM, P.; CARLSSON, B. *The knowledge spillover theory of entrepreneurship*. Caderno de pesquisa, Center for Economic Policy Research, n. 5326, 2005.

ACS, J. Z.; AUDRETSCH, D. B. *Innovation and Small Firms*. Cambridge: MIT Press, 1990.

ADAM, M. C.; FARBER, A. *Le financement de l'innovation technologique*. Paris: Presses universitaires de France, 1994.

ADLER, P.S.; KWON, S. W. Social capital: prospects for a new concept. *Academy of Management Review*, v. 27, n. 1, p. 17-40, 2002.

AFXENTIOU, P.; SERLETIS, A. Convergence across Canadian provinces. *Revue canadienne des sciences régionales*, v. 21, n. 1, p. 11-126, 1998.

AHUJA, G. Collaboration networks, structural holes and innovation: a longitudinal study. *Administrative Science Quarterly*, v. 45, n. 3, p. 425-455, 2000.

AKERLOF, G. The market for lemons: quality, uncertainty and the market mechanism. *Quarterly Journal of Economics*, v. 84, n. 3, p. 448-500, 1970.

AKERLOF, G. Social distance and social decision. *Econometrica*, v. 65, n. 5, p. 1005-1027, 1997.

AKRICH, M.; CALLON, M.; LATOUR, B. À quoi tient le succès des innovations? Premier épisode: l'art de l'intéressement. *Gérer et comprendre*, n. 11, p. 4-17, 1988.

ALDRICH, H. E. Using an ecological perspective to study organizational founding rates. *Entrepreneurship Theory and Practice*, 15(2), 7-23, 1990.

ALDRICH, H.; ZIMMER, C. Entrepreneurship through social networks. In: SEXTON, D.; SMILOR, R. (dir.). *The Art and Science of Entrepreneurship*. Cambridge: Ballinger, 1986. p. 3-23.

ALIOUAT, B. *Les stratégies de coopération industrielle*. Paris: Economica, 1996.

ALLAIS, M. *Le libre-échange, réalités et mythologies*. Le Figaro, Paris, 5 mar. 1993.

ALLEN, R. Collective invention. *Journal of Economic and Organizational Behaviour*, v. 1, n.1, p. 1-24, 1983.

ALLEN, J. Economic of power and space. In: LEE, R.; WILLS, J. (dir.) *Geographies of Economies*. Londres: Arnold Editor, 1997. p. 59-70.

ALTER, N. Innovation organisationnelle. Entre croyance et raison. In: MUSTAR, P.; PENAN, H. *Encyclopédie de l'innovation*. Paris: Economica, 2003. p. 71-88.

ALVAREZ, S.; BARNEY, J. Entrepreneurial capabilities. In: MEYER, G. D.; HEPPARD, K. A. (dir.). *Entrepreneurship as Strategy*. Thousand Oaks: Sage Publications, 2000. p. 63-81.

AMAR, A. D. Leading for innovation through symbiosis. *European Journal of Innovation Management*, v. 4, n. 3, p. 126-132, 2001.

AMESSE, F.; AVADIKYAN, A.; COHENDET, P. Ressources, compétences et stratégies de la firme: une discussion de l'opposition entre la vision portérienne et la vision fondées sur les compétences. *Management international*, v. 10 (edição especial em homenagem a Fernand Amesse), p. 1-17, 2005.

ANDERSON, A. R.; JACK, S. L. The articulation of social capital in entrepreneurial networks: a glue or a lubricant?. *Entrepreneurship and Regional Development*, v. 14, n.3, p. 193-210, 2002.

ANGELL, E. *The Truth about the Drug Companies*. Nova York: Random House, 2002

ANGLES D'AURIAC, J. Les organisations pour et contre l'individu. In: CONGRÈS DE L'AFCET SUR LES PETITS GROUPES ET GRANDS SYSTÈMES. *Anais...* Paris: Éditions Hommes et techniques, 1979.

ANSIAUX, M. *Traité d'économie politique*. Paris: Marcel Girard, 1926.

ANSOFF, H. I. Managing strategic surprise by response to weak signals. *California Management Review*, v. 18, n. 2, p. 21-33, 1975.

ANTONELLI, É. *L'Économie pure du capitalisme*. Paris: Marcel Rivières, 1939.

ARGYRIS, C.; SCHÔN, D. A. *Organizational Learning*. Reading: Addison-Wesley, 1978.

ARON, R. *La lutte des classes. Nouvelles leçons sur les sociétés industrielles*. Paris: Gallimard, 1964.

ARRÈGLE, I. L. Analyse resource-based et identification des actifs stratégiques. *Revue française de gestion*, p. 25-36, mar.-abr.-mai. 1996.

ARROW, K. The economic implications of learning by doing. *Review of Economic Studies*, v. 29, n. 2, p. 155-173, 1962.

ARROW, K. Methodological individualism and social knowledge. *American Economic Review*, v. 84, n. 1, p. 1-9, 1994.

ASHCROFT, B.; LOVE, J. H. Employment change and new firm formation in UK counties, 1981-89. In: Danson, M. (dir.). *Small Firm Formation and Regional Development*. Londres: Routledge, 1995.

ASHCROFT, B.; LOVE, J.H.; MALLOY, E. New firm formation in the British counties with special reference to Scotland. *Regional Studies*, v. 25, n. 5, p. 395-409, 1991.

ATHREYE, S.; KEEBLE, D. Sources of increasing returns and regional innovation in U.K. *Regional Studies*, v. 36, n.4, p. 345-357, 2002.

ATKINSON, R.; COURT, R. H.; WARD, J. M. *The State New Economy Index*. Washington: Progressive Research Institute, 1999.

ATLAN, H. *Entre le cristal et la fumée*. Paris: Seuil, 1979.

AUBERT, B. A.; KELSEY, B. L. The illusion of trust and performance. *Cahier de recherche de CIRANO*. Montreal: Université de Montréal, n. 13.03, 2000.

AUDET, J.; JULIEN, P. A. Les facteurs de succès du démarrage et de la gestion subséquente d'une entreprise CFER. Relatório de pesquisa, Association des CFER, Institut de recherche sur les PME, Université du Québec à Trois-Rivières, dez. 2003.

AUDRETSCH, D. B.; ELSTON, J. A. Le financement de la Mittelstand allemande. *Revue internationale P.M.E.*, v. 8, n. 3-4, p. 121-147, 1995.

AUDRESTCH, D. B. Entrepreneurship: A survey of the literature. Relatório preparado pelo Service des Enterprises da Commission Économique Européenne. Disponível em: http://europa.eu.int/comm/enterprise/entrepreneur/green_ paper). 2002.

AUDRETSCH, D; FELDMAN, M. R&D spillovers and the geography of innovation and production. *American Economic Review*, v. 86, n. 3, p. 630-640, 1996.

AUDRETSCH, D.; FRITSCH, M. The geography of firm births in Germany. *Regional Studies*, v. 28, n. 4, p. 359-365, 1994.

AVENIER, M. J. (dir.). *Ingénierie des pratiques collectives.* Paris: L'Harmattan, 2001.

AYDALOT, P. *Dynamique spatiale et développement intégral.* Paris: Economica, 1976.

BACHARACH, S. B. Organizational theories: some criteria for evaluation. *Academy of Management Review*, v.14, n. 4, p. 496-515, 1989.

BAGNASCO, A. *Tre Italie. La problematica territoriale del sviluppo italiano*. Bolonha: Il Mulino, 1977.

BAGNASCO, A. Teoria del capitale sociale e political economy comparata. *Stato e Mercato*, n. 3, p. 351-372, 1999.

BAGNASCO, A;. TRIGILIA, C. *Societa e politica nelle aree di piccola impresa. Il caso de l'Alta Valdaisa.* Milão: Franco Angeli, 1988.

BAILLY, A.; HURIOT, J. M. (dir.). *Villes et croissance. Théorie, modèles, perspectives.* Paris: Anthropos, 1999.

BAIROCH, P. Villes et développement économique dans une perspective historique. In: BAILLY, A.; HURIOT, J. M. *Villes et croissance. Théorie, modèles, perspectives.* Paris: Anthropos, 1999, p. 9-48. BAKSTRAM, L.; CROSS, R. Knowledge sharing within the social networks of a highly successful, high technology organization. In: BABSON ENTREPRENEURSHIP RESEARCH CONFERENCE, 2001, Jönköping, Suécia.

BALA, V.; GOYAL, S. Learning from neighbours. *Review of Economics Studies*, v. 65, n. 4, p. 595--621, 1998.

BALDWIN, J. R.; CHANDLER, C.; PAPAILLIADIS, T. *Stratégies pour le succès. Le profil des PME en forte croissance au Canada.* Ottawa: Statistique Canada, n. 61-523ER, 1994.

BALDWIN, J.; GELLATLY, G. *Innovation Strategies and Performance in Small Firms*. Cheltendam: Edward Edgar, 2003.

BARAN, P. *Économie politique de la croissance*. Paris: Maspero, 1970.

BARNEY, J. Strategic factors markets: expectations, lucks, and business strategy. *Management Science*, v. 32, p. 1231-1241, 1986.

BARNEY, J. Firm resources and sustained competitive advantage. *Journal of Management*, n. 17, p. 99-120, 1991.

BARRET, F.J. Creativity and improvisation in jazz and organizations: implications for organizational learning. *Organization Science*, v. 9, n. 5 (edição especial sobre a metáfora do jazz nas organizações), p. 605-622, 1998.

BARREYRE, P.Y. *Stratégie d'innovation dans les moyennes et petites industries*. Paris: Éditions Hommes et techniques, 1975.

BARON, R. A.; MARKMAN, G. D. Beyond social capital: How social skills can enhance entrepreneurs' success. *Academy of Management Executive*, v. 14, n. 1, p. 106-115, 2000.

BARON, R. A.; ENSLEY, M. D. Opportunity Recognition as the Detection of Meaningful Patterns. *Management Science,* v. 52, n. 9, p.1333-1344, 2006.

BARRINGER, B. R. Walking a tightrope: creating value through interorganizational relationship. *Journal of Management*, v. 26, n. 3, p. 367-404, 2000.

BARTH, H. Fit among strategy, administrative mechanism, and performance: a comparative study of small firms in mature and new industries. *Journal of Small Business Management*, v. 41, n. 2, p. 133-147, 2003.

BASU, A. An exploration of entrepreneurial activity among Asian small business in Britain. *Small Business Economics* , v. 10, n. 4, p. 313-326, 1998.

BAUDRY, C.; BRESCHI, S. Does clustering really help firms' innovative activities?. *Cahier de recherche du CESPRI*. Milão: Universidade de Bocconi, 2000. (n. 111).

BAUMARD, P. Competitive advantage from tacit knowledge: bringing some empirical evidence. Caderno de pesquisa IRG, Université Paris XII, n. 96.09, 1996.

BAUMOL, W. J. Entrepreneurship in economic theory. *American Economic Review*, v. 58, n. 2, p. 64-71, 1968.

BAUMOL, W.J. Entrepreneurship and a century of growth. *Journal of Business Venturing*, v. 1, n. 2, p. 141-149, 1986.

BAUMOL, W.J. Entrepreneurship: productive, unproductive and destructive. *Journal of Political Economy*, v. 98, n. 9, p. 893-921, 1990.

BECCATINI, G. Rifflessioni sul distretto industriale marshalliano come concetto socio-economico. *Stato e Mercato*, n. 25, p. 111-128, 1989.

BECKER, G. Crime and Punishment: An Economic Approach. *Journal of Political Economy*, v. 76, n. 2, p. 170-195, 1976a.

BECKER, G. *The Economic Approach of Human Behavior.* Chicago: Chicago University Press, 1976b.

BENNETT, R. J.; ROBSON, P. J. A. The use of external business advice by SMEs in Britain. *Entrepreneurship and Regional Development*, v. 11, n. 3, p. 155-180, 1999.

BENNETT, R. J.; ROBSON, P. J. A.; BRATTON, W. J. A. The influence of location in the use by SMEs of external advice and collaboration. *Urban Studies,*v. 9, n. 6, p. 1531-1558, 2000.

BENKO, G.; LIPIETZ, A. (dir.). *Les régions qui gagnent*. Paris: Presses universitaires de France, 1992.

BERGER, P.; LUCKMAN, T. *La construction sociale de la réalité.* Paris: Méridien, 1986.

BERGSON, H. *L'évolution créatrice.* Paris: Marcel Rivière, 1907.

BERNOUX, P. *La sociologie des organisations*. Paris: Seuil, 1983.

BEST, M. *The New Competition*. Cambridge: Polity Press, 1990.

BETTIS, R. A.; PRALAHAD, C. K. The dominant logic: retrospective and extension. *Strategic Management Journal*, v. 16, n. 1, p. 5-14, 1995.

BHÉRER, H.; DÉSAULNIERS, L. *Les groupes intermédiaires et l'organisation des services aux entreprises*. Relatório de pesquisa. Montréal: DEC, 1998.

BIANCHI, R. Pour une lecture politico-institutionnelle du modèle industriel italien et en particulier de la forte présence de P.M.E. *Revue internationale P.M.E.*, v. 9, n. 2, p. 103-123, 1996.

BIDAULT, F.; GOMEZ; P. Y.; MARION, G. (dir.). *Confiance, entreprise et sociétés*. Paris: Eska, 1995.

BILLAUDOT, B. *Régulation et croissance.* Paris: Harmattan, 2001.

BIRCH, D.; HAGGERTY, A.; PARSONS, W. *Corporate Almanac*. Cambridge: Cognitic Inc., 1997.

BIRD, B. Implementing entrepreneurial ideas: the case for intention. *Academy of Management Review*, v. 13, n. 3, p. 442-453, 1988.

BIRLEY, S. The role of networks in the entrepreneurial process. *Journal of Business Venturing*, v. 1, n. 1, p. 107-119, 1985.

BIRLEY, S.; CROMIE, S.; MYERS, A. Entrepreneurial networks: their emergence in Ireland and overseas. *International Small Business Journal*, v. 9, n. 4, p. 56-74, 1991.

BLAUG, M. *La méthodologie économique*. Paris: Economica, 1982.

BOSMA, N.; JONES, K.; AUTIO, E.; LEVIE, J. *Global Entrepreneurship Monitor. 2007, Executive Report*. Babson: Babson College, 2007.

BOSCHMA, R. A.; LAMBOOY, J. G.; SCHUTJENS, V. Embeddedness and innovation. In: TAYLOR, M.; LEONARD, S. (dir.). *Embedded Enterprise and Social Capital*. Adelshot: Ashgate, 2002, p. 19-37.

BOSMA, N.; WENNEKERS, S.; DE WIT, G. Explaining and forecasting the number of business owners: the case of Netherlands. In: BABSON ENTREPRENEURSHIP RESEARCH CONFERENCE, 2001, Jönköping, Suécia.

BOURDIEU, P. Le capital social. Notes provisoires. *Actes de la recherche en sciences sociales*, n. 31, p. 8-19, 1980a.

BOURDIEU, P. *Le sens pratique*. Paris: Minuit, 1980b.

BOURDIEU, P. Réponse aux économistes. *Économie et société*, v. XVIII, p. 23-32, 1984.

BOURDIEU, P. *Choses dites*. Paris: Minuit, 1987.

BOUTILLIER, S.; UZUNIDIS, D. *L'entrepreneur*. Paris: Economica, 1999.

BRANBANDERE, L. *Le management des idées: de la créativité à l'innovation*. Paris: Dunod, 1998.

BRAUDEL, F. *Civilisation matérielle, économie et capitalisme, XVe-XVIIIe siècle*. Paris: Armand Colin, 1979. (3 volumes).

BROWN, S. L.; EISENHARDT, K. M. *Competing on the Edge. Strategy as Structured Chaos*. Boston: Harvard Business School Press, 1998.

BRUNÅKER, S. Understanding the succession process in family businesses. In: JOHANNISSON, B.; LANDSTRÖM, H. *Images of Entrepreneurship and Small Business. Emerging Swedish Contributions to Academic Research*. Växjö: Växjö University, 1999.

BRUNET, L.; SAVOIE, A. *La face cachée de l'organisation. Groupes, cliques et clans*. Montreal: Les Presses de l'Université de Montréal, 2003.

BRUNET, M. *La présence anglaise et les Canadiens*. Montreal: Beauchemin, 1964.

BRUYAT, C. Créer ou ne pas créer? Une modélisation du processus d'engagement dans un projet de création d'entreprise. *Revue de l'entrepreneuriat*, v. 1, n. 1, p. 25-42, 2001.

BRUYAT, C.; JULIEN, P. A. Defining the field of research in entrepreneurship. *Journal of Business Venturing*, v. 16, n. 2, p. 17-27, 2001.

BUENSTORF, G. Creation and pursuit of entrepreneurial opportunities: an evolutionary economic perspective. *Small Business Economics*, v. 28, n. 4, p. 323-337, 2007.

BULL, I.; WILLARD, G. E. Toward a theory of entrepreneurship. *Journal of Business Venturing*, v. 8, n. 3, p. 183-195, 1993.

BUREAU INTERNATIONAL DU TRAVAIL. *Apprendre et se former pour travailler dans la société du savoir*. Conférence internationale du travail, 91ª sessão, Genebra, Suíça, 2003. Relatório.

BURNET. *Histoire de mon temps*. Paris: Béchet Ainé, 1824.

BURT, R. S. *Toward a Structural Theory of Action*. Nova York: Academic Press, 1982.

BURT, R. Social contagion and innovation: cohesion versus structural equivalence. *American Journal of Sociology*, n. 92, p. 1287-1335, 1987.

BURT, R. S. *Structural Holes*: The Social Structure of Competition. Cambridge: Harvard University Press. 1992.

BUSENITZ, L.W. Research on entrepreneurial alertnes. *Journal of Small Business Management*, v. 34, n. 4, p. 35-45, 1996.

BYGRAVE, W. D. The entrepreneurship paradigm (I): a philosophical look at its research methodologies. *Entrepreneurship:Theory and Practice*, v. 14, n. 1, p. 7-26, 1989.

BYGRAVE, W. D.; HOFER, C. W. Theorizing about entrepreneurship. *Entrepreneurship. Theory and Practice*, v. 16, n. 1 p. 13-22, 1991.

CABUS, P.; VANHAVERBEKE, W. The territoriality of the network economy and urban networks: Evidence from Flanders. *Entrepreneurship and Regional Development*, v. 18, n. 1, p. 25-53, 2006.

CALLOCK, R. S.; WARD, J. L. *Strategic Planning for the Family Business: Parallel Planning to Unify the Family and Business* . Palgrave: MacMillan, 2001.

CALLON, M. L'innovation technologique et ses mythes. In: *La recherche sur l'innovation, une boîte de Pandore?*. Montreal: Les cahiers scientifiques de l'ACFAS, 1995.

CAMAGNI, R. Development scenarios and policy guideline for the lagging regions in the 1990s. *Regional Studies*, v. 26, n. 4, p. 361-374, 1991.

CAMOCHE, K.; PINA, M.; CUNHA. Minimal structures: From jazz improvisation to product innovation. *Organization Studies*, v. 22, n. 6, p. 733-764, 2001.

CAPT, D. *Demande de biens différenciés, comportements spatiaux et diversification de l'activité des exploitations agricoles*. 1994. Tese de doutorado – Université de Franche-Comté, Dijon, 1994.

CARAYANNOPOULOS, S. Research in motion: A small firm commercializing a new technology. *Entrepreneurship Theory and Practice*, v. 29, n. 2, p. 219-232, 2005.

CARMIGNAC, C.; RATEL, J. *L'ouverture à la globalisation commerciale et financière comme source de développement*: un modèle autar-cique est-il encore possible?. Caderno de pesquisa, l'École de commerce supérieure de Paris, n. 02-105, 2002.

CARRIER, C. *De la créativité à l'intrapreneuriat*. Quebec: Presses de l'Université du Québec, 1997.

CARRIER, M. *Structuration d'un système industriel de PME*, 1992. Tese de doutorado. Université Laval, Quebec, 1992.

CARON-FAISAN, M. L. Une méthode de gestion de l'attention aux signaux faibles. *Systèmes d'information et management*, v. 6, n. 4, p. 27-35, 2001.

CASSON, M. (trad.). *L'entrepreneur*. Paris: Economica, 1991.

CASSON, M.; WADESON, N. The discovery of opportunities. Extending the economic theory of the entrepreneur. *Small Business Economics*, v. 28, n. 4, p. 285-300, 2007.

CATIN, M. Économies d'agglomération et gains de productivité. *Revue d'économie régionale et urbaine*, n. 5, p. 565-598, 1991.

CERISIER, C.; LUBOT, A. *L'inertie de la firme*. Paris: ESCP-EAP, 1992.

CHALMER, A. F. *What is This Thing Called Science?*. St-Lucie: University of Queensland Press, 1994.

CHANDLER, A. *Strategy and Structure*. Cambridge: MIT Press, 1962.

CHANDLER, A. *La main visible des managers: une analyse historique*. Paris: Economica, 1988.

CHELL, E. *Entrepreneurship: Globalization, Innovation and Development*. Londres: Thompson Learning, 2001.

CHELL, E.; BAINES, S. Networking, entrepreneurship and microbusiness behaviour. *Entrepreneurship and Regional Development*, v. 12, n. 3, p. 195-215, 2000.

CHIA, R. From complexity science to complex thinking: organization as simple location. *Organization*, v. 3, n. 3, p. 341-369, 1998.

CHICHA, J. Impact de certaines politiques horizontales sur les stratégies des PME. *Cahier de recherche du GREPME*. Trois-Rivières: Université du Québec, n. 81-11, 1981.

CHICHA, J.; JULIEN, P. A. Les stratégies des PME et leur adaptation aux changements. *Cahiers de recherche du GREPME*. Trois-Rivières: Université du Québec, n. 79-06, 1979.

CHOO, C. W. (1998), *The Knowing Organization – How Organization Use Information to Construct Meaning, Create Knowledge, and Make Decision*, New York, Oxford University Press.

CLARK, J. M. *Social Control of Business*, 1926. Citado em: GIROU. *Théorie économique aux États-Unis: l'économie institutionnelle*, 2 ed. Paris: Donnat-Montchestiers, 1939, tomo II.

COASE, R. H. *The nature of the firm*. Paris: Economica, 1937. Citado em: WILLISAMSON, O. E., op. cit.

COFFEY, W.; POLÈSE, M. The concept of local development: a stage model of endogenous regional growth. *Papers of Regional Science Asssociation*, n. 55, p. 1-12, 1984.

COHEN, S. S.; FIELDS, S. Social capital and capital gains in Silicon Valley. *California Management Review*, v. 41, n. 2, p. 108-130, 1999.

COHEN, W.; LEVINTHAL, D. Absorptive capacity: a new perspective on learning and innovation. *Administrative Science Quarterly*, v. 35, n. 1, p. 128-152, 1990.

COHENDET, P. Innovation et théorie de la firme. In: MUSTAR, P.; PENAN, H. *Encyclopédie de l'innovation*. Paris: Economica, 2003, p. 383-403.

COHENDET, P.; LLERA, P; STAHN, H.; URMBHAER, G. *The Economic of Networks Behaviour and Interaction*. Haia: Springer, 1998.

COLE, A. H. Entrepreneurship as an area of research. *Journal of Economic History Supplement*, n. 2, p. 118-126, 1942.

COLEMAN, J. S. *Foundations of Social Theory*. Cambridge: Harvard University Press, 1990.

COLEMAN, J. S.; KARTZ, E.; MENZEL, H. *Medical Innovation*. Indianápolis: Bobbs-Merrill, 1966.

COMMONS, J. *Industrial Good Will*, 1919. Citado em: GIROU. *Théorie économique aux États-Unis: l'économie institutionnelle*, 2 ed. Paris: Donnat-Montchestiers, 1939, tomo II.

CONKLIN FREDERKING, L. A cross-national study of culture, organization and entrepreneurship in three neighbourhoods. *Entrepreneurship and Regional Development*, v. 16, n. 3, p. 197-215, 2004.

CONTI, S. *Dopo la città industriale. Detroit tra crisi urbana e crisi delle'automobile*. Milão: Franco Angeli Editore, 1983.

CONTI, S. Small and medium-sized enterprise in space: the plural economy. In: VATNE, E.; TAYLOR, M. *The Networked Firms in a Global World* Adelshot: Ashgate, 2000, p. 19-43.

CONTI, S. Développement local, réseaux, institutions et complexité. In: COLLOQUE ANNUEL DE L'ASSOCIATION RÉGIONALE DE LANGUE FRANÇAISE, 28., 2002, Trois-Rivières, Canadá.

CONTI, S;. JULIEN, P. A. (dir.). *Miti e realtà del modelle italiano. Letture sull'economia periferica*. Bolonha: Pàtron Editore, 1991.

COOKE, P.; WILLS, D. Small firms, social capital and the enhancement of business performance through innovation programmes. *Small Business Economics*, v. 13, n. 2, p. 219-234, 1999.

CORRIVEAU, G. *Sur la piste du Projet Mini Z. Rapport de recherche portant sur l'étude expérimentale d'un mode de gestion de projet dans une grande firme et un groupe de PME fournisseurs*. Trois-Rivières: Université du Québec, 1997.

COOPER, A. C.; DUNKELBERG, W. C., WOO, C. Y.; DENNIS W. J. *New Business in America. The Firms and their Owners*. Washington: NFIB Education Foundation, 1990.

COROLLEUR, F.; COURLET, C. Marshallian district: an organizational and institutional answer to uncertainty. *Entrepreneurship and Regional Development*, v. 15, n. 4, p. 299-307, 2003.

COTTA, A. *La société ludique*. Paris: Grasset, 1980.

COVIN, J. G.; SLEVIN, D.P. The influence of organisation structure on the utility of an entrepreneurial top management style. *Journal of Management Studies*, v. 25, n. 3, p. 217-234, 1988.

CREVOISIER, O. L'approche par les milieux innovateurs: état des lieux et perspectives. *Revue d'économie régionale et urbaine*, n. 1, p. 153-165, 2001.

CROZIER, M.; FRIEDBERG, E. *L'acteur et le système*. Paris: Seuil, 1977.

CRUICKSHANK, P.; ROLLAND, D. Entrepreneurial success through networks and social capital: Exploratory considerations from GEM research in New Zealand. *Journal of Small Business and Entrepreneurship*, v. 19, n. 1, p. 63-80, 2006.

CSIKSZENTMIHÀLYI, M.; SAWYER, K. Creative insight: the social dimension of a solitary moment. In: STERNBERG, R. J.; DAVIDSON, J. E. (dir.). *The Nature of Insight*. Cambridge: MIT Press, 1995. p. 329-363.

CURRAN, J.; BLACKBURN, R. A. *Researching the Small Enterprise*. Londres: Sage Publications, 2001.

DAFT, R. L.; LENGEL, R. H. Information richness: a new approach to managerial behavior and organizational design. *Research in Organizational Behavior*, v. 6, n. 2, p. 191-233, 1984.

DAFT, R. L.; LENGEL, R. H. Organizational information requirements, media richness and structural. *Design. Management Science*, v. 32, n. 5, p. 554-571, 1986.

DAILY, C. M.; DOLLINGER, M. J. An empirical examination of on network structure in family and professionnaly managed firms. *Family Business Review*, v. 5, n. 2, p. 117-136, 1992.

DAKHLI, M.; DE CLERCQ, D. Human capital, social capital, and innovation: a multi-country study. *Entrepreneurship and Regional Development*, v. 16, n. 2, p. 107-128, 2004.

DANA, L. Small but non independant: SME in Japan. *Journal of Small Business Management*, v. 36, n. 4, p. 73-76, 1998.

DAFT, R. L.; LENGEL, R.H. Information richness: a new approach to managerial behavior and organizational design. *Research in Organizational Behavior*, v. 6, n. 2, p. 191-233, 1984.

DAFT, R. L.; LENGEL, R.H. Organizational information requirements, media richness and structural. *Design. Management Science*, v. 32, n. 5, p. 554-571, 1986.

DARF, R. L.; LEWIN, A. Y. Can organization begin to break out of the normal science straitjacket?. *Organizational Science*, v. 1, n. 1, p. 1-9, 1990.

D'AURIAC, A. Les organisations pour et contre l'individu. In: CONGRÈS DE L'AFCET SUR PETITS GROUPES ET LARGE SYSTEMES, 1979, Paris.

DAVENPORT, T. H.; DELONG, D. W.; BEERS, M. C. Successful knowledge management projects. *Sloan Management Review*, v. 39, n. 2, p. 43-57, 1998.

DAVID, P. A. Les standards des technologies de l'information, les normes de communication et l'État: un problème de biens publics. In: ORLÉANS, A. *Analyse économique des conventions*. Paris: Presses universitaires de France, 1994. p. 249-278.

DAVIDSSON, P. Continued entrepreneurship: ability, need and opportunity as determinants of small firms growth. *Journal of Business Venturing*, v. 6, n. 6, p. 405-429, 1991.

DAVIDSSON, P. Entrepreneurship: what it is, what it aint't, and how we can study it. In: BABSON/KAUFMANN FOUNDATION SYMPOSIUM, 2001, Boulder, EUA.

DE CERTEAU, M. *L'absent de l'histoire*. Paris: Mame, 1973

DE SOTO, H. *The Other Paths. The Invisible Revolution in the Third World*. Nova York: Harper and Row, 1989.

DE VRIES, K. The dark side of entrepreneurship. *Harvard Business Review*, v. 63, n. 6, p. 160-167, 1985.

DE LA VIGNE, V. I. L'émergence du projet entrepreneurial: apprentissage, improvisations et irréversibilités. *Revue de l'entrepreneuriat*, v. 1, n. 1, p. 43-60, 2001.

DEAKINS, D.; PHILPOTT; T. Networking by external support agencies and financial institutions: evidence form different financing arrangements in two European regions. *International Small Business Journal*, v. 13, n. 2, p. 47-58, 1995.

DEGENNE, A.; FORSÉ, M. *Les réseaux sociaux*. Paris: Armand Colin, 1994.

DELMAR, F.; DAVIDSSON, P. Where do they come from? Prevalence or characteristics of nascent entrepreneurs. *Entrepreneurship and Regional Development*, v. 12, n. 1, p. 1-23, 2000.

DENISON, E. F. *Accounting for United States Economic Growth*. Washington: The Brooking Institute, 1974.

DE SARBO, W. S.; DI BENEDETTO, C. A.; SONG, M.; SINHA, I. Revisiting the Miles and Snow strategic framework: Uncovering relationships. *Strategic Management Journal*, v. 26, n 1, p. 47-74, 1995.

DESROSIERS, R. La question de la non-participation des Canadiens français au développement industriel au début du XXe siècle. In: TREMBLAY, R. (dir.). *L'économie québécoise*. Quebec: Les Presses de l'Université du Québec, 1976.

DESROUSSEAUX, J. Taille et rendement des industries à l'optimum économique. *Annales des mines*, n. 55, p. 43-47, 1964.

DESS, G.; SHAW, J. D. Volontary turnover, social capital, and organizational performance. *Academy of Management Review*, v. 26, n. 3, p. 446-456, 2001.

DE VROEY, M. Une explication sociologique de la prédominance du paradigme néo-classique dans la science économique. *Économie et Société*, v. 6, n. 8, p. 37-47, 1986.

DEWAR, R.; DUTTON, J. The adoption of radical and incremental innovations: an empirical analysis. *Management Science*, v. 32, n. 11, p. 1422-1433, 1986.

DIMAGGIO, P.; POWELL, W. W. The iron cage revisited: institutional isomorphism and collective rationality in organizational fields. *American Sociological Review*, v. 48, n. 2, p. 147-160, 1983.

D'IRIBARNE, P. Contre l'anti-culturalisme primaire. *Revue française de gestion*, n. 91, p. 132-37, 1992.

D'IRIBARNE, P. Management et cultures politiques. *Revue française de gestion*, n. 128, p. 71-75, 2000.

D'IRIBARNE, P.; HENRY, A.; SEGAL, J.P.; CHEVRIER, S.; GLOBOKAR, T. *Culture et mondialisation*. Paris: Seuil, 1998.

DODD, S. D.; ANDERSON, A.; JACK, S. I. The development of entrepreneurial networks: A longitudinal study. In: BABSON ENTREPRENEURIAL RESEARCH EXCHANGE, 2004, Melbourne.

DOSI, G. Sources, procedures and microeconomic effects of innovation. *Journal of Economic Literature*, v. 26, n. 2, p. 157-178, 1988.

DRAKOPOULOU DODD, S.; ANDERSON, A. R. Understanding the enterprise culture. *Entrepreneurship and Innovation*, p. 13-26, 2001.

DRAKOPOULOU DODD, S.; PATRA, E. National difference in entrepreneurial networking. *Entrepreneurship and Regional Development*, v. 14, n. 2, p. 117-134, 2002.

DROLET, J.; MARCOUX, Y.; ABDUL-NOUR, G. Dynamic cellular manufacturing systems: a performance comparison with classical cellular systems and jobshop systems. In: GROUP TECHNOLOGY/CELLULAR MANUFACTURING WORLD SYMPOSIUM, 2003a, Columbus, EUA.

DROLET, J.; BARON, M.; LACHANCE, R.; POITRAS, G.; DUBEAU, K.; LACOURCIÈRE, R. *Enquête sur les besoins d'information des entreprises des industries d'équipements de transport de la région de la Mauricie*. Relatório de pesquisa, CVET, mai. 2003b. 77 p.

DRUKER, P. F. *Les entrepreneurs*. Paris: L'Expansion/Hachettte/Éditions Jean-Claude Lattès, 1985.

DTI. *Small Firms in Britain*. Londres: Department for Work and Pensions, 1999.

DUBAR, C. *La crise des identités*. Paris: Presses universitaires de France, 2000.

DUBOIS, J. *Le roman policier ou la modernité*. Paris: Nathan, 2003.

DUNKELBERG, W. G.; COOPER, A. C. *Patterns of small business growth*. In: ACADEMY OF MANAGEMENT CONGRESS, 1982. *Protocolo*. p. 409-413.

DUMONT, F.; LANGLOIS, S.; MARTIN, Y. (dir.) *Traité des problèmes sociaux*. Quebec: Institut québécois de recherche sur la culture, 1994.

DURAND, D. E. Effects of achievement motivation and skill training on the entrepreneurial behaviour of black businessmen. *Organizational Behaviour and Human Performance*, v. 14, n. 1, p. 76-90, 1975.

DURAND, T. L'alchimie de la compétence. *Revue française de gestion*, n. 127, p. 84-101, 2000.

DUSSUC, B. Une vision processuelle des réseaux d'entreprises. In: CONFÉRENCE INTERNATIONALE DE MANAGEMENT STRATÉGIQUE, 9., 2000, Montpellier, França

DYER, J. H. Specialized supplier networks as a source of competitive advantage. Evidence from the auto industry. *Strategic Management Journal*, v. 17, p. 271-292, 1996.

DYER, J. H.; SINGH, H. The relational view: cooperative strategy and sources of interorganizational competitive advantage. *Academy of Management Review*, v. 23, n. 4, p. 660-678, 1998.

EISENHARDT, E. Speed and strategic choice: how managers accelerate decision making. *California Management Review*, v. 32, n. 3, p. 39-54, 1990.

EISENHARDT, K. M.; MARTIN, J. Dynamic capabilities: what are they?. *Strategic Management Journal*, v. 21, n 10-11, p. 1105-1121, 2000.

EMMANUEL, A. *L'échange inégal*. Paris: Maspero, 1969.

EPIFANIO, R. Innovazioni techologiche e dimensione di impresa: una interpretazione. *Piccola Impresa*, n. 1, p. 81-97, 1995.

ERICKSON, E. H. *Enfance et société*. Neuchâtel: Delachaux et Niestlé, 1959.

EVERAERE, C. *Management de la flexibilité*. Paris: Economica, 1997.

EYMARD-DUVERNAY, F. Conventions de qualité et formes de coordination. *Revue économique*, n. 2, p. 329-359, 1989.

FADAHUNSI, A.; ROSA, P. Entrepreneurship and illegality: Insights from the Nigerian cross-border trade. *Journal of Business Venturing*, v. 17, n. 5, p. 397-430, 2002.

FAVEREAU, O. Organisation et marché. *Revue française d'économie*, n. 1, p. 65-96, 1989.

FAYOLLE, A. Dynamisme entrepreneurial et croissance économique: une comparaison France-États-Unis. In: VERSTRAETE, T., 2000. p. 33-47

FELLNER, W. Essays in contemporary economic problems: demand, productivity and population, 1981-1982, Edition Review. *Canadian Journal of Agricultural Economics*, v. 31, n. 2, p. 260-277, 1983.

FELDMAN, M. P. Knowledge complementary and innovation. *Small Business Economics*, v. 6, n. 3, p. 363-372, 1994.

FERRARY, M. *Organisations: Modèles et représentations*. Paris: Presses Universitaires de France, 2002.

FILION, L. J. Vision and relations: elements for an entrepreneurial metamodel. *International Small Business Journal*, v. 9, n. 2, p. 26-40, 1991.

FILION, L. J. Le champ de l'entrepreneuriat: historique, évolution et tendances. *Revue internationale P.M.E.*, v. 10, n. 2, p. 129-172, 1997.

FLORIDA, R. Toward the learning region. *Futures*, v. 27, n. 5, p. 527-536, 1995.

FLORIDA, R. The geographia of Bohemia. *Cahier de recherche*, Carnegie Mellon University, 2001.

FLORIN, J.; LUBATKIN, M.; SCHULSE, W. A social capital model of high-growth ventures. *Academy of Management Journal*, v. 46, n. 3, p. 374-384, 2003.

FORAY, D. The secret industry are in the air. In: COLLOQUE DES HEC DE MONTRÉAL, 1990, Montreal, Canadá.

FORAY, D. *L'économie de la connaissance*. Paris: La Découverte, 2000.

FORAY, D.; HARGREAVES, D. *The production of knowledge in different sectors: a model and some hypothesis*. Caderno de pesquisa, Université Paris Dauphine, set. 2002.

FORAY, D.; LUNDVAL, B. A. From the economics of knowledge to the learning economy. In: *Employment and Growth in the Knowledge-Based Economy*. Paris: OCDE, 1996.

FORAY, D.; MAIRESSE, J. (dir.). *Innovations et performances*. Paris: EHESS, 1999.

FOSS, N. J. Networks, capabilities, and competitive advantage. *Scandinavian Journal of Management*, v. 15, n. 1, p. 1-15, 1999.

FOUCAULT, M. Crise de la médecine ou crise de l'anti-médecine?. *Dits et écrits, 1976-1979*. Paris: Gallimard, 1994.

FREEL, M. S. External linkages and product innovation in small manufacturing firms. *Entrepreneurship and Regional Development*, v. 12, n. 3, p. 245-266, 2000.

FRIEDBERG, E. *Le pouvoir et la règle. Dynamiques de l'action organisée*. Paris: Seuil, 1993.

FRIEDKIN, N. E. A test of the structural features of Granovetter's Strength of weak ties theory. *Social Networks*, v. 2, n. 3, p. 411-422, 1980.

FRIEDMAN, Y. *Comment vivre avec les autres sans être chef ni esclave*. Paris: J. J. Pauvert, 1974.

FRIEDMAN, Y. About critical group size. *Cahier de recherche*. Genebra, n. 131, 1978.

GADREY, J. (1996), *Services: la productivité en question*, Paris, Desclée de Brouwer.

GADREY, J. (2000), *Nouvelle économie, nouveau mythe*, Paris, Flammarion.

GAGLIO, C. M.; TAUB, R. T. Entrepreneurship and opportunity recognition. In: Churchill, N. C. et al. (dir.). *Frontiers of Entrepreneurship Research*. Babson: Babson College, 1992. p. 136-147.

GAGNON, Y. C.; TOULOUSE, J. M. Adopting new technologies: an entrepreneurial act. *Technovation*, v. 13, n. 7, p. 411-423, 1993.

GALLAUD, D.; TORRE, A. Les réseaux d'innovation sont-ils localisés? Proximité et diffusion des connaissances. Le cas des PME de 'l'agbiotech'. In: CONGRÈS SUR LA PROXIMITÉ, 30., 2001, Paris, França.

GALLOUJ, F. *Économie des l'innovation dans les services*. Paris: L'Harmattan, 1994.

GALLOUJ, F. Innovation dans une économie de service. In: MUSTAR, P.; PENAN, H. *Encyclopédie de l'innovation*. Paris: Economica, 2003. p. 109-130.

GARDNEY, E. The genesis of high technology milieu. A study of complexity. *International Journal of Urban and Regional Science*, v. 22, n. 3, p. 361-397, 1998.

GARDNEY, E.; HEFFERMAN, P. *Growth setbacks in new firms*. Caderno de pesquisa, Centre for Technology Management, Cambridge University, n. 2003-01, jan. 2003.

GARTNER, W. B. Who is an entrepreneur? Is the wrong question. *American Journal of Small Business*, 12(4), 11-22, 1988.

GARTNER, W. B. Who is an entrepreneur? Is the wrong question. *Entrepreneurship. Theory and Practice*, v. 13, n. 4, p. 47-67, 1989.

GARTNER, W. B. What are we talking about when we talk about entrepreneurship?. *Journal of Business Venturing*, v. 5, n. 1, p. 15-29, 1990.

GARTNER, W. B. Is there an elephant in entrepreneurship? Blind assumptions in theory development. *Entrepreneurship Theory and Practice*, v. 25, n. 4, p. 27-39, 2001.

GARTNER, W. B.; CARTER, N. M.; HILLS, G. E. The language of opportunity. In: STEYAERT, C.; HJORTH, H., 2003, p. 103-124.

GASSE, Y. *Characteristics, Functions and Performance os Small Firms: Owner-managers in Two Industrial Environments*. 1978. Tese de doutorado – Nortwestern University, Evanston, 1978.

GEORGESCU-ROEGEN, N. *The Entropy Law and the Economic Process*. Cambridge: Harvard University Press, 1971.

GERVAIS-LINON, L. L'entrepreneur immigrant aux États-Unis: évolution des représentations entre 1850 et 1924. In: ESPOSITO, M. C.; ZUMELLO, C. (dir.). *L'entrepreneur et la dynamique économique. L'approche anglo-saxonne*. Paris: Economica, 2003. p. 81-96.

GIBB, A.; SCOTT, M. Understanding small firm growth. In: SCOTT, M.; GIBB, A.; LEWIS, A.; FAULKNER, T. *Small Firms Growth and Development*. Adelshot: Gower, 1986.

GIDDENS, A. *The Constitution of Society*. Berkeley: University of California Press, 1984.

GIDDENS, A. *Modernity and Self-Identity*. Cambridge: Polity Press, 1991.

GILDER, G. *L'esprit d'entreprise*. Paris: Fayard, 1985.

GILLE, B. Histoire générale des techniques. In: *Encyclopédie de la Pléiade*. Paris: Gallimard, 1978.

GIOIA, D. A. Symbols, scripts, and sensemaking: creating meaning in the organizational experience. In: GIOIA, D. A.; SIMS, H. (dir.). *The Thinking Organization: Dynamics of Organizational Social Cognition*. São Francisco: Jossey-Bass, p. 49-74, 1986.

GRANOVETTER, M. The strengh of strong ties. *American Journal of Sociology*, v. 78, n. 6, p. 1360-1380, 1973.

GRANOVETTER, M. S. Economic action, social structure and embeddedness. *American Journal of Sociology*, v. 91, n. 3, p. 481-510, 1985.

GRANT, D.; OSWICK, C. (dir.) *Metaphor and Organization*. Londres: Sage Publishing, 1996.

GREENE, P. A resource-based approach to ethnic business sponsorship: A consideration of Imaili-Pakistan immigrants. *Journal of Small Business Management*, v. 35, n. 4, p. 58-71, 1997.

GREVE, A.; SALAFF, J. Social networks and entrepreneurship. *Entrepreneurship: Theory and Practice*, 28, n. 1, p. 1-23, 2003.

GRIMAL, J. C. *Drogue: l'autre mondialisation*. Paris: Folio et Le Monde, 2000.

GROSJEAN, N. *Globalisation et autonomie des systèmes de production territoriaux*. Neuchâtel: IRER/EDES, 2002.

GUIHEUX, G. PME-PMI à Taïwan. Quelles leçons tirer pour une théorie de l'entrepreneur?. *Revue Innovation*, n. 8, p. 113-125, 1998.

GUINET, J. *Les systèmes nationaux de financement de l'innovation*. OCDE, Direction de la science et de la technologie, DSTI/STP3/TIP, v. 93, n. 3, 1993.

GULATI, R. Alliances and networks. *Strategic Management Journal*, v. 19, n. 3, p. 293-317, 1998.

GULIK, D. *Encounters with Chaos*. Nova York: McGraw-Hill, 1992.

GUTH, W. D.; KUMARASWAMY, A.; MCERLEAN, M. Cognition, enactment and learning in the entrepreneurial process. In: *Frontiers of Entrepreneurship Research*. Babson: Babson College, 1991.

GUZMAN CUEVAS, J. Les petites entreprises et les petits entrepreneurs en Espagne: une approche qualitative. *Revue internationale P.M.E.*, v. 8, n. 1, p. 121-137, 1995.

HABERMAS, J. *Théorie de l'agir communicationnel*. 2 tomos. Paris: Fayard, 1981.

HABBERSHON, T. G.; WILLIAMS, M. A Resource-Based framework for assessing the strategic advantages of family firms. *Family Business Review*, v. 12, n. 1, p. 1-25, 1999.

HALL, R. A framework linking intangible resources and capabilities to sustainable competitive advantage. *Strategic Management Journal*, v. 14, n. 8, p. 607-618, 1993.

HAMBERG, D. *R & D Essays on the Economic of Research and Development*. Nova York: Random House, 1966.

HAMBRICK, D. C. Some tests of effectiveness and functional attributes of Miles and Snow's strategic types. *Academy of Management Journal*, v. 26, n. 1, p. 5-26, 1982.

HAMEL, G.; PRALAHAD, C. K. *Competing for the Future*. Cambridge: Harvard Business School Press, 1994.

HANIFAN, L. J. *The Community Center*. Boston: Sirver Burdette & Co., 1920. Citado em: PLOCINICZAK, S. La construction locale du marché des très petites enterprises. Des réseaux sociaux au capital social des entrepreneurs. L'exemple de l'arrondissement lensois. *Revue d'économie régionale et urbaine*, jul. 2003.

HARRISSON, B. *Lean and Mean*. Nova York: Basic Books, 1994.

HAYEK, F. A. The use of knowledge in society. *American Economic Review*, v. 35, n. 4, p. 519-39, 1945.

HAYEK, F. A. Economics and knowledge. In: HAYEK, F. A. *Individualism and Economic Order*. Londres: Routledge and Kegan Paul, 1959. p. 33-56.

HAYEK, F. A. The meaning of competition. In: HAYEK, F. A. *Individualism and Economic Order*. Londres: Routledge and Kegan Paul, 1959. p. 92-106.

HEDSTRÖM, P.; SANDELL, R.; STERN, C. Mesolevel networks and the diffusion of social movement, The case of Swedish Democratic Party. *American Journal of Sociology*, v. 106, p. 145-172, 2000. Citado em: RUEF, 2001.

HILL, N. *Think and Grow Rich*. Cleveland: Ralston Publishing Co., 1952.

HILLS, G. E.; SHRADER, R. C.; LUMPKIN, G. T. Opportunity recognition as a creative process. *Frontiers of Entrepreneurship Research*. Babson: Babson College, p. 216-227, 1997.

HINDLE, K. Formalizing the concept of entrepreneurship. In: CONGRÈS INTERNATIONAL DE L'ICSB, 2007, Turku, Finlândia.

HITE, J. M. Evolutionary processes and paths of relationally embedded network ties in emerging entrepreneurial firms. *Entrepreneurship Theory and Practice*, v. 29, n. 1, p.113-123, 2005.

HITT, M. A.; REED, T. S. Entrepreneurship in the new competitive landscape. In: MEYER, G. D.; HEPPARD, K. A. *Entrepreneurship as Strategy*. Thousand Oaks: Sage Publications, 2000. p. 23-47.

HITT, M. A.; IRELAND, R. D.; CAMP, S. M.; SEXTON D. L. Strategic entrepreneurship: entrepreneurial strategies for wealth creation. *Strategic Management Journal*, v. 22, n. 3, p. 479-491, 2001.

HJALMARSSON, D.; JOHANSSON, A. W. Public advisory services – theory and practices. *Entrepreneurship and Regional Development*, v. 15, n. 1, p. 83-98, 1993.

HJORTH, D; STEWEART, C. *Narrative and Discussive Approach in Entrepreneurship*. Cheltenham: Edward Elgar, 2005.

HOANG, H.; ANTONIC, B. Network-based research in entrepreneurship: a critical review. *Journal of Business Venturing*, v. 18, n. 2, p. 165-187, 2003.

HODGSON, G. *Economics and Institutions: A Manifesto for a Modern Institutional Economics*. Cambridge: Polity Press, 1988.

HOFFMAN, K.; PAREJO, M.; BESSANT, J.; PERREN, L. Small firms, R&D, technology and innovation in the UK: a literature review. *Technovation*, v. 18, n. 1, p. 39-55, 1998.

HOFSTEDE, G. *Culture and Organizations: The Software of the Mind*. Nova York: Harper and Collins, 1994.

HOFSTEDE, G. Motivation, leadership and organization: do American theory apply abroad?. *Organization Dynamics*, v. 9, n. 1, p. 42-63, 1980.

HOLMQUIST, C. Is the medium really the message? Moving perspective from the entrepreneurial actor to the entrepreneurial action. In: STEYAERT, C.; HJORTH, D., 2003. p. 73-85.

HOWITT, P. *The Implication of the Knowledge-based Growth for Micro-Economic Policies*. Calgary: University of Calgary Press, 1996.

HUBBARD, R. The golden goose? Understanding (and taxing) the saving of entrepreneurs. *Advances in Entrepreneurship, Innovation and Economic Growth*, n. 10, p. 43-69, 1998.

HUMAN, S. E.; PROVAN, K. G. An emergent theory of structure and outcomes in small firms strategic manufacturing networks. *Academy Management Journal*, v. 40, n. 2, p. 368-403, 1994.

HURIOT, J. M. (dir.). *La ville ou la proximité organisée*. Paris: Anthropos, 1998.

HUSTED, K.; MICHAILOVA, S. Knowledge sharing in Russian companies with Western participation. *International Management*, v. 6, n. 2, p. 17-28, 2002.

HUSE, M.; LANDSTRÖM, H. European entrepreneurship and small business research – Methodological openness and contextual differences. *International Studies of Management and Organization*, 1997. Citado em: JOHANNISSON; LANDSTRÖM. 1999.

HUSE, M.; JOHANNISSON, B. Recruiting outside board members in the family business. Challenging the dominant logic. In: ACADEMY OF MANAGEMENT MEETING, 1998 San Diego, .

HUTCHINSON, J.; FOLEY. P.; OZTEL, H. Business link…..adviser's impact on SMEs: an agency theory approach. *Regional Studies*, v. 31, n. 7, p. 1148-1152, 1997.

IRTS-JRS. Emerging thematic priorities for reserach in Europe. Caderno de pesquisa, Sevilha, 2000.

ISLA, A. Le statut d'acteur dans les analyses économiques. *Cahiers de recherche de LEREPS*. Toulouse, n. 99-02, 1999.

ISLAM, K. Identifying shortcoming and preparing for success. *E-learning Magazine*, p. 1-3, mai. 2002.

IVERSEN, J.; JØRGENSEN, R.; MALCHOW-MØLLER, N. Defining and meseasuring Entrepreneurship. *Foundations and Trends in Entrepreneurship*, v. 4, n. 1, p. 1-63, 2008.

JACOB, R.; JULIEN, P. A.; RAYMOND, L. Compétitivité, savoirs stratégiques et innovation: les leviers de l'apprentissage collectif en contexte de réseau. *Gestion. Revue internationale*, v. 22, n. 3, p. 93-100, 1997.

JACOB, J. *Les villes et la richesse des nations. Réflexions sur la vie économique*. Montreal: Boréal, 1992.

JAMESON, E. *De la nada a millonarios*. 5 ed. Madri: Espasa-Calpe, 1961.

JENSEN, M. C.; MECKLING, W. H. Theory of the firm: Managerial behavior agency costs and ownership structure. *Journal of Financial Economics*, v. 3, n. 4, p. 305-360, 1976.

JEWKES, J.; SAWERS, D.; STILLERMAN, R. *The Sources of Invention*. Nova York: W.W. Norton, 1969.

JOHANNISSON, B. Entrepreneurial networking in the Scandinavian context: theoretical and empirical positioning. *Entrepreneurship and Regional Development*, v. 7, n. 3, p. 189-192, 1995.

JOHANNISSON, B. The dynamic of entrepreneurial networks. In: Reynolds, P.S. et coll. (dir.). *Frontiers of Entrepreneurship Research 1996*. Wellesley: Babson College, 1996. p. 253-267.

JOHANNISSON, B. Networking and entrepreneurial growth. In: SEXTON, D.; LANSTRÖM, H. (dir.). *Handbook of Entrepreneurship*. Londres: Blackwell, 2000. p. 215-236.

JOHANNISSON, B. La modernisation des districts industriels. Rajeunissement ou colonisation managériale?. *Revue internationale P.M.E.*, v. 16, n. 1, p. 11-42, 2003.

JOHANNISSON, B.; ALEXANDERSON, O.; NOWICKI, K.; SENNETEH, S. Beyond anarchy and organization: entrepreneurs in conceptual network. *Entrepreneurship and Regional Development*, v. 6, n. 3, p. 329-356, 1994.

JOHANNISSON, B.; KANTIS, H. *Industrial districts in Argentina and Sweden. Using network analysis to reveal the secrets of business organizing*. Caderno de pesquisa, Växjö University, 2000.

JOHANNISSON, B.; JOHNSSON, R. *New venture network strategies*. Caderno de pesquisa, Växjö University, n.18, 1988.

JOHANNISSON, B.; LANDSTRÖM, H. (dir.). *Images of Entrepreneurship and Small Business. Emerging Swedish Contributions to Academic Research*. Caderno de pesquisa, Växjö University, 1999.

JOHNSON, L. K.; KUEN, R. The small business owner-manager's search for external information. *Journal of Small Business Management*, v. 25, n. 3, p. 29-39, 1987.

JOHNSON-LAIRD. *Mental Models*. Boston: Harvard University Press, 1983. Citado em: VAGHELY, I.; JOHNSTONE, H.; LIONAIS, D. Depleted communities and community business entrepreneurship: revaluing space through place. *Entrepreneurship and Regional Development*, v. 16, n. 3, 2004. p. 217-233.

JONES, G.; WADHWANI, R. D. *Entrepreneurship and business history: Renewing the research agenda*. Caderno de pesquisa, Harvard Business School, 2006. 51 p.

JULIEN, P. A. Entrepreneurship and economic theory. *International Small Business Journal*, v. 7, n. 3, p. 29-38, 1989.

JULIEN, P. A. *Les petites et moyennes entreprises: technologie et compétitivité*. Paris: OCDE, 1993a.

JULIEN, P. A. Small business as a research subject: some reflexions on knowledge of small businesses and its effect on economic theory. *Small Business Economic*, v. 5, n. 2, p. 157-166, 1993b. Reproduzido em: KRUEGER, N. (dir.). *Entrepreneurship*. Londres: Routledge, 2002.

JULIEN, P. A. New technologies and technological information in small business. *Journal of Business Venturing*, v. 10, n. 6, p. 459-475, 1995.

JULIEN, P. A. Globalization: different types of small business behaviour. *Entrepreneurship and Regional Development*, v. 8, n. 1, p. 57-74, 1996a.

JULIEN, P. A. Information control: a key factor in small business development. In: INTERNATIONAL CONGRESS ON SMALL BUSINESS (ICSB), 41. Estocolmo, 17-19 jun. 1996b .

JULIEN, P. A. *L'entrepreneuriat au Québec. Pour une révolution tranquille entrepreneuriale, 1980-2005*. Montreal: Les Éditions Transcontinental; Quebec: Les éditions de la Fondation de l'Entrepreneurship, 2000.

JULIEN, P. A. Réseautage et innovation: le cas des PME manufacturières d'une région en reconversion. *Économie et société*, p. 75-100, 2006. (Série Dynamique Technologique et Organisation, n. 9).

JULIEN, P. A.; ANDRIAMBELOSON, E.; RAMANGALAHY, C. Networks, weak signals and technological innovation among SMEs land-based transportation equipment sector. *Entrepreneurship and Regional Development*, v. 16, n. 4, p. 251-269, 2004.

JULIEN, P. A.; BEAUDOIN, R.; NJAMBOU, R. PME exportatrices et information en zones rurales et en zones urbaines. *Revue internationale P.M.E.*, v. 12, n. 1-2, p. 107-127, 1999.

JULIEN, P. A.; CARRIÈRES, J. B.; RAYMOND; L.; LACHANCE, R. La gestion du changement technologique dans les PME manufacturières au Québec: une analyse de cas multiples. *Revue internationale P.M.E.*, v. 7, n. 3-4, p. 87-120, 1994a.

JULIEN, P. A., CARRIER, M.; LUC, D.; DÉSAULNIERS, L.; MARTINEAULT, Y. *Les PME à forte croissance au Québec. Cas de 17 gazelles dans huit régions québécoises*. Quebec: Presses de l'Université du Québec, 2002.

JULIEN, P. A.; JOYAL, A.; DESHAIES, L. SMEs and international competition: free trade agreement and globalization. *Journal of Small Business Management*, v. 32, n. 3, p. 52-64, 1994b.

JULIEN, P. A.; JOYAL, A.; DESHAIES, L.; RAMANGALAHY, C. A typology of strategic behaviour among small and medium-sized exporting businesses: A case study. *International Small Business Journal*, v. 15, n. 2, p. 33-50, 1997.

JULIEN, P. A.; LACHANCE, R. *Embauche d'ingénieurs dans les PME manufacturières*. Questionário de pesquisa: Ordem dos engenheiros de Quebec, 1993. 28 p.

JULIEN, P. A.; LACHANCE, R. Networking: willingness of formal network SME members to trade information and a descriptive analysis of this network. In: INTERNATIONAL CONGRESS ON SMALL BUSINESS (ICSB), 44., 1999, Nápoles, Itália.

JULIEN, P. A.; LACHANCE, R. Dynamic regions and high-growth SME's: uncertainty, potential information and weak signal networks. In: REN CONFERENCE, 4., 2000, Praga, Rep. Tcheca.

JULIEN, P. A.; LACHANCE, R.; MORIN, M. Réseautage complexe des entreprises manufacturières performantes en région renaissante. *Géographie, économie et société*, n. 2, p. 179-202, 2004.

JULIEN, P.A.; LEYRONAS, C.; MAKITA, J.; MOREAN, E. La capacité d'absorption, l'élément clé dans la compréhension de la relation entre information et innovation. Le cas des PME du Congo-Brazzaville, 2008. No prelo.

JULIEN, P. A.; MARCHESNAY, M. Sur le dynamisme des petites entreprises dans les pays industralisés. *Piccola Impresa*, n. 2, p. 3-20, 1990.

JULIEN, P. A.; MORIN, M. *Mondialisation de l'économie et PME québécoises*. Quebec: Les Presses de l'Université du Québec, 1996.

JULIEN, P. A.; MUSTAR, P.; ESTIMÉ, M. F. Les PME à forte croissance. *Numéro thématique*, v. 14, n. 3-4, 2001.

JULIEN, P. A.; RAYMOND, L.; JACOB, R.; ABDUL-NOUR, G. The network enterprise. Ten years' experience of the Bombardier Chair, 1993-2003. In: EUROPEAN INTERNATIONAL SMALL BUSINESS CONFERENCE, 33. 2003b, Milão, Itália.

JULIEN, P. A.; RAYMOND, L.; JACOB, R.; ABDUL-NOUR, G (dir.). *L'entreprise-réseau. Dix ans d'expérience de la Chaire Bombardier Produits récréatifs*. Quebec: Presses de l'Université du Québec, 2003c.

JULIEN, P. A.; RAYMOND, L.; JACOB, R.; RAMANGALAHY, C. Types of technological scanning in manufacturing SMEs: an empirical analysis of patterns and determinants. *Entrepreneurship and Regional Development*, v. 11, n. 4, p. 281-300, 1999.

JULIEN, P. A.; THIBODEAU, J. C. *Nouvelles technologies et économie*. Quebec: Les Presses de l'Université du Québec, 1991.

JULIEN, P.A.; VAGHELY, I. Opportunités: idée, marché et temps. In: CONGRES INTERNATIONAL DE L'ICSB, 2008, Halifax, Canadá.

JULIEN, P. A.; VAGHELY, I.; CARRIER, C. PME et contrôle de l'information: le rôle du "troisième homme". *Journal of Small Business and Entrepreneurship*, v. 17, n. 3, p. 333-348, 2004.

KAISH, S.; GILAB, B. Characteristics of opportunities search of entrepreneurs versus executives: sources, interest, general alertness. *Journal of Business Venturing*, v. 6, n. 1, p. 45-61, 1991.

KALDOR, N. What is wrong with economic theory?. *American Economic Review*, v. 89, n. 3, p. 347-358, 1975.

KANDEM, E. Entrepreneuriat et sciences sociales en Afrique. *Management international*, v. 6, n. 1, p. 16-32, 2001.

KANGASHARJU, A. Regional variations in firm formation: panel and cross-section data evidence from Finland. *Regional Science*, v. 79, n. 4, p. 355-373, 2000.

KANTER, R. M. *The Change Masters*. Londres: Unwin Hyman, 1984. Citado em: SCHELL, E., 2001.

KARPIK, L. L'économie de la qualité. *Revue française de sociologie*, n. 30, p. 187-210, 1989.

KARPIK, L. Dispositifs de confiance et engagements crédibles. *Sociologie du travail*, n. 4, p. 527-549, 1996.

KARTZ, F.; LAZARFELD, P. F. *Personal Influence*. Nova York: Collier-Macmillan, 1955.

KAUFMAN, A.; FUSTIER, M.; DREVET, A. *L'inventique. Nouvelles méthodes de créativité*. Paris: EMI, 1971.

KEEBLE, D.; WILKINSON, F. Collective learning and knowledge development in the evolution of regional clusters of high technology SMEs in Europe. *Regional Studies*, v. 33, n. 2, p. 295-332, 1999.

KEFAUVER, A. *In a Few Hands. Monopoly Power in America*. Harmondsworth: Penguin, 1965.

KELLY, D.; AMBURGEY, T. L. Organizational inertia and momentum: a dynamic model of strategic change. *Academy of Management Journal*, v. 34, n. 5, p. 591-612, 1991.

KENDRICK, J. W. Total capital and economic growth. *Atlantic Economic Journal*, v. 22, n. 1, 1994. Citado em: FORAY, D., 2000.

KETS DE VRIES, M. F. R. The entrepreneurial personality: a person at the crossroads. *Journal of Management Studies*, v. 14, n. 1, p. 34-57, 1977.

KICKERT, W. J. M. The magic word flexibility. *International Studies in Management & Organization*, v. 14, n. 4, p. 6-31, 1985.

KIESLER, S.; SPROULL, L. Managerial response to changing environments: perspectives on problem sensing from social cognition. *Administrative Science Quarterly*, v. 27, n. 5, p. 548-570, 1982.

KIRCHHOFF, B. A. *Entrepreneurhip and Dynamic Capitalism*. Westport: Quorum Book, 1994.

KIRZNER, I. M. *Competition and Entrepreneurship*. Chicago: University of Chicago Press, 1973.

KIRZNER, I. M. *Perception, Opportunity and Profit*. Chicago: University of Chicago Press, 1979.

KIRZNER, I. M. The theory of entrepreneurship in economic growth. In: KENT, C. A. et al., *Enclyclopedia of Entrepreneurhsip*. Englewood Cliffs: Prentice-Hall, 1982.

KLEINKNECHT, A. Measuring R-D in small firms: how much are we missing. *Journal of Industrial Economics*, v. 36, n. 2, p. 253-256, 1987.

KLEINKNECHT, A.; POOT, T. P.; REIJNEN, J. O. N. Technical performance and firms size: survey results from the Netherlands. In: ACS, J. Z.; AUDRETSCH, D. B. (dir.). *Innovations and Technological Change: An International Comparison*. Ann Arbor: University of Michigan Press, 1991.

KLINE, S.; ROSENBERG, N. An overview on innovation. In: LANDAU, R.; ROSENBERG, N. (dir.). *The Positive Sum Strategy*. Washington: National Academy Press, 1986. p. 275-305.

KNACK, S.; KEEPER, P. Does social capital have an economic payoff?. *Quarterly Journal of Economics*, v. 72, p. 1251-1288, 1997.

KOENIG, G. *Management stratégique*. Paris: Nathan, 1990.

KOENIG, G. (dir.). *Les nouvelles formes de management pour le XXIe siècle*. Paris: Economica, 1999.

KOKA, B. R.; PRESCOTT, J. E. Strategic alliances as social capital: a multidimensional view. *Strategic Management Journal*, v. 23, p. 795-816, 2002.

KOTTER, J.P. What leaders really do. *Harvard Business Review*, mai-jun. 1990.

KOTTER, J. P. Leading change: why transformation efforts fail?. *Harvard Business Review*, p. 59-67, mar-abr 1995.

KRACKHARDT, D. The strength of strong ties: the importance of philos in organizations. In: NOHRIA, N.; ECCLES, R. G. (dir.). *Networks and Organizations: Structure, Form, and Action*. Boston: Harvard Business School Press, 1992. p. 216-239.

KRUEGER, N. F. What lies beneath? The experiential essence of entrepreneurial thinking. *Entrepreneurship Theory and Practice*, v. 31, n. 1, p. 122-138, 2007.

KUHN, T. S. *The Structure of Scientific Revolution*, 2 ed. Chicago: University of Chicago Press, 1970.

LACHMAN, J. *Financer l'innovation dans les PME*. Paris: Economica, 1996.

LAMBRECHT, J.; PIRNAY, F. An evaluation of public support measures for private external consultancies to SMEs in the Walloon Region of Belgium. *Entrepreneurship and Regional Development*, v. 17, n. 2, p. 89-108, 2005.

LAMMING, R. *Oltre la partnership. Strategie per l'innovazione e la produzione snella*. Nápoles: Cuen, 1995.

LAMONDE, P.; MARTINEAU, Y. *Désindustrialisation et restructuration économique. Montréal et les autres grandes métropoles nord-américaines, 1971-1991*. Montreal: INRS-Urbanisation, 1992.

LANDA, J. T. Culture et activité entrepreneuriale dans les pays en développement: le réseau ethnique, organisation économique. 1993. In: BERGER, B. et al. (dir.). *Esprit d'entreprises, culture et sociétés*, Paris: Éditions Maxima. Citado em: HERANDEZ, 1999.

LANG, J. R.; CATALONNE, R. J.; GUDMUNDSON; D. Small firm information seeking as a response to environmental threats and opportunities. *Journal of Small Business Management*, v. 35, n. 1, p. 11-23, 1997.

LAZZERETTI, L.; STORAI, D. A multipopulation analysis of an Italian industrial districts: the case of Prato evolution (1946-1993). *Piccola Impresa*, n. 2, p. 21-39, 2001.

LAPERCHE, B. L'innovation: avec ou sans brevet?. *Innov.doc, La lettre du LRII*. Dunquerque: Université du Littoral Côte d'Opale, 2003, n. 20.

LAPERCHE, B.; UZUNIDIS, D. *Étatisme et marchandisation du service public. Le cadre d'une régulation keinesiano-libérale*. Dunquerque: Université du Littoral, 2003.

LARSON, A.; STARR, J. A network model of organization formation. *Entrepreneurship: Theory and Practice*, v. 17, n. 1, p. 1-15, 1993.

LAURENDEAU; LABRECQUE; RAY; BERNDSON. Les conseils d'administration sur la sellette. *Bulletin Émergences*, v. 4, n. 2bb, 2003.

LATOUR, B. L'impossible métier de l'innovation technique. In: MUSTAR, P.; PENAN, H. *Encyclopédie de l'innovation*. Paris: Economica, 2003, p. 1-26.

LAVOIE, M.; ROY, R.; THERRIEN, P. A growing trend toward knowledge work in Canada. *Research Policy*, v. 32, n. 5, p. 827-844, 2003.

LAWSON, C.; LORENZ, E. Collective learning, tacit knowledge and regional innovative capacity. *Regional Studies*, v. 33, n. 4, p. 305-317, 1999.

LAWTON SMITH, H.; GLASSON, J.; SIMMIE, J., CHADWICK, A.; CLARK, G. *Enterprising Oxford: The Growth of the Oxfordshire High-Tech Economy*. Oxford: Oxfordshire Economic Observatory, 2003.

LECLERC, Y.; BÉLAND, C. *La voie citoyenne. Pour renouveler le modèle québécois*. Montreal: Plurimédia, 2003.

LECOQ, B. Dynamique industrielle, histoire et localisation: Alfred Marshall revisité. *Revue française d'économie*, v. VIII, n. 4, p. 195-234, 1993.

LE CORNU, M.R.; MCMAHON, R. G. P.; FORSAITH, D. V.; STANGER, M. J. The small enterprise financial objective function. *Journal of Small Business Management*, v. 34, n. 3, p. 1-14, 1996.

LEFF, N. Entrepreneurship and economic development: the problem revisited. *Journal of Economic Literature*, v. 17, n. 2, p. 46-74, 1979.

LEIBENSTEIN, H. The general X-efficiency paradigm and the role of the entrepreneur. In: ROZZIO, R. (dir.). *Time, Uncertainty and Disequilibrium*. Lexington: D.C. Helth, 1979.

LENFLE, S.; MIDLER, C. Management de projet et innovation. In: MUSTAR, P.; PENAN, H. *Encyclopédie de l'innovation*. Paris: Economica, 2003. p. 49-69.

LEONARD, D.; SENSIPER, S. The role of tacit knowledge in group innovation. *California Management Review*, v. 40, n. 3, p. 112-126, 1998.

LESCA, H.; BLANCO, S. Contribution à la capacité d'anticipation des entreprises par la sensibilisation aux signaux faibles. In: CONGRÈS INTERNATIONAL FRANCOPHONE SUR LES PME, 6., 2002, Montreal, Canadá.

LESKA, H.; LESKA, E. *Gestion de l'information: qualité de l'information et performance de l'entreprise*. Paris: Litec, 1995.

LETOWSKI, A. *Entreprendre, pourquoi?* Paris: Agence pour la création d'entreprise, 2001.

LEWIS, A. *Economic Development*. Nova York: McGraw-Hill, 1951.

LIAO, J.; WELSCH, H. P. Social capital and growth intention: the role of entrepreneurial networks in technology-based new ventures. In: BABSON ENTREPRENEURSHIP RESEARCH CONFERENCE, 2001, Jönköping, Suécia.

LIN, N. Building a network theory of social capital. *Connexions*, v. 22, n. 1, p. 28-51, 1999.

LIPOVETSKY, G. *Le crépuscule du devoir. L'éthique indolore des nouveaux temps démocratiques*. Paris: Gallimard, 1992. Citado em: KAMDEM. 2000.

LIPSEY, R. In: BENEFACTORS LECTURE, C. D. HOWE INSTITUTE, 1996, Vancouver.

LONG, W.; MCMILLAN, W.E. Mapping the new venture opportunity identification process. *Frontiers of Entrepreneurship Research*. Babson: Babson College, p. 567-590, 1984.

LORENZONI, G. *L'architettura di sviluppo delle imprese minori*. Bolonha: IL Mulino, 1990.

LORINO, P. *L'économiste et le manageur*. Paris: La Découverte, 1989.

LORINO, P.; TARONDEAU, J. C. De la stratégie aux processus stratégiques. *Revue française de gestion*, n. 117, p. 5-17, 1998.

LU, D. The entrepreneurs who do both: Production and rent seeking. *Journal of Economic Behavior and Organization*, v. 23, n. 1, p. 93-98, 1994.

LUCAS, R. E. On the size distribution of business firms. *Bell Journal of Economic*, v. 9, n. 4, p. 508-523, 1978.

LUNDVALL, B. A. Innovation as an interactive process: from user-producer interaction to the national system of innovation. In: DOSI, G.; FREEMAN, C.; NELSON, R.; SILVERBERG, G.; SOETE, L. (dir.). *Technical Change and Economic Theory*. Londres: Frances Pinter Publishers, 1988.

LYNCH, R. P. *Business Alliance Guide: The Hidden Competitive Weapon*. Nova York: Wiley and Sons, 1993.

MADDISON, A. *L'économie mondiale*. Paris: OCDE, 2002.

MAILLAT, D. *Milieux innovateurs et nouvelles générations de politiques régionales*. Caderno de pesquisa IRER, Université de Neuchâtel, n. 9604, 1996. ().

MAILLAT, D.; LECOQ, B. New technologies and transformation of regional structures in Europe: the role of the milieu. *Entrepreneurship and Regional Development*, v. 4, n. 1, p. 1-20, 1992.

MAILLAT, D.; QUÉVIT, M.; SENN, L. *Réseaux d'innovation et milieux innovateurs. Le pari pour le développement régional*. Neuchâtel: EDES, 1993.

MAILLAT, D.; PERRIN, J. C. (dir.). *Entreprises innovatrices et développement territorial*. Neuchâtel: GREMI, EDES, 1992.

MALECKI, E. Entrepreneurship in regional and local development. *International Regional Science Review*, v. 16, n. 1-2, p. 119-153, 1994.

MANGEMATIN, V. PME de biotechnologie: plusieurs business modèles en concurrence. In: MUSTAR; PENAN. *Encyclopédie de l'innovation*. Paris: Economica, 2003. p. 539-552.

MANSFIELD, E. *Industrial Research and Technological Innovation*. Nova York: W. W. Norton, 1968.

MARCHESNAY, M. *Management stratégique*. Paris: Eyrolles, 1993.

MARCHESNAY, M. Les PME de terroir: entre géo et clio strategies. *Entreprises et histoire*, n. 28, p. 51-63, 2001.

MARCHESNAY, M. Management: les constructeurs: Michael Porter. *Revue française de gestion*, n. 4, p. 76-87, 2001.

MARCHESNAY, M. Pour une approche entrepreneuriale de la dynamique ressources-compétences. *Les cahiers de l'ERFI*, n. 22, 2002.

MARCHESNAY, M. De la rente de différenciation à la rente de distinction. Caderno de pesquisa ISEM, Université de Montpellier I, abr. 2003.

MARCHESNAY, M.; JULIEN, P. A. The small business as a transaction space. *Entrepreneurship and Regional Development*, v. 2, n. 2, p. 267-277, 1990.

MARCHLUP, F. Theory of the firm marginalist, behavioural, managerial. *American Economic Reviews*, v. 57, n. 1, p. 1-33, 1967.

MARIOTTI, F. *Gouverner l'entreprise-réseau. Apprentissage de la coopération et exercice de pouvoir dans les réseaux de sous-traitance et de production distribuée*, 2003. Tese de doutorado – Université Pierre-Mendès-France, Grenoble, 2003.

MARRIS, R. *L'entreprise capitaliste moderne*. Paris: Dunod, 1971.

MARSHALL, A. *Principles of Economic Policy*. 8th ed. Londres: Macmillan, 1920.

MARTIN, F. L'entrepreneurship et le développement local: une évaluation. *Revue canadienne des sciences régionales*, v. 11, n. 1, p. 1-25, 1986.

MARTINEAU, Y.; TRÉPANIER, M. Les technopoles et le développement de l'économie du savoir. La minute de l'emploi. *Fonds de solidarité des travailleurs du Québec*, v. 3, n. 2. 1999.

MARTINET, A. L. Stratégie et innovation. In: MUSTAR. P.; PENAN, H. *Encyclopédie de l'innovation*. Paris: Economica, 2003. p. 49-69.

MARTINET, A. C.; THIÉTART, R. A. *Stratégies: actualités et futurs de la recherche*. Paris: Vuibert, 1997.

MASCLET, M. L'analyse de l'influence de la pression des pairs dans les équipes de travail. *Cahiers de recherche du CIRANO*. Montreal: Université de Montréal, 2003.

MASKELL, P.; ESKELINEN, H.; HANNIBALSSON, I.; MALMBERG, A.; VATNE, E. *Competitiveness, Localized Learning and Regional Development. Specialization and prosperity in small open economies*. Londres: Routledge, 1996.

MASKELL, P.; MALMBERG, A. Localized learning and industrial competitiveness. *Cambridge Journal of Economics*, v. 23, n. 2, p. 167-185, 1999. Citado em: JOHANNISSON. 2003.

MATSANGA, O. *L'entrepreneurship au Gabon*, 1997. Dissertação (mestrado em gestão de PMEs) – Université du Québec, Trois-Rivières, 1997.

MATUSIK, S. F.; HEELEY, M. B. Absorptive capacity in the software industry: Identifying factors

that affect knowledge and knowledge creation activities. *Journal of Management*, v.31, n. 4, p. 549-572, 2005.

MAURICE, M. Les sociologues et l'entreprise. In: SAINSAULIEU, R. (dir.). *L'entreprise. Une affaire de société*. Paris: Presses de la Fondation nationale des sciences politiques, 1992.

MCCLELLAND, D. C. Entrepreneurship and achievement motivation: approaches to the science of socio-economic development. In: LENGYEL, P. (dir.). *Approaches to the Science of Socio-Economic Development – Approches de la science et du développement socio-économique*. Paris: Unesco, 1971.

MCCLOSEY, D. N.; SANDBERG, L. From damnation to redemption: judgements: on the late Victorian entrepreneurs. *Explorations in Economic History*, v. 9, n. 4, p. 89-108, 1971.

MCMILLEN, J. S.; PLUMMER, L. A.; ACS, Z. J. What is an entrepreneurial opportunity?. *Small Business Economics*, v. 28, n. 4, p. 273-283, 2007.

MÉDUS, J. L.; PACITTTO, J. C. *L'innovation technologique dans la TPE: un premier bilan*. Caderno de pesquisa, Université Paris Val-de-Marne, n. 94-11, set. 1994.

MÉLÈSE, J. *Approches systémiques des organisations. Vers l'entreprise à complexité humaine*. Paris: Anthropos, 1979.

MERLO-PONTI, M. *Le visible et l'invisible*. Paris: Gallimard, 1964.

MESSEGHEM, K. Peut-on concilier logiqes managériales et entrepreneuriales dans les PME?. *La Revue des sciences de gestion*, v. 37, n. 194, p. 35-51, 2002.

MEYER, G. D.; HEPPARD, K. A. (dir.). Entrepreneurial strategies: the dominant logic. In: *Entrepreneurship as Strategy*. Thousand Oaks: Sage Publications, 2000.

MICHELSONS, A. Modèles, images et politiques: quels futurs pour la petite entreprise et les économies territoriales. In: LA PME OBJET DE RECHERCHE PERTINENT – COLLOQUE DU TETRA, 1990, Lyon, França.

MILES, G.; HEPPARD, K. A.; MILES, R. E.; SNOW, C. C. Entrepreneurial strategy. In: MEYER, G. D.; HEPPARD, K. A. *Entrepreneurship as Strategy*. Thousand Oaks: Sage Publications, 2000. p. 101-114.

MILES, R. E.; SNOW, C. C. *Organizational Strategy. Structure and Process*. Nova York: McGraw-Hill, 1982.

MILES, R. E.; SNOW, C. C. The network firms: a special structure built on a human investment. *Organizations Dynamics*, v. 23, n. 4, p. 5-18, 1995.

MILLER, C. C.; IRELAND, R. D. Intuition in strategic decision making: Friend or foe in the fast-paced 21th century. *Academy Journal Executive*, v. 19, n. 1, p. 16-26, 2005.

MILGROM, P.; ROBERTS, J. *Économie, organisation et management*. Grenoble: Presses de l'Université de Grenoble, 1979.

MILLER, D. *Le paradoxe d'Icare. Comment les grandes entreprises se tuent à réussir?*. Québec: Les Presses de l'Université Laval, 1992.

MILLS, D.; SCHUMANN, L. Industry structure with fluctuating demand. *American Economic Review*, v. 75, n. 4, p. 758-767, 1985.

MINGUZZI, A.; PASSARO, R. The network of relationships between the economic environment and the entrepreneurial culture in small firms. *Journal of Business Venturing*, v. 16, n. 2, p. 181-216, 2000.

MINISTÈRE DE L'INDUSTRIE, DES FINANCES ET DE L'ÉCONOMIE. *La R&D industrielle. Une clé pour l'avenir. Six cas exemplaires d'entreprises*. Paris: Les éditions de l'Industrie, 2001.

MINNITI , M.; BYGRAVE, D.; AUTIO, E. *Global Entrepreneurship Monitor 2005, Executive Report*. Babson: Babson College, 2005.

MINTZBERG, H. *Mintzberg on Management. Inside our Strange World of Organization*. Nova York: The Free Press, 1990.

MINTZBERG, H. *The Rise and Fall of Strategic Planning*. Londres: Prentice Hall, 1994.

MINTZBERG, H. *Je déteste les avions. Les tribulations d'un passager ordinaire*. Paris: Village Mondial, 2001.

MITCHELL, S. *Big-Box Swindle.* The True Cost of Mega-Retailers and the Fight for America's Independent Businesses. Nova York: Beacon Press, 2006.

MONSTEDT, M. Process and structure of networks: reflections on methodology. *Entrepreneurship and Regional Development*, v. 7, n. 3, p. 193-213, 1995.

MONTESQUIEU, C. L. *Lettres persanes*. Nouvelle édition augmentée. Amsterdã: Arestés; Leipzig: Merkus, Libraires, 1761.

MONTESQUIEU, C. L. *De l'esprit des lois*. Paris: Société Les Belles Lettres, 1958.

MOREL, B.; RYCHEN, F. *Le marché des drogues*. Le Château: Éditions de l'Aube, 1994.

MORGAN, G. The learning region: institution, innnovation and regional renewal. *Regional Studies*, v. 31, n. 5, p. 491-503, 1997.

MONZINGO, J. E. Economic analysis of the criminal justice system. *Crime and Delinquency*, v. 23, n. 3, p. 260-271, 1977.

MORIN, E. *La méthode. I. La nature de la nature*. Paris: Seuil, 1977.

MORIN, E. *Pour sortir du XXe siècle*. Paris: Seuil, 1981.

MORGAN, G. Paradigm, metaphor and puzzle solving in organizational theory. *Administrative Science Quarterly*, v. 25, n. 4, p. 605-621, 1980.

MORGAN, G. The learning region: institution, innovation and regional renewal. *Regional Studies*, v. 31, n. 5, p. 491-503, 1997.

MORVAN, Y. *Fondements de l'économie industrielle*. 2e édition. Paris: Economica, 1991.

MURMANN, J. P. Knowledge and competitive advantage in the synthetic dye industry, 1850-1914: the coevolution of firms, technology, and national institutions in Great Britain, Germany, and the United States. *Enterprize and Society. International Journal of Business History*, v. 1, n. 4, p. 699-704, 2000.

MUSTAR, P. Recherche, innovation et création d'entreprise. In: SIMON, Y.; JOFFRE, P. (dir.). *Enclyclopédie de gestion*. Paris: Economica, 1997.

MUSTAR, P.; PENAN, H. (dir.). *Encyclopédie de l'innovation*. Paris: Economica, 2003.

MYRDAL, G. *Economic Theory and Underdeveloped Regions*. Londres: Duckwoeth, 1956.

NANDRAM, S. S.; BORN, M. P.; SAMSON K. J. *Do entrepreneurial attributes change during the life course of enterprises and entrepreneur?*. Caderno de pesquisa, Nyenrode Business Universiteit, n. 07-08, 2007.

NEIMEIJER, R. Some application of the notion of density to network analysis. In: BOISSEVAIN, J.; MITCHELL, C. (dir.). *Network Analysis. Studies in Human Interaction*. Haia: Mouton, 1973. p. 46-64.

NELSON, R. R.; WINTER, S. G. *An Evolutionary Theory of Economic Change*. Boston: Harvard University Press, 1982.

NEWMAN, P. *L'establishment canadien. Ceux qui détiennent le pouvoir*. Montreal: Éditions de l'Homme, 1981.

NONAKA, I. A dynamic theory of organizational knowledge creation. *Organization Science*, v. 5, n. 1, p. 14-37, 1994.

NONAKA, I. R.; TAKEUCHI, H. *The Knowledge Creating Company*. Nova York: Oxford Press, 1995.

NORTH, D.; SMALLBONE, D. The innovativeness and growth of rural SMEs during the 1990s. *Regional Studies*, v. 34, n. 2, p. 145-157, 2000.

NOOTEBOOM, B. Innovation and diffusion in small firms. Theory and evidence. *Small Business Economics*, v. 6, n. 5, p. 327-347, 1994.

NOOTEBOOM, B. *Learning an Innovation in Organization and Economics*. Oxford: Oxford University Press, 2000.

OBSERVATOIRE EUROPÉEN SUR LES PME. *Rapport annuel*. Zoetermeer: EIM Consultancy, 1995.

OGBOR, J. O. Mythicizing and reification in entrepreneurial discourse: Ideology-critique of entrepreneurial studies. *Journal of Management Studies*, v. 37, n. 5, p. 605-635, 2000.

ORGANISATION DE COOPÉRATION ET DE DÉVELOPPEMENT ÉCONOMIQUES. *La mondialisation et les petites et moyennes entreprises*, v. 1. Paris: OCDE, 1997.

ORGANISATION DE COOPÉRATION ET DE DÉVELOPPEMENT ÉCONOMIQUES. *Tableaux de bord de l'OCDE de la science, de la technologie et de l'industrie.* Vers une économie fondée sur la connaissance. Paris: OCDE, 2001.

ORGANISATION DE COOPÉRATION ET DE DÉVELOPPEMENT ÉCONOMIQUES. *La formation des dirigeants de PME*. Paris: OCDE, 2002a.

ORGANISATION DE COOPÉRATION ET DE DÉVELOPPEMENT ÉCONOMIQUES. *Les PME à forte croissance et l'emploi*. Paris: OCDE, 2002b.

OLIVIER, C. Sustainable competitive advantage: combining institutional and resource-based views. *Strategic Management Journal*, v. 18, n. 6, p. 697-713, 1997.

OGBOR, J. O. Mythicizing and reification in entrepreneurial discourse: Ideology-critique of entrepreneurial studies. *Journal of Management Studies*, v. 37, n. 5, p. 605-635, 2000.

O'HALLORAN, E. F.; RODRIGUEZ, P. L.; VERGARA, F. (dir.). *Angel Investing in Latin America*. Charlottesville: Darden Business Publishing, 2005.

ORGANIZAÇÃO DAS NAÇÕES UNIDAS. *World Economic Report. Transnational Corporation and Integrated International Production*. Nova York: ONU, 1993.

OUCHI, W. Markets, bureaucraties and clans. *Administrative Science Quarterly*, v. 25, n. 2, p. 129-141, 1980.

OUELLET, P. *Matériaux pour une théorie générale des problèmes sociaux.* Le "développement régional" réinterprété. 1998. Tese de doutorado – Université de Montréal, Montreal, 1998.

OWOSU, Y. A. Importance of employee involvement in world-class agile management systems. *International Journal of Agile Management Systems*, v. 1, n. 2, p. 107-115, 1999.

PACITTO, J. C.; JULIEN, P. A. Does marketing have a place in very small enterprises?. In: SYMPOSIUM OF THE INSTITUTE FOR ENTREPRENEURIAL STUDIES. Metz, 2004. Disponível em: <http://www.uic.edu/cba/ies/symposia.html>.

PACITTO, J. C.; JULIEN, P. A. Le marketing est-il soluble dans la tre`s petite entreprise?. *Revue internationale P.M.E.*, v. 19, n. 3-4, p. 77-110, 2006.

PANICCIA, I. *Industrial Districts. Evolution and Competitiveness in Italian Firms.* Cheltenham: Edward Edgar, 2002.

PAPPAS, J. P. (dir.). *The University's Role in Economic Development: From Research to Outreach.* São Francisco: Jossey-Bass Publishers, 1997.

PARANQUE, B.; RIVAUD-DANSET, D. *Marchés, organisation de la production et rentabilité.* Les études de l'observatoire des entreprises. Paris: Banque de France, 1996. n. 96-03.

PARKINSON, C. N. *Les lois de Parkinson*. 4e édition. Paris: Robert Lafond, 1983.

PARKER, S. *The Economics of Entrepreneurship and Self-Employment.* Cambridge: Cambridge University Press, 2004.

PASCALE, R. T.; ATHOS, A. G. *The Art of Japanese Management.* Nova York: Simon & Schuster, 1981. Citado em: PACITTO, J. C. Richard Tanner Pascale. Du paradoxe à la complexité. In: Charrreire, S.; Huault, I. *Les grands auteurs en management.* Colombelle: Éditions EMS, 2002. p. 313-325.

PAVITT, K; ROBSON, M.; TOWNSEND, J. The size distribution of innovating firms in the UK. *The Journal of Industrial Economics*, v. 55, n. 2, p. 291-316, 1987.

PEDLER, M.; BURGOYNE, J. G.; BOYDELL, T. *The Learning Company*: A Strategy for Sustainable Development. Londres: McGraw-Hill, 1991. Citado em: CHELL. 2001.

PEEKS, M. J. Inventions in the postwar-American aluminum company. In: NATIONAL BUREAU OF ECONOMIC RESEARCH. *The Rate and Direction of Inventive Activity*: Economic and Social Factors. A Report. Princeton: Princeton Univresity Press, 1962, p. 279-298.

PELLA Y FORGAS, D. *Las patentes de invención y los derechos del inventor*. Barcelona: Administración de Innovación é invenciones, 1892.

PEREZ, C. *Technological Revolutions and Financial Capital: The Dynamic of Bubbles and Golden Ages*. Camberley: Edward Edgar, 2002.

PERRIN, J. C. *Le développement régional*. Paris: Presses universitaires de France, 1974.

PERROUX, F. *Aliénation et société industrielle*. Paris: Gallimard, 1970.

PERROUX, F. *Économie du XXe siècle*. Paris: Presses universitaires de France, 1964.

PETRELLA, R. La mondialisation de l'économie: une hypothèse prospective. *Futuribles*, n. 135, p. 3-26, set. 1989.

PHILLIPS, B. D.; KIRCHHOFF, B. A. Formation, growth and survival: small firm dynamics in the U.S. economy. *Small Business Economics*, v. 1, n. 1, p. 65-74, 1989.

PICOTT, G.; DUPUY, R. *La création d'emploi selon la taille des entreprises au Canada*. Ottawa: Statistique Canada, Division de l'analyse des entreprises et du marché du travail, 1995.

PINÇON, M.; PINÇON-CHARLOT, M. *Nouveaux patrons, nouvelles dynasties*. Paris: Calmann--Lévy, 1999.

PIRES, A. La criminologie: enjeux épistémologiques, théoriques et éthiques. In: DUMONT, F.; LANGLOIS, S.; MARTIN, Y. (dir.). *Traité des problèmes sociaux*. Quebec: Institut québécois de recherche sur la culture, 1994, p. 247-275.

PIROU, G. *Des nouveaux courants de la théorie économique aux États-Unis. L'économie institutionnelle*. 2e édition. Paris: Domat-Montchrestien, 1939, tomo II.

PIROU, G. *Des nouveaux courants de la théorie économique aux États-Unis. Les précurseurs*. 3e édition. Paris: Domat-Montchrestien, 1946, tomo I.

PITCHER, P. *Artiste, artisants et technocrates.* Rèves, réalités et illusions du leadership. Montreal: Presses des HEC, 1994.

POLANYI, K. *The Great Transformation*. Boston: Beacon Press, 1944.

POLÈSE, M.; SHEARMUR, R. *Économie urbaine et régionale*. Paris: Économica, 2005.

PORTER, J. *The Vertical Mosaic*. Toronto: Toronto University Press, 1966.

PORTER, M. *Choix stragégiques et concurrence*. Paris: Economica,1981.

PORTER, M. E.; MILLAR, V. E. How information gives you competitive advantage. *Harvard Business Review*, v. 63, n. 4, p. 149-160, 1985.

POWELL, W. W. Neither market nor hierarchy: networks forms of organization. In: CUMMING, L. L.; SHAW, B. (dir.). *Research in Organizaqtional Behaviour*. Greenwich: JAI Press, 1990, p. 295-336.

PRALAHAD, C. K.; HAMEL, G. The core competence of the corporation. *Harvard Business Review*, v. 41, n. 3, p. 79-93, 1990.

PRALAHAD, C.; BETTIS, R. The dominant logic: a new link between diversity and performance. *Strategic Management Journal*, v. 7, n. 4, p. 485-501, 1986.

PRAS, B.; LE NAGARD-ASSAYAD, E. Innovation et marketing stratégique. In: MUSTAR, P.; e PENAN, H. *L'encyclopédie de l'innovation*. Paris: Economica, 2003, p. 255-280.

PRIGOGINE, I.; STENGERS, E. *La nouvelle alliance*. Paris: Gallimard, 1979.

PRIGOGINE, I.; STENGERS, E. *Entre le temps et l'éternité*. Paris: Fayard, 1984.

PRIEST, S. P. Business link SME services: targeting, innovation and charging. *Environment and Planning C.*, n. 17, p. 177-194, 1999.

PROULX, M. U. Activités résilière et organisation économique de l'espace. *Revue d'économie urbaine et régionale*, n. 3, p. 575-600, 1989.

PUTNAM, R. Bowling alone: America's declining social capital. *Journal of Democracy*, v. 6, n. 1, p. 64-78, 1995. Citado em: SUIRE. 2000.

PUTNAM, R. D., FELDSTEINET, L. W.; COHEN, D. *Better Together*: Restoring the American Community. Nova York: Simon & Schuster, 2003.

PYKE, F.; SENGENBERGER, W. *Industrial Districts and Local Economic Regeneration*. Genebra: Institut international d'études socials/BIT, 1992.

QUINET, C. Herbert Simon et la rationalité. *Revue française d'économie*, v. 9, n. 1, p. 133-181,

1994.

RALLET, A. Proximité urbaine et information. In: HURIOT, J. M. (dir.). *La ville ou la promiscuité organisée*. Paris: Anthropos, 1998, p. 103-114.

RALLET, A.; TORRE, A. Is geography proximity necessary in the innovation networks in the era of the global economy?. *Géojournal*, v. 49, n. 4, p. 373-380, 1999.

RAO, H. R.; JACOB, V. S.; LIN, F.; ROBEY, D.; HUBER G. P. Hemispheric specialization, cognitive difference, and their implications for the design of decisions support systems: response. *MIS Quarterly*, v. 16, n. 2, p. 145-152, 1992.

RATTI, R.; BRAMANTI, A.; GORDON, R. (dir). *The Dynamics of Innovative Regions.* The GREMI Approach. Adelshot: Ashgate, 1997.

RAYMOND, L.; JULIEN, P. A.; RAMANGALAHY, C. Technological scanning by small Canadian manufacturers. *Journal of Small Business Management*, v. 39, n. 3, p. 43-50, 2001.

REED, R.; FILIPPI, R. Causal ambiguity, barriers to imitation and sustainable competitive advantage*Academy of Management Review*, v. 15, n. 1, p. 88-102, 1990.

REHN, A.; TAALAS, S. 'Znakomtva I Svyazi' (acquaintances and connections) – Blat, the Soviet Union, and mundane entrepreneurship. *Entrepreneurship and Regional Development*, v. 16, n. 3, p. 235-250, 2004.

REY, S.; MATTHEIS, D. *Identifiing regional industrial cluster in California*, v. 1. San Diego: State University of San Diego, 2000.

REYNOLDS, P.; BYGRAVE, W. B.; COX, L. W.; AUTIO, E.; HAY, M. *Global Entrepreneurship Monitor. 2000 Executive Report*. Babson: Babson College, 2000.

REYNOLDS, P. D.; MILLER, B. New firm survival: analysis of a panel's fourth year. *Frontiers of Entrepreneurship Research*. Wellesley: Babson College, 1989.

REYNOLDS, P.; MILLER, B.; MAKI, W. R. Explaining regional variations in business births and deaths: U.S. 1976-1988. *Small Business Economics*, v. 7, n. 4, p. 389-407, 1995.

REYNOLDS, P.; STOREY, D. J.; WESTHEAD, P. Regional variations in new firms formation rates. *Regional Studies*, v. 28, n. 4, p. 443-456, 1994.

RICHARDSON, G. The organization of industry. *Economic Journal*, n. 82, p. 883-896, 1972.

RICOEUR, P. *La métaphore vive*. Paris: Seuil, 1975.

RIGINI, M.; SABEL, C. *Strategie di riaggiustamento industriale*. Bolonha: Il Mulino, 1989.

RIVERIN, N. Entreprendre en milieu rural au Québec. In: ANNUAL CONGRESS OF LA FONDATION DE L'ENTREPRENEURSHIP, 2000, Ontário, Canadá.

ROBSON, P. J. A.; BENNETT, R. J. SMEs growth: the relationship with business advices and external collaboration. *Small Business Economics*, v. 3, n. 2, p. 193-208, 2000.

ROGERS, E. V. *Diffusion of Innovations*. 4th ed. Nova York: The Free Press, 1995.

ROLFO, S.; CALABRESE, G. Small innovative firms in Southern Italy. *Piccola Impresa*, n. 3, p. 87-111, 1995.

ROMER, P. Endogenous technological change. *Journal of Political Economy*, v. 98, n. 5, p. 71-102, 1990.

RONSTADT, R. The corridor principle. *Journal of Business Venturing*, v. 3, n. 1, p. 31-40, 1988.

ROSA, P.; HALLE, R. The craft ideology as a barrier. *Piccola Impresa*, n. 1, p. 27-45, 1990.

ROSTOW, W. W. The take-off into-self-sustained growth. *Economic Journal*, v. 66, n. 261, p. 25-48, 1956.

ROTEFOSS, B.; KOLVEREID, L. Aspiring, nascent and fledgling entrepreneurs: an investigation of the business start-up process. *Entrepreneurship and Regional Development*, v. 17, n. 2, p. 109-127, 2005.

ROTWELL, R. Small firms, innovation and industrial change. *Small Business Economics*, v. 1, n. 1, p. 51-64, 1989.

ROUSE, M. J.; DAELLENBACH, U. S. Rethinking research methos for the resources-based perspectives: isolating sources of sustainable competitive advantage. *Strategic Management Journal*, v. 20, n. 4, p. 487-494, 1999.

RUEF, M. Strong ties, weak ties, and islands: structural and cultural predictors and organizational innovation. *Industrial and Corporate Change*, v. 11, n. 3, p. 427-450, 2002.

RUMELT, R. P. Toward a strategy theory of the firm. In: LAMB, R. B. (dir.). *Competitive Strategic Management*. Englewood Cliffs: Prentice Hall, 1984, p. 556-571.

RUMELT, R. P. *Strategy, Structure and Economic Performance*. Cambridge: Harvard University Press, 1987.

RYAN, B.; CROSS, N. C. The diffusion of hybrid seed corn in two Iowa communities. *Rural Sociology*, n. 8, p. 15-24, 1946. Citado em: ROGERS. 1995.

SAHLMAN, W. A.; STEVENSON, H. H. Capital market myopia. *Journal of Business Venturing*, v. 1, n. 1, p. 7-31, 1985.

SAINSAULIEU, R. (dir.). *L'entreprise, une affaire de société*. Paris: Presses de la fondation nationale des Sciences politiques,1990.

SALOMON, J. J. *Le destin technologique*. Paris: Gallimard, 1992.

SAMMUT, E. Processus de démarrage en petite entreprise: système de gestion et scénarios. *Revue de l'entrepreneuriat*, v. 1, n. 1, p. 61-76, 2001.

SANBERG, W. R.; HOFER, C. H. Improving new venture performance: the role of strategy, industry, structure, and the entrepreneur. *Journal of Business Venturing*, v. 2, n. 1, p. 5-28, 1987.

SANTARELLI, E.; STERLACCHINI, A. Innovation formal vs. informal R&D, and firms size: some evidence form Italian manufacturing. *Small Business Economics*, v. 2, n. 3, p. 223-228, 1990.

SARASON, Y.; DEAN, T.; DILLARD, J. F. Entrepreneurship as the nexus of individual and opportunity: A Structuration view. *Journal of Business* Venturing, v. 21, n. 3, p. 286-305, 2005.

SAUL, J. R. Les bâtards de Voltaire. La dictature de la raison en Occident. Paris: Payot, 1993.

SAXENIAN, A. *Regional Advantage*: Culture and Competition in Silicon Valley and Route 128. Cambridge: Harvard University Press, 1994.

SCOTT, K. *Monster*.The Autobiography of an L.A. Gang Member. Nova York: Penguin Books, 1994.

SMALL BUSINESS RESEARCH CENTRE – SBRC. The state of British enterprise: growth, innovation and competitive advantage in small and medium-sized firms. University of Cambridge. Citado em: HOFFMAN et al, 1992.

SCHERER, F. M. Firm size, market structure, opportunity and the output of patented inventions. *American Economic Review*, v. 55, n. 6, p. 1097-1125, 1965.

SCHERER, F. M. *Innovation and Growth: Schumpeterian Perspectives*. Cambridge: MIT Press, 1984.

SCHMITT, H. (dir.). *Local Enterprises in the Global Economy*. Cheltenham: Edward Edgar, 2003.

SCHULTZ, T. W. Investment in entrepreneurial ability. *Scandinavian Journal of Economics*, n. 82, p. 437-448, 1980.

SCHUMPETER, J. A. *The Theory of Economic Development*. An Inquiry into Capital, Profits, Credit, Interest and the Business Cycle. Oxford: Oxford University Press, 1963.

SCHUMPETER, J. The instability of capitalism. *Economic Journal*, v. 38, p. 361-386, 1928.

SCHUMPETER, J. A. *Business Cycles*. A Theoretical, Historical and Statistical Analysis of the Capitalist Process. Nova York: McGraw-Hill, 1939.

SCHUMPETER, J. *Capitalisme, socialisme et démocratie*. Paris: Payot, 1942.

SEIBERT, S. E.; KRAIMER, M. L.; LIDEN, R. C. A social capital theory of career success. *Academy of Management Journal*, v. 44, n. 2, p. 219-237, 2001.

SEN, A. Rational fools: a critique of the behavioral foundations of economic theory. *Philosophy and Public Affairs*, v. 6, p. 317-344, 1977.

SENGE, P. The leader's new work: building learning organizations. *Sloan Management Review*, v. 32, n. 1, p.7-23, 1990.

SENGE, P.; KLEINER, A.; ROBERTS, C.; ROSS, R.; ROTH, G.; SMITH, B. *La danse du changement*: maintenir l'élan des organisations appre-nantes. Paris: First Edition, 1999.

SESSI (Service des Études et des Statistiques Industrielles). *L'état des PMI*. Paris: Ministère de l'Économie, des Finances et de l'Industrie, 1999a.

SESSI (Service des Études et des Statistiques Industrielles). Les compétences pour innover dans l'industrie. *4 pages des statistiques industrielles*, n. 120, octobre, 1999b.

SHAN, W.; WALTER, G.; KOGUT, B. Interfirm cooperation and start-up innovation in biotechnology industry. *Strategic Management Journal*, v. 15, n. 5, p. 387-394, 1994.

SHANE, S.; CABLE, D. Network ties, reputation and the financing of new ventures. *Management Science*, v. 48, n. 3, p. 364-381, 2002.

SHANE, S.; VANKATARAMAN, S. The promise of entrepreneurship as a field of research. *Academy of Management Review*, v. 25, n. 1, p. 217-226, 2000.

SHAPIRO, A. The displaced, uncomfortable entrepreneur. *Psychology Today*, v. 9, n. 6, p. 83-88, 1975.

SICOTTE, G. Le discours gastronomique, le consommateur et le citoyen. In: LATOUCHE, D. (dir.). *Voulez-vous manger avec moi?*. Montreal: Fides, 2003.

SIEGEL, R.; SIEGEL, E.; MCMILLAN, I. C. Characteristics distinguishing high growth ventures. *Journal of Business Venturing*, v. 8, n. 2, p. 169-180, 1993.

SIMON, H. From substantive to procedural rationality. In: LATSIS, S. (dir.). *Method and Appraisal in Economics.* Cambridge: Cambiidge University Press, 1976, p. 129-148.

SIMENON, G. *Romans*. V. 2. Paris: Bibliothèque de la Pléiade, 2003.

SINGH, R. P. *Entrepreneurial Opportunity Recognition through Social Networks*. Nova York: Garland, 2000.

SINGH, R. P.; HILLS, G. E.; HYBELS, R. C.; LUMPKIN, G. T. Opportunity recognition through social network characteristics of entrepreneurs. *Frontiers of Entrepreneurship Research*. Babson: Babson College, p. 228-241, 1999.

SIVADA, E.; DWYER, F. R. An examination of organizational factors influencing new product success in internal and alliance based processes. *Journal of Marketing*, v. 64, n. 1, p. 31-49, 2000.

SMITH, A. *Recherches sur la nature et les causes de la richesse des nations*. Paris: Pierre Duclain, 1788.

SOMBART, W. *Le Bourgeois*. 1926. Citado em: BRAUDEL. *L'incitation matérielle, économique et capitalisme, XVe-XVIIIe siècles*. V. 2. Paris: Armand-Collin, 1979.

SØRENSEN, J. B.; STUART, T. E. Aging, obsolescence and organizational innovation. *Administrative Science Quarterly*, v. 45, n. 1, p. 81-112, 2000.

SOURIAU, P. *Théorie de l'invention*. Paris: Édition Vigdor, 1881. (Disponível gratuitamente na internet.)

SPARROWE, R. T.; LIDEN, R. C. Process and structure in leadeer-member exchange. *Academy of Management Review*, v. 22, n. 2, p. 522-552, 1997.

SPINOSA, C.; FLORES, F.; DREYFUS, H. L. *Disclosing the New Worlds. Entrepreneurship, Democratic Action and the Cultivation of Solidarity*. 3e édition. Cambridge: MIT Press, 1997.

STANWORTH, M. J. K.; CURRAN, J. Growth and the small firm: an alternative view. *Journal of Management Studies*, v. 13, n. 2, p. 94-110, 1976.

STAUFFER, D.; AHORANY, A. *Introduction to Percolation Theory*. 10th ed. Londres: Taylor & Francis, 1992.

STEVENSON, L.; LUNSTRÖM, A. *Patterns and Trends in Entrepreneurship/SME Policy and Practice in Ten Economies*. V. 3. Estocolmo: Swedish Foundation for Small Business Research, 2001. (Entrepreneurship Policy for the Future Series).

STEVENSON, H. H.; SAHLMAN, W. A. The entrepreneurial process. In: BURNS, P.; DEWHURST, J. (dir.). *Small Business and Entrepreneurship*. Londres: Macmillan, 1989, p. 94-157.

STEYAERT, C.; HJORTH, D. *New Movements in Entrepreneurship*. Cheltenham: Edward Edgar, 2003.

STEYAERT, C.; HJORTH, D. *Entrepreneurship as Social Change*. Cheltenham: Edward Edgar, 2007.

STEWARD, A. A prospectus on the anthropology of entrepreneurship. *Entrepreneurship Theory and Practice*, v. 16, n. 2, p. 71-91, 1991.

STIGLER, G. Production and distribution in the short run. *Journal of Political Economy*, v. 47, n. 3, p. 305-327, 1939.

STÖHR, W. B.; TAYLOR, D. *Development for Above or Below*. Chichester: John Wiley & Sons, 1981.

STOREY, D. J. *Understanding the Small Business Sector*. Londres: International Thompson Business Press, 1994.

STOREY, D. J.; STRANGE, A. Why are they now? Some changes in firms located on UK science parks since 1986. In: *Science Parks and Regional Development*. Aston-Birmingham: UKSPA, 1990.

STOREY, D. J.; WATSON, R.; WYNARCZYK, P. *Fast Growth Small Businesses: Case Studies of 40 Small Dirms in Northern England*. Relatório de pesquisa, British Labour Department, 1989. (n. 67). Citado em: STOREY. 1994.

STORPER, M. Regional economics as relational assets. *Revue d'économie régionale et urbaine*, n. 4, p. 655-672, 1996.

ST-PIERRE, J. *La gestion du risque*. Comment améliorer le financement des PME et parallèlement, leur dépendance. Quebec: Presses de l'Université du Québec, 2004.

STRANG, D.; MEYER, J. Institutional conditions for diffusion. *Theory and Society*, v. 22, p. 487-511, 1993. Citado em: RUEF, 2001.

STRATOS (Strategic Team on Strategic Studies). *Strategic Orientation of Small European Business*. Adelshot: Avebury, 1990.

STREBEL, P. Why do employees resist to change. *Harvard Business Review*, v. 74, n. 3, p. 110-122, 1996.

SUIRE, R. Capital social et performance régionale; une analyse exploratoire par l'économie des interactions. In: CONGRÈS DE L'ASRLF, 37, 2002, Trois-Rivières.

SUNDBO, J. *The Theory of Innovation*: Entrepreneur, Technology and Strategy. Northampton: Edward Edgar, 1998.

SVERRISON, A. Enterprise networks and technological change: aspects of light engineering and metal working in Accra. In: DIJKET, M.; RABELOTTI, R. *Enterprise Clusters and Networks in Developing Countries*. Londres: Franck Cass, 1997.

TARONDEAU, J. C. *La flexibilité dans les entreprises*. Paris: Presses universitaires de France, 1999.

TARONDEAU, J. C. *Le management des savoirs*. Paris: Presses universitaires de France, 2002. (Col. Que sais-je?).

TAWNEY, R. H. *Religion and the Rise of Capitalism*. Nova York: Harcourt Brace, 1926. Citado em: JONES; WADHWANI. 1999.

TEECE, D. J.; PISANO, G.; SCHÖN, A. Dynamic capabilities and strategic management. *Strategic Management Journal*, v. 18, n. 7, p. 509-553, 1997.

THEIL, H. *Economics and Information Theory*. Amsterdã: North-Holland, 1967.

THOMAS, H. D. Regional economic growth: some conceptual aspects. *Land Economics*, v. 45, n. 1, p. 43-51, 1969.

THWAITES, A. T. Technological changes, mobile planning and regional development. *Regional Studies*, v. 12, n. 4, p. 445-461, 1988.

TIDÅSEN, C. *Succession in family business – to take over dad's business*. Caderno de pesquisa SIRE, Växjö University, 2001.

TILMAR, M. Swedish tribalism and Tanzanian entrepreneurship preconditions for trust formation. *Entrepreneurship and Regional Development*, v. 18, n. 2, p. 91-108, 2006.

TILTON-PENROSE, E. T. *The Theory of the Growth of the Firm*. Oxford: Oxford University Press, 1959.

TÖDTLING, F.; WANZENBOCK, H. Regional differences in structural characteristics of start-ups. *Entrepreneurship and Regional Development*, v. 15, n. 4, p. 351-370, 2003.

TORKKELI, M.; TUOMINEN, M. The contribution of technology selection to core competencies. *International Journal of Production Economics*, v. 77, n. 2, p. 271-284, 2002.

TORRE, A. Proximité e agglomération. In: HURIOT, J. M. (dir.). *La ville ou la proximité organisée*. Paris: Anthroper, 1998, p. 89-103.

TORRÈS, O. Les strategies de globalisation des petites entreprises. Caderno de pesquisa ERFI, Université de Montpellier, n. 94-04, 1994.

TORRÈS, O. Les divers types d'entrepreneuriat et de PME dans le monde. *Management international*, v. 6, n. 1, p. 1-15, 2001.

TOULOUSE, J. M. *L'entrepreneurship*. Montreal: Fides, 1979.

TOULOUSE, G.; BOK, J. Principe de moindre difficulté et structure hiérarchique. *Revue française de sociologie*, v. 19, n. 3, p. 391-406, 1978.

TRÉPANIER, M.; IPPERSIEL, M. P.; MARTINEAU, Y.; SZCZEPANIK, G. *Les CCTT et le soutien technologique aux entreprises*. Relatório de pesquisa, Institut national de recherche scientifique – Urbanisation, Culture et Société, Montreal, 2004.

TSAI, W.; GHOSHAL, S. Social capital and value creation: the role of intrafirm networks. *Academy of Management Journal*, v. 4, n. 4, p. 464-477, 1998.

TYWONIACK, S. A. Le modèle des ressources et compétences: un nouveau paradigme pour le management stratégique?. In: LAROCHE, H.; NIOCHE, J. P. (dir.). *Repenser la stratégie*. Paris: Vuibert, 1998, p. 166-204.

USEEM, M. Corporate education and training. In: KAYSEN, C. (dir.). *The American Corporate Today*. Nova York: Oxford University Press, 1996.

USSBA (UNITED STATES SMALL BUSINESS ADMINISTRATION). *High Growth Companies Doing it Faster, Better and Cheaper*. Washington, D.C.: USSBA, 1998. Citado em: MEYER; HUPPARD. *Entrepreneurship Strategy*. Thousand Oaks: Sage Publications, 2000.

UZZI, B. Embeddedness and economic reconnaissance: the network effect. *American Sociological Review*, v. 61, p. 74-698, 1996.

UZZI, B. Social structure and competition in interfirm networks: the paradox of embeddedness. *Adminsitrative Science Quarterly*, v. 42, n. 1, p. 35-67, 1997.

VAGHELY, I. P.; JULIEN P. A.; CYR, A. Human information transformation in SMEs : some missing links. *Human System Management*, v. 26, n. 2, p. 14-29, 2007.

VAGHELY, I. P.; JULIEN, P. A. Are opportunities recognized or constructed? An information perspectives on entrepreneurial opportunity identification. *Journal of Business Venturing*, 2008.

VAGGAGINI, V. Quattro paradigmi per un distretto. In: CONTI, S.; JULIEN, P. A. (dir.). *Mita e reaqltà del modelle italiano*. Bolonha: Patron Editore, 1989.

VALÉAU, P. Pour une version non seulement lucrative de l'entrepreneur: exemples tirés de la zone Océan Indien. *Management international*, v. 6, n. 1, p. 33-40, 2001.

VAN DE VEN, A. H. Central problem in the management of innovation. *Management Science*, v. 32, n. 4, p. 596-607, 1986.

VAN DER BOSCH, F.; VAN WIJK, R.; VOLBERDA, H. W. Absorptive capacity: Antecedents, models and Outcomes. Roterdã: Erasmus Research Institute of Management, 2002.

VANKATARAMAN, S. The distinctive domain of entrepreneurship research. In: KATZ, J. A. (dir.). *Advances in Entrepreneurhsip, Firm Emergence and Growth*. V. 3. Greenwich: JAI, 1997, p. 119-138.

VENKATARAMAN, S.; SARASVATHY, S. D. Strategy and entrepreneurship: Outlines of an untold story. In: HITT, M.; FREEMAN, E.; HARRISON, J. (dir.). *Handbook of Strategic Management*. Londres: Blackwell Publishers, 2001, p. 650-668.

VAN LOOY, B.; DEBACKERE, K.; ANDRIES, P. Stimulating knowledge-driven entrepreneurship: delineating relevant networks and interactions. In: STEYAERT, C.; HJORTH, D. 2003, p. 177-199.

VEBLEN, T. *Place of Science in Modern Civilisation*. Nova York: Huebsch Editor, 1915. Citado em: PIROU. 1946.

VEBLEN, T. *Théorie de la classe de loisir*. Paris: Gallimard, 1970.

VEGGELAND, N. *Les régions d'Europe*: un développement sur le modèle de concentration ou sur le modèle éclaté. Paris: OCDE, 1992.

VELTS, P. *Des lieux et des liens:* le territoire français à l'heure de la mondialisation. Paris: Éditions de l'Aube, 2002.

VÉRIN, H. *Entrepreneur. Entreprises. Histoire d'une idée*. Paris: Presses universitaires de France, 1982.

VERSTRAETE, T. Autopoiese et sciences de gestion: excès d'éclectisme. Caderno de pesquisa, IAE de Lille, 1999.

VERSTRAETE, T. *Histoire d'entreprendre – Les réalités de l'entrepreneur*. Paris: Éditions Management et Société, 2000.

VERSTRAETE, T. Entrepreneuriat: modélisation du phénomène. *Revue de l'entrepreneuriat*, v. 1, n. 1, p. 5-24, 2001.

VÉRY, P.; ARRÈGLE, J. L. Combinaison de ressources et avantages concurrentiels. In: NOËL, A. (dir.). *Perspectives en management stratégique*. Paris: Economica, 1997.

VESPER, K. *New Venture Strategies*. Englewood Cliffs: Prentice Hall, 1980.

VESPER, K. (dir.). *Entrepreneurship Education*. Wellesley: Babson College, 1985.

VIGINIER, P. (dir). *La France dans la nouvelle économie du savoir: pour une dynamique collective*. Paris: La Documentation française, 2002.

VOGE, J. P. Société d'information et crise économique. *Revue française de communications*, v. 1, n. 2, p. 24-32, 1978.

VON HIPPEL, E. *The Sources of Innovation*. Nova York: Oxford University Press, 1988.

VON KROGH, G.; ICHIGO, K.; NONAKA, I. *Enabling Knowledge Creation. How to Unlock the Mystery of Tacit Knowledge*. Nova York: Oxford University Press, 2000.

VON KROGH, G.; NONAKA I.; ICHIJO, K. Develop knowledge activitst!. *European Management Journal*, v. 15, n. 5, p. 475-483, 1997.

VON KROGH, G.; ROOS, J.; SLOCUM, K. An essay on corporate epistemology. *Strategic Management Journal*, v. 15, n. 1, p. 53-71, 1994.

VON MISES, L. *Human Action. A Treatise on Economics*. New Haven: Yale University Press, 1949.

WACHEUX, F. *Méthodes qualitatives et recherche en getion*. Paris: Economica, 1996.

WALLERSTEIN, I. *Le capitalisme historique*. Paris: La Découverte, 1990.

WALKER, F.; BROWN; A. What success factors are important into small business owners?. *International Small Business Journal*, v. 22, n. 6, p. 577-594, 2004.

WALSH, D. *Knowledge and the Wealth of Nations*. Nova York: W. W. Norton, 2006.

WATSON, T. J. Entrepreneurship and professional management: a fatal distinction. *International Small Business Journal*, v. 13, n. 2, p. 34-46, 1995.

WATSON J. Modeling the relationship between networking and firm performance. *Journal of Business Venturing*, v. 22, n. 6, p. 852-874, 2006.

WATTS, D. *Small Worlds: The Dynamics of Networks between Order and Randomness*. Princeton: Princeton University Press, 1999.

WATTS, D.; STROGRATZ, S. Collective dynamics of small world networks. *Nature*, n. 393, p. 400-403, 1998.

WEBER, M. *Die Protestantische Ethik und der Geist des Kapitalismus*, 1904. Citado em: HABERMAS, J. 1987.

WEICK, K. E. Educational organizations as loosely coupled systems. *Administrative Science Quarterly*, v. 21, n. 1, p. 1-19, 1976.

WEICK, K. *The Social Psychology of Organizing*. Reading: Addison-Wesley, 1969 (1979).

WELTER, G. *Histoire de Russie*. Paris: Payot, 1963.

WENNEKERS, S.; THURIK, R. Linking entrepreneurship and economic growth. *Small Business Economic*, v. 13, n. 1, p. 27-55, 1999.

WERNERFELT, B. A resource-based theory of the firm. *Strategic Management Journal*, v. 5, n. 1, p. 99-120, 1984.

WEST, M. A. *Developing Creativity in Organization*. Leicester: BPS, 1997. Citado em: CHELL. 2001.

WESTHEAD, P.; BATSTONE, S. Perceived benefits of managed science park location. *Entrepreneurship and Regional Development*, v. 11, n. 2, p. 129-155, 1999.

WHITE, H. C. *Markets from Networks: Socioeconomic Models of Production*. Princeton: Princeton University Press, 2001.

WILLIAMSON, O. E. *The Economic Institution of Capitalism*. Nova York: Free Press, 1985.

WITT, P. Entrepreneurs' networks and the success of start-ups. *Entrepreneurship and Regional Development*, v. 16, n. 5, p. 391-412, 2004.

WITT, U. Turning Austrian economics into an evolutionary theory. In: CADWELL, P. J.; BOERCH, J. (dir.). *Austrian Economics: Tension and New Direction*. Dordrecht: Kluwer, 1993.

WOO, C. Y.; COOPER, A. C.; DUNKELBERG, W. C.; DAELLENBACH, U.; DENNIS, W. J. *Determinants of Growth for Small and Large Entrepreneurial Start-ups*. Babson: Babson College, 1989.

WOODMAN, R. W.; SAWYER, J. E.; GRIFFIN, R. W. Toward a theory of organizational creativity. *Academy of Management Review*, v. 18, n. 2, p. 293-321, 1993.

WOODWARD, W. J. *A Social Network Theory of Entrepreneurship: An Empirical Study*, 1988. Tese de doutorado – University Microfilms International, Ann Arbor, 1988.

YLI-RENCO, H.; AUTIO, E.; SAPIENZA, H. J. Social capital, knowledge acquisition, and knowledge exploitation in young technology-based firms. *Strategic Management Journal*, v. 22, n. 6, p. 587-613, 2001.

ZACK, M. H. Jazz improvisation and organizing: once more from the top. *Organization Science*, v. 11, n. 2, p. 227-234, 2000.

ZAFIROVSKI, M. Probing into the social layers of entrepreneurship: outlines of the sociology of enterprises. *Entrepreneurship and Regional Development*, v. 11, 3, p. 351-371, 1999.

ZAJAC, E. J.; OLSEN, C. P. From transaction cost to transactional value analysis: implication for the study of interorganizational strategies. *Journal of Management Studies*, v. 30, n. 2, p. 131-145, 1993.

ZHARA, A. S.; GEORGE, G. Absorptive capacity: a review, reconceptualization, and extension. Academy of Management Review, v. 27, n. 2, p. 185-203, 2002.

ZINGER, J. T. The benefit of business planning in early stage small enterprises. *Journal of Small Business and Entrepreneurship*, v. 17, n. 1, p. 1-16, 2003.